FREUD

Sein Leben in Bildern und Texten
Herausgegeben von
Ernst Freud, Lucie Freud
und Ilse Grubrich-Simitis
Mit einer biographischen Skizze
von K. R. Eissler
Gestaltet von Willy Fleckhaus
Revidierte Neuausgabe
Suhrkamp

suhrkamp taschenbuch 3756
Erste Auflage 2006
Fünfte, korrigierte und revidierte Fassung
der Originalausgabe von 1976
Copyright © 1974 by Sigmund Freud Copyrights Limited, Colchester,
and E. L. Freud and Ilse Grubrich-Simitis
For the new material Copyright © 2006 by Ilse Grubrich-Simitis
© Suhrkamp Verlag Frankfurt am Main 1976, 2006
Suhrkamp Taschenbuch Verlag
Druck: Offizin Andersen Nexö, Leipzig
Printed in Germany
Umschlag: Göllner, Michels, Zegarzewski
ISBN 3-518-45756-X

1 2 3 4 5 6 – 11 10 09 08 07 06

**Ilse Grubrich-Simitis
Vorbemerkung
(2006)**

Dieses Buch ist vor dreißig Jahren, 1976, erstmals im Suhrkamp Verlag erschienen, seinerzeit in einer großformatigen gebundenen Ausgabe. Seine Entstehungsgeschichte war kompliziert. Ernst Freud, der jüngste Sohn Sigmund Freuds, hatte, zusammen mit seiner Frau Lucie, Mitte der sechziger Jahre die Grundidee gefaßt, ausgelöst von der Unzufriedenheit mit manchen Zügen der Biographie von Ernest Jones: Bilder sollten das Leben des Begründers der Psychoanalyse erzählen, Auszüge aus seinen Werken und damals großenteils noch unveröffentlichten Briefen die Begleittexte sein. Schon in der Schlußphase seiner Krankheit hatte ich Ernst Freud hinsichtlich der Strukturierung des Materials beraten. Doch war das Projekt, als er 1970 starb, nicht über das Stadium einer inkohärenten, in vielerlei Hinsicht lückenhaften Ansammlung von Einzelfotos und Einzelzitaten hinausgelangt. Infolge eigener Erkrankung konnte seine Witwe, Lucie Freud, sich bald nicht mehr an der Fortsetzung der Arbeit beteiligen; aber wir hatten uns über die Richtlinien, denen ich folgen würde, freundschaftlich verständigt.

Beim Ergänzen der Bilder habe ich versucht, die zuerst nahezu ausschließlich auf Familiendokumentation beschränkte Darstellung u. a. im Hinblick auf politische Ereignisse, kulturelle Einflüsse, Zeitkolorit, Zeitgenossen, Aspekte des Werks und des Umgangs mit der ersten Schülergeneration zu erweitern. Der Charakter des auf Freud selbst und seine nächste Umgebung zentrierten Berichts wurde indessen bewußt beibehalten, ein Zuschnitt, der seinem zurückgezogenen, von Patientenbehandlung, Forschung und schriftstellerischer Arbeit bestimmten Alltagsleben zu entsprechen schien. Ziel war es, mittels jeweils möglichst genau zu den Bildern passender Zitate eine illustrierte Quasi-Autobiographie zu konstruieren, in der sich der Leser ohne Mühe bewegen können sollte, sinnliche Eindrücke von den Umständen sammelnd, unter denen die Psychoanalyse erschaffen worden ist. Meine Kommentare beschränken sich auf jene Passagen, in denen gleichsam Mosaiksteinchen fehlten. Hier wurden den Bildern knappe editorische Legenden beigefügt. Ausführlichere biographische Informationen und zusätzliche Hinweise stehen in den ›Anmerkungen zum Bildteil‹ im Anhang. Das eigens für dieses Buch entwickelte Gliederungs- und Montageschema verbindet die unzähligen Einzelelemente zu einer komplexen, rhythmisch gefügten Bild-Text-Erzählung. Dabei entstand, während der Abschlußphase in inspirierender Zusammenarbeit mit dem großen Buchgestalter Willy Fleckhaus, die erste Bildbiographie dieses Typs, das Modell für viele nachfolgende Bildbiographien anderer Figuren. Das Buch, das bald nach Veröffentlichung der Originalausgabe auch in mehreren fremdsprachigen Editionen herauskam, erschien in der westlichen Welt auf dem Höhepunkt der Freud-Rezeption und der öffentlichen Anerkennung der Psychoanalyse. Freud und sein Lebenswerk faszinierten damals Intellektuelle wie allgemeines Publikum gleichermaßen.

Seither hat sich vieles verändert. Nur einige dieser Veränderungen seien angedeutet: Vielerorts ist die Psychoanalyse in das System der Krankenversicherung integriert worden, freilich um den Preis ihrer Reduktion auf das Therapeutische und ihrer Unterwerfung unter von Kosten-Nutzen-Gesichtspunkten diktierte Behandlungsbedingungen, welche die volle Entfaltung des analytischen Prozesses mehr und mehr unmöglich machen. An die Stelle des ursprünglich aufklärerischen Impetus, wonach dem Ich in hochfrequenter, langfristiger, »tendenzloser« Analyse zu möglichst weitgehender Autonomie sowohl gegenüber dem Es als auch der umgebenden Gesellschaft zu verhelfen sei, tritt zunehmend eine anpassungswillige, praktische Zielsetzungen und kurzfristige Kontakte bevorzugende *Coaching*-Mentalität. Die sich stürmisch entwickelnden Neurowissenschaften haben viele von Freuds Erkenntnissen und Hypothesen inzwischen bestätigt (z. B. Umfang und Macht *unbewußter* psychischer Prozesse, lebenslange Fortwirkung nicht erinnerbarer frühkindlicher Erfahrungen, Motivation durch Triebe, Sinnhaftigkeit der Träume); aber sie haben zugleich dazu beigetragen, daß die einst von Freud initiierte revolutionäre Wendung des wissenschaftlichen Blicks – weg vom Nervensystem hin zum Seelenleben – sich tendenziell wieder umkehrt. Im Bereich der Freud-Biographik ist die Sekundärliteratur unterdessen ins Unübersehbare angewachsen. Waren zur Entstehungszeit des Buchs zuweilen eher hagiographische Neigungen zu beobachten, nahm seit den achtziger Jahren international das sogenannte »Freud bashing« überhand, eine inzwischen rückläufige Demontage-Literatur, deren Autoren mit ihren Attacken auf die Person Sigmund Freuds zugleich die Psychoanalyse unglaubwürdig zu machen suchten.

Wie wirkt *Sigmund Freud; Sein Leben in Bildern und Texten* gegen diesen veränderten Hintergrund gesehen? Allenfalls in K. R. Eisslers einleitender biographischer Skizze, dem Leser auch heute noch als erste Orientierung unvermindert hilfreich, finden sich in einigen Passagen Spuren des Vergehens der Zeit. Das eigentliche Buch aber, das quasi-autobiographische Mosaik, scheint von den dreißig Jahren, die seit der Erstveröffentlichung verstrichen sind, bemerkenswert unbeeinträchtigt. Das mag vor allem damit zusammenhängen, daß in den Texten fast durchgehend der Protagonist selbst spricht und seine eigene äußere und innere Gegenwart beschreibt. Und diese gleichsam autobiographische Beschreibung veraltet ja nicht. Ob er als junger Arzt die bizarren Insassen einer Heilanstalt schildert, das Monogramm auf dem Briefpapier seiner Braut kritisiert, später seine Träume deutet oder die Bücherverbrennung von 1933 kommentiert – fast jedes Zitat ist überdies Beispiel für die alterslos anmutende Schönheit der Freudschen Prosa. Nach wie vor ist staunenswert, wieviel intimes Material er nicht nur in seinen Briefen, sondern auch in den publizierten Werken hinterlassen hat, man füge die zersplitterten Mitteilungen bloß in chronologischer Folge hintereinander. Noch heute kann es Vergnügen bereiten, in diesem Band durch die gleichzeitige Wahrnehmung von Beschriebenem und Beschreibung erstmals nachvollziehen zu können, wie genau Freud *visuelle* Sinneseindrücke in Sprache umsetzen konnte (vgl. z. B. Abb. 67, 69, 100, 190 samt Legenden), ein Indiz für die Präzision seiner Beobachtung und Deskription im psychoanalytischen Forschungsbereich, der *unsichtbaren* inneren Welt. Als seien die in den letzten Jahren auf einmal in rascher Folge erschienenen aufsehenerregenden Untersuchungen von Freuds Studien über Moses und den Monotheismus vorausgeahnt worden, wird die herausragende Bedeutung des biblischen Helden im vorliegenden Buch bereits mehrfach akzentuiert, in vielen Texten, aber auch in zentralen Bildern (vgl. Abb. 8, 221, 352, 353).

So ermöglicht das Werk nach wie vor die unterhaltsame, facettenreiche Begegnung mit einer der großen, die Epoche prägenden Figuren, der wir immerhin die bis heute differenzierteste wissenschaftliche Untersuchung menschlicher Subjektivität, nicht zuletzt durch rückhaltlose Selbstanalyse, verdanken. Beim Studium von Freuds kurzen Charakterisierungen des Inhalts seiner Hauptwerke kann der Leser zugleich Grundbegriffe der Psychoanalyse kennenlernen. Daß das Buch in seiner minimalistischen Klarheit noch immer jung wirkt, ist last but not least der Modernität seiner typographischen Gestalt zu verdanken.

K. R. Eissler
Eine biographische
Skizze

Am 6. Mai 1856 wurde Sigmund Freud in Freiberg (Mähren) als erstes Kind der dritten Frau Jacob Freuds geboren. Es ist bemerkenswert, daß vierunddreißig Jahre früher in dieser Gegend ein anderes Kind zur Welt gekommen war, das gleichfalls in der Geschichte der Wissenschaft eine außerordentliche Rolle spielen sollte: Gregor Mendel (1822-1884), Wegbereiter der modernen Erblehre und Entdecker der später nach ihm benannten Grundgesetze der Vererbung, stammt aus Heinzendorf, nur zwanzig Kilometer von Freuds Geburtsort entfernt.

Zur geschichtlichen Orientierung über Freuds Geburtsjahr sei folgendes in Erinnerung gebracht: Charles Darwins Buch *Von der Entstehung der Arten* erschien drei Jahre später, *Das Kapital* von Karl Marx elf Jahre danach. Goethe war seit vierundzwanzig Jahren tot, Heinrich Heine, einer von Freuds Lieblingsautoren, zweieinhalb Monate zuvor in Paris gestorben. Die österreichische Monarchie, mit 35 Millionen Einwohnern und einer Ausdehnung von 620 000 Quadratkilometern, erstreckte sich noch bis nach Italien; unter der Führung des jungen Kaisers Franz Josef erschien sie, acht Jahre nach der unterdrückten Revolution, als festgefügte Großmacht. Bereits ein Jahrzehnt später sollte mit dem Verlust der italienischen Provinzen und der verlorenen Schlacht bei Königgrätz der Niedergang beginnen. Österreich stand am Anfang seiner Industrialisierung. Ungefähr ein Jahrzehnt vor Freuds Geburt war die erste Telegraphenlinie eingeweiht worden, und zwei Jahrzehnte zuvor hatte sich die Eisenbahn zu entwickeln begonnen. Ebenso viele Jahre mußten aber noch vergehen, ehe man in Wien feierlich das erste elektrische Licht anschaltete. Es gab weder Telephon noch Auto. Erst 1848 waren die Juden emanzipiert worden.

Als Freud dreiundachtzig Jahre später in London starb, hatte das inzwischen zum Kleinstaat zusammengeschrumpfte Österreich seine Unabhängigkeit vorübergehend verloren. Der Zweite Weltkrieg war drei Wochen vorher ausgebrochen. Die Juden Mitteleuropas, ihrer staatsbürgerlichen Rechte beraubt, wurden vertrieben, ermordet. Die Industrialisierung hatte ganz Europa überzogen, und nur drei Jahrzehnte trennten den Menschen vom ersten Mondflug. Europäische Kultur und Zivilisation waren zutiefst verwandelt. Freud selbst hat auf seine Weise wesentlich zu dieser grundstürzenden Veränderung beigetragen.

Freiberg, heute Příbor, das kleine ostmährische Städtchen, liegt rund 240 Kilometer von Wien entfernt. Es zählte in Freuds Geburtsjahr 628 Häuser und 4 596 Einwohner. Das Geburtshaus steht noch heute, in seiner ursprünglichen Gestalt fast unverändert. Es ist ein einfaches zweistöckiges Haus, an dessen einer Schmalseite die inzwischen nach Freud benannte Straße einmündet. In den beiden Parterreräumen befand sich die Schlosserwerkstätte der Familie Zajíc, die ihr Handwerk dort bereits seit fünf Generationen ausübte. Der Familienname ist noch über der Eingangstür zu lesen. Im ersten Stock lagen die Wohnräume der Familien Freud und Zajíc. Die Legende, die sehr wohl historische Wahrheit widerspiegeln mag, schildert das Kind als wacker, gut entwickelt und lebenslustig, es habe sich gerne in der Werkstatt aufgehalten und mit Geschicklichkeit und Phantasie Spielzeug aus Blech hergestellt.

Freuds Vorfahren väterlicherseits hatten in Köln gelebt und waren anläßlich einer Judenverfolgung im Vierzehnten oder Fünfzehnten Jahrhundert weit nach dem Osten geflohen. Im Neunzehnten Jahrhundert zogen sie von Litauen über Galizien wieder westwärts nach Österreich. Freuds Vater Kallamon Jacob (1815-1896) war 1840 nach Freiberg gekommen.

Er stammte aus dem galizischen Städtchen Tismenitz (jetzt Tysmenica). Sechzehnjährig hatte er in Tismenitz Sally Kanner geheiratet. Zwei Söhne entsprossen dieser Ehe: Emanuel (1834-1915) und Philipp (1838-1912); beide folgten dem Vater nach Freiberg. 1852 starb Jacob Freuds Frau. Über seine zweite Frau ist nur bekannt, daß sie Rebekka hieß[1]. Sie muß bald nach der Eheschließung gestorben sein, denn Jacob Freud heiratete 1855 in Wien Amalie Nathanson (1835-1930), Sigmund Freuds Mutter.

Freud kam abends, um halb sieben Uhr, zur Welt und wurde eine Woche später rituell beschnitten; sein Vater hat dies in der Familienbibel festgehalten. Jacobs eigener Vater war zweieinhalb Monate zuvor gestorben, was der Geburt des Sohnes besonderes Gewicht verlieh; zum Zeichen dafür erhielt der Neuankömmling zusätzlich zu seinem deutschen den jüdischen Vornamen Salomon (Schlomo, übersetzt: der Weise) nach seinem Großvater. Bei der Geburt war die Mutter einundzwanzig Jahre alt, der Vater einundvierzig. Die Konstellation jugendliche Mutter/alternder Vater scheint die Entwicklung mancher Kinder besonders zu begünstigen; Goethes Eltern trennte eine ähnlich große Altersdifferenz. Die eigentümliche Familienstruktur mag auch dazu beigetragen haben, die ersten Lebensjahre des Kindes in der von Wäldern umgebenen Kleinstadt besonders glücklich zu gestalten, wie Freud sieben Jahrzehnte später, als eine Gedenktafel an seinem Geburtshaus enthüllt wurde, in einem Brief an den Bürgermeister von Příbor[2] andeutete.

Freud hatte sieben Geschwister. Ein Bruder kam zur Welt, als er noch nicht ein Jahr alt war, starb aber schon acht Monate später. Das jüngste Geschwister, Alexander (1866-1943), wurde geboren, als Freud zehnjährig war. Zwischen den beiden Brüdern stehen fünf Schwestern.

Jacob Freud folgte, als er nach Freiberg zog, seinem Großvater. Dieser hatte dort schon seit Jahren einen ertragreichen Handel geführt, indem er in Freiberg Wolltücher kaufte, färbte, appretierte und nach Galizien exportierte, von wo er galizische Landesprodukte nach Freiberg einführte. Im Laufe der fünfziger Jahre begannen sich die wirtschaftlichen Bedingungen für diesen Geschäftszweig jedoch erheblich zu verschlechtern. Die maschinelle Textilproduktion bedrohte überall die Handarbeit. Freiberg hatte seinen Wohlstand bisher überdies der Tatsache verdankt, daß es an einer der bedeutendsten Handelsstraßen lag; als dann die Nordbahn fernab von Freiberg durch das Land geführt wurde, hatte dies für das wirtschaftliche Leben des nun von wichtigen Märkten abgeschnittenen Flekkens vernichtende Folgen.

So sah sich Jacob Freud genötigt, nach einer anderen Erwerbsquelle Ausschau zu halten. Als Sigmund drei Jahre alt war, verließ die Familie Freiberg. Zuerst versuchte der Vater in Leipzig Fuß zu fassen, reiste aber bereits wenige Monate später nach Wien weiter. Freud kam also vierjährig mit seinen Eltern und seiner Schwester Anna in die große Stadt, in der er achtundsiebzig Jahre bleiben sollte, bis die Besetzung Österreichs ihn zwang, nach England, wohin seine beiden Halbbrüder schon 1859 ausgewandert waren, ins Exil zu gehen.

Die rituelle Beschneidung und die hebräischen Eintragungen Jacob Freuds in die Familienbibel legen die Vermutung nahe, Freud sei jüdisch-orthodox erzogen worden. Dies war jedoch nicht der Fall. Zwar war sein Vater höchstwahrscheinlich selbst durch eine solche Erziehung gegangen, und Jacob Freud scheint auch lange seinen Gottesglauben bewahrt zu haben; im Alter soll er allerdings ein Freigeist gewesen sein. In seinem Beruf war ihm kein Erfolg beschieden, fast ständig sah er sich auf

die finanzielle Hilfe anderer angewiesen; aber er verbrachte viel Zeit beim Studium jüdisch-hebräischen Schrifttums.

Freud war mit den jüdischen Festtagen und Gebräuchen vertraut. Jedoch erwarb er schon früh eine nicht-religiöse Lebenseinstellung. In seinen ersten Kinderjahren hat ihn freilich eine alte katholische Kinderfrau häufig zum Gottesdienst mitgenommen. Auch vertiefte er sich, »kaum daß ich die Kunst des Lesens erlernt hatte«, in die biblische Geschichte. Diese Lektüre hat offenbar eine nachhaltige Wirkung auf ihn ausgeübt, wie er in seiner »*Selbstdarstellung*«[3] bekennt. Er blieb gleichwohl allen religiösen Riten und Zeremonien zeitlebens abhold und wurde ein Atheist strengster Observanz; dabei hat er sein intensives Gefühl jüdischer Zugehörigkeit nie verloren.

Den frühesten Unterricht erhielt der Knabe von seiner Mutter. Dann wurde der Vater sein Lehrer, bis die Eltern das Kind, der Erinnerung seiner ältesten Schwester zufolge, auf eine (unbekannt gebliebene) Privatschule schickten. Mit neun Jahren bestand er die Aufnahmeprüfung in das Leopoldstädter Communal-Realgymnasium, das 1867, also noch während Freuds Schulzeit, in Leopoldstädter Communal-Real- und Obergymnasium umbenannt wurde. In sechs von acht dort absolvierten Schuljahren war er Primus; mit siebzehn bestand er die Matura mit Auszeichnung.

Wir sind über Freuds Erlebnisse beim schriftlichen Teil der Prüfung recht gut informiert, da ein Jugendbrief erhalten blieb, in dem er sich über seine Befürchtungen und Erfolge sowie kleinere Zwischenfälle verbreitet[4]. Was diesen Brief aber eigentlich bemerkenswert macht, sind Stil und Schönheit der Sprache des Siebzehnjährigen. Diese Begabung fiel auch seinen Lehrern auf, und mit der Ironie des Adoleszenten, die den ganzen Brief kennzeichnet, berichtet Freud: »Mein Professor sagte mir [. . .] – und er ist der erste Mensch, der sich untersteht, mir das zu sagen –, daß ich hätte, was Herder so schön einen *idiotischen* Stil nennt, das ist einen Stil, der zugleich korrekt und charakteristisch ist.«[5] Der auffallend frühen Entwicklung der Sprachfähigkeit entspricht ein geschärftes Interesse für Sprachliches, für Literatur überhaupt; so berichtet der Jüngling, die Stelle aus Vergil und die dreiunddreißig Verse aus *König Ödipus*, die er bei der Matura zu übersetzen hatte, seien ihm aus der Privatlektüre bereits vertraut gewesen.

Seine Jugendfreundschaft mit dem späteren Sozialpolitiker Heinrich Braun ließ in Freud den Wunsch entstehen, in die Politik zu gehen, und fast hätte er Jura als sein Studienfach gewählt. Als er bei einem Vortrag Carl Brühls mit dem fälschlich Goethe zugeschriebenen Aufsatz ›Die Natur‹ bekannt wurde und sich davon tief beeindruckt fühlte, entschloß er sich jedoch zum Studium der Medizin. Er immatrikulierte sich im Herbst 1873 an der Universität Wien, wurde aber erst am 30. März 1881 promoviert. Bekannte und Freunde hielten ihn für verbummelt, als er nach fünf Jahren nicht zu seinen Prüfungen antrat, vielmehr bis zu den Abschlußexamina noch weitere drei Jahre verstreichen ließ. Tatsächlich ist das für die damalige Studiendauer ungewöhnliche Hinausschieben der Promotion bei einem so begabten und fleißigen Studenten wie Freud bemerkenswert. In einem Brief aus dem Jahre 1888 finden wir eine Stelle, die ein Licht auf seine Motive wirft: »Außerdem stört mich beim Lernen die Forschergewohnheit, der ich ziemlich viel geopfert habe, die Unzufriedenheit mit dem, was dem Lernenden geboten wird, die Nötigung, ins Detail zu gehen und Kritik zu üben.«[6] Diese »Forschergewohnheit« muß schon in frühen Jahren als Verzögerungsmoment eine Rolle gespielt haben; so meint Erna Lesky, daß Freud in jener Zeit »mehr Forscher als Student«[7] gewesen sei. Sobald es ihm selbst schließlich als unabweisbar erschien, war Freud aber durchaus fähig, mit großer Zielstrebigkeit zum Abschluß zu kommen. Die drei Rigorosa brachte er in einem Zeitraum von zehn Monaten hinter sich, obwohl er während der ganzen Vorbereitungszeit ständig im Physiologischen Institut mit anderen Arbeiten beschäftigt war.

An dieser Stelle sei des tiefen Verständnisses gedacht, das Freuds Vater offenbar seinem Sohn entgegenbrachte. Während seiner gesamten Studienzeit litt die Familie wirtschaftliche Not; denn der Vater hatte sein kleines Vermögen in der Finanzkrise vor 1873 verloren und war nicht mehr berufstätig. Er hegte also zunächst verständliche Hoffnungen, der Sohn werde eine kaufmännische Laufbahn einschlagen. Trotzdem behinderte er dessen finanziell wenig aussichtsreiche Berufspläne niemals; er versuchte auch nicht, auf ihn einzuwirken, als sich der Studienabschluß hinauszögerte.

Seine erste selbständige wissenschaftliche Arbeit verfaßte Freud auf Anregung seines Zoologie-Professors Carl Claus. Zweimal wurden ihm 1875/76 vom Unterrichtsministerium Stipendien in Höhe von insgesamt 180 Gulden gewährt, um an der Zoologischen Station in Triest eine Studie über männliche Flußaale durchführen zu können. Das Ergebnis dieser Forschungen erschien 1877 im Druck. Die Studie ist in zweifacher Hinsicht bemerkenswert. Kein Laie kann sich die Ausdauer und Selbstdisziplin vorstellen, deren es bedurfte, um die vierhundert Aale, auf deren histologischer Untersuchung Freuds Studie beruht, mit den damaligen schwerfälligen Techniken zu präparieren. Und Freud ist als erster der Idee der Intersexualität nahegekommen, er erwog nämlich die Möglichkeit, daß die sexuelle Differenzierung der Aale nicht von vorneherein genetisch festgelegt ist. Erst später wurde dies im Experiment bestätigt. Weder der zwanzigjährige Student noch sein Lehrer waren sich der weitreichenden Folgen dieses Einfalls bewußt[8].

Von seinen Forschungen offenbar enttäuscht – er hielt sie für einen Mißerfolg –, wechselte Freud damals vom Zoologischen zum Physiologischen Institut über, das Ernst Wilhelm von Brücke leitete. Von ihm sollte Freud später sagen, daß dieser Lehrer die größte Autorität gewesen sei, die je auf ihn gewirkt habe[9]. Brücke gehörte zu den führenden Vertretern jener neuen antivitalistischen Physiologie-Schule, die, mit Hermann Helmholtz und Emil Du Bois-Reymond an der Spitze, es sich zum Ziel gesetzt hatte, alle Lebenserscheinungen durch das Wirken physikalisch-chemischer Kräfte zu erklären.

Freud verbrachte sechs Jahre, 1876 bis 1882, im Physiologischen Institut. Aus dieser Zeit stammen bedeutende neuro-histologische Arbeiten, die beweisen, daß er am Anfang einer glänzenden Laufbahn auf diesem Gebiete stand. Er gab sie jedoch auf, als er sich in Martha Bernays (1861-1951) verliebte und, nicht lange nach der ersten Begegnung, sich im Juni 1882 mit ihr verlobte. Da eine rasche Beförderung im Physiologischen Institut nicht zu erwarten war, finanzielle Unabhängigkeit Freud nun aber als dringendste Notwendigkeit erschien, begann er sich auf die Eröffnung einer Arztpraxis vorzubereiten und verbrachte die nächsten drei Jahre bis August 1885 im Wiener Allgemeinen Krankenhaus. Diese Jahre waren indessen nicht ausschließlich der Spitalsarbeit und dem Er-

werb praktischer Erfahrung gewidmet. Es blieb Zeit für wissenschaftliche
Forschungen, die er auch dann noch fortsetzte, als seine Lehrjahre am
Allgemeinen Krankenhaus vorüber waren. Neben Freuds hirnanatomischen Studien und klinischen Arbeiten, die auf Beobachtungen an neuro-
logisch erkrankten Patienten beruhten, ist die sogenannte Kokain-Pe-
riode zu erwähnen.

Im April 1884 begann Freud, sich mit der Erforschung dieser Droge zu
beschäftigen. Man wußte, daß Kokain, ein wirksamer Bestandteil der
Kokablätter, von Indianerstämmen dazu verwendet wurde, Strapazen
mühelos ertragen zu können. Freud ließ sich, ein nicht unbeträchtliches
finanzielles Opfer, von der Firma Merck ein Gramm Kokain schicken und
erfuhr bald die erfrischende Wirkung der Substanz im Selbstexperiment.
Er beobachtete ihren Einfluß auch an Freunden und konnte wenig später
eine Monographie verfassen, in der er einen Gesamtüberblick über den
Stand der Forschung und die Wirkungen der Droge gab sowie weitere
Experimente ankündigte[10]. Die Arbeit war im Juni 1884 abgeschlossen;
zwei Monate später besuchte er Martha Bernays in Wandsbek. Als er

nach vier Wochen wieder nach Wien zurückkehrte, hatte sein Studienfreund Carl Koller unterdessen die aufsehenerregende Entdeckung gemacht, daß Kokain auf das Auge anästhesierend wirkt. Koller gelangte
dadurch gleichsam über Nacht zu internationalem Ruhm, denn ihm war
zu verdanken, daß nun am Auge chirurgische Eingriffe schmerzlos vorgenommen werden konnten. Freud, damals sehr darauf bedacht, schnell berühmt zu werden, um bald heiraten und seine Familie aus finanzieller Be-
drängnis befreien zu können, war diesmal ganz nahe an die Erfüllung seiner ehrgeizigen Wünsche herangekommen, sah den Erfolg aber in letzter
Minute an sich vorüberziehen.

Das Kokain brachte ihm noch eine andere tiefe Enttäuschung. Sein
Freund und Lehrer Ernst Fleischl von Marxow, seinerzeit Assistent am
Brückeschen Institut, war morphiumsüchtig geworden, nachdem er sich
beim Sezieren eine Leicheninfektion zugezogen hatte und am Stumpf des
amputierten Daumens sich immer wieder neue, schmerzhafte Neurome
bildeten, gegen die man chirurgisch nichts auszurichten vermochte. Freud
hoffte, daß es mit Hilfe des Kokains gelingen würde, den Freund vom
Morphium zu entwöhnen – nicht ahnend, daß das Kokain zu einer noch
schlimmeren Sucht führen kann. Zwei Jahre später wurde gegen Freud
öffentlich der Vorwurf erhoben, er habe neben Alkohol und Morphium
»eine dritte Geißel« auf die Menschheit losgelassen.

Noch zwei andere Ereignisse aus dieser Zeit verdienen Erwähnung. Das
erste betrifft die akademische Laufbahn Freuds, das zweite eine entscheidende Umorientierung in seiner wissenschaftlichen Arbeit. Am 21. Januar 1885 bewarb er sich um eine Dozentur für Neuropathologie an der
Universität Wien. Die Dozentur galt damals als das höchste Ziel, das sich
ein junger Arzt setzen konnte, und ein Bewerber hatte Überdurchschnitt-
liches zu leisten, um dieser Ehre teilhaftig zu werden. Freuds Habilitation
wurde von seinem alten Lehrer Brücke sowie den Professoren Hermann
Nothnagel und Theodor Meynert befürwortet. Nothnagel, einer der großen Internisten der Wiener medizinischen Schule, war 1882 nach Wien
berufen worden, und Freud hatte im selben Jahre an dessen Abteilung für
Innere Medizin als Aspirant etwa ein halbes Jahr gearbeitet. Meynert,
von dem Freud später sagte, »der große Meynert, dessen Spuren ich mit
so hoher Verehrung gefolgt bin«[11], war Hirnanatom und Professor der
Psychiatrie. Fünf Monate hatte Freud die Funktionen eines Sekundararz-

tes an der Psychiatrischen Klinik ausgeübt und wichtige Untersuchungen im Gehirnanatomischen Laboratorium durchgeführt. Die komplizierten Bedingungen der Bewerbung um eine Dozentur wurden ohne weiteres von ihm erfüllt, und am 5. September desselben Jahres, also kaum mehr als sechs Monate nach Antragstellung, bestätigte das Ministerium seine Ernennung. Freuds weitere Laufbahn schien gesichert. Die Dozentur versprach eine gutgehende Praxis, verbürgte Ansehen und ließ weiteren wissenschaftlichen Aufstieg erhoffen.

Es war jedoch das zweite, wenig später folgende Ereignis, das seinem Leben eine unvorhergesehene Wendung gab. Im akademischen Jahr 1885/86 war turnusmäßig die medizinische Fakultät an der Reihe, über die Erteilung eines Universitäts-Jubiläums-Reisestipendiums zu entscheiden, das man 1865 eingerichtet hatte und jährlich vergab. Freud bewarb sich um das Stipendium, und am 20. Juni genehmigte das Professoren-Kollegium sein Gesuch. Wiederum verdankte er es Brücke, der sehr energisch für ihn eingetreten war, daß man ihn unter den drei Bewerbern auswählte.

Freud hielt sich von Oktober 1885 bis Februar 1886 in Paris auf. Er arbeitete an der Salpêtrière, dem berühmten Krankenhaus, an dem Jean-Martin Charcot, der wohl größte Neuropathologe seiner Zeit, seine Forschungen betrieb und Vorlesungen hielt. Es ist schwer zu sagen, was auf Freud den stärkeren Eindruck machte, die faszinierende Persönlichkeit dieses genialen Mannes und Neuerers oder seine Lehre. Jedenfalls war es Charcot gelungen, der Hysterie, einer damals weitverbreiteten Neurosenform, im wissenschaftlichen Denken der Ärzte endlich eine würdige Stellung zu erobern; bislang waren Hysteriker in der Regel mit Mißtrauen, ja Verachtung betrachtet worden. Charcot bewies, daß die Erscheinungen der Hypnose Realitätscharakter haben, und brachte in die verwirrende Vielfalt der hysterischen Symptomatologie erstmals eine begrifflich-klinische Ordnung. Indem er zeigte, wie hysterische Symptome bei hypnotisierten Patienten künstlich erzeugt werden können, wies er Wege für die Erforschung ihrer Genese.

In Paris eröffnete sich Freud also eine neue Welt. Man könnte sagen, daß er dort, unter dem Einfluß Charcots, die psychologische Seite der Nervenpathologie, der bald sein ausschließliches Interesse gelten sollte, entdeckte. Als er im Juni 1885 überraschend das Reisestipendium zugesprochen bekam, schrieb er übermütig an seine Braut: »O wie schön wird das sein! Ich [. . .] komme dann mit einem großen, großen Nimbus nach Wien zurück, und dann heiraten wir bald, und ich kuriere alle unheilbaren Nervenkranken [. . .].«[12]

Es kam aber anders. Anstelle des erhofften Erfolgs stieß Freud wider Erwarten auf scharfe Ablehnung, als er nach seiner Rückkehr im Oktober 1886 der ›Gesellschaft der Ärzte‹ in einem Vortrag ›Über männliche Hysterie‹ von Charcots Lehren berichtete. Und vorerst erwiesen sich die Nervenkranken wie eh und je als unheilbar.

Nun eröffnete Freud in der Rathausstraße seine Privatpraxis. An wöchentlich drei Nachmittagen arbeitete er als Neurologe im Kinder-Krankeninstitut von Professor Max Kassowitz. Und ein halbes Jahr später konnte er endlich Martha Bernays heiraten; eine Tante der Braut hatte durch ein großzügiges Geldgeschenk dem Paar die Gründung eines Hausstandes ermöglicht.

Daß er Martha schließlich heiraten konnte, muß Freud als einen großen Triumph empfunden haben, denn zunächst schien alles gegen ein glückli-

ches Ende der Verlobungszeit zu sprechen. Martha Bernays, in der Nähe von Hamburg geboren, entstammte einer kulturell bedeutenden deutsch-jüdischen Familie. Ihr Großvater Chacham Isaac Bernays war Oberrabbiner der Hamburger Gemeinde; er hatte im Hamburger Tempelstreit von 1841 eine prominente Rolle gespielt, war akademisch gebildet und ein Anhänger der Philosophie Schellings. Obwohl ein Gegner der Reformbestrebungen eines beträchtlichen Teils der Hamburger Gemeinde, predigte er doch als erster orthodoxer Rabbiner in der Landessprache. Zwei von Marthas Onkeln, Jacob und Michael Bernays, waren gleichfalls bekannte Persönlichkeiten. Jacob war Extraordinarius der klassischen Philologie und Hauptbibliothekar an der Universität Bonn; er hatte vor allem über die griechischen Philosophen gearbeitet, und seine Schrift über die *Grundzüge der verlorenen Abhandlungen des Aristoteles über die Wirkung der Tragödie* (1857) hatte beträchtliches Aufsehen erregt. Michael, der sich hatte taufen lassen, lehrte deutsche Literaturgeschichte in München; sein Ordinariat war eigens von Ludwig II. von Bayern für ihn eingerichtet worden, und sein bekanntestes Werk trägt den Titel *Zur Kritik und Geschichte des Goetheschen Textes* (1866).

Marthas Vater Berman war 1868 nach Wien gekommen. Ein Jahrzehnt später starb er unerwartet und hinterließ seine Familie mittellos. Die Mutter Emmeline, geb. Philipp, war eine hochgebildete, intelligente Frau skandinavischer Abstammung. Wie ihr verstorbener Mann, war sie jüdisch orthodox. Zu Freuds großem Kummer bestand sie nach dem Tod ihres Mannes darauf, mit den Töchtern nach Hamburg überzusiedeln. Dadurch erzwang sie die jahrelange Trennung der Verlobten.

Gemessen an den damaligen Gepflogenheiten, war Freuds Wahl also höchst ungewöhnlich und komplex. Schließlich bewarb er sich um die Hand eines Mädchens, dessen Familie nach Tradition und sozialem Rang hohe Ansprüche stellen konnte, aber gleichzeitig außerstande war, dem Bewerber eine entsprechende Mitgift zu bieten. Wie in vielen anderen Lebensbereichen kämpfte Freud indessen auch um Martha unerbittlich.

Nach der Heirat bezog das Paar eine Wohnung in dem damals neu erbauten »Sühnhaus«. Dieses Gebäude stand an der Stelle des im Jahre 1881 niedergebrannten Ringtheaters. Bei der Katastrophe hatten dreihundert Menschen den Tod gefunden. Ihre Angehörigen sollten nun mit dem Mietertrag des Sühnhauses unterstützt werden. Freud teilte nicht den in der Bevölkerung weit verbreiteten Aberglauben, daß das Gebäude, weil es an die Tragödie erinnerte, nicht geheuer sei.

Mit der Eheschließung ging ein entscheidender Lebensabschnitt zu Ende. Die mehr als vierjährige Verlobungszeit muß wohl als die schwerste Prüfung in Freuds Biographie angesehen werden. Getrennt von seiner Braut, in finanzieller Not einer unsicheren Zukunft entgegensehend, in eine aufreibende Ausbildung verstrickt, an schwierigen wissenschaftlichen Problemen arbeitend, bald großem Erfolg sich nähernd, bald von Enttäuschungen heimgesucht –, mußte er seine ganze Willenskraft zusammennehmen, um nicht dem Druck all dieser Belastungen zu erliegen. Aber endlich gelang es ihm doch, eine Familie zu gründen und die Dozentur zu erlangen. Sein Ansehen verschaffte ihm auch den Respekt seiner Kollegen; die Praxis gestaltete sich anfangs über Erwarten erträglich. Leiden und Entbehrungen der letzten vier oder fünf Jahre schienen reichlich aufgewogen. 1887 kam das erste Kind zur Welt – fünf weitere folgten in den nächsten Jahren. Freuds Leben schien nun klare und voraussehbare Bahnen gefunden zu haben. Aber es kam noch einmal anders.

Fürs erste schien er durchaus bereit, auf seine früheren ehrgeizigen Pläne zu verzichten und sich gänzlich auf seine ärztliche Praxis und den Erwerb des Familienunterhalts zu beschränken. Da er eine Fachausbildung in Neuropathologie genossen hatte, wurde er bald hauptsächlich von Nervenkranken konsultiert. Mehr als eineinhalb Jahre bediente er sich der damals für solche Leiden allgemein akzeptierten Heilmethoden: Elektrotherapie, Massagen und Heilbäder. Jedoch blieben die von den Lehrbüchern verheißenen Besserungen oder gar Genesungen häufig aus. Deswegen wandte sich Freud schließlich der Hypnose zu, die, obwohl von vielen Autoritäten abgelehnt, als therapeutisches Verfahren damals populär zu werden begann. Man suggerierte dem Patienten im hypnotischen Schlafzustand allerlei seine Symptome Betreffendes und hoffte, durch solche Einwirkung die neurotischen Beschwerden zum Verschwinden zu bringen. Da es in manchen Fällen auf diese Weise tatsächlich gelang, schöne Heilerfolge zu erzielen, vermutete Freud zunächst, Fehlschläge oder Rückfälle, die er bei seinen Patienten immer wieder konstatieren mußte, seien auf eine eigene Unzulänglichkeit zurückzuführen. Deshalb reiste er 1889 nach Nancy, in die damalige Hochburg der dynamischen Therapie, um bei Auguste Ambroise Liébeault, dem Begründer der Schule von Nancy, und dessen berühmtem Schüler Hippolyte Bernheim seine Hypnosetechnik zu vervollkommnen. Aber all dies fruchtete wenig. Die Erfolge mehrten sich nicht, und es schien nutzlos, dem Patienten in der Hypnose zu suggerieren, er sei gesund, wenn er nach dem Erwachen doch daran festhielt, krank zu sein.

In dieser Situation gewann ein Mann, dessen Freundschaft er schon lange genossen hatte, für Freud größte Bedeutung. Es war Josef Breuer, der damals wohl angesehenste Wiener Internist und Hausarzt. Eine warmherzige und großzügige Persönlichkeit, hatte er Freud in den Jahren innerer Krise und materieller Not mit Rat und finanzieller Unterstützung beigestanden. Er war überdies ein bedeutender Forscher. Für seine Arbeiten über die Selbststeuerung der Atmung und über das Gleichgewichtsorgan wurde er zum korrespondierenden Mitglied der Wiener Akademie der Wissenschaften gewählt. Man kann wohl sagen, daß Breuer als Mensch, Forscher und Arzt gleichermaßen außergewöhnlich war.

Schon seit Jahren hatte sich Breuer in seiner Praxis um eine Patientin bemüht, die an schwersten hysterischen Symptomen litt. In die medizinische Literatur ist sie unter dem Namen »Anna O.« eingegangen. Heute wissen wir, daß sich hinter diesem Pseudonym die später berühmte Bertha Pappenheim verbarg, die als eine der ersten für die Rechte der Frau eintrat und für Sozialfürsorge kämpfte.

Durch eine Zufallsbeobachtung war Breuer zu einer bedeutsamen Einsicht gelangt: wenn sich die Patientin im Zustand der Hypnose mit allen Details an die Ursprungssituation, in welcher das hysterische Symptom entstanden war, erinnerte und dabei den seinerzeit unterdrückten Affekt zum Ausdruck brachte, verschwand das betreffende Symptom. Breuer hatte Freud schon früher von diesem aufschlußreichen Fall und den daran angestellten ungewöhnlichen Beobachtungen erzählt, und Freud war offensichtlich bereits damals von Breuers Berichten tief beeindruckt gewesen, obgleich er anfänglich diese wichtige Spur nicht weiter verfolgte. »Ich beschloß bei mir, Charcot von diesen Funden Kunde zu geben, wenn ich nach Paris käme, und tat dies dann auch. Aber der Meister zeigte für meine ersten Andeutungen kein Interesse, so daß ich nicht mehr auf die Sache zurückkam und sie auch bei mir fallenließ.«[13] Nun, da Freud den nervösen Leiden seiner Patienten ohnmächtig gegenüberstand, erinnerte

er sich an das von Breuer Gehörte und erprobte jetzt selbst die Breuer-
sche Methode, »Katharsis« genannt. Das Ergebnis dieser therapeuti-
schen Versuche, die überraschende klinische Erfolge zeitigten, veröffentlichten Breuer und Freud, zusammen mit der Krankengeschichte der
»Anna O.«, in den *Studien über Hysterie* [14]. Es ist dies das Buch, von dem
die Psychoanalyse ihren Ausgang nahm. Das revolutionäre erste Kapitel,
›Über den psychischen Mechanismus hysterischer Phänomene‹, war bereits Anfang 1893 als ›Vorläufige Mitteilung‹ erschienen.
Breuer hatte seine kathartische Methode nur bei dieser einen Patientin
angewandt, Freud erhob sie nun zu seiner ausschließlichen Behandlungs-
technik. Er machte dabei eine ebenso unerwartete wie folgenschwere
Beobachtung, daß nämlich die ursprünglichen, zur Bildung psychoneu-
rotischer Symptome führenden Traumen regelmäßig die sexuelle Sphäre
betrafen. Dieser Befund wurde von Breuer mit Zurückhaltung aufgenommen, und es kam zwischen beiden Forschern zu einer zunehmenden Ent-
fremdung, schließlich zum Bruch.

Während Breuers Einfluß sich abschwächte, wuchs in Freuds Leben die
Bedeutung eines anderen Mannes. Es war Wilhelm Fließ, ein Berliner
Hals-Nasen-Ohren-Spezialist, der sich für Probleme der allgemeinen
Biologie interessierte. Fließ ist durch zwei Entdeckungen bekannt geworden: die Rolle der Periodizität im Leben der Organismen und die Lehre
von der Bisexualität. Er glaubte im Leben beider Geschlechter die Wirk-
samkeit zweier Perioden entdeckt zu haben, einer 28tägigen weiblichen
und einer 23tägigen männlichen. Diese Hypothesen haben heute nur noch
wenige Anhänger, obwohl zumindest die aus der Theorie der Bisexualität
sich ergebende Konsequenz, daß nämlich Organismus und Seelenleben des Menschen jeweils gegengeschlechtliche Elemente enthalten,
weiterhin als zutreffend angenommen wird. Abgesehen vom Wert seiner
wissenschaftlichen Forschung, war Fließ jedoch offensichtlich eine höchst
faszinierende Persönlichkeit – einer von jenen Menschen, die, ohne ein
Genie zu sein, doch genialisch anmuten. Wer immer ihm begegnete,
schien von ihm gefesselt. Die Freundschaft zwischen Freud und Fließ begann 1887, kühlte sich aber schon um 1900 ab. Für Freud aber war sie
ohne Zweifel eine innere Notwendigkeit gewesen.
Von den Briefen, die die beiden Freunde in jenen Jahren wechselten, sind
leider nur die von Freud verfaßten erhalten geblieben. *Aus den Anfängen
der Psychoanalyse* [15] ist die einzigartige Dokumentation der bedeutsamen
seelischen Prozesse, die sich in einem genialen Wissenschaftler während
einer seiner produktivsten Phasen abgespielt haben. Man vergegenwär-
tige sich Freuds Situation: Die Behandlung neurotischer Patienten ließ
ihn täglich neue Probleme entdecken, die nach Aufklärung verlangten.
Vielzahl und Neuartigkeit dieser Probleme mußten auf ihn völlig verwir-
rend wirken, zumal sich immer deutlicher zeigte, daß er an Sachverhalte
gerührt hatte, die allen herkömmlichen Denkgewohnheiten und tradier-
ten Auffassungen widersprachen.
Betrachten wir z. B. die Rolle der verdrängten Sexualität in der Verursachung neurotischer Symptome. Freud, in einer streng bürgerlichen mittel-
ständischen Familie aufgewachsen, wird große innere Widerstände zu
überwinden gehabt haben, ehe er allmählich die Inhalte des Verdrängten
ungeschmälert, also ohne Verharmlosung oder Beschönigung, anerken-
nen konnte. Nichts wußte man damals von Dynamik und Struktur der
Neurose. So mußte Freud allererst Grundkonzepte wie »Verdrängung«
und »Projektion« finden und definieren.

In den Briefen an Fließ kann man das vorsichtige Sichherantasten, das plötzliche Aufleuchten einer Erkenntnis beobachten, die ebenso unvermittelt entgleitet, wiederkommt und wieder entgleitet, bis sie endlich als gesicherter Bestand neuer Einsicht festgehalten werden kann. Der Leser erlebt Zweifel wie Erschrecken des Forschers und lernt die Enttäuschung kennen, die sich einstellt, wenn sich, was bereits stabiles Wissensfundament schien, unerwartet als falsch erweist. In solcher Situation war es für Freud von größter Wichtigkeit, einen Gesprächspartner zu haben, an den er sich ständig wenden konnte und der, eben weil er sich auf anderen Forschungsgebieten bewegte, so etwas wie einen Hintergrund freundlicher Neutralität bot. Es ist fraglich, ob Freud, ganz auf sich gestellt, hätte durchhalten können. In der Zwischenzeit hatte sich nämlich seine Situation in Wien erheblich verschlechtert.

Die ablehnende Reaktion der ›Gesellschaft der Ärzte‹ auf seinen Vortrag über die Pariser Erfahrungen hatte ihn gekränkt. Sein früherer Chef Meynert versagte ihm den Zutritt zum Gehirnanatomischen Laboratorium und nahm in einer Schrift scharf gegen ihn Stellung. Am Allgemeinen Krankenhaus verweigerte ihm Professor Franz Scholz, gleichfalls ein früherer Vorgesetzter, das Krankenmaterial, das er für seine Vorlesungen benötigte. Der Grund war angeblich ein alter Zwist aus der Zeit, als Freud an Scholzens Abteilung gearbeitet hatte. Wann immer Freud seine klinischen Funde, die so kraß gegen die Gesetze des gesunden Menschenverstandes zu verstoßen schienen, vortrug, bildete sich ein Leerraum um ihn. Es sprach sich herum, daß er Kranke nach Einzelheiten ihres Sexuallebens ausforschte, was Befremden auslöste und dazu führte, daß man ihm keine Patienten mehr überwies.
So gesellten sich zu den fast unerträglichen inneren Spannungen, die seine Forschung notwendig hervorrief, noch schwere finanzielle Sorgen. Freud mußte jetzt eine äußerst schmerzliche Zeit der Isolierung durchmachen; aber offenbar ist dieses Ausgeschlossenwerden das unvermeidliche Schicksal großer Neuerer. In jenen Jahren glückte Freud jedenfalls einer seiner großen Funde: die Entdeckung des Ödipuskomplexes. Nach diesem Konzept durchläuft jedes Kind in der Beziehung zu seinen Eltern eine konfliktreiche Phase. Freud präzisierte diesen Konflikt damals nur für das männliche Kind: Es rivalisiere mit seinem Vater, wolle ihn entfernen, um sich, seinen Tagträumen und Triebwünschen folgend, der Mutter zu bemächtigen. Jeder Knabe ist also in einer bestimmten Lebensperiode ein kleiner Ödipus und geht im Kleinen und Abgewandelten durch jenes Schicksal des Königs, das durch Sophokles seine unvergängliche dramatische Darstellung gefunden hat. Widerstand und Empörung, die Freud mit dieser Entdeckung heraufbeschwor und denen die Psychoanalyse auch heutzutage noch vielfach begegnet, sind wohlbekannt.

1899 ist in der europäischen Ideengeschichte ein bedeutsames Datum; in diesem Jahr hat Max Planck seinen Vortrag über Quantentheorie gehalten, der die Wasserscheide zwischen klassischer und moderner Physik bildet, und Freud veröffentlichte sein Buch über *Die Traumdeutung* [16]. Es hat einen gewissen Reiz, sich zu vergegenwärtigen, daß Thomas Mann seine *Buddenbrooks* in denselben Jahren verfaßte, 1896 bis 1900, in denen Freud sich der Arbeit an seinem Traumbuch widmete.
Auf das Problem des Traumes war Freud durch eine auffallende Beobachtung gestoßen, daß nämlich seine Patienten regelmäßig über ihre Träume berichteten und zwischen ihren Träumen und Symptomen offen-

bar ein Zusammenhang bestand. Dies machte die systematische Untersuchung der Traumpsychologie notwendig, wobei Freud auch seine eigenen Träume erforschte.

Zu Beginn seines großen Buches gibt Freud einen Überblick über all jene häufig widersprüchlichen Aussagen, die bis zum damaligen Zeitpunkt über den Traum veröffentlicht worden waren. Er zeigt anschließend, daß sich für fast alle jene Befunde in seiner umfassenden Theorie ein Platz finden läßt. Auf der Grundlage seiner revolutionären Einsichten, deren Richtigkeit die Analyse des Traumes erhärtet hatte, errichtet er dann seine neue allgemeine Theorie des menschlichen Seelenlebens. Sie ist in dem berühmten siebten Kapitel enthalten und bedeutet einen radikalen Wendepunkt in der Psychologie, vergleichbar dem Umbruch, den Plancks Quantentheorie in der Physik bewirkt hat.

Freud war sich der großen Bedeutung seiner Entdeckung bewußt. Zwar bemerkte er es im Scherze, aber es lag doch auch Ernst darin, als er während der Sommerferien auf der Bellevue, einem kleinen Schloß im Wiener Wald, wo ihm vor Jahren die erste vollständige Analyse eines Traumes geglückt war, in einem Brief an Fließ die Frage aufwarf: »Glaubst Du eigentlich, daß an dem Hause dereinst auf einer Marmortafel zu lesen sein wird: ›Hier enthüllte sich am 24. Juli 1895 dem Dr. Sigm. Freud das Geheimnis des Traumes‹? Die Aussichten sind bis jetzt hiefür gering.«[17] Ohne Zweifel zählt die *Traumdeutung* zu den großen Büchern unserer Kultur. Die in ihm abgehandelte Materie ist vielfältig und komplex. Es ist meisterhaft geschrieben, argumentiert mit zwingender Logik; Schritt für Schritt entwickelt Freud seine neuen Theorien. Niemand könnte von der Geschlossenheit und formalen Schönheit des Werkes auf die Leiden schließen, die seine Entstehung begleitet hatten.

Es war Freud nämlich schon lange klar geworden, daß er sein eigenes Unbewußtes erforschen müßte, wollte er seine Patienten wirklich verstehen. Schritt für Schritt hatte er sich von der kathartischen Technik und der damit zusammenhängenden hypnotischen Beeinflussung des Kranken entfernt und sich der von ihm selbst entwickelten Methode des freien Einfalls zugewandt, die ihm nun auch den Weg zu seiner Selbstanalyse ebnete. Diese Methode der freien Assoziation leitet den Patienten dazu an, bei vollem Bewußtsein gleichwohl auf die willentliche Beeinflussung seiner Denkvorgänge zu verzichten und sich kritiklos dem Laufe der Gedanken zu überlassen, wobei er dem Arzt alles, was immer ihm einfallen mag, möglichst unzensuriert mitteilen soll. Die freien Einfälle, die seine Patienten, an die einzelnen Traumelemente anknüpfend, Freud zur Kenntnis brachten, führten ihn in ungeahnte Tiefen ihres Seelenlebens, die der kathartischen Methode Breuers verschlossen geblieben waren.

Ein weiterer Vorteil dieser Methode bestand darin, daß Freud sie auch auf die eigenen Träume anwenden konnte. Da die freien Einfälle, die von den im Traum repräsentierten Tagesresten ausgelöst werden, zu den peinlichsten vergessenen oder, psychoanalytisch gesprochen, »verdrängten« Gedanken, Phantasien, Erinnerungen und Impulsen führen, bedarf es einer kaum vorstellbaren Selbstdisziplin, die Kette dieser Assoziationen nicht vorzeitig abzubrechen. In der psychoanalytischen Behandlung ist es der Analytiker, der dem Patienten hilft, seinen Widerstand gegen die freien Einfälle zu überwinden. Freud stand im Kampfe mit seinem Unbewußten jedoch allein. Es ist ein ungelöstes psychologisches Rätsel, was ihn dazu vermocht hat, sich jenen Qualen willentlich auszusetzen, die sich unvermeidlich einstellen, wenn jemand all die tragischen Ereignisse und Erfahrungen der Kindheit sich in Erinnerung ruft, die sonst tiefverdrängt in seinem Inneren verborgen sind. Und mehr noch. Im Dienste der Wissenschaft veröffentlichte Freud nicht nur Träume seiner Patienten, sondern allererst seine eigenen sowie die mit ihnen zusammenhängenden Einfälle und Deutungen, wobei er offen bekennen mußte, was anderen eben »nicht einmal im Traume einfällt«, weil ja der Traum die vom Bewußtsein abgelehnten Impulse in so verzerrter Form wiedergibt, daß die in der Traumdarstellung chiffrierten unbewußten Inhalte, wenn man sich des Traums im Wachleben erinnert, nicht zu erkennen sind.

Man stelle sich das Grauen vor, welches einen gesitteten bürgerlichen Mann, der seinen Vater liebt und respektiert, ergreifen muß, wenn er aus der Analyse seiner Träume erfährt, daß viele seiner unbewußten Gedanken diesen kürzlich (1896) verstorbenen Vater mit größter Respektlosigkeit behandelten, ja, daß sich hinter der bewußt wahrgenommenen Verehrung intensive feindselige und entwertende Impulse verbargen. Freuds Selbstanalyse und die sich selbst gegenüber schonungslose Veröffentlichung intimster, meist beschämender Details müssen als das außerordentliche Opfer eines großen Idealisten angesehen werden, das in der Wissenschaftsgeschichte kaum seinesgleichen hat.

In relativ kurzen Zeitabständen – zwischen 1901 und 1905 – folgte dann die Veröffentlichung weiterer epochemachender Werke, darunter ›Bruchstück einer Hysterie-Analyse‹[18], *Zur Psychopathologie des Alltagslebens*[19], *Drei Abhandlungen zur Sexualtheorie*[20].

Mit der Jahrhundertwende milderte sich allmählich die Isolierung. Dabei fiel nicht so sehr die Tatsache ins Gewicht, daß Freud im März 1902 zum Titular-Extraordinarius ernannt wurde, nachdem das Ministerium einem früheren Antrag der Fakultät auf seine Beförderung nicht stattgegeben hatte. Ausschlaggebend war vielmehr, daß sich seit 1902 vier Ärzte, Alfred Adler, Rudolf Reitler, Max Kahane und Wilhelm Stekel, regelmäßig an jedem Mittwochabend in Freuds Wohnung trafen, um mit ihm seine Arbeiten zu diskutieren. Der Kreis erweiterte sich bald. Im Jahre 1903 kam Paul Federn hinzu, der später Freud als Obmann der Wiener Psychoanalytischen Vereinigung vertreten und wichtige Beiträge zur Gruppenpsychologie, zu Fragen der Erziehung und, als erster, zur psychoanalytischen Behandlung der Schizophrenie leisten sollte.

Eduard Hitschmann, ein erfolgreicher Internist, wurde 1905 von Federn eingeführt. Er schrieb das erste Lehrbuch über die psychoanalytische Neurosenlehre, ferner veröffentlichte er bedeutende Beiträge zur Anwendung der Psychoanalyse auf die Biographik. Er wurde der Leiter des psychoanalytischen Ambulatoriums in Wien.

Otto Rank war, ehe er seine eigene Schule gründete, ein Lieblingsschüler Freuds. Er hatte sich in jungen Jahren bei der kleinen Gruppe mit einem Manuskript eingeführt, das seine besondere Begabung verriet. Man ermunterte ihn, die Matura nachzuholen und die Universität zu besuchen. Rank leistete später wichtige Beiträge zur Psychologie des Künstlers sowie zur Anwendung der Psychoanalyse auf die Mythologie.

Hanns Sachs, einen Wiener Anwalt, hatte die Lektüre der *Traumdeutung* derart beeindruckt, daß er seinen Beruf aufgab. Im Jahre 1910 schloß er sich der Gruppe an. Er besaß eine hochsensible Einfühlungsgabe und interessierte sich zumal für Literatur und Kunst. Bei der Gründung der Zeitschrift *Imago*, die vor allem Beiträge zur Anwendung der Psychoanalyse auf die Geisteswissenschaften veröffentlichte, spielte er eine entscheidende Rolle.

Im Jahre 1908 zählte die Gruppe bereits zweiundzwanzig Mitglieder. Allmählich fanden sich auch Gäste aus dem Ausland ein, die bereit waren, sich die psychoanalytische Behandlung und Forschung zur Lebensaufgabe zu machen. Sándor Ferenczi, später der führende Kopf der Psychoanalyse in Ungarn, von dem Freud zu einer Zeit, als es in Budapest eine psychoanalytische Vereinigung noch nicht gab, einmal bemerkte, er allein wiege einen ganzen Verein auf[21], wurde bald sein Freund, der ihn auch auf Reisen begleitete. Ferenczi entwickelte sich zu einem der produktivsten und originellsten Analytiker, und es gibt kaum ein Gebiet der Psychoanalyse, auf das er nicht befruchtend eingewirkt hätte.

Im Mai 1908, an Freuds Geburtstag, erschienen zwei Gäste aus der angelsächsischen Welt: Abraham A. Brill, der die Psychoanalyse in den Vereinigten Staaten erfolgreich vertrat, und aus London Ernest Jones, der einer der bedeutendsten Analytiker wurde und seine zahlreichen psychoanalytischen Beiträge mit der dreibändigen Freud-Biographie[22] krönte. Er war es, der nach der Besetzung Österreichs im Jahre 1938 sofort nach Wien reiste, sich um die Emigration der Familie Freud sorgte und ihre Ansiedlung in England bei seiner Regierung förderte.

Ludwig Jekels bemühte sich um die Analyse in Polen, ehe er sich in Wien niederließ. Auch er gehörte zum Kreis jener frühen Schüler und Mitarbeiter, die man die alte Garde nennen könnte. Sein biographischer Beitrag zum Leben Napoleons und seine scharfsinnigen Analysen komplizierter seelischer Zusammenhänge sind bemerkenswert.

Karl Abraham traf mit Freud erstmals im Jahre 1907 zusammen, ehe er in Berlin seine Praxis eröffnete; dort gründete er 1910 die Berliner Psychoanalytische Vereinigung. Er wurde der führende Vertreter der Psychoanalyse in Deutschland und leistete u. a. wichtige Beiträge zur psychoanalytischen Erforschung der Geisteskrankheiten sowie zum Verständnis der Libidoentwicklung. Abraham wurde für Freud nicht zuletzt ein treuer und verläßlicher Berater in administrativen Angelegenheiten der psychoanalytischen Bewegung. Seine moralische Integrität bei gleichzeitiger höchster eigener Originalität machten ihn für Freud zu einer unersetzlichen Stütze.

Ich schließe diese Reihe mit Max Eitingon, der eigentlich zu Beginn hätte genannt werden sollen, denn er war 1907 der erste Besucher, der aus dem Ausland nach Wien kam, um Freud wegen eines besonders schweren Falles zu konsultieren. Als einziger aus der Gruppe verfügte er über beträchtliche finanzielle Mittel. Es war seiner Großzügigkeit zu verdanken, daß das Berliner Institut und Ambulatorium 1920 eröffnet werden konnte. Eitingons Hauptinteresse galt der psychoanalytischen Didaktik, und sein organisatorisches Talent hat dafür gesorgt, daß die psychoanalytische Ausbildung international geregelt wurde und ein hohes Niveau erreicht hat. Eitingon kümmerte sich auch unermüdlich um Freuds Wohlergehen und leistete ihm in Krisenzeiten oft persönliche Dienste.

Schließlich war die Zahl der Wiener Mitglieder so stark angewachsen, daß die Zusammenkünfte von April 1910 an nicht mehr in Freuds Wohnung stattfinden konnten. Gewiß waren diese Vergrößerung der Wiener Gruppe – absolut gesehen, nahm sie sich natürlich noch immer bescheiden aus – sowie die Besuche aus dem Ausland für Freud wichtig. Als viel bedeutsamer muß ihn aber ein anderes Ereignis angemutet haben, das er wohl als eine unvorhergesehene Wendung im Schicksal seines Werkes betrachtet hat. Gemeint ist das Interesse, auf das die Psychoanalyse nun in der Schweiz stieß. Eugen Bleuler, Professor in Zürich und als Psychiater international bekannt, und C. G. Jung, Universitätsdozent und Bleulers erster Oberarzt, zeigten eine der Psychoanalyse günstige Einstellung. Hier also hatte völlig unerwartet eine hochangesehene akademische Gruppe die Psychoanalyse an der bekannten Psychiatrischen Universitätsklinik Burghölzli als eine adäquate Methode zur Erforschung und Behandlung schwerer psychiatrischer Erkrankungen in das therapeutische Instrumentarium einbezogen. Am 3. März 1907 machte Jung seinen ersten Besuch bei Freud. Das Gespräch dauerte viele Stunden und bildete den Anfang einer vielversprechenden Freundschaft.

Im Jahre 1910 wurde in Nürnberg die ›Internationale Psychoanalytische Vereinigung‹ gegründet, nachdem sich bereits früher – 1908 in Salzburg – die Ortsvereinigungen zusammengefunden hatten. 1908 war es auch zur Gründung des ersten psychoanalytischen Periodikums, des *Jahrbuchs für psychoanalytische und psychopathologische Forschungen*, gekommen, von dem insgesamt fünf Bände vorliegen. Sein Erscheinen wurde bei Ausbruch des Ersten Weltkriegs eingestellt.

Noch ein zweites äußeres Ereignis hat Freud sehr beeindruckt. Im Jahre 1909 lud ihn Granville Stanley Hall, Professor der Psychologie und Präsident der Clark University in Worcester, Massachusetts, zur Beteiligung an der Feier anläßlich des zwanzigjährigen Bestehens der Universität ein. Diese Aufforderung kam für Freud gleichfalls gänzlich unerwartet. In Worcester hielt er fünf Vorträge und wurde zum Ehrendoktor ernannt. Ehrungen und Anerkennungen, die ihm auf dieser Reise zuteil wurden, erschienen Freud, von der mitteleuropäischen akademischen Welt fast einhellig abgelehnt oder ignoriert, »wie die Verwirklichung eines unglaubwürdigen Tagtraumes«[23]. Trotzdem behielt er bis an sein Lebensende ein Vorurteil gegen Amerika.

Das dritte Ereignis, das man als äußeres Zeichen einer günstigen Veränderung im Schicksal der Psychoanalyse ansehen darf, betrifft den Entschluß Lou Andreas-Salomés, Psychoanalytikerin zu werden. Lou Andreas-Salomé zählte damals zu den bekanntesten deutschsprachigen Schriftstellerinnen. Sie war die einzige Frau, der sich Friedrich Nietzsche eine Zeitlang zugewandt hatte. Dies allein hatte ihr, als Nietzsche berühmt wurde, eine hervorragende Stellung gegeben ebenso wie ihre langjährige Verbundenheit mit Rainer Maria Rilke. Lou Andreas-Salomé kam 1911, damals fünfzigjährig, nach Wien. Sie wurde Schülerin Freuds und übte die Psychoanalyse bis an ihr Lebensende aus. Ihre freundschaftliche Beziehung zu Freud dauerte ungetrübt bis zu ihrem Tode[24].

Wir befinden uns nun in einer Zeitphase, in der uns ein ganz anderer Freud entgegentritt, als wir ihn aus seinen Sturm- und Drangjahren kennen. Die schweren inneren Krisen verebbten mit dem Abschluß der Selbstanalyse. Leidenschaftlichkeit und Unruhe jener Jahre waren strenger Disziplin, Selbstbeherrschung und äußerer Ruhe gewichen. Die aus dem Jahre 1926 stammende Radierung Ferdinand Schmutzers zeigt Freud, wie er der Allgemeinheit im allmählichen Aufstieg zum Weltruhm bekannt wurde: ein unergründliches Antlitz, aus dem die Augen forschend, wissend und verstehend blicken; ein Antlitz, das vor den tragischen Erscheinungen dieser Welt nicht zurückschreckt, das überhaupt nicht mehr erschrecken kann und dem auch die Verzweiflung, trotz des Ausdrucks von Trauer, fremd ist; ein gebändigtes Antlitz mit einem leisen Anflug jenes olympischen Zugs, den Goethe so gerne der Welt zeigte. Dies aber ist bloß *ein* Aspekt der reifen Persönlichkeit Freuds. Hinter der Selbstbeherrschung, der skeptischen Distanziertheit des Forschers regten sich starke Affekte wie eh und je.

Es hat sich nämlich gezeigt, daß die Jahre der »splendid isolation«, wie Freud einmal die Zeit seiner fast völligen Einsamkeit nannte[25], nicht nur nachteilig gewesen waren. Nachdem er nun der Begründer einer Schule geworden war, stellten sich neuartige Probleme. Einige der Forscher, die bei ihm jahrelang in psychoanalytischer Theorie und Technik geschult worden waren, begannen allmählich Lehren und Hypothesen zu entwickeln, die von denen der Psychoanalyse gänzlich verschieden waren. Dabei wurden mühselig errungene Grunderkenntnisse Freuds preisgegeben. Die Trennung von solchen Mitarbeitern erwies sich schließlich als unabweisbar.

Die Hauptfigur der ersten Spaltung dieser Art war Alfred Adler, der spätere Begründer der sogenannten »Individualpsychologie«. Freud schätzte anfänglich Adlers neue Theorie, welche die Minderwertigkeit der Organe und deren Bedeutung für das Seelenleben in den Mittelpunkt stellt, und setzte sich auch dafür ein, daß Adler zum Vorstand der Wiener Psychoanalytischen Vereinigung gewählt wurde und zusammen mit Stekel das 1910 gegründete *Zentralblatt für Psychoanalyse* herausgab. Die neuen Theorien entfernten sich aber mehr und mehr von der Psychoanalyse, und endlich verließ Adler 1911 nach langen und heftigen Diskussionen die Vereinigung. In Wien genoß er später, besonders unter sozialistisch orientierten Intellektuellen, große Popularität. Im Unterschied zu Freud war es ihm nicht so sehr um eine wissenschaftliche Psychologie zu tun, er bemühte sich vielmehr um praktische Menschenkenntnis, die im Alltagsleben, also in Erziehung, Hygiene, Sozialarbeit usw., unmittelbar anwendbar sein sollte. Dies erklärt seinen bedeutenden Erfolg. Für die Psychoanalyse mit ihren komplizierten Theorien und ihren gegen den gesunden Menschenverstand und viele tradierte Auffassungen verstoßenden Funden war eine ähnlich breite Anerkennung nicht zu erwarten.

Die zweite Spaltung wurde von C. G. Jung eingeleitet, dem führenden Analytiker der Schweiz und damaligen Präsidenten der Internationalen Psychoanalytischen Vereinigung – ein Ereignis, das Freud als eine schwere persönliche Kränkung erlebt hat[26]. Freud war zunächst von Jungs Persönlichkeit tief beeindruckt und von seiner überragenden wissenschaftlichen Begabung überzeugt gewesen. Er war entschlossen, Jung zu seinem Nachfolger zu machen und ihm noch zu Lebzeiten die Führung der psychoanalytischen Bewegung zu übertragen. Um 1912 begann Jung indessen Meinungen zu äußern, denen Freud nicht zustimmen konnte. So nahm Jung die vielen Bezüge auf den Inzest, die sich in der Mythologie nachweisen lassen, als symbolische Gleichungen rein geistiger Vorgänge. Jung hat nicht nur okzidentale und östliche Mystik erforscht, er war selber Mystiker, während Freud sich Zeit seines Lebens der Disziplin strenger wissenschaftlicher Empirie unterwarf; sein Vorgehen erwies sich letztlich als mit Jungs intuitiv-mystischen Interpretationen unvereinbar.

Auf dem Vierten Internationalen Psychoanalytischen Kongreß in München, 1913, trat klar zutage, daß die Differenzen sich nicht mehr überbrücken ließen. Auch Jung war zu dieser Ansicht gekommen; er legte die Präsidentschaft der Internationalen Psychoanalytischen Vereinigung im April 1914 nieder. Danach begründete er eine eigene Schule und nannte seine Lehre, die zumal unter Philosophen und Religionspsychologen großen Anklang fand, schließlich »Analytische Psychologie«.

Um Freud die mit solchen Kontroversen unvermeidlich verbundenen Belastungen zu erleichtern, hatte Jones, als die Sezession Adlers bereits vollzogen war und diejenige Jungs sich anbahnte, den Einfall, eine kleine Gruppe von Analytikern zu bilden, auf die Freud sich sollte verlassen können. Dieser Gruppe war in der psychoanalytischen Bewegung keine offizielle Stellung zugedacht; vielmehr sollte sie zurückgezogen ihre Arbeit tun und Freud bei allen in der Zukunft zu erwartenden Meinungsverschiedenheiten beistehen, ihm die Hauptlast der Polemik abnehmen. Später wurde diese Gruppe als »das Komitee« bekannt.

Freud war von diesem Vorschlag sehr angetan. Später schrieb er in einem Brief: »Meine drückende Zukunftssorge [. . .] stammt aus der Zeit, da die PsA [Psychoanalyse] auf meinen zwei Augen stand [. . .]. 1913 [. . .] hat sich das Komitee gebildet und die Aufgabe der Fortführung im richtigen Sinne auf sich genommen. Seitdem lebe ich leichter, sorgloser um die Dauer des Lebens.«[27] Diese Zuversicht Freuds aber erwies sich als nicht gerechtfertigt. Das Komitee bestand ursprünglich aus Abraham, Ferenczi, Jones, Rank und Sachs; 1919 wurde Eitingon aufgenommen. Das »Element von knabenhafter Romantik«[28], wie es Freud einmal nannte, das solche Zusammenschlüsse trägt, bewog ihn, den Mitgliedern eine griechische Gemme aus seiner Sammlung zu schenken, die jeder in einen goldenen Ring fassen ließ. Das Komitee nahm 1913 seine Arbeit auf; sie wurde jedoch schon wenig später durch den Krieg unterbrochen. Während des ersten Jahrzehnts der Nachkriegszeit leistete es dann allerdings ausgezeichnete Dienste. Später kam es zu Zwistigkeiten unter den Mitgliedern, und es zerfiel, wie es Gruppierungen dieser Art gewöhnlich zu ergehen pflegt. Auch in späteren Jahren gab es noch andere, wenn auch weniger folgenschwere Spaltungen; dazu zählt die Trennung Freuds von Rank.

Die Tatsache, daß Schüler und Mitarbeiter seinen Kreis verließen und eigene Schulen gründeten, trug Freud den Ruf einer autoritären, unduldsamen Persönlichkeit ein. Wenn man die überlieferten Dokumente und Briefe liest, so gewinnt man einen anderen Eindruck. Freud versuchte, Differenzen zwischen eigenen Funden und Forschungsergebnissen seiner Mitarbeiter möglichst gering anzuschlagen und den Umkreis dessen, was noch Psychoanalyse genannt werden kann, denkbar weit zu ziehen. Besonders die Briefe an Rank beweisen seine Toleranz. Als Ranks neue Theorie über das Geburtstrauma von den meisten Analytikern abgewiesen wurde, redete Freud ihm zu, sich diese Ablehnung nicht zu Herzen zu nehmen, da ja die Zukunft erweisen werde, wessen Hypothesen die richtigen seien. Die Briefe an den Schweizer Psychiater Ludwig Binswanger[29] – mit ihm war Freud bis ans Lebensende freundschaftlich verbunden, obwohl Binswanger als Psychoanalytiker strengster Observanz begonnen und sich allmählich so weit von der Psychoanalyse entfernt hatte, daß er heute als der Begründer der Daseinsanalyse gilt – beweisen, wie wenig sich Freud in seinen menschlichen Beziehungen von wissenschaftlichen Differenzen stören ließ, daß er im Grunde toleranter war, als man von ihm hätte erwarten können. Die Auseinandersetzung mit früheren Mitarbeitern verleitete Freud auch keineswegs dazu, seine Arbeitskraft in Polemik, die er verabscheute, zu verzetteln. Selbst seine Schrift ›Zur Geschichte der psychoanalytischen Bewegung‹[30] diente mehr der Verteidigung als dem Angriff, der Präzisierung des eigenen Standpunktes und der Darlegung der Gründe, warum er denen, die jetzt Gegner geworden waren, nicht folgen konnte.

Man kann, im Gegenteil, eher behaupten, daß die Kritik an der Psychoanalyse eine seine Produktivität steigernde Wirkung ausübte. Sie veranlaßte ihn, jene Gebiete, von denen behauptet wurde, seine Theorie könne sie nicht erhellen, immer genauer zu erforschen. Um die Grundstruktur der Geisteskrankheiten aufzuzeigen, unterzog er beispielsweise das Buch *Denkwürdigkeiten eines Nervenkranken*[31], in dem der Senatspräsident des

Dresdner Oberlandesgerichts, Daniel Paul Schreber, den Verlauf seiner Psychose schildert, einer psychoanalytischen Untersuchung[32]. Hier bot sich Freud die Chance, der Öffentlichkeit zugängliches biographisches Material zu benützen; er war also nicht gezwungen, sich ausschließlich auf persönliche Beobachtungen zu berufen, die er in der Abgeschiedenheit seines Ordinationszimmers gemacht hatte.

So schien jetzt alles im Leben Freuds sich günstig zu gestalten. Seine Lehre begann Fuß zu fassen und sich auszubreiten, und seine persönlichen Verhältnisse waren überaus harmonisch. Seine Frau hatte ihm sechs gesunde Kinder geschenkt. Von ihr und seiner Schwägerin Minna Bernays wurde er zärtlich umsorgt. Längst war Minna ein ständiges Mitglied der Freudschen Familie geworden, nachdem ihr Verlobter Ignaz Schönberg 1886 gestorben war; sie blieb unverheiratet.

Die Hoffnung auf eine ungestörte Zukunft zerschlug sich jedoch bald. Der Ausbruch des Ersten Weltkrieges brachte tiefgreifende Veränderungen. Die für die Weiterentwicklung der Psychoanalyse so bedeutsame Gruppe der Mitarbeiter wurde auseinandergerissen, der Kontakt mit den im Ausland lebenden Psychoanalytikern brach jäh ab. Die meisten Wiener Kollegen wurden eingezogen und von ihrer psychoanalytischen Arbeit ferngehalten. Es schien fraglich, ob die beiden führenden psychoanalytischen Zeitschriften, *Internationale Zeitschrift für ärztliche Psychoanalyse* und *Imago*, überhaupt würden weiter erscheinen können. Auch Freuds persönliche Umstände gestalteten sich sehr ungünstig. Seine drei Söhne wurden einberufen, zwei kämpften ständig an der Front, der älteste war lange Zeit vermißt, bis sich herausstellte, daß er in italienische Kriegsgefangenschaft geraten war. Die Patientenzahl verminderte sich, und Ersparnisse mußten für den Lebensunterhalt verbraucht werden.

Anfangs übten die Kriegsverhältnisse auf Freuds Produktivität keine hemmende Wirkung aus. Im Jahre 1915 schrieb er seine grundlegenden Beiträge zur ›Metapsychologie‹. In dem von Freud mit diesem Ausdruck bezeichneten Gebiet sollten die Ergebnisse der psychoanalytischen Forschung in der denkbar abstraktesten Form, auf hohem theoretischem Niveau dargestellt werden, ein ungemein schwieriges Unterfangen.

Aber die immer bedrohlicher werdende Not begann sich schließlich doch auf die Stimmung zu legen. Im ungeheizten Zimmer in den Winterrock gehüllt, wurde Freud das Schreiben immer schwerer. Im November 1917 bemerkte er in einem Brief an Ferenczi: »Ich habe viel gearbeitet, bin abgenützt und fange an, die Welt abstoßend ekelhaft zu finden [. . .]. Manchmal muß ich lange kämpfen, bis ich meine Überlegenheit wiedergewinne.«[33] Ende 1917 finden wir in einem Brief an Abraham folgende Notiz: »Mit dem Schreiben bin ich, wie mit vielem anderem, gründlich verfeindet.«[34] Und Jones, Freuds Biograph, schreibt: »Im Jahre 1917 waren Freuds Erwartungen in bezug auf die Zukunft seines Lebenswerks auf den Tiefpunkt gesunken.«[35]

Mit dem Kriegsende schien sich aber auch das Schicksal der Psychoanalyse wieder aufzuhellen. Während des Krieges war eine große Zahl von Soldaten an traumatischen Neurosen (auch »Kriegsneurosen« genannt) erkrankt und dienstuntauglich geworden. Die offizielle Psychiatrie bekämpfte diese »Seuche« vergeblich mit elektrischen Behandlungen. Dagegen hatten manche Analytiker bei der Therapie von solchen Kriegsneurotikern außergewöhnliche Erfolge verzeichnen können, was bekannt geworden war. Als auf Betreiben Abrahams im Herbst 1918, also kurz vor dem Zusammenbruch, in Budapest der Fünfte Internationale Psychoana-

lytische Kongreß stattfand, beteiligten sich offizielle Vertreter der mitteleuropäischen Regierungen. Der Kongreß war ein großer Erfolg, und unter dem Eindruck des öffentlichen Interesses an der Psychoanalyse faßte
Freud wieder Mut.

Kurz nach Kriegsende – die zermürbende Sorge um das Leben der Söhne
war zwar von ihm genommen, aber auf Österreich lasteten noch Not und
Hoffnungslosigkeit – erlitt Freud zwei schwere Verluste.
Anton von Freund starb Anfang 1920 im Alter von vierzig Jahren. Er war
ein reicher Budapester Bierbrauer gewesen und hatte sich durch großzügige Spenden viele Verdienste um die Psychoanalyse erworben. Sein vor-
zeitiger Tod war für Freud, der ihm auch persönlich nahestand, ein schwerer Verlust. Zwei Jahre zuvor hatte sich von Freund einer Operation un-
terziehen müssen, bei der eine bösartige Geschwulst entfernt worden war.
Die Unsicherheit, wie lange er noch zu leben habe, führte zum Ausbruch
schwerer neurotischer Symptome, die Freud 1918/19 erfolgreich behandelte. Da jederzeit die Möglichkeit eines Rezidivs bestand, beschloß von
Freund, testamentarisch sein Vermögen philanthropischen Zwecken zu
überschreiben. Er stellte Freud eine beträchtliche Summe zur Verfügung,
die später, trotz Entwertung, die Gründung des Internationalen Psychoanalytischen Verlags ermöglichte. Zunächst war das Befinden von
Freunds wechselhaft. Seit Herbst 1919 aber verschlechterte es sich zuse-
hends. Freud besuchte den Todkranken täglich. Am 20. Januar starb er.
Vier Monate später schrieb Freud an Ferenczi, dieser Verlust habe entscheidend dazu beigetragen, daß er sich nun alt werden fühle[36].
Am Tage der Beerdigung Anton von Freunds erreichte Freud die Nachricht, daß seine mittlere, damals siebenundzwanzigjährige Tochter Sophie, die sieben Jahre zuvor nach Hamburg geheiratet hatte und mittlerweile Mutter zweier Kinder geworden war, an der grassierenden gefährli-
chen Grippe schwer erkrankt war. Die Umstände der Nachkriegszeit hinderten die Eltern daran, sofort nach Hamburg zu reisen; am 25. Januar
starb Sophie. Freud, der seine Gefühle ebensowenig vor sich selbst wie
vor den ihm Nahestehenden verheimlichte, merkte, daß er nicht ganz so
reagierte, wie es zu erwarten gewesen wäre. Trotz aller Erschütterung
scheint es nicht zur vollen Entfaltung der Trauerarbeit gekommen zu sein.
Sechs Jahre später, als Ludwig Binswanger ihm den Tod seines achtjähri-
gen Sohnes anzeigte, kam Freud in seiner Antwort noch einmal auf den
Verlust Sophies zu sprechen: »Es ist richtig, ich habe eine geliebte Tochter im Alter von 27 Jahren verloren, aber dies vertrug ich merkwürdig gut.
Es war das Jahr 1920, man war zermürbt durch das Kriegselend, durch
Jahre darauf vorbereitet zu hören, daß man einen Sohn oder gar drei
Söhne verloren hat.«[37] Es handelte sich also damals offenbar um eine Er-
schöpfung des Trauerpotentials nach langer, zehrender Sorge um das Le-
ben der Söhne.

Ist dies aber die ganze Erklärung? Um diese Zeit befand sich Freud nämlich bereits im vollen Aufschwung einer seiner produktivsten Lebenspha-
sen, und es gehört wohl zur Eigenart des Genies, daß kräftezehrende
Schaffensprozesse die Intensität des persönlichen Lebens vermindern. Im
Juli 1920 beendete er seine Schrift *Jenseits des Lustprinzips*[38], in der er die
biologische Grundlage der Psychoanalyse ausgebaut und seine kühnste
Konstruktion, die des Todestriebes und des Wiederholungszwanges, vorgelegt hat. Im März des folgenden Jahres hatte er *Massenpsychologie und
Ich-Analyse*[39] abgeschlossen. Hier legte Freud das Fundament für eine

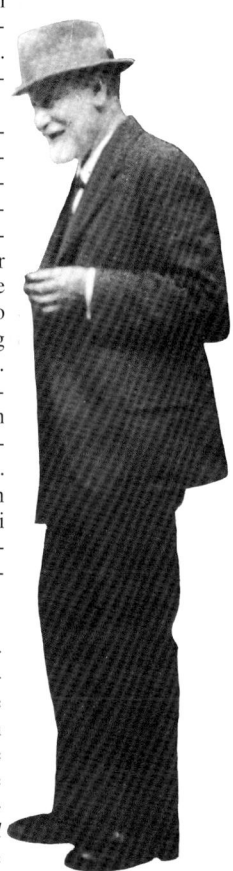

Psychologie sozialer Prozesse, indem er zeigte, wie die psychische Struktur des einzelnen reagiert, sobald er Teil einer Masse wird.

Der Höhepunkt dieser Schaffensperiode war indessen das Buch *Das Ich und das Es*[40]. Nach der darin entwickelten neuen Theorie haben wir uns die psychische Struktur des einzelnen aus Ich, Über-Ich und Es zusammengesetzt vorzustellen. Das Es meint ungefähr jenen Bereich, der in Freuds früheren Werken etwas unbestimmt als »das Unbewußte« bezeichnet wird. Es umfaßt alle Triebregungen und alles Verdrängte, also den Kern dessen, was man umgangssprachlich das Irrationale, das Dämonische oder auch das Animalische und Böse im Menschen zu nennen pflegt. Das Über-Ich steht dagegen für sittliche Gebote, Tradition, ästhetische und moralische Prinzipien. Ihm sind auch die Funktionen des Gewissens und der Selbstbeobachtung zuzuschreiben. Es bildet sich ursprünglich aus Identifizierungen des Kindes mit den Eltern, von denen das Kind lernt, was gutgeheißen wird und was als verwerflich gilt. Das Ich, die dritte Instanz, nun wird einerseits von den triebhaften Es-Impulsen und andererseits von den ihnen opponierenden Verboten des Über-Ichs bedrängt, und eine harte, unnachgiebige Realität verlangt überdies vom Ich Anpassung. Ausgestattet mit einer Vielzahl von Funktionen, z. B. Wahrnehmung, Denken und Gedächtnis, entwickelt das Ich, um den Durchbruch verbotener Wünsche zu verhindern, ein Arsenal von Abwehrmechanismen wie Verdrängung, Identifizierung, Verschiebung, Isolierung, Verleugnung und viele andere mehr. Es versucht, das Verdrängte aus dem bewußten Bereich fernzuhalten, und läßt in Gestalt von Tagträumen und Phantasien nur seine Abkömmlinge zu. Es muß Kompromißlösungen finden. Wenn es dem Ich gelingt, in ein und derselben Handlung das Es einigermaßen zu befriedigen, dem Über-Ich Genüge zu tun und dem Anspruch der äußeren Realität Rechnung zu tragen, dann hat es das Beste getan, dessen es fähig ist.

Schritt für Schritt hatte Freud also ein theoretisches System entwickelt, das die gesamte Persönlichkeit umfaßt und in dem alle Erscheinungen der Normalpsychologie wie auch der Psychopathologie ihren Platz finden. Das Forschungsfeld der Psychoanalyse hatte sich somit weit über den Anfangsbereich hinaus ausgedehnt. Aus einer medizinischen Lehre von der Heilung neurotischer Symptome war im Zeitraum dreier Jahrzehnte ein Instrument geworden, mit dem tiefe Einsichten in den Aufbau der Persönlichkeit gewonnen werden konnten: eine allgemeine Wissenschaft von den seelischen Prozessen.

Im Erscheinungsjahr von *Das Ich und das Es* traf Freud abermals ein schmerzlicher Verlust. Der jüngere Sohn seiner Tochter Sophie war nach deren Tod Freuds ältester Tochter, Mathilde Hollitscher, übergeben worden. Sie lebte in Wien, und so wurde Freud der kleine, besonders aufgeweckte Enkel sehr vertraut. Der alternde Mann faßte eine tiefe Zuneigung zu dem Kinde. Unerwartet erkrankte es, und bald stellte sich heraus, daß es einer unheilbaren Miliartuberkulose erliegen würde. Freud hat diesen Verlust nie verwinden können, und sechs Jahre später, an dem Tage, an dem Sophie sechsunddreißig Jahre alt geworden wäre, bezog er sich in einem Brief an Binswanger noch einmal auf dieses schmerzliche Ereignis. Er antwortete auf Binswangers Nachricht vom Tode seines ältesten Sohnes: »Man weiß, daß die akute Trauer nach einem solchen Verlust ablaufen wird, aber man wird ungetröstet bleiben, nie einen Ersatz finden. Alles, was an die Stelle rückt, und wenn es sie auch ganz ausfüllen sollte, bleibt doch etwas anderes. Und eigentlich ist es recht so. Es ist die

einzige Art, die Liebe fortzusetzen [. . .].«[41] Schon unter dem Eindruck
der Todeskrankheit des Enkels hatte Freud geklagt, es sei ihm alles entwertet[42]. Und einen Monat nach dem Tode bekannte er in einem Brief an
Ferenczi, daß er zum ersten Male in seinem Leben an einer Depression
leide[43].

Ganz anders verhielt sich Freud, als nach der Entfernung einer Geschwulst an seinem Oberkiefer die Diagnose Krebs gestellt wurde, als
jene lange, qualvolle Leidenszeit begann, die erst sechzehn Jahre später
enden sollte. Bereits im Jahre 1917 hatte Freud eine Zeitlang an einer
schmerzhaften Gaumenschwellung gelitten; er dachte damals schon an
die Möglichkeit eines Karzinoms. Da aber die Schwellung aufgetreten
war, nachdem er wegen Zigarrenmangels vorübergehend das Rauchen
eingestellt hatte, und sofort wieder verschwand, als er von neuem damit
begann, hielt er das Symptom für psychogen.

Im Februar 1923 entdeckte Freud an der rechten Seite seines Gaumens
eine Geschwulst, die entfernt werden mußte. Dem ersten chirurgischen
Eingriff folgten zweiunddreißig weitere Operationen. Schon ein halbes
Jahr später nahm Professor Hans Pichler, ein hervorragender Wiener
Kieferchirurg, eine radikale Operation vor: Kiefer und Gaumen der erkrankten Seite wurden entfernt. Es war ein furchtbarer Eingriff, der
chronische Folgen zeitigte und die Vitalsphäre berührte. Der Knochende-
fekt erforderte eine Prothese von erschreckender Größe. Sie erhielt den
Namen »das Ungeheuer«, und der Patient befand sich in einem ständigen
Kampf mit ihr: es war schmerzhaft, sie zu entfernen und wieder einzuset-
zen. Sie mußte festsitzen, um den durch die Operation entstandenen
Hohlraum abzuschließen; dadurch reizte sie aber das umliegende Gewe-
be, setzte Wunden und verursachte manchmal unerträgliche Schmerzen.
Zahlreiche Fachleute wurden konsultiert. Einmal reiste Freud nach Berlin, um sich dort eine neue Prothese anpassen zu lassen, ein andermal
wurde ein Professor aus Harvard, der sich gerade in Europa aufhielt, dazu
bewogen, sich der Prothese anzunehmen. Er arbeitete zwanzig Tage daran, aber vergebens. Nichts konnte das Leben wieder erträglich machen.
Sprechen und Nahrungsaufnahme waren erheblich erschwert, ebenso der
Zigarrengenuß, der anscheinend die Krankheit verursacht hatte. Das
Rauchen war für Freud aber längst eine Notwendigkeit geworden, und er
konnte jeweils nur für kurze Zeit darauf verzichten.

In Briefen berichtete Freud gelegentlich nüchtern von seiner Krankheit.
Er klagte nie. Aber sie gab ihm Anlaß, Gedanken über seine Einstellung
zu Leben und Tod zu äußern. Gewöhnlich hinterläßt eine Krebsdiagnose
bei den Patienten das lähmende Gefühl, jederzeit den Tod erwarten zu
müssen. Im Denken und Fühlen Freuds nahmen dagegen die Leiden des
Augenblicks im Vergleich zu den großen allgemeinen Fragen eine unter-
geordnete Stelle ein. Offenbar verfügte er über eine ungewöhnliche seelische Widerstandskraft gegen körperliche Schmerzen. Er nahm nur selten
und stets nur leichte schmerzstillende Mittel. 1926 schrieb er an Eitingon:
»Ich sehe einen Triumph darin, wenn man sein klares Urteil unter allen
Umständen bewahrt [. . .].«[44]

Die Integrität seiner Person, garantiert durch die Klarheit von Bewußtsein und Urteil, scheint Freud der höchste Wert gewesen zu sein, den er,
solange er lebte, unter keinen Umständen preisgeben wollte. Und die Bereitschaft, für ihn Opfer zu bringen, eher Schmerzen zu erdulden, die anderen als unerträglich erschienen wären, als sich der menschlichen Würde, der Intaktheit der Person zu begeben, ist ohne Zweifel ein bedeutsamer Aspekt seiner Kreativität.

Seine furchtlose Einstellung zum Tode, seine bis zum Ende durchgehaltene Ablehnung der Religion, auch des von ihr vermittelten Trostes – also seine Festigkeit, den Prozeß des Sterbens akzeptieren zu können, ohne psychisch die Flucht zu ergreifen, zeigt, daß in Freud Wirklichkeit geworden war, was die Antike als das eigentliche Ziel des Philosophen forderte.

Tragisch und qualvoll, wie jene Jahre nach dem Verlust des geliebten Enkelkindes und dem Ausbruch der verheerenden Krankheit gewesen sein müssen, sie entbehrten doch nicht des Glanzes. 1936 wurde Freud zum korrespondierenden Mitglied der ›Royal Society‹ ernannt, neben dem Nobelpreis die höchste Ehrung, deren ein Wissenschaftler teilhaftig werden kann. Er erlebte nun den internationalen Aufstieg der Psychoanalyse, die sich allmählich von seiner Person ablöste und objektiviertes Kulturgebilde bewährte, als legitimer Teil der Natur- und Sozialwissenschaften.
Zwei der großen Figuren des Jahrhunderts, Thomas Mann und Albert Einstein, anerkannten die Bedeutung seiner Leistung. Andere Dichter wie Hermann Hesse, Romain Rolland, Arthur Schnitzler, Arnold Zweig, Stefan Zweig und Franz Werfel wurden Freunde oder traten in nähere Beziehung zu ihm. Daß es gerade die Dichter waren, die ihn schätzten und in seinen Werken die seelischen Schicksale der von ihnen erschaffenen Gestalten wiederfanden, bedeutete für Freud eine unvorhergesehene Bestätigung, die bei weitem die Ablehnung durch medizinische und akademische Kreise aufwog.
1930 wurde Freud eine gleichfalls unerwartete Ehre zuteil. Die Stadt Frankfurt verlieh ihm den Goethe-Preis. Er konnte wegen seiner Krankheit die Ehrung nicht persönlich entgegennehmen. So verlas seine Tochter Anna seine Ansprache im Goethehaus. Sie vertrat ihren Vater auch in Freiberg, als dort 1931 an seinem Geburtshaus eine Gedenktafel angebracht und eine Straße nach ihm benannt wurde.
Gewiß wird Freud alle diese Ereignisse als eine späte Genugtuung erlebt haben, aber seine innere Entwicklung hätte sich nicht wesentlich anders gestaltet, wären sie ausgeblieben. Schon in frühen Jahren hatte er sich an den Gedanken persönlicher Erfolglosigkeit gewöhnt. So meinte er einmal: »[. . .] die Wissenschaft aber würde zu meinen Lebzeiten keine Notiz von mir nehmen. Einige Dezennien später würde ein anderer unfehlbar auf dieselben, jetzt nicht zeitgemäßen Dinge stoßen, ihre Anerkennung durchsetzen und mich so als notwendigerweise verunglückten Vorläufer zu Ehren bringen.«[45]
Der Glanz, der über seinen letzten Lebensjahren lag, ging in Wirklichkeit von seiner Tochter Anna aus. Und dies mag Anlaß geben, über Freuds Beziehung zu Frauen ein Wort zu sagen.

Freud gehört zu den wenigen Großen, deren Beziehungen zu Frauen vom Glück begünstigt waren. Dramatische Konflikte mit ihnen oder feindselige Abschließung gegen sie – Phänomene, die im Leben des Genies eher die Regel als die Ausnahme sind – waren ihm fremd. Ohne Zweifel hatte er eine besonders harmonische Beziehung zu seiner Mutter. Sie war keine außergewöhnliche Frau; aber sie muß das Kind zutiefst verstanden haben, denn unter ihrer Obhut hat es sich voll entfalten können. Dabei darf man nicht vergessen, daß derart glückliche Verläufe nicht immer das ausschließliche Verdienst der Mutter, sondern oft auch eine Folge jenes Charmes sind, der von hochbegabten Kindern ausstrahlen kann und auf den dann die Mutter mit besonderer Zuwendung antwortet. Wenn man dem frühen Portrait trauen darf, muß Freud ein bestrickender Junge gewesen sein. Seine starke Bindung an die Mutter hat er jedenfalls zeitlebens nicht verloren. Als sie starb, schrieb er an Ferenczi: »Ich durfte ja nicht sterben, solange sie am Leben war, und jetzt darf ich.«[46] Die Mutter war also gleichsam die Brücke zum Leben, und erst ihr Tod eröffnete den Weg zum eigenen Sterben.

Martha Bernays scheint für Freud so etwas wie die ideale Braut und Frau gewesen zu sein. Hingebungsvoll ertrug sie die Entbehrungen der langen Verlobungszeit sowie Freuds damals häufige Ausbrüche von Eifersucht und Pessimismus. Die Sturm- und Drangjahre des jungen Forschers dürften für sie nicht leicht zu ertragen gewesen sein. Es ist auch ihr Verdienst, daß sie über die Dauer der Verlobungsjahre Freuds ganzes Interesse und ungeteilte Zuneigung an sich zu fesseln vermochte. Umgekehrt spricht es für seine Loyalität und Liebesfähigkeit, daß er totz jahrelanger Trennung und leidenschaftlichen Verlangens seine Wahl nie bereute oder seiner Braut Anlaß zu Eifersucht gegeben hat.

Manche der Briefe, die er ihr, häufig täglich, schrieb, werden in zukünftigen Anthologien großer Liebesbriefe ihren Platz finden. Nach ihrer vollständigen Veröffentlichung werden sie überdies die wichtigste biographische Quelle für das Verständnis der Persönlichkeit Freuds sein und Einblicke gewähren in die komplizierten psychischen Prozesse während jener schweren Lebenskrise[47].

Auch in der Ehe bewährte sich Martha Bernays; sie umgab Freud mit der Behaglichkeit eines harmonischen Familienlebens, ohne je seinen Schaffensprozeß zu stören. Dabei orientierte sie sich offensichtlich am Ideal bürgerlicher Ehe: sie widmete sich ausschließlich Kindern und Haushalt und stand dem Berufsleben des Mannes fern. Ihre jüngere Schwester Minna hat offenbar intensiver an Freuds intellektueller Arbeit Anteil genommen.

In der späteren Lebenszeit konzentrierte sich Freuds Bedürfnis nach menschlicher Bindung mehr und mehr auf seine Tochter Anna. Es ist fraglich, ob er die außerordentlichen Belastungen der letzten fünfzehn Jahre hätte so beispielhaft ertragen können, wäre sie ihm nicht Ersatz und Ergänzung gewesen. Noch einmal fand Freud den idealen Partner. Zu seiner Überraschung erwies sich die Tochter auch als hervorragende Mitarbeiterin. Ohne Schmälerung der eigenen Originalität und Individualität integrierte Anna Freud ihres Vaters Werk. Schon ihre frühesten Publikationen zeigen ihre Unabhängigkeit. Es waren ihre liebende Fürsorge und Krankenpflege, die es Freud ermöglichten, die von ihm so gefürchtete Altersgebrechlichkeit ohne allzu schwere innere Konflikte auszuhalten. »Was an mir noch erfreulich ist, heißt Anna«, schrieb er an Lou Andreas-Salomé[48]. Und seiner anderen Lieblingsschülerin, Marie Bonaparte, gestand er ein halbes Jahr vor seinem Tode: »[. . .] ich werde immer unselbständiger und abhängiger von ihr.«[49]

Freud hat nicht selten in seiner Beziehung zu Frauen ein Stück Mythologie erlebt. Siebenundzwanzigjährig schrieb er von Martha als von Cordelia[50]; als er neunundsiebzig Jahre alt war, nannte er seine Tochter »meine treue Anna-Antigone«[51]. In ihr erstand blühend und zukunftsverheißend, was der Altersprozeß in ihm selbst langsam und unwiderruflich vernichtete. Auf diese Weise konnte sich die Vorstellung des nahenden Todes als der endgültigen Zerstörung der eigenen biologischen Existenz in die freundliche Vision des Fortlebens im Schaffen des geliebten anderen verwandeln.

Haben Krankheit und Altern Freuds Produktivität beeinträchtigt? Er
selber dachte es. 1935 schrieb er an Arnold Zweig: »Seitdem ich nicht
mehr frei rauchen kann, will ich auch nichts mehr schreiben – oder vielleicht bediene ich mich nur dieses Vorwands, um die vom Alter gebrachte
Unfähigkeit zu verschleiern.«[52] Dies muß in einem Augenblick vorüber-
gehender Verzagtheit niedergeschrieben worden sein, denn schon im
nächsten Satz berichtet Freud über eine neue Arbeit: »Der ›Moses‹ [das

Thema seines letzten Buches] gibt meine Phantasie nicht frei.« Gewiß
folgten nun Jahre, in denen er weniger publizierte, und ein Buch wie die
Traumdeutung wurde nicht mehr geschrieben. Die Alterswerke sind gedrängt, sie fassen zusammen. Aber nichts ist zu merken von einer Minde-
rung des schöpferischen Impetus, der Beobachtungsschärfe, der Reich-
weite des Gedankens. Man könnte vielleicht sagen: In der *Traumdeutung*
hat Freud fast alles über Entstehung und Sinn des Traumes dargelegt, was
jedenfalls über den psychologischen Aspekt des Phänomens überhaupt
ausgesagt werden kann; in den Spätwerken stehen dagegen viele Sätze,
die, jeweils für sich genommen und in ihrem Bedeutungsreichtum entfal-
tet, Stoff genug für ein ganzes Buch böten.
Seit 1930 sah Freud seine Aufgabe insbesondere darin, die Fruchtbarkeit
des neugewonnenen strukturellen Gesichtspunktes, der Ich-Psychologie,
zu erproben. Die erste Hälfte seines Oeuvres hatte er ja den klinischen
Erscheinungen gewidmet, welche mehr oder weniger gegen den Willen
des Ichs zum Vorschein kommen – vor allem in der Neurose, die als eine
Kapitulation der bewußten Ich-Intentionen bezeichnet werden könnte.
Zur Gruppe jener psychischen Phänomene, die mehr oder weniger
ich-unabhängig sind, gehören der Traum, die Fehlleistungen, das triebhafte Verlangen im allgemeinen, das sich so häufig gegen den Einspruch
des Ichs durchsetzt, sowie Affekte wie die Angst und Affektäußerungen
wie das Lachen. Die Untersuchung des Lachens hatte Freud zu seinem
Buch über den Witz[53] angeregt. Nach 1920 galt seine Aufmerksamkeit
nun vor allem der Frage, wie es dem Ich überhaupt gelingen könne, die
mannigfaltigen Aufgaben, die es zu erfüllen hat, zu bewältigen. Im Zen-
trum des Interesses stand jetzt das Problem der Abwehr.
An der Entstehung aller genannten Phänomene sind natürlich gleichermaßen Ich und Es beteiligt. Daß dies auch für den Traum gilt, hatte Freud
bereits 1900 nachgewiesen. In den Schriften bis 1920 erfährt der Leser
indessen mehr über das Ich-fremde als über das Ich selbst. In der Ausarbeitung der Ich-Psychologie zeigte Freud noch einmal seine ganze Originalität als Psychologe; denn jetzt konzentrierte er sich auf Phänomene,
die von der Wissenschaft keineswegs vernachlässigt worden waren, sie lagen nicht abseits der breiten Heerstraße der Forschung. Vielmehr zählten
viele Themen zu den traditionellen Gegenständen herkömmlicher Philosophie und Psychologie. Unter der Beobachtung und Analyse Freuds
aber offenbaren sie ganz neue Aspekte.
Auch kehrte Freud in seinen letzten Jahren, etwa in seinem Buch *Das
Unbehagen in der Kultur*[54], zu einem Lieblingsthema seiner frühen Zeit
zurück. Schon in den Anfängen der Psychoanalyse hatte ihn die Beziehung des einzelnen zur Gesellschaft interessiert. Er machte damals
Reformvorschläge zur Linderung der von der viktorianischen Moral ver-
ursachten sexuellen Not. Jetzt wandte er sich allgemeinen kulturtheoreti-
schen Problemen zu und suchte herauszufinden, warum die Anforderungen der Kultur den meisten Menschen offenbar mehr Leid als Glück
bringen.
Am Ende seines Lebens widmete er sich schließlich dem kühnen Unter-

fangen, psychoanalytische Gesichtspunkte auf die Geschichte des jüdischen Volkes anzuwenden. Schon früher hatte er sich mit historischen Ereignissen und Phänomenen beschäftigt. In *Totem und Tabu*[55] unterwarf er Frühformen religiösen Lebens, wie sie bei primitiven Völkern beobachtet werden, einer eingehenden Analyse und versuchte, den Ursprung des Schuldgefühls, das einen so entscheidenden kulturfördernden wie kulturgefährdenden Einfluß auf die Geschichte der Menschen genommen hat, zu erklären. Anhand eigener Beobachtungen an Zwangskranken und gestützt auf die Theorien Darwins und anderer, rekonstruierte er ein historisches Ereignis, von dem das Schuldgefühl seinen Anfang genommen haben könnte: In früheren Zeiten, als das gesellschaftliche Zusammenleben sich noch in der Form der Urhorde abspielte, sei der tyrannische und eigensüchtige Vater von seinen Söhnen ermordet worden.

In seinem letzten Buch, *Der Mann Moses und die monotheistische Religion*[56], nun wollte er unsere Aufmerksamkeit auf eine der Eigentümlichkeiten seines Volkes lenken, nämlich die Tatsache, daß es der erste dauernde Träger einer monotheistischen Religion geworden war. Das Moses-Buch wurde von den meisten Fachgelehrten abgelehnt. Lassen wir die Frage nach der historischen Richtigkeit dahingestellt – unbestreitbar ist die außerordentliche methodologische Bedeutung der großartigen Konstruktion jenes Spätwerks. Denn hier wird ein Weg gewiesen, die unbewußten Kräfte, die in der Geschichte eines jeden Volkes am Werke sind, einmal zu analysieren. Auf diese Weise könnte man eines Tages vielleicht erreichen, irrationales, fremd- wie selbstdestruktives Verhalten nationaler Gruppen einzudämmen und von Mal zu Mal durch rationales Verhalten zu ersetzen. So mag es sein, daß Freud in seinem letzten Werk eine Möglichkeit aufgezeigt hat, der größten Gefahr, welche der menschlichen Weltgemeinschaft heute droht, zu begegnen.

Trotz weltweiter Würdigung seiner Leistung fand Freud außerhalb seines eigenen Schülerkreises im offiziellen Wien bis zum Schluß wenig Anerkennung. Es war wahrscheinlich der vorübergehenden Auflockerung hierarchischer Strukturen nach dem Zusammenbruch der Monarchie zu danken, daß ihn im Jahre 1919 die Universität zum Titular-Ordinarius ernannte. Dabei blieb es dann auch. Als die Republik 1934 das alte, 1887 von Kaiser Franz Josef eingeführte »k. und k. österreichisch-ungarische Ehrenzeichen für Kunst und Wissenschaft« wieder verteilte, wurde es an Freud nicht vergeben. Ja, er wurde nicht einmal des Verdienstkreuzes, das man für »anerkennenswerte Leistungen« zuerkannte, für würdig befunden. Die Akademie der Wissenschaften nahm keinerlei Notiz von ihm.

Lediglich die Wiener sozialdemokratische Gemeinde stand Freud und der Psychoanalyse freundlich gegenüber. Vielleicht wollte sie sich aber nur dafür erkenntlich zeigen, daß Freud 1927 einen sozialdemokratischen Wahlaufruf unterschrieben hatte; jedenfalls überließ sie im Jahre 1928 der Psychoanalytischen Vereinigung nicht weit von Freuds Wohnung ein Grundstück; hier sollte ein psychoanalytisches Institut und Ambulatorium errichtet werden. Die Mittel für den Bau hätten allerdings von der Vereinigung selbst aufgebracht werden müssen. Freud soll damals scherzhaft bemerkt haben: »Die nackten Knie für die Bergpartie hätten wir nun«[57], wohl ahnend, daß er auf Wiener Boden nie ein mit öffentlichen Mitteln errichtetes psychoanalytisches Institut sehen würde. Bereits seit 1924 gab es allerdings das durch Eigeninitiative aufgebaute Lehrinstitut der Wiener Psychoanalytischen Vereinigung.

Wahrscheinlich hätte sich Freud, wie wir aus einem Brief wissen, über die Verleihung des Ehrenzeichens gefreut, und sicher wäre es ihm eine Genugtuung gewesen, hätte die Gemeinde Wien für den Bau eines Instituts und Ambulatoriums gesorgt. Solange der psychoanalytischen Lehre und Forschung keine ernsthaften Hindernisse in den Weg gelegt wurden, bedeutete es ihm gleichwohl nicht allzu viel. Denn zumindest das Fortbestehen der Psychoanalyse schien in Österreich vorerst als halbwegs gesichert.

Anders in Deutschland nach 1933. Weil ihr Begründer Jude war, aber auch ihrer revolutionären Inhalte wegen wurde die Psychoanalyse auf die schwarze Liste gesetzt. Bei den von den Nazis inszenierten Bücherverbrennungen wurden Freuds Werke symbolisch »der Flamme übergeben«. 1936 beschlagnahmte und vernichtete man in Leipzig die dort gelagerten Buchbestände des Internationalen Psychoanalytischen Verlags. Mit der wachsenden nationalsozialistischen Bedrohung Österreichs bestand bald auch Gefahr für Freud und seine Familie; seine im Ausland lebenden Freunde rieten ihm dringend, Wien zu verlassen. Freud lehnte dies zunächst entschieden ab. Der Gedanke an Flucht und Emigration schien ihm verhaßt. Als sich jedoch die Situation zuspitzte und Österreich im März 1938 besetzt wurde, kamen Marie Bonaparte und Ernest Jones nach Wien, um Freuds Ausreise zu betreiben. Aber es war wohl die Intervention des amerikanischen Botschafters in Paris, William C. Bullitt, die Freud rettete.

Am 15. März drangen SA-Männer in seine Wohnung ein. Freud trat ihnen, nachdem sie sich in einigen Räumen zu schaffen gemacht hatten, zornigen Auges entgegen. Ohne ein Wort zu sagen, schüchterte er sie offenbar durch seine bloße Gegenwart dermaßen ein, daß sie sich mit sechstausend Schillingen, die sie vorher konfisziert hatten, davonmachten. Daran knüpfte sich eine jener vielen köstlichen Anekdoten. Als ihm Anna Freud die Höhe des entwendeten Betrages nannte, stellte er lakonisch fest, er selbst habe nie so viel für *einen* Hausbesuch erhalten.

Am 22. März erschienen Gestapo-Leute in Freuds Wohnung. Nach einer gründlichen Hausdurchsuchung, bei der sie allerdings Freuds Arbeitsräume nicht betraten, gingen sie fort, nahmen jedoch Anna Freud mit. Die darauffolgende Wartezeit war qualvoll. Wäre ihr etwas zugestoßen, so nur weil sie eines berühmten Vaters Tochter war. Als Anna noch am selben Tag zurückkehrte, willigte Freud in die Auswanderung ein.

Die größte Schwierigkeit bestand nun darin, die Ausreiseerlaubnis zu erhalten. Nach drei Monaten zermürbenden Wartens wurde sie ihm erteilt. Es bleibt gleichwohl fraglich, was geschehen wäre, wenn Dr. Sauerwald, den die Nationalsozialisten als Kommissar für die Auflösung aller psychoanalytischen Einrichtungen eingesetzt hatten, nicht, anscheinend von der Persönlichkeit Freuds beeindruckt, inzwischen ein Beschützer der Familie geworden wäre. Eine alte Freundschaft Freuds war hier hilfreich gewesen. Sauerwald hatte bei Wilhelm Herzig, dem Ordinarius für Pharmakologische Chemie an der Wiener Universität, studiert und hegte Achtung und Verehrung für seinen früheren Lehrer. Und Herzig war auch Freuds lebenslanger Freund gewesen.

Daß Freud so lange in Wien ausgeharrt hatte, rettete das Leben vieler seiner Wiener Schüler. Weil man ihn aus außenpolitischen Rücksichten nicht verfolgen konnte, war es auch nicht möglich, seinen Schülern den Prozeß zu machen, und, bis auf Sadger, der es vorzog zu bleiben, entkamen alle.

Am 4. Juni konnte Freud, von seiner Frau und Anna begleitet, Wien verlassen. Mit ihnen reisten die Ärztin Josefine Stroß und Paula Fichtl, die langjährige Stütze und Betreuerin, die sich nicht von der Familie trennen wollte. Vier alte Schwestern mußten zurückbleiben. Sie wurden 1942 verschleppt und in Konzentrationslagern ermordet.

In Freuds Kurztagebuch steht unter dem Datum Samstag 3/6 die kurze Eintragung: »3 3/4 am Brücke von Kehl.« Es war der Augenblick, da nach aufreibenden Monaten Freiheit und Sicherheit endlich wieder eine Selbstverständlichkeit des Alltagslebens wurden. In Paris erwarteten Marie Bonaparte und Botschafter Bullitt die Reisenden. Sie verbrachten einen Tag im Haus der Prinzessin.

Am 6. Juni trafen sie in London ein. Auf der Nachtreise nach London träumte Freud, daß er in Pevensey lande. Dies war der Ort, an dem 1066 Wilhelm der Eroberer englischen Boden betrat. In London bereitete man ihm einen fast triumphalen Empfang. »[. . .] zum ersten Mal und spät im Leben habe ich erfahren, was Berühmtsein heißt«[58], schrieb er seinem Bruder.

Fünfzehn Monate noch konnte Freud sich der Freiheit und Schönheit Englands erfreuen, nach denen er sich seit seinem ersten Besuch im Jahre 1875 gesehnt hatte. Viele Gesten der Hochachtung und Ehrung haben diesen Monaten die Würde gegeben. Zu erwähnen ist in diesem Zusammenhang vor allem der Besuch der Sekretäre der ›Royal Society‹, deren Ehrenmitglied er, wie bereits erwähnt, war. Freud war zu gebrechlich, um im Haus der Society zu erscheinen und seinen Namen dort in das Ehrenregister einzutragen. So wurde das Buch zu ihm gebracht, eine Auszeichnung, die bislang nur dem König zuteil geworden war.

Viele bedeutende Persönlichkeiten kamen zu Besuch. Stefan Zweig brachte den Maler Salvador Dali mit, der von Freud eine Skizze machte. H. G. Wells, der Freud nahestand, versuchte, freilich vergeblich, für ihn die sofortige Verleihung der englischen Staatsbürgerschaft zu erreichen. Unterdessen schritt Freuds Krankheit unaufhaltsam fort. Am 8. September wurde er in London noch einmal von Pichler operiert.

Obwohl er sich von diesem Eingriff nicht völlig erholte und die Radiumtherapie, mit der man die Ausbreitung der Krankheit aufzuhalten suchte, sein körperliches Unwohlsein verschlimmerte, genoß Freud die kurze Lebenszeit in England. Der Garten seines Hauses mit einem prächtig blühenden Mandelbaum war eine Quelle des Entzückens. Daß es gelungen war, die Antiquitäten, die er seit Jahrzehnten gesammelt hatte und an denen er sehr hing, nach England zu bringen, half ihm, sich bald zu Hause zu fühlen. Auch die Arbeit wurde erneut aufgenommen. Die Hälfte des Tages widmete er vier Patienten; in den anderen Stunden setzte er eine in Wien begonnene Studie fort.

Am 23. September 1939, vor Mitternacht, starb Sigmund Freud in seinem Hause, 20, Maresfield Gardens. Am Vormittag des 26. September wurde er seinem Wunsche entsprechend im Krematorium Golder's Green eingeäschert. Seine Asche ruht dort in einer griechischen Lieblingsvase seiner Sammlung.

Die Psychoanalyse hat in der westlichen Welt seither weite Verbreitung gefunden, besonders in den Vereinigten Staaten, wo sie das psychiatrische Denken wie in keinem anderen Lande beeinflußte. Dabei hat sie unweigerlich auch eine Verwässerung erfahren. Über ihre Zukunft kann man nichts Sicheres sagen. Der Aufschwung der Chemotherapie läßt es möglich erscheinen, daß eines Tages alle Symptome psychischer Erkrankung pharmakologisch bekämpft werden können. Dies wäre keine Überraschung, Freud selbst hätte sich Ähnliches vorgestellt. Als ein Zweig der Psychologie indessen wird die Psychoanalyse ihren Platz behaupten. Die moderne Experimentalphysiologie des Traumes hat inzwischen viele Hypothesen der Freudschen Traumpsychologie bestätigt.

Aber noch immer wird die Psychoanalyse von vielen Seiten angegriffen und in Zweifel gezogen. Was die Zukunft an wirksamen Heilverfahren und neuen experimentellen Ergebnissen auch bringen mag, Freuds Werk wird dadurch nicht ungültig gemacht. Er hat mit seiner Methode des freien Einfalls ein dem Mikroskop vergleichbares Instrument geschaffen. Mit dieser Methode können psychische Prozesse beobachtet werden, die andernfalls unsichtbar blieben. Wer sich mit dem, was in seinem Unbewußten vor sich geht, vertraut machen, das heißt, wer sich selbst erkennen will, wird sich stets dieser Methode bedienen müssen. Auch ein Mensch, der sich von den Zufallserlebnissen seiner Kindheit verselbständigen und somit den höchsten Grad an innerer Freiheit erringen möchte, wird die Psychoanalyse nicht entbehren können. Das Werk Freuds enthält das ganze Panorama menschlicher Existenz, und es gibt kaum eine psychische Erscheinung, die er nicht in seine Beobachtung gezogen hätte.

Man kann sich über die Leistungen der meisten Wissenschaftler durch Lehrbücher anderer informieren. Wer indessen die Größe Freuds begreifen will, muß die Originalschriften lesen. Und diese Schriften haben, wie kaum das Werk eines anderen Forschers, eine allgemeine kulturelle Wirkung gezeitigt.

Insbesondere haben sie die Einstellung zum Kinde von Grund aus verändert. In der nachchristlichen Ära haben zwar aufklärerisch-humanitäre Geister immer wieder dazu aufgerufen, mit Kindern menschlicher umzugehen. Aber solche Appelle hatten, wenn überhaupt, nur kurzfristige Wirkung. Man wußte zu wenig von den Kindern. Nun war Freud weder Pädagoge noch Kinderpsychologe im heutigen Sinne des Wortes; aber beim Analysieren seiner erwachsenen Patienten gelang es ihm, Schritt für Schritt die psychischen Phasen der Kindheitsentwicklung zu rekonstruieren. Dadurch eröffneten sich ihm tiefe Einblicke in den Leidensweg, den jedes Kind zurückzulegen hat, bis es sich aus dem primitiven, fast animalischen Zustand des Neugeborenen zum erwachsenen Mitglied der Gesellschaft entwickelt. 1908 wandte sich der Vater eines fünfjährigen Knaben, der an einer Pferdephobie litt, an Freud. Der Mann selber war zwar nicht Psychoanalytiker, jedoch Mitglied jener frühen Gruppe, die sich um Freud versammelt hatte, also mit den Grundthesen der Psychoanalyse vertraut. So kam es zur ersten Kinderanalyse, in deren Verlauf der Vater, unter Anleitung Freuds, im Gespräch mit seinem Kinde die Gründe für dessen Angstzustand erforschte. Dabei geschah es wohl zum ersten Mal, daß ein Vater seinen Sohn lehrte, sich allmählich seine feindseligen Wünsche gegen den Vater und die begehrlichen für seine Mutter einzugestehen[59]. Die Durchleuchtung der infantilen Wünsche und das Verständnis für die Hilflosigkeit des Kindes gegenüber seiner eigenen Triebsphäre wie auch gegenüber den Ansprüchen der Erwachsenenwelt – eine Hilflosigkeit, die furchtbare Ängste auslöst, an die der Erwachsene sich infolge der die eigene Kindheit überlagernden Amnesie jedoch spontan nicht zu erinnern vermag –, haben eine bisher unerreichte Einfühlung in die kindliche Seele ermöglicht.

Mit Freuds Psychoanalyse ist aber auch die Kulturheuchelei wesentlich vermindert worden. Menschen können sich heute mit einer Ehrlichkeit einander eröffnen, die sich unsere Großeltern kaum hätten vorstellen können.

Schließlich hat die Anerkennung unbewußter Motive, die unter Umständen von einem Menschen völlig Besitz nehmen können, die Einstellung gegenüber den Geisteskrankheiten verändert. Weil es Freud gelungen ist, die besondere »Logik« zu enträtseln, die die unbewußte Gedankenwelt auch Gesunder beherrscht, verlor das Absurde und Paradoxe, das den Äußerungen und dem Benehmen Geisteskranker anhaftet, den Charakter des Unheimlichen, Fremdartigen und Sinnlosen. Heute kann der Psychiater mit einem psychotisch Kranken ein sinnvolles Gespräch führen, denn allererst die Kenntnis des Unbewußten hat dem Arzt das Verständnis selbst der scheinbar widersinnigsten Produktionen des Wahnsinns möglich gemacht.

Das Wissen von der Existenz des im Gesunden lediglich verdrängten Archaisch-Triebhaften verspricht nicht zuletzt auch eine Humanisierung des Umgangs mit Kriminellen.

Weiter muß hier der psychosomatischen Medizin gedacht werden, die sich mittlerweile zu einem eigenen Forschungszweig entwickelt hat. Schon bei der Untersuchung der Hysterie, die sich so häufig in körperlichen Symptomen äußert, hatte sich Freud die Frage gestellt, wie es möglich sei, daß seelische Störungen körperliche Abläufe so nachhaltig beeinflussen können. Ob Freud selber der Ansicht war, die heute von manchen Psychosomatikern vertreten wird, daß nämlich seelische Konflikte organische Krankheiten verursachen können, ist ungewiß. Aber es ist historisch richtig, daß die anhaltende Beschäftigung mit dem Unbewußten, die den Mittelpunkt einer jeden psychoanalytischen Behandlung bildet, das Fundament legte, auf dem die psychosomatische Medizin steht.

Wie groß auch die Wirkung sein mag, die Freuds Werk auf Psychiatrie und Allgemeinmedizin ausübte, sie wird von dem Einfluß, den es auf die Geisteswissenschaften nahm, übertroffen. Tatsächlich haben sich die Ansichten über die Entstehung von Kunst, Literatur und Religion durch die Psychoanalyse grundlegend geändert. Die damit zusammenhängenden äußerst komplexen Probleme können hier nur angedeutet werden. Ein Aspekt zeigt sich schon in jener ersten Arbeit, die Freud einem literarischen Produkt widmete[60]. Es gelang ihm darin nachzuweisen, daß die Träume, die der mit der Psychoanalyse nicht bekannte Schriftsteller Wilhelm Jensen in seiner Novelle *Gradiva* den Helden träumen läßt, genau den Regeln entsprechen, die er selber in seiner *Traumdeutung* aufgestellt hatte.

Wer Freuds Leben und Entwicklung verstehen will, mag sich zuletzt noch einmal den historischen Augenblick vergegenwärtigen. Wäre Freud fünfzig Jahre früher zur Welt gekommen, so hätte er sich ohne Zweifel nicht zum Entdecker der Psychoanalyse entwickeln können. Der viktorianische Zeitgeist bildete eine Voraussetzung für das Zustandekommen jenes intensiven Dialogs zwischen Therapeut und Patient über Probleme von größter Triebnähe.

Wichtiger ist in diesem Zusammenhang jedoch der Aufschwung der Naturwissenschaften in der zweiten Hälfte des Neunzehnten Jahrhunderts; der Bereich des Psychischen war allerdings ausgespart geblieben. Freud hatte als Student die exakte und verläßliche Handhabung naturwissenschaftlicher Methodik erlernt und war vom Geiste des Positivismus tief durchdrungen. Später bei der Behandlung der Nervenkranken mit der

Erfolglosigkeit hergebrachter Therapeutik konfrontiert, begriff er es als seine Lebensaufgabe, die weiße Zone, welche die Naturwissenschaften auf der Landkarte unseres Wissens vom Menschen hinterlassen hatten, auszufüllen.

Ferner muß die Emanzipation der Juden um die Mitte des Neunzehnten Jahrhunderts gewürdigt werden. Hätten sie damals noch keinen Zugang zu Universität und allen Bildungsmöglichkeiten gehabt, wäre Freuds Werk selbstverständlich niemals entstanden. Freud war gewiß nicht der einzige, dem der Aufstieg glückte. Es ist eindrucksvoll, wie viele Sprößlinge der ersten Generation emanzipierter Juden in Wien gerade auf dem Gebiet der Medizin Außerordentliches geleistet haben.

Gleichwohl genügen Hinweise auf jene begünstigenden historischen Faktoren nicht, wenn man den Versuch unternimmt, Freuds Genie zu erklären oder auch nur zu beschreiben. Schon der Rang seiner aus der voranalytischen Zeit stammenden Arbeiten muß bei der Bewertung ins Gewicht fallen. In seiner neurologischen Frühphase kam er ganz nahe an die Entdeckung der Neuronentheorie heran, und er erwies sich als hervorragender Kliniker, der die Kinderneurologie begründete.

Aber nicht nur das Werk trägt in der Weite seiner Thematik, der Tiefe seiner Einsichten und der sprachlichen Schönheit seiner Darstellung paradigmatische Züge. Dies gilt ebenso für Freuds Leben.

Nur wer flüchtig betrachtet, wird diese Biographie undramatisch und wenig bemerkenswert finden. In der Provinz wurde Freud geboren und dann in Schule und Universität der Landeshauptstadt großgezogen. Als junger Mann erwarb er sich eine akademische Stellung und wurde bei der Ausübung des ärztlichen Berufs auf Krankheitssymptome aufmerksam, für deren Erklärung und Heilung er eine neue Theorie und Methode, ein neues Fachgebiet schuf. Sein Leben verlief in bürgerlicher Ordnung und Pünktlichkeit, beherrscht durch »des Dienstes immer gleichgestellte Uhr«. Die strenge Tageseinteilung hielt er über Jahrzehnte aufrecht: tagsüber behandelte er Patienten, in den Nachtstunden verarbeitete er die wissenschaftlichen Ergebnisse der Praxis. Diese Lebensform teilte Freud mit vielen seiner Zeitgenossen. Auch in der Gestaltung seiner persönlichen Verhältnisse folgte er traditionellen Bräuchen. Er heiratete, führte eine streng monogame Ehe, zeugte Kinder, verbrachte seine Ferien, wie sie Leute seines Standes zu verbringen pflegten. Auch in dem, was man heute Hobby nennen würde – dem Tarock-Kartenspiel, zu dem sich über Jahrzehnte derselbe Freundeskreis jeweils am Samstagabend zusammenfand, dem Pilzesuchen, dem Freud sich während der Ferien mit Leidenschaft widmete –, hielt er sich an die üblichen, ja trivialen Gepflogenheiten der Entspannung.

Dies ist der Vordergrund von Freuds Leben. Dahinter aber spüren wir etwas vom titanischen Kampf eines Menschen, der, ungeachtet eigener Schwächen und Mängel, im Ringen um die Wahrheit unerschütterlich blieb und wie Jakob in Stunden von Verzagen und Verzweiflung ausgerufen haben mag: »Ich lasse dich nicht, du segnest mich denn.«

Anmerkungen

1
Vgl. Josef Sajner, ›Sigmund Freuds Beziehungen zu seinem Geburtsort Freiberg (Příbor) und zu Mähren‹, in: Clio Medica, Bd. 3, 1968, S. 167-80.

2
Freud, Briefe 1873-1939, hrsg. von Ernst und Lucie Freud, S. Fischer Verlag, Frankfurt am Main ²1968, S. 425; für ein Zitat aus diesem Brief vgl. den Text zu Abb. 294.

3
Freud, »Selbstdarstellung« (1925), zitiert nach der vollständigen Taschenbuchausgabe: »Selbstdarstellung«; Schriften zur Geschichte der Psychoanalyse, hrsg. von Ilse Grubrich-Simitis, Fischer Taschenbuch Verlag, Frankfurt am Main 1971, S. 40.

4
Freud, Briefe 1873-1939, aaO, S. 5ff.

5
AaO, S. 6.

6
Freud, Aus den Anfängen der Psychoanalyse; Briefe an Wilhelm Fließ, Abhandlungen und Notizen aus den Jahren 1887-1902, hrsg. von Marie Bonaparte, Anna Freud und Ernst Kris, S. Fischer Verlag, Frankfurt am Main 1962, S. 56.

7
Erna Lesky, Die Wiener Medizinische Schule im 19. Jahrhundert, Verlag Böhlau, Graz-Köln 1965, S. 396.

8
Josef Gicklhorn, ›Wissenschaftliche Notizen zu den Studien von S. Syrski (1874) und S. Freud (1877) über männliche Flußaale‹, in: Sitzungsberichte der Österreichischen Akademie der Wissenschaften, Mathematisch-Naturw. Kl., Abt. I, Bd. 164, Heft 1 und 2.

9
Freud, ›Nachwort zur Frage der Laienanalyse‹ (1927), G. W., Bd. 14, S. 290.

10
Freud, ›Über Coca‹ (1884), in: Centralblatt für die gesammte Therapie, Bd. 2, S. 289 ff.

11
Freud, Die Traumdeutung (1900), G. W., Bd. 2/3, S. 439.

12
Freud, Briefe 1873-1939, aaO, S. 158.

13
Freud, »Selbstdarstellung«, G. W., Bd. 14, S. 44.

14
Breuer und Freud, Studien über Hysterie (1895), G. W., Bd. 1, S. 77ff. (In diesem Band fehlen die Beiträge von Breuer: ›Anna O.‹ und ›Theoretisches‹. Sie sind in der Taschenbuchausgabe der Studien über Hysterie, Frankfurt am Main 1970, jedoch wieder zugänglich gemacht worden.)

15
Aus den Anfängen der Psychoanalyse, aaO.

16
G. W., Bd. 2/3. – Tatsächlich erschien das Werk Ende 1899, obgleich das Titelblatt der Erstausgabe, auf Wunsch des Verlegers, das Datum »1900« trägt.

17
Aus den Anfängen der Psychoanalyse, aaO, S. 277.

18
(1905), G. W., Bd. 5, S. 163ff.

19
(1901), G. W., Bd. 4.

20
(1905), G. W., Bd. 5, S. 29ff.

21
›Zur Geschichte der psychoanalytischen Bewegung‹, (1914), G. W., Bd. 10, S. 73.

22
Ernest Jones, Das Leben und Werk von Sigmund Freud, 3 Bde., Verlag Hans Huber, Bern und Stuttgart 1960-1962.

23
»Selbstdarstellung«, aaO, S. 78.

24
Sigmund Freud/Lou Andreas-Salomé, Briefwechsel, hrsg. von Ernst Pfeiffer, S. Fischer Verlag, Frankfurt am Main 1966.

25
›Zur Geschichte der psychoanalytischen Bewegung‹, aaO, S. 60.

26
Einzelheiten finden sich in Sigmund Freud/C. G. Jung, Briefwechsel, hrsg. von William McGuire und Wolfgang Sauerländer, S. Fischer Verlag, Frankfurt am Main 1974.

27
Vgl. Jones, aaO, Bd. 2, S. 188f.

28
AaO, S. 187.

29
Auszüge in: Ludwig Binswanger, Erinnerungen an Sigmund Freud, Francke Verlag, Bern 1956.

30
G. W., aaO.

31
Daniel Paul Schreber, Denkwürdigkeiten eines Nervenkranken, Oswald Mutze, Leipzig 1903; Neuausgabe: Ullstein, Frankfurt, Berlin, Wien 1973.

32
›Psychoanalytische Bemerkungen über einen autobiographisch beschriebenen Fall von Paranoia (Dementia paranoides)‹ (1911), G. W., Bd. 8, S. 240ff.

33
Vgl. Jones, aaO, Bd. 2, S. 233.

34
AaO, S. 230.

35
AaO, Bd. 3, S. 20.

36
AaO, S. 33.

37
Binswanger, aaO, S. 94.

38
G. W., Bd. 13, S. 3ff.

39
G. W., Bd. 13, S. 73ff.

40
(1923), G. W., Bd. 13, S. 237ff.

41
Freud, Briefe 1873-1939, aaO, S. 403.

42
AaO, S. 362.

43
Vgl. Jones, aaO, Bd. 3, S. 116.

44
Zitiert in Jones, aaO, S. 149.

45
›Zur Geschichte der psychoanalytischen Bewegung‹, aaO, S. 60.

46
Briefe 1873-1939, aaO, S. 418.

47
Die etwa fünfzehnhundert Dokumente befinden sich in den Sigmund Freud Archives der Library of Congress, Washington.

48
Freud/Andreas-Salomé, Briefwechsel, aaO, S. 222.

49
Briefe 1873-1939, aaO, S. 475.

50
AaO, S. 47.

51
AaO, S. 439.

52
AaO.

53
Der Witz und seine Beziehung zum Unbewußten (1905), G. W., Bd. 5.

54
(1930), G. W., Bd. 14, S. 421ff.

55
(1912/13), G. W., Bd. 9.

56
(1939), G. W., Bd. 16, S. 103ff.

57
Bisher nicht publiziert, mündliche Mitteilung.

58
Briefe 1873-1939, aaO, S. 464.

59
Vgl. ›Analyse der Phobie eines fünfjährigen Knaben‹ (»Der kleine Hans«) (1909), G. W., Bd. 7, S. 243ff.

60
Der Wahn und die Träume in W. Jensens ›Gradiva‹ (1907), G. W., Bd. 7, S. 31ff.

1 Karte der Österreichischen Monarchie, 1855[1]*

Ich bin am 6. Mai 1856 zu Freiberg in Mähren geboren, einem kleinen Städtchen der heutigen Tschechoslowakei. Meine Eltern waren Juden, auch ich bin Jude geblieben. Von meiner väterlichen Familie glaube ich zu wissen, daß sie lange Zeiten am Rhein (in Köln) gelebt hat, aus Anlaß einer Judenverfolgung im vierzehnten oder fünfzehnten Jahrhundert nach dem Osten floh und im Laufe des neunzehnten Jahrhunderts die Rückwanderung von Litauen über Galizien nach dem deutschen Österreich antrat.
›Selbstdarstellung‹.**

* Die Ziffern beziehen sich auf die ›Anmerkungen zum Bildteil‹ im Anhang.

** Für genaue Quellenangaben vgl. den Zitatnachweis im Anhang.

2 Freiberg (Příbor),
die Geburtsstadt
[. . .] aber des einen darf
ich sicher sein: tief in mir,
überlagert, lebt noch immer
fort das glückliche Freiberger
Kind, der erstgeborene Sohn
einer jugendlichen Mutter,
der aus dieser Luft, aus diesem Boden die ersten unaus-
löschlichen Eindrücke empfangen hat.
Brief an den Bürgermeister
von Příbor vom
25. 10. 1931.

Mit siebzehn Jahren [. . .]
bin ich zuerst wieder als
Gymnasiast zum Ferienauf-
enthalte in meinen Heimatsort
gekommen [. . .]. Ich weiß
sehr wohl, welche Fülle von
Erregungen damals Besitz
von mir genommen hat. [. . .]
ich meine jetzt, die Sehnsucht
nach den schönen Wäldern
der Heimat, in denen ich
schon, kaum daß ich gehen
konnte, dem Vater zu entlau-
fen pflegte [. . .], hat mich
nie verlassen.
›*Über Deckerinnerungen*‹.

3   Das Geburtshaus, Schlossergasse 117[1]

Da fällt mir ein, was ich so oft in der Kindheit erzählen gehört habe, daß bei meiner Geburt eine alte Bäuerin der über den Erstgeborenen glücklichen Mutter prophezeit, daß sie der Welt einen großen Mann geschenkt habe. Solche Prophezeiungen müssen sehr häufig vorfallen; es gibt so viel erwartungsfrohe Mütter und so viel alte Bäuerinnen oder andere alte Weiber, deren Macht auf Erden vergangen ist und die sich darum der Zukunft zugewendet haben.

>Die Traumdeutung‹.

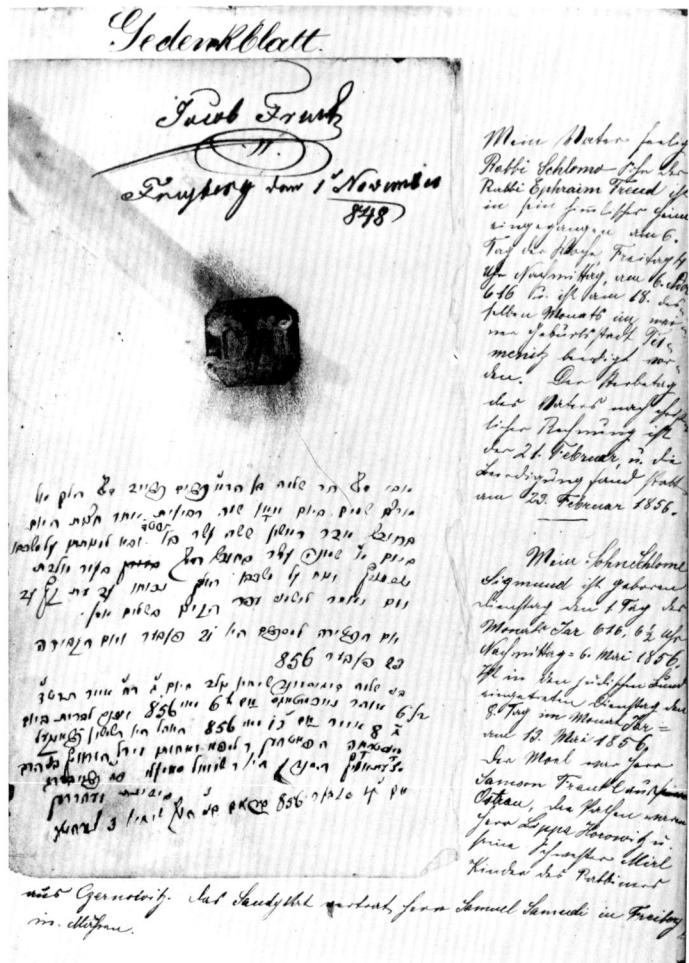

4 Gedenkblatt aus der Familienbibel[1]

Mein Vater seelig Rabbi Schlomo Sohn des Rabbi Ephraim Freud ist in sein himmlisches Heim eingegangen am 6. Tag der Woche, Freitag 4 Uhr Nachmittag, am 6. Adar[2] 616 u. ist am 18. desselben Monats in meiner Geburtsstadt Tismenitz[3] beerdigt worden.[4] Der Sterbetag des Vaters nach christlicher Rechnung ist der 21. Februar, u. die Beerdigung fand statt am 23. Februar 1856.

Mein Sohn Schlomo Sigmund ist geboren Dienstag den 1. Tag des Monats Iar 616, 6½ Uhr Nachmittag = 6. Mai 1856. Ist in den jüdischen Bund eingetreten Dienstag den 8. Tag im Monat Iar = am 13. Mai 1856.' Der Moel[5] war Herr Samson Frankl aus Ostrau, die Pathen waren Herr Lippa Horowitz u. seine Schwester Mirl Kinder des Rabbiners aus Czernowitz. Das Sandykat vertrat Herr[6] Samuel Samueli in Freiberg in Mähren.
Transkription des deutschen Texts auf dem Gedenkblatt.

5 Treppe im Geburtshaus

7 Votivbilder in ›Mariae Geburt‹[1]

Der heilige Isidor.[2]

6 Pfarrkirche ›Mariae Geburt‹ in Freiberg
Ich fragte meine Mutter,
ob sie sich noch der Kinderfrau[1] erinnert. Natürlich,
sagte sie, eine ältliche Person,
sehr gescheit, sie hat Dich
in alle Kirchen getragen:
wenn Du dann nach Hause
gekommen bist, hast Du ge-
predigt und erzählt, wie der
liebe Gott macht.
Brief an Wilhelm Fließ
vom 15. 10. 1897.

Das Schwedenbild.[3]

מ ק ר א

תורה נביאים וכתובים.

Die
Israelitische Bibel.

Enthaltend:

Den heiligen Urtext,

die deutsche Uebertragung,

die

allgemeine, ausführliche Erläuterung mit mehr als 500 englischen Holzschnitten.

Herausgegeben von

Dr. Ludwig Philippson.

Erster Theil: Die fünf Bücher Moscheh.

Mit einem Stahlstiche.

Zweite Ausgabe.

Leipzig, 1858.

Baumgärtner's Buchhandlung.

8   Die Philippsonsche Bibel[1]
Frühzeitige Vertiefung in
die biblische Geschichte,
kaum daß ich die Kunst des
Lesens erlernt hatte, hat,
wie ich viel später erkannte,
die Richtung meines Interesses nachhaltig bestimmt.
›Selbstdarstellung‹.

9 Wien, etwa 1860

Als ich ungefähr drei Jahre
alt war, trat eine Katastrophe
in dem Industriezweig ein,
mit dem sich der Vater beschäftigte. Er verlor sein
Vermögen, und wir verließen
den Ort [Freiberg] notgedrungen, um in eine große Stadt
[Wien] zu übersiedeln. Dann
kamen lange harte Jahre;
ich glaube, sie waren nicht
wert, sich etwas daraus zu
merken. In der Stadt fühlte
ich mich nie recht behaglich;
[. . .].
›Über Deckerinnerungen‹.

Aus meiner Jugend weiß
ich, daß die wilden Pferde
in den Pampas, die einmal
mit dem Lasso gefangen worden sind, ihr Leben über
etwas Ängstliches behalten.
So habe ich die hilflose Armut kennengelernt und
fürchte mich beständig vor
ihr. Du wirst sehen, mein
Stil wird besser und meine
Einfälle richtiger werden,
wenn mir diese Stadt reichlich
zu leben gibt.
*Brief an Wilhelm Fließ
vom 21. 9. 1899.*

*Aus dem Luftballon gesehen.
Stephansplatz mit Dom und,
rechts, einmündendem Graben.
Im Hintergrund, links,
die Karlskirche.*

11 Mit der Mutter und den Schwestern Rosa und Dolfi, etwa 1864
Als ich sechs Jahre alt war und den ersten Unterricht bei meiner Mutter genoß, sollte ich glauben, daß wir aus Erde gemacht sind und darum zur Erde zurückkehren müssen. Es behagte mir aber nicht, und ich zweifelte die Lehre an. Da rieb die Mutter die Handflächen aneinander [. . .] und zeigte mir die schwärzlichen *Epidermisschuppen*, die sich dabei abreiben, als eine Probe der Erde, aus der wir gemacht sind, vor. Mein Erstaunen über diese Demonstration *ad oculos* war grenzenlos, und ich ergab mich in das, was ich später in den Worten ausgedrückt hören sollte: Du bist der Natur einen Tod schuldig.
›*Die Traumdeutung*‹.

Amalie Freud, geb. Nathansohn, 1835-1930.

10 Mit dem Vater, etwa 1864
Und nun stoße ich erst auf das Jugenderlebnis, das [. . .] noch heute seine Macht äußert. [. . .] als mein Vater begann, mich auf seine Spaziergänge mitzunehmen und mir in Gesprächen seine Ansichten über die Dinge dieser Welt zu eröffnen. So erzählte er mir einmal, um mir zu zeigen, in wieviel bessere Zeiten ich gekommen sei als er: Als ich ein junger Mensch war, bin ich in deinem Geburtsort am Samstag in der Straße spazierengegangen, schön gekleidet, mit einer neuen Pelzmütze auf dem Kopf. Da kommt ein Christ daher, haut mir mit einem Schlag die Mütze in den Kot und ruft dabei: Jud, herunter vom Trottoir! »Und was hast du getan?« Ich bin auf den Fahrweg gegangen und habe die Mütze aufgehoben, war die gelassene Antwort. Das schien mir nicht heldenhaft von dem großen starken Mann, der mich Kleinen an der Hand führte.[1]
›*Die Traumdeutung*‹.

Jacob Freud, 1815-1896, Wollhändler.

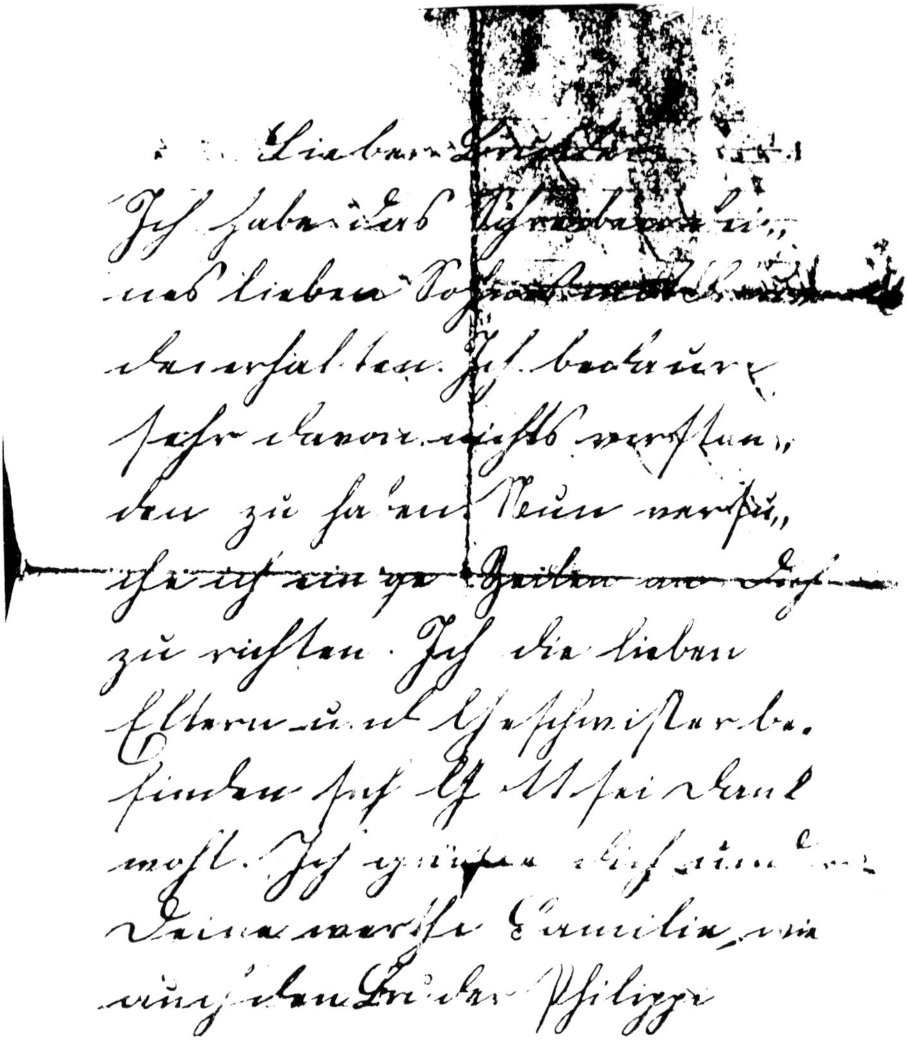

Lieben ...
Ich habe euer Schreiben ...
... lieben ...
... erhalten. Ich bedaure
sehr, davon nichts verstehen ...
... zu für ... Neuen ...
... ...
zu richten. Ich die lieben
Eltern und Geschwister ...
finden sich ... ...
... Ich grüße euch ...
... Eure ... Familie, ...
... ... Bruder Philipp

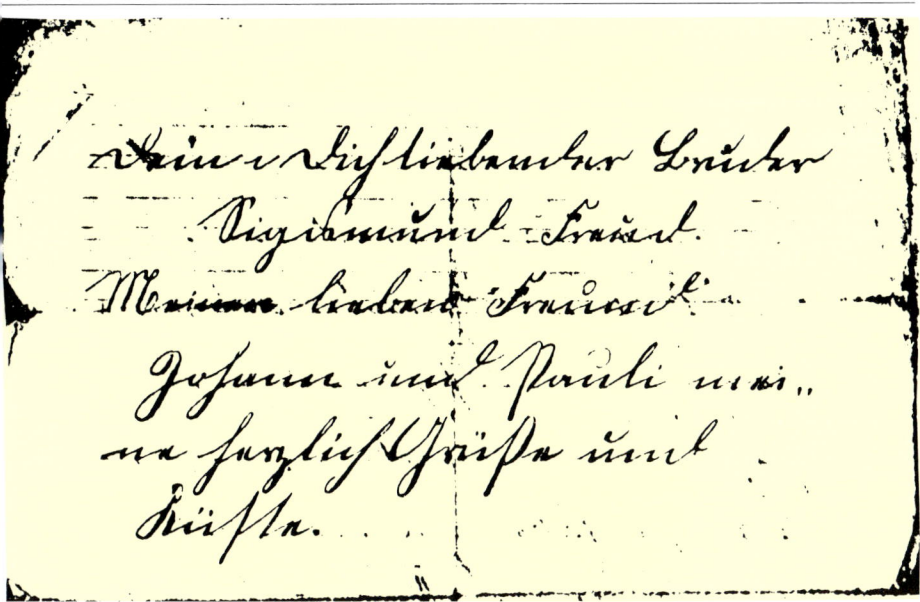

12 Kinderbrief, etwa 1863[1]
Lieber Bruder
Ich habe das Schreiben deines
lieben Sohnes mit Freude
erhalten. Ich bedaure sehr
davon nichts verstanden zu
haben. Nun versuche ich
einige Zeilen an Dich zu
richten. Ich die lieben Eltern
und Geschwister befinden
sich Gott sei Dank wohl.
Ich grüße Dich und Deine
werthe Familie, wie auch
den Bruder Philipp.
Dein Dich liebender Bruder
Sigismund Freud

Meinen lieben Freund Johann
und Pauli meine herzlich
Grüße und Küsse.
Transkription.

13 Ölbild der Geschwister Freud, etwa 1868
Als ich ein sechsjähriger Junge war und mein Bruder Sigmund sechzehn Jahre, sagte er zu mir: »Schau, Alexander, unsere Familie ist wie ein Buch. Du und ich sind der letzte und der erste der Geschwister. So sind wir die starken Deckel, die die schwachen Mädchen, die nach mir und vor Dir geboren sind, stützen und beschützen müssen.«
Mündliche Mitteilung Alexander Freuds.

Von links nach rechts: Sigmund, Adolfine (Dolfi), Alexander, Anna, Paula, Marie (Mitzi), Rosa.

Bettfedern
Schmelzgasse 5
MÖBEL

des
Leopoldstädter Coṁunal-Realgymnasiums
[Taborstrasse 24, III. Stock]
W
N
S
O
I Classe B
Conferenz-Zimmer
Schul Diener
Treppe
Directorat
Vorzimmer
Gang
Zeichnensaal
I Classe A

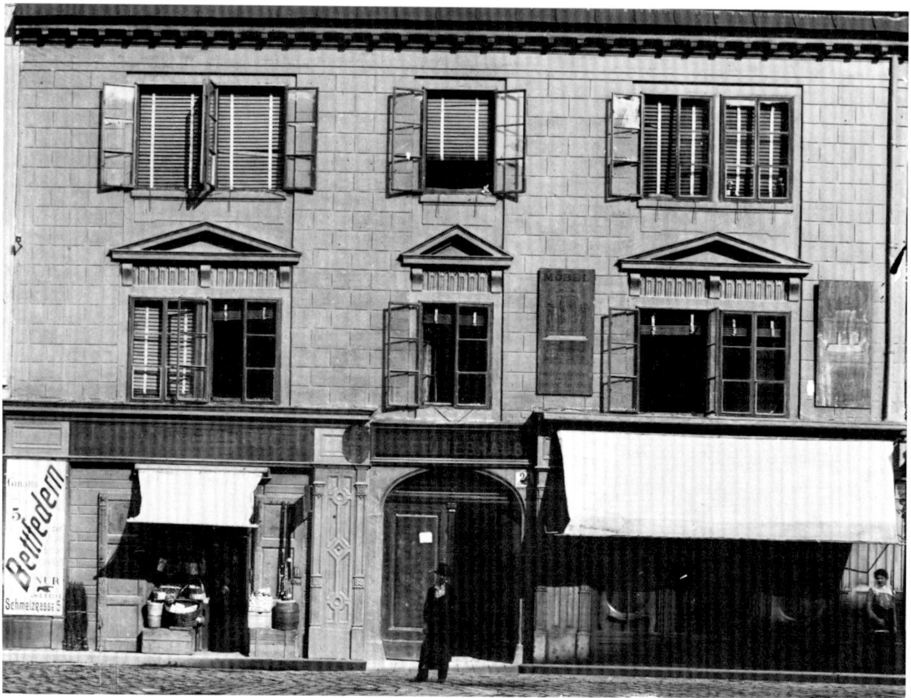

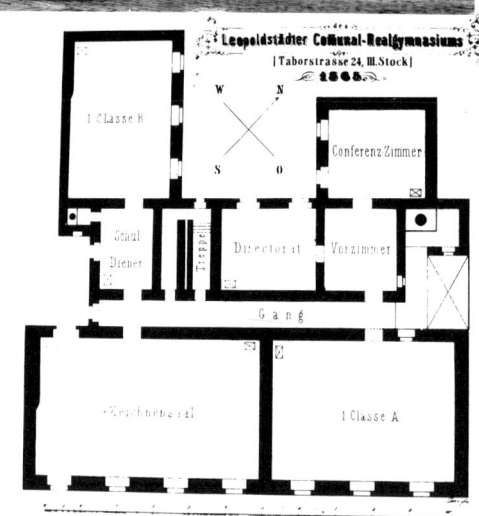

Geburts-	Zu- und Vorname	*Freud Sigismund*	Des Vaters resp. Vormundes	Name, Stand	*Jacob? Wollhändler*
	Tag und Jahr	*6. Mai 1856*		Wohnort	*II Pfeffergasse 1*
	Ort und Vaterland	*Freiberg Mähren*		Religion	*mosaisch.*
Wohnung		*II Pfeffergasse 1*		Muttersprache und Nationalität	*deutsch*
Stipendist, vom Schulgeld befreit oder zahlend		*zal.*		Ob Repetent oder von Aussen neu eingetreten	

I. Semester.	II. Semester.	Anmerkungen:

	I. Semester	II. Semester
Sittliches Betragen	*musterhaft*	*musterhaft.*
Aufmerksamkeit	—	—
Fleiss	*ausdauernd*	*ausdauernd.*
Äussere Form der schriftlichen Arbeiten	*empfehlend*	*sehr empfehlbar.*
Zahl der versäumten Lehrstunden ... entschuldigt: ... nicht entschuldigt	*8*	*12* entschuldigt
Allgemeine Fortgangsclasse und Platz	*erste; 4/60*	*erste mit Vorzug 3/55*

Leistungen in den einzelnen Lehrgegenständen:

	I. Semester	II. Semester
Religionslehre	*vorzüglich*	*vorzügl.*
Deutsche Sprache	*vorzüglich*	*vorzügl.*
Lateinische Sprache	*vorzüglich*	*vorzügl.*
Geographie	Geschichte	Geogr.	Gesch.
Mathematik	*lobenswerth*	*lobenswerth*
Naturgeschichte	*vorzüglich*	*vorzüglich*
Freihandzeichnen	*genügend*	*befriedigend*
Schönschreiben	*lobenswerth*	*lobenswerth*
Französische Sprache		

14   Zugang zum Schulhof, Taborgasse 24

Den ersten Unterricht empfing ich im väterlichen Hause, besuchte sodann eine Privatvolksschule und trat im Herbst 1865 in das Leopoldstädter Real- und Obergymnasium ein.
›Curriculum vitae‹.

[...] die Lebensjahre von zehn bis achtzehn stiegen aus den Winkeln des Gedächtnisses empor mit ihren Ahnungen und Irrungen, ihren schmerzhaften Umbildungen und beseligenden Erfolgen, die ersten Einblicke in eine untergegangene Kulturwelt, die wenigstens mir später ein unübertroffener Trost in den Kämpfen des Lebens werden sollte, die ersten Berührungen mit den Wissenschaften, unter denen man glaubte wählen zu können, welcher man seine – sicherlich unschätzbaren – Dienste weihen würde. Und ich glaubte mich zu erinnern, daß die ganze Zeit von der Ahnung einer Aufgabe durchzogen war, die sich zuerst

nur leise andeutete, bis ich sie in dem Maturitätsaufsatze in die lauten Worte kleiden konnte, ich wollte in meinem Leben zu unserem menschlichen Wissen einen Beitrag leisten.
›Zur Psychologie des Gymnasiasten‹.

Bis 1877 befand sich das Leopoldstädter Communal-Realgymnasium (später umbenannt in: Communal-Real- und Obergymnasium), das Freud von 1865 bis 1873 besuchte, im zweiten und dritten Stock des Braun-Radislowitzschen Stiftungshauses, Wien 2, Taborgasse 24. Das Gebäude selbst lag nicht an der Straße. Man erreichte es über einen Hof. Es gibt kein zeitgenössisches Bild; lediglich der Grundriß des dritten Stocks ist erhalten.

15   Noten der ersten Gymnasialklasse

Auf dem Gymnasium war ich durch sieben Jahre Primus, hatte eine bevorzugte Stellung, wurde kaum je geprüft.
›Selbstdarstellung‹.

Man würde es mir kaum ansehen, und doch war ich schon in der Schule immer ein kühner Oppositionsmann, war immer dort, wo es ein Extrem zu bekennen und in der Regel dafür zu büßen galt.
Brief an Martha Bernays vom 2. 2. 1886.

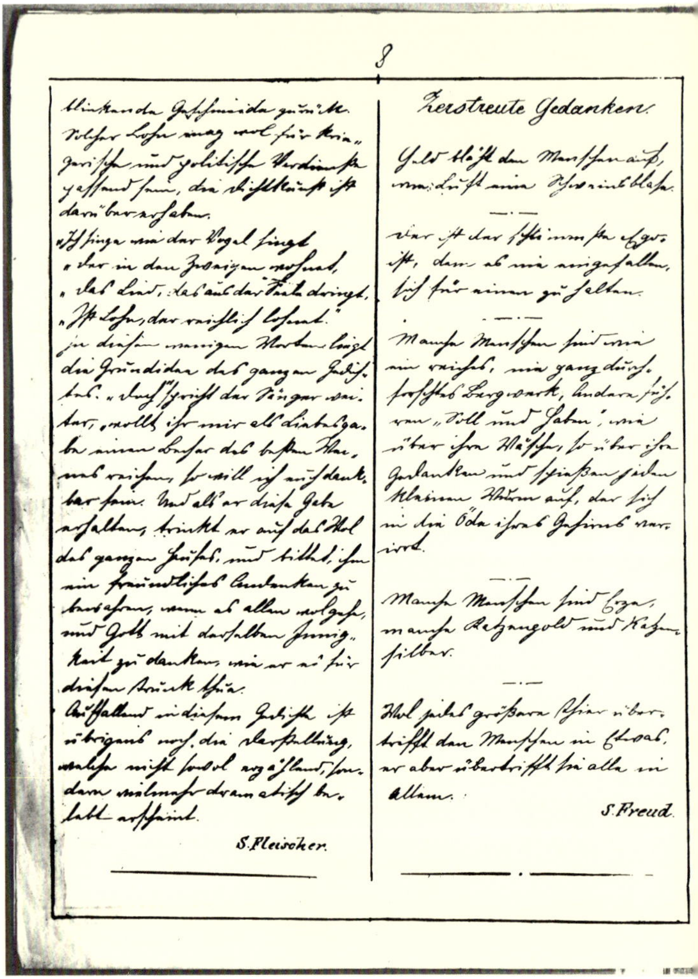

8

blinkende Goldschmiede zurück. Welcher Lohn mag wol für kriegerische und politische Verdienste gestanden sein, die Dichtkunst ist darüber erhaben.
„Ich singe wie der Vogel singt,
„der in den Zweigen wohnet,
„das Lied, das aus der Kehle dringt,
„ist Lohn, der reichlich lohnet."
In diesen wenigen Worten liegt die Grundidee des ganzen Gedichtes. „Doch" spricht der Sänger weiter, „wollt ihr mir als Liebesgabe einen Becher des besten Weines reichen, so will ich euch dankbar sein." Und als er diese Gabe erhalten, trinkt er aus das Wol des ganzen Hauses, und bittet, ihm ein freundliches Andenken zu bewahren, wenn es allen wolgeht, und Gott mit derselben Innigkeit zu danken, wie er es für diesen Trunk thue.
Auffallend in diesem Gedichte ist übrigens noch die Darstellung, welche nicht bloß erzählend, sondern vielmehr dramatisch belebt erscheint.

S. Fleischer.

Zerstreute Gedanken.

Gold bläht den Menschen auf, wie Luft eine Schweinsblase.

—.—

Der ist der schlimmste Egoist, dem es nie eingefallen, sich für einen zu halten.

—.—

Manche Menschen sind wie ein reiches, nie ganz durchforschtes Bergwerk, andere gleichen dem „Soll und Haben", wie über ihre Wässer, so über ihre Gedanken und schießen jeden kleinen Wurm auf, der sich in die Öde ihres Gehirns verirrt.

—.—

Manche Menschen sind Erze, manche Katzengold und Katzensilber.

—.—

Wol jedes größere Thier übertrifft den Menschen in Etwas, er aber übertrifft sie alle in Allem.

S. Freud.

MUSARION.

Eigentum und Verlag der V. und VI. Classe des Leop. Obergymn.

Inhalt: Schneeglöckchen von S. Fleischer; Georg Gottfried Gervinus von S. Sp. Erinnerung und Hoffnung von S. Fleischer; Der Sänger von S. Fleischer; Zerstreute Gedanken von S. Freud.

Schneeglöckchen

Wenn im Lenze sanfte Winde
Sich mit warmem Hauche regen
Und des Eises glatte Rinde
Schmelzend von der Erde fegen,
Da erscheint in weißem Kleide
Sanft und zart ein holdes Wesen,
Die Verkünderin der Freude,
Um des Winters Bann zu lösen.

Mit verschämtem Angesichte
Blickt sie ängstlich und mit Zagen,
Ob sie in dem gold'nen Lichte
Frisch zu blühen dürfe wagen;
Und die liebe Frühlingssonne
Heißt sie hoch erfreut willkommen,
Denn die Freude und die Wonne
Sind in neuer Pracht entglommen.

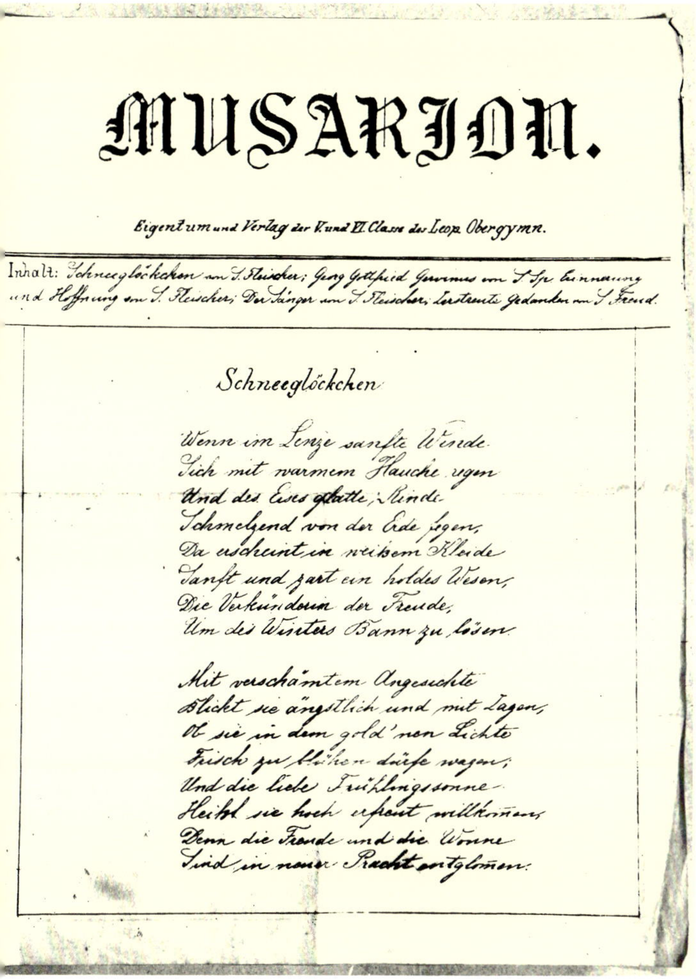

16 Erste Publikation in der Schülerzeitung

Von Freud stammt nur die Aphorismenspalte ›Zerstreute Gedanken‹. Transkription in den Anmerkungen.

b) Zur Physik.

1. Joly'sche Federwage sammt Stange. — 2. Incli-Declinatorium. — 3. Tangentenbussole. — 4. Apparate für Frauenhofer'sche Linien. — 5. Fluoreszenzmappe. — 6. Gekühlte Gläser 5 Stück. — 7. Vergissmeinnicht. — 8. Arrago's Apparat mit Drehvorrichtung. — 9. Kleiner Inductionsapparat. 10. Zum Projections-Apparat: Nikol'sches Prisma, 1 Turmalinplatte, 1 achromatisches Prisma.

c) Zur Chemie.

1. Eine analytische Wage.

d) Zum Zeichnenunterricht.

1. Gérome, cours de dessin. 2 Bl. — 2. Julien, cours de dessin. 10 Bl. — 3. Julien, études d'après l'antique 6 Bl. — 4. Julien cours élémentaire 24 Bl. — 5. Feroggio, Staffagen. 8 Bl. — 6. Taubinger, Figuren. 32 Bl.

e) Zum Gesang.

1. Hoven, 3 Partituren, 2. Mendelssohn Wanderlied. 3. Storch, Sängermarsch. 4. Schubert, Aufenthalt. 5. Potpourri für Streichquartett und Clavier. 6. Prometheus-Ouverture, 8händig.

IV. Schluss des Schuljahres.

Die öffentliche Schlussfeier findet Samstag, den 29. Juli 1871, wie folgt statt.

Heiliges Dankamt in der Kirche der barmherzigen Brüder um 8 Uhr. Nach Beendigung des heiligen Dankamtes im Turnlocale (Glockengasse Nr. 2, im zweiten Hof,) um 9 Uhr.

I. Gesang. „Waldlust", Volkslied, zweistimmig, gesungen von den Schülern der ersten Abtheilung.

2. Ansprache des Directors.

3. Sprach- und Redeübungen. a) „Aus der Kindheit" von Fr. Hebel, vorgetragen von dem Schüler der 1. Classe Hirschl Isidor. b) „Der Bauer und der Brillenhändler", Gedicht, vorgetragen von dem Schüler der 3. Classe Fleischmann Adolf. e) „La Besace" von Lafontaine, vorgetragen von dem Schüler der 4. Classe Böhm Julius.

4. Gesang. a) „Der Gondelfahrer", von F. Schuberth, dreistimmig arrangirt von L. Fr. Grossbauer, gesungen von den Schülern der zweiten Abtheilung. b) „Jagdlied", von M. L. Storch, dreistimmig mit Waldhörncrbegleitung arrangirt von L. Fr. Grossbauer, gesungen von den Schülern der ersten und zweiten Abtheilung.

5. Sprach- und Redeübungen. a) Julius Cäsar von Shakespeare. Act IV., Scene III., Brutus und Cassius, vorgetragen von dem Schüler der 6. Classe Freud Sigmund und dem Schüler der 7. Classe Löbel Samuel. b) Sophocles Elektra v. 1126 ff. — vorgetragen von dem Schüler der 4. Classe Natterer Robert. c) Vergilii Aeneis II. 195 ff. Laocoon, vorgetragen von dem Schüler der 6. Classe Atzinger Gustav.

6. Gesang. — „Sängermarsch", von Sandtner dreistimmig mit Klavierbegleitung arrangirt von L. Fr. Grossbauer, gesungen von den Schülern der ersten und zweiten Abtheilung.

7. Veröffentlichung der Schülerleistungen.

8. Volkshymne.

Siebenter Jahresbericht
des
Leopoldstädter
Communal-Real- und Obergymnasiums
IN WIEN.

Veröffentlicht
vom Director Dr. ALOIS POKORNY
am Schlusse des
Schuljahres 1871.

Inhalt:
1. A. Krass: Englische Diplomatie im Jahre 1657. Ein Beitrag zur Geschichte Ferdinand I. und einem Anhange bisher noch ungedruckter Briefe aus dieser Zeit.
2. Buchhalt: Beiträge zur botanischen Systematik.
Schulnachrichten.

WIEN 1871.
Verlag des Leopoldstädter Real- und Obergymnasiums.
Gedruckt bei J. Dittkinsk von Heuttelst.

17 Jahresbericht des Gymnasiums[1] **1871: Redeübungen** Es heißt mich nun etwas darauf achten, daß in der Traumszene eine feindselige und eine zärtliche Gedankenströmung [...] zusammentreffen [...]. Wo findet sich nur eine ähnliche Antithese, ein solches Nebeneinanderstellen zweier entgegengesetzter Reaktionen gegen dieselbe Person, die beide den Anspruch erheben, voll berechtigt zu sein, und doch einander nicht stören wollen? An einer einzigen Stelle, die sich aber dem Leser tief einprägt; in der Rechtfertigungsrede des Brutus in Shakespeares *Julius Cäsar:* »Weil Cäsar mich liebte, wein' ich um ihn; weil er glücklich war, freue ich mich; weil er tapfer war, ehr' ich ihn, aber weil er herrschsüchtig war, erschlug ich ihn.« Ist das nicht der nämliche Satzbau und Gedankengegensatz wie in dem Traumgedanken, den ich aufgedeckt habe? Ich spiele also den Brutus im Traum. [...] Merkwürdigerweise habe ich nun wirklich einmal den Brutus gespielt. ›*Die Traumdeutung*‹

18 Lehrerkollegium des Gymnasiums, etwa 1870

Ich weiß nicht, was uns stärker in Anspruch nahm und bedeutsamer für uns wurde, die Beschäftigung mit den uns vorgetragenen Wissenschaften oder die mit den Persönlichkeiten unserer Lehrer. [. . .] Wir warben um sie oder wandten uns von ihnen ab, imaginierten bei ihnen Sympathien oder Antipathien, die wahrscheinlich nicht bestanden, studierten ihre Charaktere und bildeten oder verbildeten an ihnen unsere eigenen. Sie riefen unsere stärksten Auflehnungen hervor und zwangen uns zur vollständigen Unterwerfung; wir spähten nach ihren kleinen Schwächen und waren stolz auf ihre großen Vorzüge [. . .]. In der zweiten Hälfte der Kindheit bereitet sich eine Veränderung dieses Verhältnisses zum Vater vor, deren Bedeutung man sich nicht großartig genug vorstellen kann. Der Knabe beginnt aus seiner Kinderstube in die reale Welt draußen zu schauen, und nun muß er die Entdeckungen machen, welche seine ursprüngliche Hochschätzung des Vaters untergraben und seine Ablösung von diesem ersten Ideal befördern. Er findet, daß der Vater nicht mehr der Mächtigste, Weiseste, Reichste ist, er wird mit ihm unzufrieden, lernt ihn kritisieren und sozial einordnen [. . .]. Alles Hoffnungsvolle, aber auch alles Anstößige, was die neue Generation auszeichnet, hat diese Ablösung vom Vater zur Bedingung. In diese Phase der Entwicklung des jungen Menschen fällt sein Zusammentreffen mit den Lehrern. Wir verstehen jetzt unser Verhältnis zu unseren Gymnasialprofessoren. Diese Männer, die nicht einmal alle selbst Väter waren, wurden uns zum Vaterersatz.

›Zur Psychologie des Gymnasiasten‹.

*Heinrich Braun, 1854-1927,
begründete 1883, zusammen
mit Karl Kautsky und Wilhelm
Liebknecht, ›Die neue Zeit‹,
das Zentralorgan der Sozialdemokratischen Partei
Deutschlands. Auch später
gründete und redigierte er
mehrere bedeutende sozialdemokratische Zeitschriften,
darunter die ›Annalen für
soziale Politik und Gesetzge-
bung‹. Er bemühte sich vor
allem um die Vermittlung
zwischen Arbeiterbewegung
und Intellektuellen.*

**19 Heinrich Braun, ein
Jugendfreund**
Ich weiß, daß ich Heinrich
Brauns Bekanntschaft im
ersten Gymnasialjahr, am
Tage der ersten ›Zensur‹
machte und daß wir bald
unzertrennliche Freunde waren. [. . .] Ich glaube, er be-
stärkte mich in der Abneigung
gegen die Schule und was
in ihr gelehrt wurde, weckte
eine Menge von revolutionären Regungen in mir, und
wir bestärkten uns gegenseitig
in der Überschätzung unserer
Kritik und der besseren Einsicht. [. . .] Ich bewunderte
ihn, sein energisches Auftreten,
sein unabhängiges Urteil, verglich ihn im stillen mit einem
jungen Löwen und war der
sicheren Überzeugung, daß er
einmal eine führende Stellung
in der Welt ausfüllen werde.
[. . .] ich verstand in der
dumpfen Ahnung jener Jahre,
daß er etwas besaß, was wert-
voller war als alle Schulerfol-
ge, was ich seither als die
›Persönlichkeit‹ benennen
gelernt habe. [. . .] Unter
seinem Einfluß war ich auch
damals entschlossen, an der
Universität Jus zu studieren.
*Brief an Julie Braun-Vogel-
stein[1] vom 30. 10. 1927.*

Samuel Hammerschlag[1], gestorben 1904, und seine Frau Betty.

20 Samuel Hammerschlag, der Religionslehrer

Der alte Professor [. . .] teilte [. . .] mir mit, [. . .] ein reicher Mann habe ihm eine Summe Geldes für einen würdigen Armen übergeben, er [habe] mich vorgeschlagen und gebe es mir hiemit. [. . .] Es ist nicht das erste Mal, daß er so für mich sorgt [. . .]. Ich kenne keine besseren, humaneren, allen unedlen Motiven ferneren Menschen, als die sind [. . .], abgesehen von der tiefgewurzelten Sympathie, die seit den Gymnasialjahren zwischen dem braven alten jüdischen Lehrer und mir besteht.
Brief an Martha Bernays vom 10. 1. 1884.

21 Siegel der »Academia Castellana«[1]

Wir[2] waren Freunde in einer Zeit, da man in der Freundschaft nicht einen Sport und nicht einen Vorteil sieht, sondern den Freund braucht, um mit ihm zu leben. Wir verbrachten eigentlich alle Stunden des Tages, die wir nicht auf den Schulbänken saßen, miteinander. Wir lernten Spanisch zusammen, hatten unsere eigene Mythologie und Geheimnamen, die wir aus einem Gespräch des großen Cervantes schöpften. [. . .] Wir bildeten mitsammen eine absonderliche gelehrte Vereinigung, die Academia Castellana /AC/, hatten eine große scherzhafte Literatur zusammengeschrieben, die sich gewiß noch unter meinen alten Papieren findet, wir teilten frugale Nachtmähler mitsammen und langweilten uns nie einer in des andern Gesellschaft.
Brief an Martha Bernays vom 7. 2. 1884.

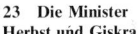

22 Im Prater

Es war eines Abends in einem
der Wirtshäuser im Prater,
wohin die Eltern den elf-
oder zwölfjährigen Knaben
mitzunehmen pflegten, daß
uns ein Mann auffiel, der
von Tisch zu Tisch ging und
für ein kleines Honorar Verse
über ein ihm aufgegebenes
Thema improvisierte. Ich
wurde abgeschickt, den Dichter an unseren Tisch zu be-
stellen, und er erwies sich
dem Boten dankbar. Ehe
er nach seiner Aufgabe fragte,
ließ er einige Reime über
mich fallen und erklärte es
in seiner Inspiration für wahrscheinlich, daß ich noch einmal »Minister« werde.
›Die Traumdeutung‹.

23 Die Minister
Herbst und Giskra

Es war die Zeit des Bürger-
ministeriums, der Vater hatte
kurz vorher die Bilder der
bürgerlichen Doktoren
Herbst, Giskra, [. . .] u. a.
nach Hause gebracht, und
wir hatten diesen Herren
zur Ehre illuminiert. Es waren
sogar Juden unter ihnen;
jeder fleißige Judenknabe
trug also das Ministerporte-
feuille in seiner Schultasche.
Es muß mit den Eindrücken
jener Zeit sogar zusammenhängen, daß ich bis kurz vor
der Inskription an der Universität willens war, Jura zu
studieren, und erst im letzten
Moment umsattelte.
›Die Traumdeutung‹.

*Eduard Herbst, 1820-1892,
Jurist, seit 1861 im böhmi-
schen Landtag und im österreichischen Reichsrat,
1868-1870 Justizminister.*

*Karl Giskra, 1820-1879,
Jurist, 1848/49 Mitglied der
Frankfurter Nationalversamm-
lung, seit 1861 Führer der
Deutschliberalen im österrei-
chischen Reichsrat, 1867-1870
Innenminister.*

24 Freud im Alter von sechzehn Jahren mit der Mutter
Wenn man der unbestrittene Liebling der Mutter gewesen ist, so behält man fürs Leben jenes Eroberergefühl, jene Zuversicht des Erfolges, welche nicht selten wirklich den Erfolg nach sich zieht.
›Eine Kindheitserinnerung aus »Dichtung und Wahrheit«‹.

25 Hannibal und Masséna
Hannibal [...] war aber der Lieblingsheld meiner Gymnasialjahre gewesen[1]; wie so viele in jenem Alter, hatte ich meine Sympathien während der punischen Kriege nicht den Römern, sondern dem Karthager zugewendet. Als dann im Obergymnasium das erste Verständnis für die Konsequenzen der Abstammung aus landesfremder Rasse erwuchs und die antisemitischen Regungen unter den Kameraden mahnten, Stellung zu nehmen, da hob sich die Gestalt des semitischen Feldherrn noch höher in meinen Augen. Hannibal und Rom symbolisierten dem Jüngling den Gegensatz zwischen der Zähigkeit des Judentums und der Organisation der katholischen Kirche. [...]

Ich meine, daß ich diese Schwärmerei für den karthagischen General noch ein Stück weiter in meine Kindheit zurück verfolgen kann, so daß es sich auch hier nur um die Übertragung einer bereits gebildeten Affektrelation auf einen neuen Träger handeln dürfte. Eines der ersten Bücher, das dem lesefähigen Kind in die Hände fiel, war Thiers' ›Konsulat und Kaiserreich‹; ich erinnere mich, daß ich meinen Holzsoldaten kleine Zettel mit den Namen der kaiserlichen Marschälle auf den flachen Rücken geklebt und daß damals schon Masséna[2] (als Jude: Menasse) mein erklärter Liebling war. (Diese Bevorzugung wird wohl auch durch den Zufall des gleichen Geburtsdatums, genau hundert

Jahre später, aufzuklären sein.) [...] Und vielleicht ließe sich die Entwicklung dieses Kriegerideals noch weiter zurück in die Kindheit verfolgen bis auf Wünsche, die der bald freundschaftliche, bald kriegerische Verkehr während der ersten drei Jahre mit einem um ein Jahr älteren Knaben[3] bei dem schwächeren der beiden Gespielen hervorrufen mußte.
›Die Traumdeutung‹.

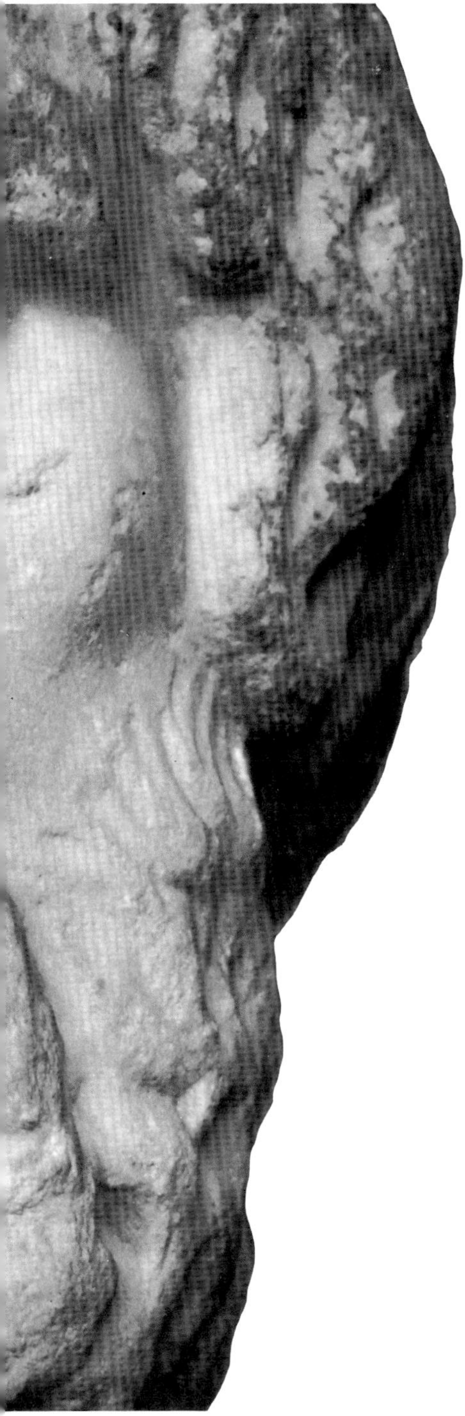

26 Oliver Cromwell
Aus der Analyse kann ich
nun einsetzen, was in diese
Traumlücke gehört. Es ist
die Erwähnung meines zweiten Knaben[1], dem ich den
Vornamen einer großen historischen Persönlichkeit gegeben habe, die mich in den
Knabenjahren, besonders
seit meinem Aufenthalte
in England, mächtig angezogen. [. . .] Es ist leicht zu
merken, wie die unterdrückte
Größensucht des Vaters sich
in seinen Gedanken auf die
Kinder überträgt; ja man
wird gerne glauben, daß dies
einer der Wege ist, auf denen
die im Leben notwendig gewordene Unterdrückung derselben vor sich geht.
›Die Traumdeutung‹.

27 Ludwig Börne
Ich habe Börne sehr früh
zum Geschenk bekommen,
vielleicht zum 13ten Geburtstag, mit großem Eifer gelesen
und von diesen kleinen Auf-
sätzen immer einige in starker
Erinnerung gehabt, natürlich
nicht den kryptomnestischen.[1]
Als ich diesen wiederlas,
war ich erstaunt, wie sehr
manches, was darin steht,
sich wie wörtlich mit manchem deckt, was ich immer
vertreten und gedacht habe.
Er dürfte also wirklich die
Quelle meiner Originalität
sein.
*Brief an Sándor Ferenczi
vom 9. 4. 1919.*

28 Sophokles
Ich muß manches von griechischen und lateinischen Klassi-
kern für mich lesen, darunter
König Ödipus von Sophokles.
Sie verlieren viel Erhebendes,
wenn Sie all das nicht lesen
können, freilich erhalten Sie
sich jene Heiterkeit, die mir
an Ihren Briefen wohltut.
*Brief an Emil Fluß
vom 17. 3. 1873.*

Sein Schicksal ergreift uns
nur darum, weil es auch das
unsrige hätte werden können,
weil das Orakel vor unserer
Geburt denselben Fluch über
uns verhängt hat wie über
ihn. Uns allen vielleicht war
es beschieden, die erste sexuelle Regung auf die Mutter,
den ersten Haß und gewalttä-
tigen Wunsch gegen den Vater zu richten; unsere Träume
überzeugen uns davon. König
Ödipus, der seinen Vater
Laïos erschlagen und seine
Mutter Jokaste geheiratet
hat, ist nur die Wunscherfül-
lung unserer Kindheit.
›Die Traumdeutung‹.

29 Aus dem Jahresbericht des Gymnasiums 1873: die Matura

In Latein bekamen wir eine Stelle aus Virgil, die ich zufällig vor längerer Zeit privat gelesen hatte, das verleitete mich, rasch in der Hälfte der dazu bestimmten Zeit zu arbeiten und mir das Vorzüglich zu verscherzen. [. . .] Die deutsch-lateinische Übersetzung schien sehr leicht, in dieser Leichtigkeit lag ihre Schwierigkeit, wir verwandten nur den dritten Teil der Zeit darauf, infolgedessen mißlückte sie schmählich, also: befriedigend [. . .]. Die griechische Arbeit, für die eine dreiunddreißig Verse lange Stelle aus dem König Ödipus vorlag, gelang besser, lobenswert, das einzige; ich hatte die Stelle ebenfalls für mich gelesen und kein Geheimnis daraus gemacht. Die mathematische Arbeit, an die wir mit Zittern und Beben gegangen waren, glückte vollständig, ich schrieb lobenswert hin, weil ich die genaue Note noch nicht kenne. Mit ausgezeichnet endlich stempelte man mir die deutsche Arbeit. Es war ein hoch sittliches Thema ›Über die Rücksichten bei der Wahl des Berufes‹ [. . .]. Mein Professor sagte mir zugleich – und er ist der erste Mensch, der sich untersteht, mir das zu sagen –, daß ich hätte, was Herder so schön einen *idiotischen* Stil nennt, das ist einen Stil, der zugleich korrekt und charakteristisch ist.
Brief an Emil Fluß vom 16.6.1873.

P r o t

der am k. k. Ober-Gymnasium zu *Wien*· abgehaltene

Nro.	Name, Geburtsort und Vaterland. Stand der Eltern, Religion des Examinanden	Sittliches Betragen	Religionslehre	Lateinische Sprache

Themata zur schriftlichen Maturitätsprüfung.

1. Aus dem Deutschen: Welche Rücksichten sollen uns bei der Wahl des Berufes leiten? — 2. Aus dem Latein: Vergilius lib. IX. 176—223. — Seyffert für Secunda p. 283 Nr. XIII. bis zu den Worten „zur Befreiung des Vaterlandes aufzufordern.“ — 3. Aus dem Griechischen: Sophocles Oed. R. v. 14—57. — Aus der Mathematik:

1. Von einem Dreiecke ist der Flächeninhalt ($J =m^2$) und zwei Höhen (h_a und h_b) gegeben, man soll das Dreieck zeichnen. — 2. Wie gross ist eine Seitenfläche einer einem geraden Cylinder eingeschriebenen geraden Pyramide, wenn der Cylinder die Höhe h und die Basis desselben den Radius r besitzt? Man berechne die Seitenfläche für $r = 4$, $h = 8$. — 3. Ein Kaufmann verkauft eine Flüssigkeit in Flaschen zu 5 fl. und 9 fl. Wie viele Flaschen der ersten und wie viele der zweiten Art muss er nehmen, wenn alle zusammen einen Werth von 71 fl. repräsentiren sollen? — 4. Welcher Kettenbruch ist dem gemeinen Bruche $\frac{406}{1109}$ gleich, welches sind seine Näherungswerthe und welches ist die Grenze des Fehlers, den man macht, wenn man den vorletzten Näherungsbruch für den ganzen Bruch setzt?

k o l l

m Monate _Juli_ 18 _73_.

Maturität--Prüfung.

Griechische Sprache	Deutsche Sprache	Geschichte und Geographie	Physik	Mathematik	Propädeutik	Reife zur Universität
(illegible)	*lobenswert*	*lobenswert*	*vorzüglich.* Allg. Nat. K. *vorzüglich.*	*lobenswert*	*vorzüglich.*	mit Auszeichnung
genügend	*befriedigend*	*genügend*	*befriedigend* Allg. Nat. K. *befriedigend*	*genügend*	*befriedigend.*	reif.
vorzüglich	*ausgezeichnet*	*vorzüglich*	*vorzüglich.* Allg. Nat. K. *lobenswert.*	*vorzüglich.*	*vorzüglich.*	mit Auszeichnung

b) Verzeichniss der Abiturienten des Schuljahres 1873.

Name	Geburtsort	Reifegrad
22. Atzinger Gustav,	Wien	mit Auszeichnung
23. Franceschini Robert,	Tramin, Tirol	reif
24. Freud Sigmund,	Freiberg, Mähren	mit Auszeichnung
25. Knöpfmacher Wolf,	Nicolsburg, Mähren	reif
26. Neuschiller Moriz,	Nicolsburg, Mähren	reif
27. Pettik Leopold,	Budweis, Böhmen	reif
28. Smeschkall Wilhelm,	Mölk, Nieder-Oesterr.	reif
29. Wagner Julius,	Wien	reif

31 Faksimile aus dem ›Matura-Brief‹[1]

Transkription in den Anmerkungen.

32 Weltausstellung in Wien, 1873

In der Ausstellung war ich bereits zweimal. Schön, aber mich hat es nicht betäubt und entzückt. Vieles, das anderen gefallen muß, findet in meinen Augen keine Gnade, weil ich weder dies noch jenes, überhaupt nichts gründlich bin. Es fesselten mich also bloß Kunstgegenstände und allgemeine Effekte. Ein großes zusammenhängendes Bild des menschlichen Treibens, wie's die Blätter sehen wollen, finde ich nicht, ebensowenig wie ich aus einem Herbarium die Züge einer Landschaft herausfinden kann. Es ist im ganzen ein Schaustück für die geistreiche, schönselige und gedankenlose Welt, die sie auch zumeist besucht. Nach meiner ›Marter‹ (so richten wir unter uns den Namen Matura zu) gedenke ich Tag für Tag hinzugehen. Es ist unterhaltend und zerstreuend. Man kann dort auch prächtig allein sein in all dem Getümmel.
Brief an Emil Fluß
vom 16.6.1873.

**33 Carl Brühl –
Charles Darwin**

Obwohl wir in sehr beengten Verhältnissen lebten, verlangte mein Vater, daß ich in der Berufswahl nur meinen Neigungen folgen sollte. Eine besondere Vorliebe für die Stellung und Tätigkeit des Arztes habe ich in jenen Jugendjahren nicht verspürt, übrigens auch später nicht. Eher bewegte mich eine Art von Wißbegierde, die sich aber mehr auf menschliche Verhältnisse als auf natürliche Objekte bezog und auch den Wert der Beobachtung als eines Hauptmittels zu ihrer Befriedigung nicht erkannt hatte. Indes, die damals aktuelle Lehre Darwins zog mich mächtig an, weil sie eine

außerordentliche Förderung des Weltverständnisses versprach, und ich weiß, daß der Vortrag von Goethes schönem Aufsatz ›Die Natur‹ in einer populären Vorlesung [Carl Brühls] kurz vor der Reifeprüfung die Entscheidung gab, daß ich Medizin inskribierte.
›Selbstdarstellung‹.

Charles Darwin, 1809-1882, nach einem Stich, der sich in Freuds Schreibtisch fand.

Carl Brühl, 1820-1899, Professor der Zootomie an der Universität Wien. Er hielt sonntags populärwissenschaftliche Vorlesungen, die Freud besuchte.

34 Die Wiener Universität

Die Universität, die ich 1873
bezog, brachte mir zunächst
einige fühlbare Enttäuschungen. Vor allem traf mich
die Zumutung, daß ich mich
als minderwertig und nicht
volkszugehörig fühlen sollte,
weil ich Jude war. Das erstere
lehnte ich mit aller Entschiedenheit ab. Ich habe nie be-
griffen, warum ich mich meiner Abkunft, oder wie man
zu sagen begann: Rasse,
schämen sollte. Auf die mir
verweigerte Volksgemein-
schaft verzichtete ich ohne
viel Bedauern. Ich meinte,
daß sich für einen eifrigen
Mitarbeiter ein Plätzchen
innerhalb des Rahmens des
Menschtums auch ohne solche
Einreihung finden müsse.
Aber eine für später wichtige
Folge dieser ersten Eindrücke
von der Universität war, daß
ich so frühzeitig mit dem
Lose vertraut wurde, in der
Opposition zu stehen und
von der »kompakten Majorität« in Bann getan zu werden.
Eine gewisse Unabhängigkeit
des Urteils wurde so vorbereitet.
›Selbstdarstellung‹.

35 Carl Claus

*Carl Claus, 1835-1899, Pro-
fessor der Zoologie und ver-
gleichenden Anatomie an
der Universität Wien. In seinem zweiten Semester (Sommer 1874) hörte Freud neben
anatomischen, chemischen
und physiologischen Vorlesungen einen Kurs über Dar-
winismus bei Carl Claus, im
dritten Semester nahm er an
Clausens zoologischen Vorlesungen für Mediziner teil.
Im vierten Semester schließlich
konzentrierte sich Freud auf
die eigentlich zoologischen
Fachvorlesungen sowie das*
*zoologische Praktikum mit
wöchentlich zehn Stunden.
Am zoologischen Praktikum
beteiligte er sich auch noch
in den beiden nachfolgenden
Semestern.*

*Aulagebäude
am Universitätsplatz.
Heute Akademie
der Wissenschaften.*

36   Familienfoto, 1876

*Von links nach rechts, von
hinten nach vorn: Paula,
Anna, Sigmund, Emanuel
(Freuds Halbbruder), Rosa,
Mitzi, Simon Nathansohn
(Vetter Amalie Freuds), Dolfi,
?, Amalie Freud, Jacob Freud,
Alexander, ?.*

**37 Übungssaal der zoologi-
schen Versuchsstation, Triest**
In den ersten Jahren meiner
Universitätszeit hörte ich
vorwiegend physikalische
und naturhistorische Kollegien
[. . .] und wurde zweimal
zur Ferialzeit in die Triester
zoologische Station geschickt.
›Curriculum vitae‹.

*Carl Claus, dessen Hauptinter-
esse der Zoologie der Meeres-
tiere galt, hatte in Triest eine
zoologische Versuchsstation
eingerichtet. Als Student erhielt
Freud in den Jahren 1875/76
zweimal ein Stipendium für
einen Forschungsaufenthalt
an dieser Station.*

**38 Gesuch für das
Stipendium, 1876**
Hohes Ministerium
Der Gefertigte hat, nachdem
er mehrere Semester zoologische Collegien gehört hatte,
im Wintersemester 1875/76
im zoolog. zootomischen
Institut gearbeitet u wird
sich für sehr gefördert halten,
wenn es ihm möglich wird,
seine Studien während der
Osterferien in Triest fortzusetzen.
Da er aus eigenen Mitteln
zu wenig für den Aufenthalt
dort aufwenden könnte, er-
sucht er das hohe Ministerium
um ein Reisestipendium.
Wien 22. Februar 1876
Sigmund Freud
Transkription.

39 Erste wissenschaftliche Veröffentlichung, 1877

Dr. Syrski hatte kurz vorher in einem paarigen, lappenartig eingekerbten Organ in der Bauchhöhle des Aals die lange gesuchten männlichen Geschlechtsorgane des Tieres erkannt. Auf Anregung des Prof. Claus untersuchte ich in der zoologischen Station zu Triest das Vorkommen und die gewebliche Zusammensetzung dieser Lappenorgane.

›Inhaltsangaben der wissenschaftlichen Arbeiten des Privatdocenten Dr. Sigm. Freud, 1877-1897‹.

40 Demonstration eines Gehirns in der Vorlesung

Für die experimentelle Pathologie war ein eigener Hörsaal mit besonderen elektrischen Anlagen eingerichtet worden. Mittels des Projektionsmikroskops und des Epidiaskops führte Salomon Stricker hier das Vorlesungsexperiment in das Medizinstudium an der Universität Wien ein.

Arbeiten aus dem zoologisch-vergleichend-anatomischen
Institute der Universität Wien.

———

VII. Beobachtungen über Gestaltung und feineren Bau der als
Hoden beschriebenen Lappenorgane des Aals.

(Mit 1 Tafel.)

Von **Sigmund Freud,** stud. med.

(Vorgelegt in der Sitzung am 15. März 1877.)

In den Monaten März und September des Jahres 1876 habe ich in der zoologischen Station zu Triest auf Anregung meines Lehrers, des Herrn Professors Claus, die Geschlechtsorgane des Aals untersucht, über welche einige Zeit vorher Dr. Syrski eine zu neuen Untersuchungen anregende Mittheilung gemacht hatte. Diejenige Jahreszeit, welche von den Autoren als die Laichzeit des Aals bezeichnet wird — von October bis Januar — konnte ich nicht in Triest zubringen. Herr Professor Claus hat aber in den letztgenannten Monaten eine grössere Menge von Aalen aus Triest kommen lassen und sie mir zur Untersuchung im zoologisch - vergleichend - anatomischen Institut übergeben. Dafür, wie für die anderweitige Unterstützung bei der Ausführung dieser Arbeit, sei mir gestattet, Herrn Prof. Claus aufs Wärmste zu danken.

Ich habe im Ganzen etwa 400 Aale untersucht, die zwischen 200ᵐᵐ und 650ᵐᵐ lang waren; doch befanden sich unter dieser Anzahl nur wenige Thiere kleiner als 250ᵐᵐ oder grösser als 480ᵐᵐ, denn ich war nicht im Stande mir hinreichend viele winzige Thierchen zu verschaffen und habe andererseits die Untersuchung von Aalen, deren Länge einen halben Meter überschritt, bald aufgegeben, weil ich bei keinem dieser grossen

41 Salomon Stricker
Ein Semester lang hatte ich
Gelegenheit, im Laboratorium
für experimentelle Pathologie
des Herrn Prof. Stricker Tier-
versuche zu üben.
›Curriculum vitae‹.

Salomon Stricker, 1834-1898,
Professor für allgemeine und
experimentelle Pathologie
an der Universität Wien,
gleichfalls ein Anhänger Dar-
wins. Sein Institut entwickelte
sich damals zu einem einfluß-
reichen Forschungszentrum.[1]
Neben insbesondere physiolo-
gischen und elektrologischen
Studien setzte sich Stricker
intensiv mit den erkenntnis-
theoretischen Fragen seiner
Zeit auseinander.[2]

42   Victor Adler mit Frau
im Garten des Hauses
Berggasse 19[1]
Die [. . .] Szene [. . .] fällt
in meine erste Studentenzeit.
In einem deutschen Studenten-
verein gab es eine Diskussion über das Verhältnis der
Philosophie zu den Naturwissenschaften. Ich grüner Junge,
der materialistischen Lehre
voll, drängte mich vor, um
einen höchst einseitigen
Standpunkt zu vertreten.
Da erhob sich ein überlegener
älterer Kollege, der seitdem
seine Fähigkeit erwiesen hat,
Menschen zu lenken und
Massen zu organisieren, der
übrigens auch einen Namen
aus dem Tierreich trägt, und
machte uns tüchtig herunter;
auch er habe in seiner Jugend
die Schweine gehütet und
sei dann reuig ins Vaterhaus
zurückgekehrt. Ich fuhr auf
(wie im Traum), wurde sau-
grob und antwortete, seitdem
ich wüßte, daß er die
Schweine gehütet, wunderte
ich mich nicht mehr über
den Ton seiner Reden. (Im
Traum wundere ich mich
über meine deutschnationale
Gesinnung.) Großer Aufruhr;
ich wurde von vielen Seiten
aufgefordert, meine Worte
zurückzunehmen, blieb aber
standhaft. Der Beleidigte
war zu verständig, um das
Ansinnen einer Herausforde-
rung, das man an ihn richtete,
anzunehmen, und ließ die
Sache auf sich beruhen.
›Die Traumdeutung‹.

Victor Adler, 1852-1918,
der österreichische Sozialist.
Er begründete 1889 die ›Ar-
beiterzeitung‹; 1888/89 faßte
er die zersplitterten österreichi-
schen Sozialdemokraten zu-
sammen und war von 1905
an ihr Führer im Abgeordne-
tenhaus.

45 John Stuart Mill

Mir kam die Anregung, mich mit ihm zu beschäftigen, als mir Gomperz die Übersetzung des letzten Bandes seiner Werke[1] anvertraute. Ich schimpfte damals über seinen leblosen Stil und daß man nie eine Sentenz oder ein Schlagwort aus seinen Schriften fürs Gedächtnis auflesen könne. Aber ich habe später ein philosophisches Werk von ihm gelesen, das witzig, epigrammatisch treffend und lebhaft war. Er war vielleicht der Mann des Jahrhunderts, der es am besten zustande gebracht, sich von der Herrschaft der gewöhnlichen Vorurteile frei zu machen.
Brief an Martha Bernays vom 15.11.1883.

43 Franz Brentano

Franz Brentano, 1838-1917, Professor der Philosophie an der Universität Wien.[1]

Freud unternahm während seines Studiums häufig Streifzüge in Nachbargebiete. So besuchte er in den Jahren zwischen 1874 und 1876 die Vorlesungen Brentanos, darunter ein Kolleg über die Philosophie des Aristoteles. Brentano war es auch, der Freud Theodor Gomperz als Übersetzer für den zwölften Band der Werke von John Stuart Mill empfahl.

44 Theodor Gomperz

Das Heftchen mit der Handschrift Ihres unvergessenen Mannes hat mich an die so weit hinter uns liegende Zeit erinnert, da ich jung zaghaft zuerst mit einem der Großen im Reiche der Denkarbeit einige Worte wechseln durfte. Bald darauf hörte ich zuerst von ihm Bemerkungen über die Rolle des Traumes im Seelenleben der Urmenschen, Dinge, die mich seither so intensiv beschäftigt haben.
Brief an Elise Gomperz vom 12.11.1913.

Theodor Gomperz, 1832-1912, Professor der Klassischen Philologie an der Universität Wien.

| Albert | Ludwig | Kundrat | Wedl | Billroth | Hofmann | G. Braun | Langer | Stricker | Meynert |
| Vogl | Duchek | Stellwag | Späth | Bamberger | Brücke | Arlt | | C. Braun | |

46 Professorenkollegium der Wiener medizinischen Fakultät, 1882

Freud hat bei Ernst Ludwig ›Physiologische und Pathologische Chemie‹, Theodor Billroth ›Chirurgische Klinik‹, Eduard von Hofmann ›Spezielle Partien der gerichtlichen Medizin‹, Carl Langer ›Anatomie‹, Salomon Stricker ›Allgemeine Pathologie‹, Theodor Meynert ›Psychiatrische Klinik‹, Joseph Späth ›Klinik für Geburtshilfe‹, Heinrich von Bamberger ›Interne Medizin‹, Ernst Wilhelm von Brücke ›Physiologie‹ und bei Ferdinand Arlt ›Augenheilkunde‹ gehört. [1]

47 Hermann von Helmholtz

Der große Helmholtz ist gegenwärtig in Wien zum Besuch der elektrischen Ausstellung; der Mann ist einer meiner Zimmergötzen[1], ich konnte ihn aber nicht zu Gesicht bekommen.
Brief an Martha Bernays vom 18.10.1883.

Hermann von Helmholtz, 1821-1894, der große Physiker und in den vierziger Jahren Mitbegründer der antivitalistischen Physiologie, einer Denkrichtung, der von Anfang an auch Freuds Lehrer Ernst Wilhelm von Brücke (Abb. 49) angehörte. Die Vertreter der Helmholtz-Schule gingen rigoros davon aus, daß im Organismus keine anderen Kräfte als physikalisch-chemische wirksam seien. Als Freud studierte, waren Vorherrschaft und Kreuzzugsgeist dieser physikalistischen Physiologie noch ungebrochen, und er entwickelte sich zunächst zu ihrem begeisterten Anhänger. [2]

*Ernst Wilhelm von Brücke,
1819-1892, war wie Rudolf
Virchow, Hermann von Helmholtz und Emil Du Bois-Reymond in Berlin Schüler des
Physiologen Johannes Müller
gewesen. Seit 1849 lehrte er als
Professor an der Universität
Wien. Als Direktor des Physiologischen Instituts führte
er in die vorwiegend morpho-
logisch orientierte Wiener
Schule die moderne Laborato-
riumsmedizin ein, mit ihr
jene ganz neue physikalistische
Form medizinischen Denkens.
Berühmt geworden ist Brücke
neben mikroskopisch-anatomi-
schen Studien vor allem durch
Untersuchungen zur Physiologie des Auges, der Verdauung
und der Stimme. Er ist überdies Verfasser zahlreicher
kunsttheoretischer Schriften.
1879 war er der erste Rektor
evangelischer Konfession an
der Universität Wien.*

**48 Das Physiologische
Institut in der ›Alten Gewehrfabrik‹**
Im physiologischen Laboratorium von Ernst Brücke fand
ich endlich Ruhe und volle
Befriedigung, auch die Personen, die ich respektieren
und zu Vorbildern nehmen
konnte. [. . .] Ich arbeitete
in diesem Institut von
1876-1882 mit kurzen Unter-
brechungen [. . .].
›Selbstdarstellung‹.

**49 Ernst Wilhelm von
Brücke**
Ich war Demonstrator am
physiologischen Institut[1],
hatte den Dienst in den Früh-
stunden, und Brücke hatte
erfahren, daß ich einige Male
zu spät ins Schülerlaborato-
rium gekommen war. Da
kam er einmal pünktlich zur
Eröffnung und wartete mich
ab. Was er mir sagte, war
kärg und bestimmt; es kam
aber gar nicht auf die Worte
an. Das Überwältigende waren die fürchterlichen blauen
Augen, mit denen er mich
ansah und vor denen ich ver-
ging [. . .]. Wer sich an die
bis ins hohe Greisenalter
wunderschönen Augen des
großen Meisters erinnern
kann und ihn je im Zorn
gesehen hat, wird sich in
die Affekte des jugendlichen
Sünders von damals leicht
versetzen können.
›Die Traumdeutung‹.

Freud: Über Spinalganglien un

kz

n

Fig. 2.

**50   Ernst Fleischl
von Marxow**
Er ist ein ganz ausgezeichne-
ter Mensch, an dem Natur
und Erziehung ihr Bestes
getan haben [. . .] mit dem
Stempel des Genies in seinen
energischen Zügen, schön,
feinsinnig, mit allen Talenten
begabt und fähig, in den
allermeisten Dingen ein
originelles Urteil zu schöpfen,
war er immer mein Ideal
[. . .].
*Brief an Martha Bernays
vom 27.6.1882.*

[. . .] ich bewundere und
liebe ihn mit der Leidenschaft
des Verstandes, wenn Du
diese Redensart gelten läßt;
sein Untergang wird mich
berühren, wie einen alten
Griechen die Zerstörung
eines heiligen und berühmten
Tempels ergriffen hätte.
*Brief an Martha Bernays
vom 28.10.1883.*

*Ernst Fleischl von Marxow,
1846-1891, Physiker und
Physiologe, Freuds Freund
und Brückes Assistent am
Physiologischen Institut. Er
befaßte sich vor allem mit
physiologischer Optik sowie
mit Nerven- und Muskelphysio-
logie. – Fleischl von Marxows
»Untergang« bezieht sich
auf dessen schon damals als
unheilbar geltende Krankheit.*[1]

**51   Selbstgezeichnete Abbil-
dung zu ›Über Spinalganglien
und Rückenmark des Petro-
myzon‹, 1878**
Brücke hatte mich an das
Rückenmark eines der nied-
rigsten Fische (Ammocoetes-
Petromyzon) als Untersu-
chungsobjekt gewiesen
[. . .].
›Selbstdarstellung‹.

Als ich dann selbst zu publizieren begann, mußte ich
auch die Tafeln für meine
Abhandlungen zeichnen
[. . .].
›Die Traumdeutung‹.

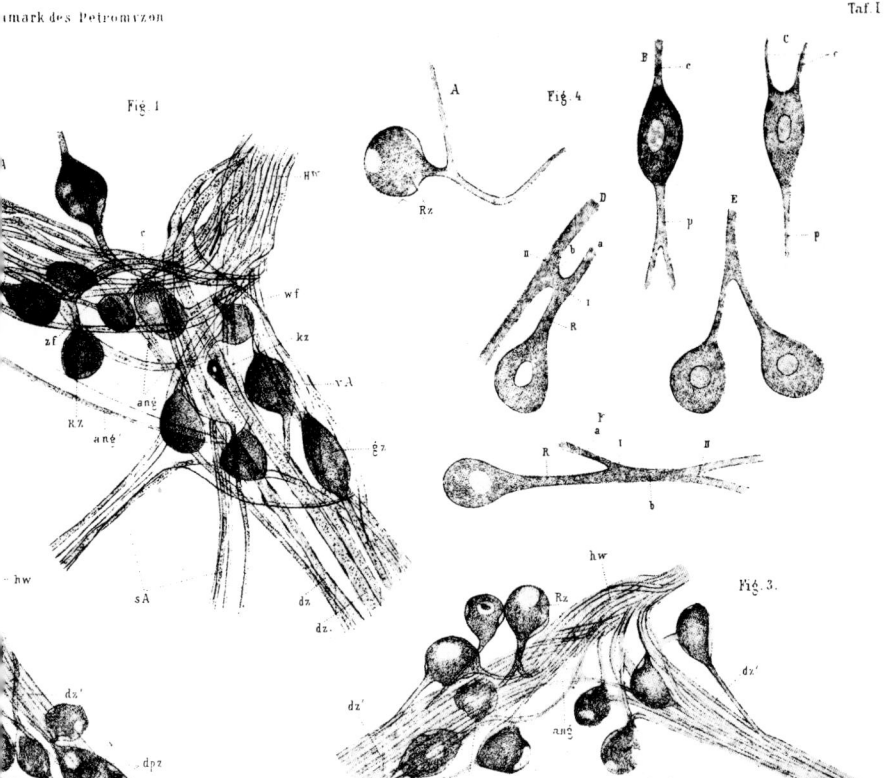

Fig. 1

Fig. 4

Fig. 3.

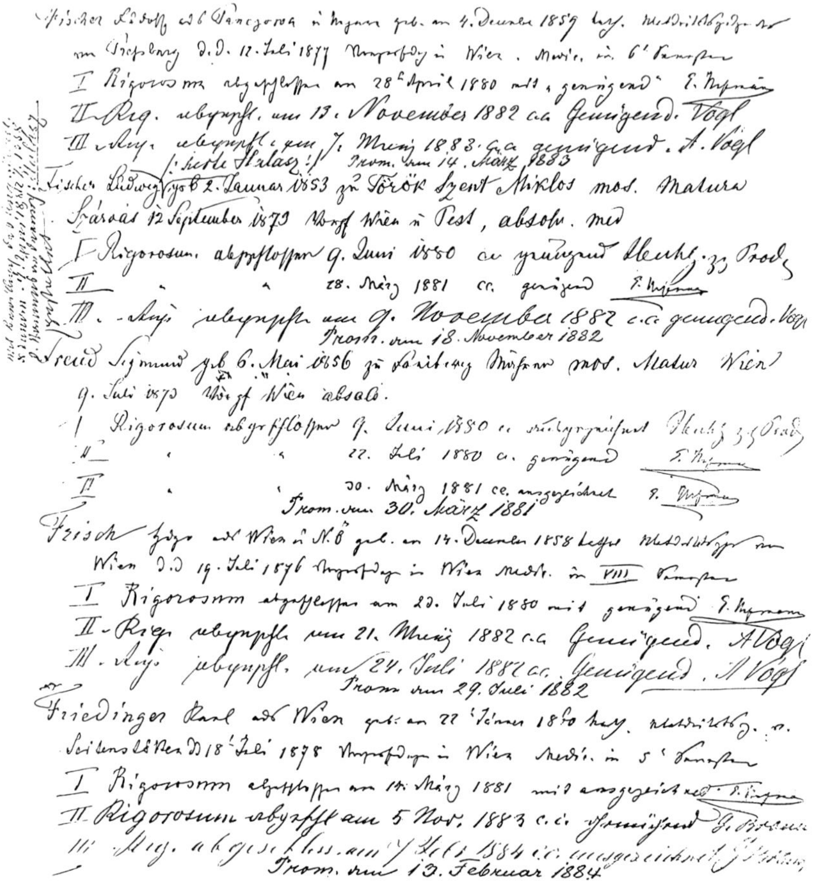
Fischer Rudolf aus Pancsova in Ungarn geb. am 4. December 1859 [illegible]
I Rigorosum abgeschlossen am 28. April 1880 mit „genügend“ E. Hofmann
II Rig. abgeschl. am 13. November 1882 c.a. Genügend. Vogl
III Rig. abgeschl. am 7. März 1883 c.a. genügend. A. Vogl
Prom. am 14. März 1883
Fischer Ludwig geb. 2. Jänner 1853 zu Török Szent Miklos mos. Matura Szarvas 12 September 1873 [illegible] Wien u. Pest, absolv. med.
I Rigorosum abgeschlossen 9. Juni 1880 c.a. genügend [illegible]
II 28. März 1881 c.a. genügend E. Hofmann
III Rig. abgeschl. am 9. November 1882 c.a. genügend. Vogl
Prom. am 18. November 1882
Freud Sigmund geb. 6. Mai 1856 zu Freiberg Mähren mos. Matur Wien 9. Juli 1873 [illegible] Wien absolv.
I Rigorosum abgeschlossen 9. Juni 1880 c.a. [illegible]
II 22. Juli 1880 c.a. genügend E. Hofmann
III 30. März 1881 c.a. ausgezeichnet E. Hofmann
Prom. am 30. März 1881
Frisch [illegible] aus Wien [illegible] geb. am 14. December 1858 [illegible]
Wien d.d. 19. Juli 1876 [illegible] in Wien medic. im VIII Semester
I Rigorosum abgeschlossen am 23. Juli 1880 mit genügend E. Hofmann
II Rig. abgeschl. am 21. März 1882 c.a. Genügend. A Vogl
III Rig. abgeschl. am 24. Juli 1882 c.a. Genügend. A Vogl
Prom. am 29. Juli 1882
Friedinger Karl aus Wien geb. am 22. Jänner 1860 [illegible]
I Rigorosum abgeschlossen am 14. März 1881 mit ausgezeichnet E. Hofmann
II Rigorosum abgeschl. am 5. Nov. 1883 c.a. [illegible]
III Rig. abgeschlossen am [illegible] 1884 c.a. ausgezeichnet [illegible]
Prom. am 13. Februar 1884

52 Drei Rigorosa, 1880/81
Die fünf Jahre, die für das medizinische Studium vorgesehen sind, waren wiederum zu wenig für mich. Ich arbeitete unbekümmert in weitere Jahre hinein, und im Kreise meiner Bekannten hielt man mich für verbummelt, zweifelte man, daß ich »fertig« werden würde. Da entschloß ich mich schnell, meine Prüfungen zu machen [. . .].
›*Die Traumdeutung*‹.

53 Alte Aula

Hier fand am 30. März 1881 Freuds Promotion statt.

54 Promotionsprotokoll
Die eigentlich medizinischen Fächer zogen mich – mit Ausnahme der Psychiatrie – nicht an. Ich betrieb das medizinische Studium recht nachlässig, wurde auch erst 1881, mit ziemlicher Verspätung also, zum Doktor der gesamten Heilkunde promoviert.
›*Selbstdarstellung*‹

Post Nº	Name Geburtsort et Vaterland	Jahr et Tag der Promotion	Eigenhändige Unterschrift des neu graduierten Doctors
1201	Med. Dr. Moriz Rigler aus Grozoti p. Bacau in Rumänien	Am 16. März	hat den Revers ausgestellt Dr. Mauriz Rigler
1202	Med. Dr. Josef Sedlak aus Groß Latein p. Kralitz in Mähren	1881	Dr. Jos. Sedlak
1203	Med. Dr. Josef Blazsur aus Heiligenkreuz in Ungarn	Am 30. März 1881	Dr Josefus Blazsur
1204	Med. Dr. August Fabritius aus Kronstadt in Siebenbürgen		Dr. August Fabritius
1205	Med. Dr. Karl Flechtenmacher aus Kronstadt in Siebenbürgen		Dr Carl Flechtenmacher
1206	Med. Dr. Sigmund Freud aus Freiberg in Mähren		Dr Sigm Freud
1207	Med. Dr. Eduard Fröhlich aus Libitz in Böhmen		Dr. Ed. Fröhlich
1208	Med. Dr. Alexander Gruber aus Temesvar	30. März 1881	Alexander Gruber

Zu Doctoren der gesamt. Heilkunde

Zu Doctoren der gesamt. Heilkunde

55 Martha Bernays, 1880
Sehe ich Dein Bild aus den
ersten Mädchenjahren an,
so zeigt es freilich, daß Du
schön, sehr schön warst, und
jetzt beherrscht der seelische
Ausdruck das Gesichtchen.
Und doch muß ich Dich mit
der Versicherung kränken,
daß Dir kein Bild je gerecht
werden wird.
Brief an Martha Bernays
vom 15.3.1884.

Ich wußte es, erst wenn Du
entfernt sein wirst[1], würde
mir der ganze Umfang meines
Glückes und leider auch das
ganze Maß meiner Entbeh-
rung zum Bewußtsein kom-
men. Ich kann es noch immer
nicht fassen, hätte ich nicht
das zierliche Kästchen und
das süße Bild vor mir liegen,
ich hielte es für einen gau-
kelnden Traum und fürchtete
mich vor dem Erwachen.
Aber die Freunde sagen,
es sei Wahrheit, und ich
selbst, ich weiß mich an Einzelheiten zu erinnern, so reizend, so fremdartig beglück-
end, wie die Traumphantasie
sie nie zu ersinnen vermag.
Es muß wohl wahr sein. Martha ist mein, das süße Mädchen, von dem alle mir mit
Verehrung sprechen, das
beim ersten Zusammensein
trotz allen Sträubens meinen
Sinn gefangennahm, um das
ich zu werben mich fürchtete
und das im hochsinnigen
Vertrauen mir entgegenkam,
den Glauben an meinen eigenen Wert mir erhöht und
neue Hoffnung und Arbeitskraft mir geschenkt hat, als
ich ihrer am dringendsten
bedurfte.
Brief an Martha Bernays
vom 19.6.1882.

Martha Bernays, 1861-1951,
seit 1882 Freuds Verlobte,
später seine Frau.

56 Martha, etwa zweijährig
Bemühe Dich doch, Deinen
lieben Verwandten alle die
Bilder, die Dich als Kind
zeigen, zu entwenden
[. . .].
Brief an Martha Bernays
vom 19.6.1882.

Die Gegenwart kann man
nicht genießen, ohne sie zu
verstehen, und nicht verstehen, ohne die Vergangenheit
zu kennen.
Brief an Martha Bernays
vom 8.7.1882.

57   Martha, 1884
Du kennst doch den Schlüssel
zu meinem Leben, daß ich
nur von großen Hoffnungen
gestachelt für Dinge, die mich
ganz erfüllen, arbeiten kann.
Ich war ganz lebensunlustig,
ehe ich Dich hatte, und jetzt,
da Du mein bist ›im Prinzip‹,
ist, Dich ganz zu bekommen,
überhaupt eine Bedingung,
die ich dem Leben stelle,
an dem mir sonst wenig gele-
gen ist. Ich bin sehr trotzig
und sehr waghalsig und brauche große Anreizungen, habe
eine Menge von Dingen ge-
tan, die alle besonnenen Menschen für sehr unvernünftig
halten müssen. Zum Beispiel
als ein ganz armer Mann
Wissenschaft zu treiben, dann
als ein ganz armer Mann
ein armes Mädchen einzufan-
gen, ich muß in dem Stil wei-
terleben, viel zu wagen, viel
zu hoffen, viel zu arbeiten.
Für die gewöhnliche bürgerli-
che Besonnenheit bin ich
lang verloren.
Brief an Martha Bernays
vom 16. 6. 1884.

58 Tintenklecks

Hier ist uns die Feder aus
der Hand gefallen u hat dies
Geheimzeichen geschrieben.
Wir bitten um Entschuldigg
u sich nicht um die Deutung
zu bemühen.
Transkription.

Diesen Brief an Martha Ber-
nays vom 9. August 1882
hatte Freud in großer, durch
unbegründete Eifersucht verur-
sachter Erregung niederge-
schrieben. Die Bitte, sich nicht
um die »Deutung« des »Ge-
heimzeichens« zu bemühen,
ist der erste Hinweis auf das
Erkennen verborgener Motiva-
tionen beim Zustandekommen
einer Fehlleistung, rund zwan-
zig Jahre vor Veröffentlichung
von Freuds Buch ›Zur Psy-
chopathologie des Alltagsle-
bens‹.

59 Monogramme auf
Marthas Briefpapier

An dem Briefpapier ist mir
eigentlich das B zu anspruchs-
voll und das M zu bescheiden.
Du weißt, ich halte mich
nur ans M.
Brief an Martha Bernays
vom 28.1.1884.

Links das von Freud kritisier-
te, rechts das von ihm in Auf-
trag gegebene, verbesserte
Monogramm.

60   John Milton
Ich weiß nicht, wie ich heute
dazukam zu denken, jeder
Mensch solle sich einen der
Großen und Gewaltigen zum
Herrgott und Schutzpatron
wählen, an den er sich in
trüben, ernsten Stunden zuerst wendet. Ich griff nach
John Milton und seiner heh-
ren Zauberei, die mich wie
nichts anderes der stillen,
unbefriedigenden Sorgenwelt
entrücken kann, so daß die
Erde wie ein Pünktchen im
All daliegt und der weite
Himmel sich öffnet.
Brief an Martha Bernays
vom 12.7.1883.

John Milton, 1608-1674,
dessen Epos vom Fall des
Menschengeschlechts, ›Para-
dise Lost‹, Freud zu seinen
Lieblingsbüchern[1] gezählt
hat.

61   Lessing-Denkmal am
Gänsemarkt in Hamburg
Da fiel mir der ein, der nähere und ältere Rechte an
mir hat und der uns auf dieser
Erde leiten kann, anstatt
uns darüber hinauszuführen.
Ich dachte, was für Erquik-
kung es jetzt sein müßte,
eine Seite unseres Lessing
zu lesen, und nehme mir
vor, in unserer dereinstigen
Wohnung, wo immer sie sein
mag, ihm eine Statue aufzustellen und seine Werke an
hervorragender Stelle zu halten. Ich erinnere mich, daß
ich mit dem letzten Rest meiner Gläubigkeit Dich unter
seinen Schutz gestellt, als
ich ihn in Hamburg unvermu-
tet traf.
Brief an Martha Bernays
vom 12.7.1883.

62 Mitglieder der Familie Bernays

In früheren Jahren waren Hamburg und Altona eine jüdische Gemeinde, später trennten sie sich; der Unterricht wurde von untergeordneten Lehrern besorgt, bis die Reform in Deutschland kam. Da sah man ein, daß man etwas tun müsse, und berief einen gewissen Bernays, den man zum »Chacham«[1] machte. Der Mann hat uns alle gebildet. Er[2] wollte von seinen Leistungen sprechen, aber mich interessierte der Mann zunächst. War er ein Hamburger? Nein, er ist aus Würzburg gekommen, Napoleon I. hat ihn dort studieren lassen [. . .]. Haben Sie seine Familie gekannt? »Ich bin ja mit den Söhnen aufgewachsen.« Ich erinnerte mich jetzt an zwei Namen, Michael Bernays in München, Jacob Bernays[3] in Bonn. Das sind sie, bestätigte er, es war noch ein dritter Sohn[4], der hat in Wien gelebt [. . .]. Ehre seinem Andenken, der mir Marthchen geschenkt hat. [. . .] es lag ein ungeheurer Fortschritt, eine Art Erziehung des Menschengeschlechts in Lessingschem Sinne in solcher Lehrweise. Die Religion war nicht mehr starres Dogma, sie wurde zum Gegenstand des Nachsinnens, zur Befriedigung des verfeinerten künstlerischen Geschmacks und gesteigerter logischer Anforderungen, und schließlich empfahl sie der Hamburger Lehrer, nicht weil sie einmal als geheiligt vorhanden war, sondern weil er sich des tiefen Sinnes freute, den er in ihr entdeckte oder in sie hineintrug. [. . .] Und für uns beide glaube ich: wenn die Form, in der die alten Juden sich wohl fühlten, auch für uns kein Obdach mehr bietet, etwas vom Kern, das Wesen des sinnvollen und lebensfrohen Judentums, wird unser Haus nicht verlassen.
Brief an Martha Bernays vom 23.7.1882.

Isaac Bernays, 1792-1849, Oberrabbiner in Hamburg; Marthas Großvater.

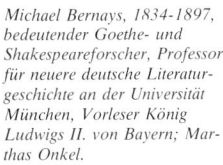

Michael Bernays, 1834-1897, bedeutender Goethe- und Shakespeareforscher, Professor für neuere deutsche Literaturgeschichte an der Universität München, Vorleser König Ludwigs II. von Bayern; Marthas Onkel.

63 Emmeline Bernays, die Schwiegermutter

[. . .] ich sehe sie mit großer geistiger und moralischer Kraft unter uns stehen, hoher Leistungen fähig, ohne Spur der lächerlichen Schwächen alter Frauen, aber es ist nicht zu verkennen, daß sie gegen uns alle Stellung nimmt wie ein alter Mann. Dafür, daß ihre Kraft und Anmut so lange ausgehalten, fordert sie noch immer ihren vollen Teil am Leben – keinen Altersteil –, will sie Mittelpunkt, Herrscherin, Selbstzweck sein. [. . .] sie will nach Hamburg übersiedeln[1], einer exquisiten Laune zuliebe, gleichgültig, ob sie [. . .] mich und Martha dadurch auf lange Jahre trennt. Das ist gewiß kein Edelmut, doch auch keine Schlechtigkeit; das ist einfach der Anspruch des Alters, die Rücksichtslosigkeit des energischen Alters, die Äußerung des ewigen, in jeder Familie bestehenden Gegensatzes zwischen dem Alter und der Jugend, von denen keiner sich opfern und jeder seinen Spielraum und seine Befriedigung will.
Brief an Minna Bernays vom 21.2.1883.

Emmeline Bernays, geb. Philipp, 1830-1910.

Minna Bernays, 1865-1941, Marthas Schwester, die nach dem Tode ihres Verlobten[1] unverheiratet blieb und von 1908 an in der Familie Sigmund Freuds lebte.

Ignaz Schönberg, 1856-1886, Sanskritforscher, Minnas Verlobter.

64 Minna Bernays und Ignaz Schönberg

Und jetzt, da das Haus gesichert ist[2], darf man an die Dinge denken, die den Zierat seiner Räume bilden sollen, und dazu rechne ich eine ehrliche, warme, unzweideutige Freundschaft mit Dir. Nicht bloß, weil Du Marthas einzige, von ihr innig geliebte Schwester bist, die ich ohne eigene Schädigung nicht umgehen könnte; ich glaube, daß in unserer eigenen Natur Grund genug vorhanden ist, von treuem Zusammenhalten Glück und Nutzen zu erwarten.
Brief an Minna Bernays vom 22.1.1883.

Ich sehe ihn jetzt auf einem Wege, den ich selbst verlassen mußte[3], ich will hoffen, daß solcher Zwang für ihn nicht eintritt. Das erste tiefere Eindringen in die Wissenschaft, das Aufdämmern der ersten Erfolge, der Übergang vom Schüler zum selbständigen Arbeiter und Forscher, der zunächst seine Kraft und eigenartige Geistesrichtung entdeckt: es sind Erlebnisse, die dauernd bereichern, an denen sich auch ein Freund erfreuen darf.
Brief an Minna Bernays vom 22.1.1883.

65 Die Mutter

Meine Mutter ist eine an Körper und Geist hinfällige Frau, aber ich tue ihr herzliche Abbitte, wenn ich sie zurückgesetzt habe. Ich weiß nicht eine Handlung von ihr, mit der sie über das Interesse oder das Glück eines ihrer Kinder hinweg ihre Launen oder ihre Interessen verfolgt hätte.
Brief an Martha Bernays vom 23.7.1884.

66 Der Zwinger in Dresden
Ich glaube, ich habe dort
einen bleibenden Gewinn
gemacht, bisher war ich immer der Meinung, es sei eine
Art Übereinkunft unter den
Leuten, die nicht viel zu tun
haben, für Bilder, die von
berühmten Meistern gemalt
sind, zu schwärmen. Hier
streifte ich meine Barbarei
ab und begann selbst zu be-
wundern.
*Brief an Martha Bernays
vom 26. 12. 1883.*

*Die beiden folgenden Bilder
sah Freud in der Galerie des
Zwingers.*

**67 Madonna des Baseler
Bürgermeisters Meyer;
nach Hans Holbein**
Kennst Du das Bild? Vor
der Madonna knien rechts
mehrere häßliche Frauen
und ein anmutloses kleines
Fräulein, links ein Mann,
mit einem Mönchsgesicht,
der einen Knaben hält. Die
Madonna hält einen Knaben
im Arm und schaut so heilig
herunter auf die Betenden.
Ich ärgerte mich über die
gewöhnlichen häßlichen Men-
schengesichter, erfuhr später,
daß es Porträts der Familie
des Bürgermeisters von X
wären, der das Bild für sich
bestellt.[1] Auch das kranke,
mißratene Kind, das die Madonna im Arm hält, soll gar
nicht das Christuskind sein,
sondern der arme Bürgermei-
sterssohn, dem aus diesem
Bilde Heilung erwachsen
sollte. Die Madonna selbst
ist nicht gerade schön, die
Augen sind vorquellend, die
Nase lang und dünn, aber
die rechte Himmelskönigin,
wie sie das gläubige deutsche
Gemüt geträumt hat. Ich
fing an, von dieser Madonna
etwas zu verstehen.
*Brief an Martha Bernays
vom 26. 12. 1883.*

**68 Der Zinsgroschen;
von Tizian**
Ganz gefesselt wurde ich
erst von einem anderen Bilde,
dem ›Zinsgroschen‹ von Tizian, das ich doch schon
kannte, ohne sonderlich darauf geachtet zu haben. Dieser
Christuskopf [. . .] ist der
einzig wahrscheinliche, unter
dem auch wir uns eine solche
Person vorstellen können.
[. . .] Und nichts Göttliches
daran, ein edles Menschenant-
litz, von Schönheit weit entfernt, Ernst, Innigkeit, Ge-
dankentiefe, überlegene Mil-
de, tief sitzende Leidenschaftlichkeit; wenn das nicht in
diesem Bild liegt, gibt es
keine Physiognomik. Ich hätte
es gerne mitgenommen, aber
es waren zuviel Leute da,
Engländerinnen, die kopier-
ten, Engländerinnen, die
saßen und leise sprachen,
Engländerinnen, die gingen
und schauten. Ich ging also
mit einem weiten Herzen
weg.
*Brief an Martha Bernays
vom 26. 12. 1883.*

69 Doré-Illustration zu Cervantes' ›Don Quijote‹
Ich habe [. . .] eben zwei
Stunden lang – es ist zwölf
Uhr – den ›Don Quijote‹
gelesen und so herrlich darin
geschwelgt. [. . .] es geht das
alles nicht tief, aber es ist
die vollkommenste heitere
Grazie, die man sich denken
kann. [. . .] Dazu die Bilder
von Doré, sie sind nur großartig, wenn der Zeichner eine
phantastische Seite an seinem
Gegenstand erfaßt; so greift
er ein paar Worte der Wirtin
auf, um darzustellen, wie
ein jämmerlich kleiner Ritter
mit einem Schwerthieb sechs
Riesen durchgehauen hat,
die Untergestelle stehen alle
noch, während die Oberkör-
per sich im Staube wälzen.
Das Bild ist von einer pracht-
vollen Lächerlichkeit und
hilft trefflich mit, den Unsinn
der Ritterromantik zu vernichten.
Brief an Martha Bernays
vom 23.8.1883.

70 Gustave Flaubert
[. . .] nun kam ein Buch hinzu, was in gedrängtester Weise, in unübertrefflicher Plastik
einem den ganzen Welten-
plunder geradezu an den
Kopf wirft, und zwar nicht
nur die großen Probleme
der Erkenntnis, sondern die
echten Rätsel des Lebens,
allen Widerstreit der Gefühle
und Neigungen wachruft und
das Bewußtsein der eigenen
Ratlosigkeit in der allgemeinen Rätselhaftigkeit über
alles herrschend etabliert.
Diese großen Fragen bestehen
ja eigentlich immer, und man
sollte immer an sie denken,
man setzt sich aber in jeder
Stunde und an jedem Tag
immer ein recht enges Ziel
und gewöhnt sich an den
Gedanken, die Beschäftigung
mit diesen Rätseln sei die
Aufgabe einer besonderen
Stunde, und dann wohl, diese
Rätsel existierten nur in solchen besonderen Stunden.
Nun überfallen sie einen
plötzlich am Morgen und
rauben Fassung und Stim-
mung. [. . .] was vor allem
Eindruck macht, ist die Plastik der Halluzinationen,
die Art, wie die Sinneseindrücke abschwellen, sich verwandeln [. . .]. Man versteht
es besser, wenn man weiß,
daß Flaubert Epileptiker
war und selber halluzinierte.
Brief an Martha Bernays
vom 26.7.1883.

Freud berichtet von seiner
Lektüre des Flaubert-Werks
›Tentation de Saint-Antoine‹
(1874).

**71 Gmunden im Salzkam-
mergut**

Der Morgen war herrlich
[. . .]. Das Vergnügen der
ersten Orientierung in frem-
der Gegend ist zu groß. Zunächst [. . .] tat ich einen
Blick zum Fenster hinaus
und prägte mir das schöne
Bild recht tief ein. Der tief
dunkelgrüne See, in die Länge
gestreckt, so daß man ihn
nicht in seinem größeren
Durchmesser übersehen kann;
wenn man über den kleineren
Durchmesser des Sees blickt,
sieht man zwei Berge, den
ersten sanfter abfallenden,
so daß noch einzelne Villen
an seinem Fuße stehen, den
Grünberg, nach seiner Bewal-
dung so genannt und darum
von ebenso tief dunkelgrüner
Farbe wie der See. Und neben ihm, das ganze Bild do-
minierend, den kolossalen,
wenig bewaldeten und darum
lichteren Felsen des Traun-
stein, der fast senkrecht von
einer Höhe von 5000 Fuß
in den See abstürzt.
*Brief an Martha Bernays
vom 26.7.1883.*

*Dieses Bild kaufte Freud für
seine Braut während seines
ersten Aufenthaltes in Gmunden als Gast von Josef und
Mathilde Breuer.*

**72 Josef und Mathilde
Breuer**

Wenn ich mein Verhältnis
zu Ihnen und Ihrer Hausfrau
bedenke, finde ich, daß ich
Ihnen am meisten für die
Wertschätzung meiner Person
zu Dank verpflichtet bin,
die mich selbst weit über
meinen gegenwärtigen Zu-
stand hinaushebt und mit
welcher Sie entweder den
anderen vorauseilen oder
auch vereinzelt bleiben werden.
*Brief an Josef Breuer
vom 16.1.1884.*

*Josef Breuer, 1842-1925,
ein Wiener Internist und Physiologe, war wie Freud Schüler
Ernst Wilhelm von Brückes
gewesen. Er galt nicht nur
als weithin hochgeschätzter
Hausarzt, sondern auch als
hervorragender Theoretiker
und Experimentalphysiologe;
u. a. entdeckte er die Selbststeuerung der Atmung und
die Bogengänge im Ohrlaby-
rinth als Organ des Gleichge-
wichtssinns. – Viele Jahre
war er Freuds väterlicher
Freund und Mentor und hatte
später entscheidenden Anteil
an der Entstehung der Psychoanalyse.[1]*

Mathilde Breuer, 1846-1931.

73 Das Wiener Allgemeine Krankenhaus

Die Wendung kam 1882, als mein über alles verehrter Lehrer[1] den großmütigen Leichtsinn meines Vaters korrigierte, indem er mich mit Rücksicht auf meine schlechte materielle Lage dringend mahnte, die theoretische Laufbahn aufzugeben. Ich folgte seinem Rate, verließ das physiologische Laboratorium und trat als Aspirant in das Allgemeine Krankenhaus ein. [. . .] Recht im Gegensatz zur diffusen Natur meiner Studien in den ersten Universitätsjahren entwickelte ich nun eine Neigung zur ausschließenden Konzentration der Arbeit auf einen Stoff oder ein Problem. ›Selbstdarstellung‹.

Jetzt laß mich von Dingen sprechen, die auf allen Abteilungen heimisch sind. Wirst Du glauben, daß auf allen – nicht klinischen – Krankenzimmern des Spitals kein Gas eingerichtet ist, so daß die Kranken in den langen Winterabenden im Finstern liegen und der Arzt in tiefer Nacht von einem Wachslicht beleuchtet [. . .] seine Visite macht, ja selbst Operationen ausführt? Ferner wirst Du glauben, daß keine gewachs-ten Böden und Teppiche sind, sondern daß dort, wo unter 20 Kranken immer 10 schwere Lungenkranke liegen, einmal im Tag ausgekehrt wird, wobei das ganze Zimmer in Staubwolken eingehüllt ist? So sieht die Humanität unserer Zeit aus. Es ist wahr, die armen Teufel haben Bett und Pflege mehr, als sie je im Leben gehabt haben, aber haben sie nicht als Kranke Anspruch auf mehr von dem, wovon die Gesellschaft sie ohne ihr Verschulden durch ihre eigene Mißwirtschaft ausgeschlossen hat? Und was sind die Kosten solcher Einrichtungen, die dem Ermatteten und Verlorenen eine menschwürdig zugebrachte Frist geben könnten, im Vergleich zu den Kosten für alle Nichtigkeiten unserer europäischen Heere? *Brief an Martha Bernays vom 2.1.1884.*

Bei seiner Arbeit auf den verschiedenen Stationen des Allgemeinen Krankenhauses ging es Freud vor allem um die Aneignung der praktischen medizinischen Kenntnisse, die er für die Eröffnung einer eigenen Praxis brauchte.

Hof des Allgemeinen Krankenhauses.

74 Hermann Nothnagel
[. . .] soll ich Nachricht von
dem Ausfall meines Besuches
bei Professor Nothnagel geben? [. . .] Unheimlich, so
einen Mann zu sehen, der
viel über uns vermag und
über den wir gar nichts vermögen. [. . .] Ein germani-
scher Waldmensch. Ganz
blondes Haar, Kopf, Wangen,
Hals, Augenbrauen ganz
unter Haar gesetzt und zwischen dem Haar und dem
Fleisch kaum ein Farbenun-
terschied. Zwei mächtige
Warzen an der Wange und
an der Nasenwurzel; nichts
von Schönheit, aber gewiß
etwas Besonderes. Ich war
draußen etwas zitterig gewesen, drinnen war ich sicher
wie immer im ›Kampf‹ [. . .]
»Also was wünschen Sie,
Herr Doktor?« [. . .] »Es
ist bekannt, daß Sie jetzt
einen Assistenten annehmen
werden, und man sagt, Sie
werden über kurz oder lang
eine andere Stelle kreieren.
Man sagt auch, Sie gäben
etwas auf wissenschaftliche
Arbeiten: nun, ich habe wissenschaftlich gearbeitet, habe
jetzt nicht Gelegenheit, es
fortzusetzen, und darum hielt
ich es für ziemlich, mich Ihnen als Bewerber vorzustellen.« [. . .] »Ich will Ihnen
nicht verbergen, daß schon
mehrere Herren als Bewerber

hier gewesen sind, und ich
will Ihnen keine Hoffnungen
machen. Es wäre gewissenlos
von mir [. . .]« [. . .] »Also,
wenn ich Sie recht verstanden
habe, soll ich so handeln,
als ob es zunächst bei Ihnen
nichts wäre?« – »Ja«, sagte
er, [. . .] »Würden Sie sich
denn für eine akademische
oder eine praktische Laufbahn
entscheiden?« – »Meine Neigungen und mein früheres
Leben weisen mich auf das
erste hin, aber ich muß –«
– »Ja, Sie müssen zunächst
leben können. Also ich werde
Sie vormerken.«[1]
*Brief an Martha Bernays
vom 5. 10. 1882.*

*Hermann Nothnagel,
1841-1905, Professor der
Inneren Medizin an der Universität Wien; er arbeitete
vor allem über Physiologie
und Pathologie des Nervensystems, der Herztätigkeit
und der Verdauungsorgane
und war Herausgeber des
›Handbuchs der speciellen
Pathologie und Therapie‹[2].
An seiner Klinik arbeitete
Freud 1882/83 einige Monate
als Aspirant.*

75 Theodor Meynert
Bei meinem heutigen Vortrag
hätte ich Dich eigentlich
gerne gesehen, Marthchen.
Das war nämlich ein Triumph
wie seit langem nicht. Denk
Dir also Deinen scheuen
Liebsten, wie er vor dem
gestrengen Meynert und einer
Versammlung von Irrenärzten
und einigen Kollegen sich
bemüht [. . .]. Wie er mit An-
spielungen beginnt, mit der
Stimme nicht haushalten kann,
dann auf die Tafel zeichnet,
wie ihm inmitten ein Witz gelingt, über den das Auditorium
herzlich lacht, wie die Momente, in denen er fürchtet,
nicht weiterzukönnen, die er
immer glücklich verborgen
hat, seltener werden, wie er
ins Fahrwasser der Auseinandersetzung gerät, eine volle
Stunde darin herumsegelt
[. . .].
*Brief an Martha Bernays
vom 14. 2. 1884.*

*Theodor Meynert, 1833-1892,
Professor der Psychiatrie an
der Universität Wien. Er war
der führende Vertreter der
vergleichend-anatomischen
Hirnforschung, der Begründer
ihrer entwicklungsgeschichtli-
chen Methode sowie der Zyto-
architektonik der Hirnrinde.
Sein Ziel war die Fundierung
der Psychiatrie auf anatomi-*

*scher Basis. An Meynerts
Psychiatrischer Klinik arbeitete
Freud 1883 etwa fünf Monate
lang.*[1]

**76 Freuds Skizze seines
Zimmers im Allgemeinen
Krankenhaus**
Es ist auch eine Art Narkose,
immer so viel zu tun zu haben, und Du weißt, ich habe
letzthin eine Rettung vor
meiner großen Empfindlich-
keit und Erregbarkeit gesucht.
Die hätte ich nun. Es kommt
mir vor, als schlügen die Wel-
len des Weltlebens gar nicht
an meine Türe, ein andermal
muß ich den Gedanken ge-
waltsam abwehren, daß ich
ein Mönch wäre, wie ihn
Scheffel in seiner Klosterzelle
aufsucht.
*Brief an Martha Bernays
vom 9. 10. 1883.*

*Seit Mai 1883 wohnte Freud
in Meynerts Psychiatrischer
Klinik. Erstmals hatte er also
das Elternhaus verlassen.
Am 1. Oktober 1883 bezog
er dann die Dermatologische
Abteilung des Allgemeinen
Krankenhauses. In einem
Brief vom 5. Oktober 1883
an Martha beschrieb und
skizzierte er die Einrichtung
der neuen Unterkunft.*

*Transkription in den Anmer-
kungen.*

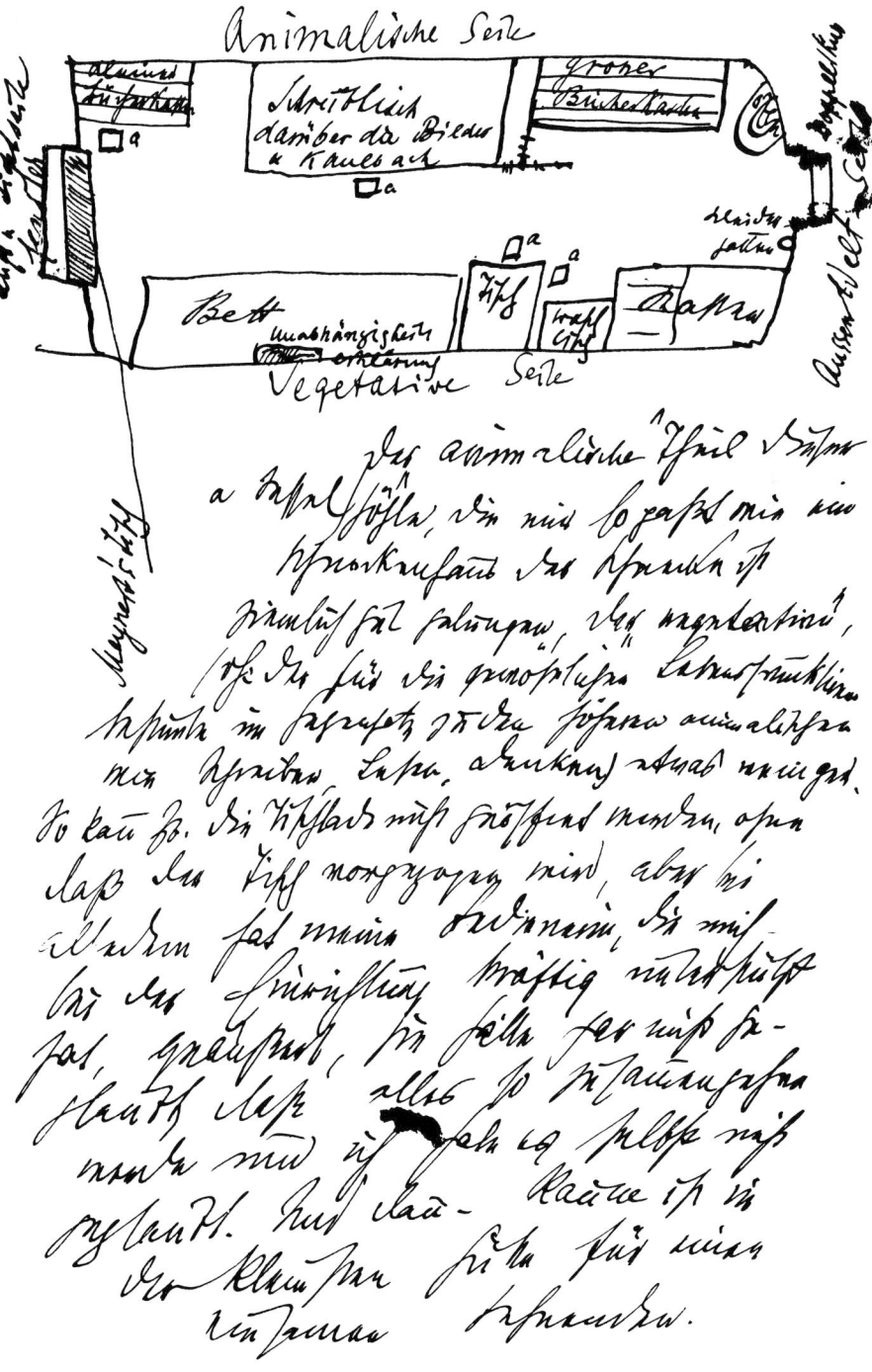

77 Nathan Weiss

[. . .] ich komme eben vom Leichenbegängnisse meines Freundes Nathan Weiss. Am Dreizehnten um zwei Uhr nachmittags hat er sich in einem Bad auf der Landstraße erhängt. [. . .] er ist nicht etwa an einem Zufall gestorben, sein Wesen hat sich vielmehr erfüllt, seine guten und bösen Eigenschaften sich vereinigt, ihn zum Scheitern zu bringen, sein Leben war wie von einem Charakterdichter komponiert und sein Tod wie die notwendige Katastrophe.
*Brief an Martha Bernays
vom 16. 9. 1883.* [1]

*Nathan Weiss, 1851-1883,
ein Arbeitskollege Freuds
am Allgemeinen Krankenhaus.
Kurz vor seinem Selbstmord
war er Leiter der Abteilung
für Elektrotherapie und Neuropathologie geworden. 1881
hatte er eine Studie ›Über
Tetanie‹ publiziert.*

78 ›Eine neue Methode zum Studium des Faserverlaufs im Centralnervensystem‹, 1884

Durch Behandlung von feinen Schnitten des in Chromsalzen gehärteten Zentralorganes mit Goldchlorid, starker Natronlauge und 10 % Jodkaliumlösung erhält man eine Rot- bis Blaufärbung, welche entweder die Markscheiden oder bloß die Achsencylinder betrifft. Die Methode ist nicht verläßlicher als andere Goldfärbungen.
›Inhaltsangaben der wissenschaftlichen Arbeiten des Privatdocenten Dr. Sigm. Freud, 1877-1897‹.

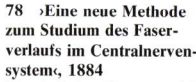

Wöchentlich erscheinen 1—2 Bogen; am Schlusse des Jahrgangs Titel, Namen- und Sachregister.

Preis des Jahrganges 20 Mark; zu beziehen durch alle Buchhandlungen und Postanstalten.

Centralblatt
für die
medicinischen Wissenschaften.

Redigirt von

Prof. Dr. H. Kronecker,   und   **Prof. Dr. H. Senator,**
Berlin (NW.), Dorotheenstr. 35.   Berlin (NW.), Bauhofstr. 7 (am Hegelplatz).

1884.   **15. März.**   **No. 11.**

Eine neue Methode zum Studium des Faserverlaufs im Centralnervensystem.

Von Dr. Sigm. Freud, Secundärarzt im Wiener Allgemeinen Krankenhause.

Anknüpfend an eine Vorschrift Flechsig's in dem bekannten Werke: „Die Leitungsbahnen im Gehirn und Rückenmark des Menschen etc." empfehle ich das folgende Verfahren zur Darstellung der Nervenfasern auf Schnitten des nervösen Centralorganes. Feine Schnitte des am besten in Erlicki'scher Flüssigkeit erhärteten Präparates werden in destillirtem Wasser von dem Alkohol, mit wel-

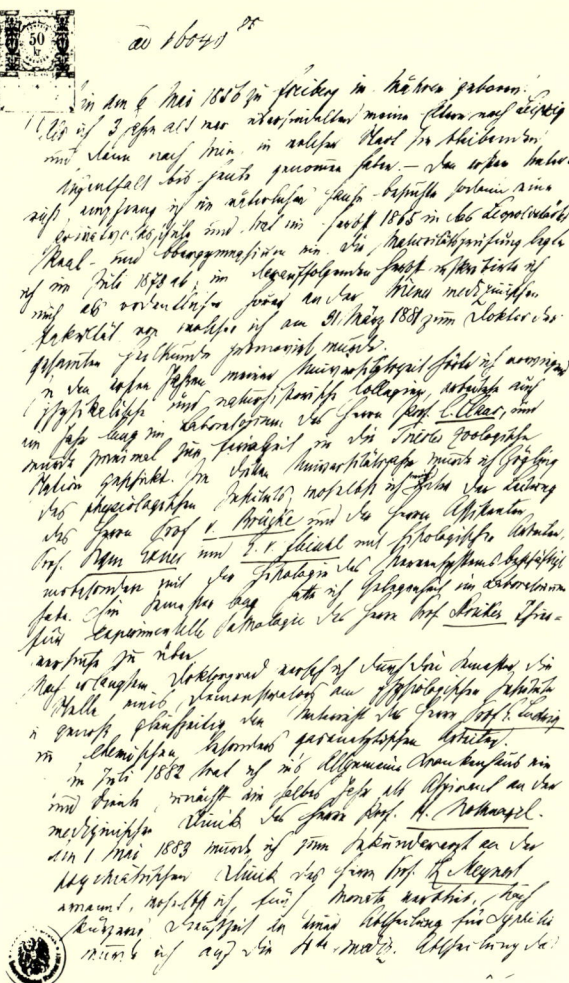

79 Faksimile eines Lebenslaufs, 1885

[. . .] noch ein Wort über die Dozentur. Ein Gehalt ist nicht damit verbunden, aber zweierlei Vorteile. Erstens das Recht (gleichzeitig die einzige Pflicht), Kurse zu lesen, von denen, wenn sie gut besucht sind [. . .], man notdürftig leben kann [. . .]. Sodann ist man gesellschaftlich unter den Ärzten und dem Publikum auf ein hohes Niveau gehoben und kann eher erwarten, Patienten zu bekommen, besser gezahlt zu werden, kurz, man hat es leicht, zu einem gewissen Ruf zu kommen. Es gibt freilich auch Dozenten ohne Patienten, und unsere ganze Zukunft schaut ja trotz der guten Erfolge meiner Arbeiten noch recht dunkel aus.
Brief an Martha Bernays vom 29.3.1884.

Freud verfaßte diesen Lebenslauf für die Erlangung der Dozentur.

Transkription in den Anmerkungen.

80 Aus dem Referat Ernst Wilhelm von Brückes[1] für Freuds Habilitationsgesuch, 1885

Transkription in den Anmerkungen.

81 Bestätigung der Dozentur
Im Frühjahr 1885 erhielt ich die Dozentur für Neuropathologie auf Grund meiner histologischen und klinischen Arbeiten.
›Selbstdarstellung‹.

Transkription in den Anmerkungen.

82 Freud, etwa 1885
Ich glaube, es ist ein schweres Unglück für mich, daß die Natur mir nicht jenes unbestimmte Etwas gegeben hat, was die Menschen anzieht. Denke ich an mein Leben zurück, so hat mir kaum mehr als das gefehlt, um mir die Existenz rosig zu machen. Meine Freunde habe ich so langsam erworben, um mein teures Mädchen mich so lange raufen müssen, und jedesmal, wenn ich mit wem zusammenkomme, merke ich, daß der Neue von einem Antrieb, den er gar nicht zu analysieren braucht, zunächst veranlaßt wird, mich zu unterschätzen.
Brief an Martha Bernays vom 27.1.1886.

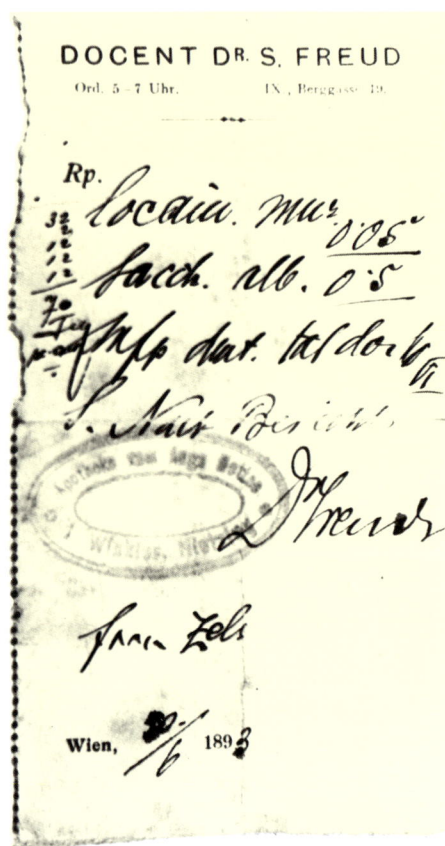

84 Kokain-Packung der Fa. Merck, etwa 1885

85 Carl Koller

Carl Koller, 1857-1944, Studienfreund Freuds und bedeutender Ophtalmologe.

83 Kokainrezept
Die Empfehlung des Kokains, die 1885 von mir ausging, hat mir auch schwerwiegende Vorwürfe eingetragen. Ein teurer, 1895 schon verstorbener Freund[1] hatte durch den Mißbrauch dieses Mittels seinen Untergang beschleunigt.
›Die Traumdeutung‹.

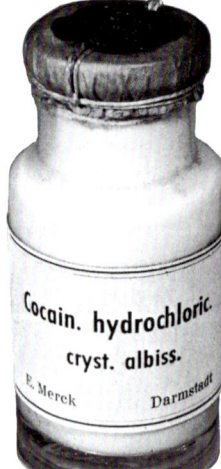

Ein abseitiges, aber tiefgehendes Interesse hatte mich 1884 veranlaßt, mir das damals wenig bekannte Alkaloid Kokain von Merck kommen zu lassen und dessen physiologische Wirkungen zu studieren. Mitten in dieser Arbeit eröffnete sich mir die Aussicht einer Reise, um meine Verlobte wiederzusehen [...]. Ich schloß die Untersuchung über das Kokain rasch ab und nahm in meine Publikation die Vorhersage auf, daß sich bald weitere Verwendungen des Mittels ergeben würden. Meinem Freunde, dem Augenarzt L. Königstein[1], legte ich aber nahe zu prüfen, inwieweit sich die anästhesierenden Eigenschaften des Kokains am kranken Auge verwerten ließen. Als ich vom Urlaub zurückkam, fand ich, daß nicht er, sondern ein anderer Freund, Carl Koller[2] [...], dem ich auch vom Kokain erzählt, die entscheidenden Versuche am Tierauge angestellt und sie auf dem Ophtalmologenkongreß zu Heidelberg demonstriert hatte. Koller gilt darum mit Recht als der Entdecker der Lokalanästhesie durch Kokain, die für die kleine Chirurgie so wichtig geworden ist; ich aber habe mein damaliges Versäumnis meiner Braut nicht nachgetragen.
›Selbstdarstellung‹.

86 Titelblatt ›Über Coca‹, 1885
Die Wirkung, welche die Einnahme des Kokains auf den gesunden menschlichen Organismus ausübt, habe ich in wiederholten Versuchen an mir und anderen studiert [...]. Es fehlt gänzlich das Alterationsgefühl, das die Aufheiterung durch Alkohol begleitet, es fehlt auch der für die Alkoholwirkung charakteristische Drang zur sofortigen Betätigung. Man fühlt eine Zunahme der Selbstbeherrschung, fühlt sich lebenskräftiger und arbeitsfähiger; aber wenn man arbeitet, vermißt man auch die durch Alkohol, Tee oder Kaffee hervorgerufene edle Exzitation und Steigerung der geistigen Kräfte. Man ist eben einfach normal und hat bald Mühe, sich zu glauben, daß man unter irgendwelcher Einwirkung steht. Es macht den Eindruck, ob die Kokainstimmung bei solchen Dosen hervorgebracht würde nicht so sehr durch direkte Erregung als durch den Wegfall deprimierender Elemente des Gemeingefühls. Es wird vielleicht gestattet sein anzunehmen, daß auch die Euphorie der Gesundheit nichts anderes ist als die normale Stimmung der gut ernährten Hirnrinde, die von den Organen ihres Körpers »nichts weiß«.
›Über Coca‹.[1]

Heil-Anstalt in Ober-Döbling
Hauptgebäude.

ÜBER COCA.

Von

DR. SIGM. FREUD

Secundararzt im k. k. Allgemeinen Krankenhause
in Wien.

*Neu durchgesehener und vermehrter Separat-Abdruck aus dem
„Centralblatt für die gesammte Therapie".*

WIEN, 1885.
VERLAG VON MORITZ PERLES
Stadt, Bauernmarkt Nr. 11.

87 Heilanstalt in Oberdöbling

Hast Du einmal die Heilanstalt gesehen? Erinnerst Du Dich an den schönen Park am Ende der Hirschenstraße, der sich dann gegen Grinzing, wo die Straße den Bogen macht, fortsetzt? In dem Park liegt auf einer kleinen Anhöhe die Heilanstalt [. . .]. Um acht Uhr kam ich gestern mit einem Spazierstock als Gepäck an und wurde Mitglied dieser höchst zusammengesetzten Gemeinde. [. . .] Sechzig Kranke werden im Haus verpflegt, Geisteskranke in allen Abstufungen von leichtem Schwachsinn, den der Laie nicht bemerkt, bis zum tiefsten Grad psychischer Versunkenheit. Die ärztliche Behandlung ist natürlich geringfügig, beschränkt sich auf die nebenbei eruierten internen und chirurgischen Beschwerden, sonst ist alles Überwachung, Pflege, Kost und Gewährenlassen. Die Küche ist natürlich im Haus. Die mildesten der Kranken speisen mittags mit der Direktion, dem Arzt und Inspektor gemeinsam. Es sind natürlich lauter reiche Leute, Grafen, Comtessen, Barone und dergleichen. Pièces de résistance sind die zwei Durchläuchte, Fürst S. und Fürst M. Letzterer, wie Du Dich erinnern wirst, ein Sohn von Marie Louise, der Frau Napoleons, und so wie unser Kaiser ein Enkel von Kaiser Franz. Du glaubst nicht, wie schäbig diese Fürsten und Grafen aussehen, obwohl sie nicht eigentlich schwachsinnig, sondern nur so ein Gemisch aus schwachsinnig und exzentrisch sind.
Brief an Martha Bernays vom 8. 6. 1885.

Freud hatte in dieser in der Nähe Wiens gelegenen Privatheilanstalt für Gemüts- und Nervenkranke im Juni 1885 für einige Wochen eine Vertretung übernommen.

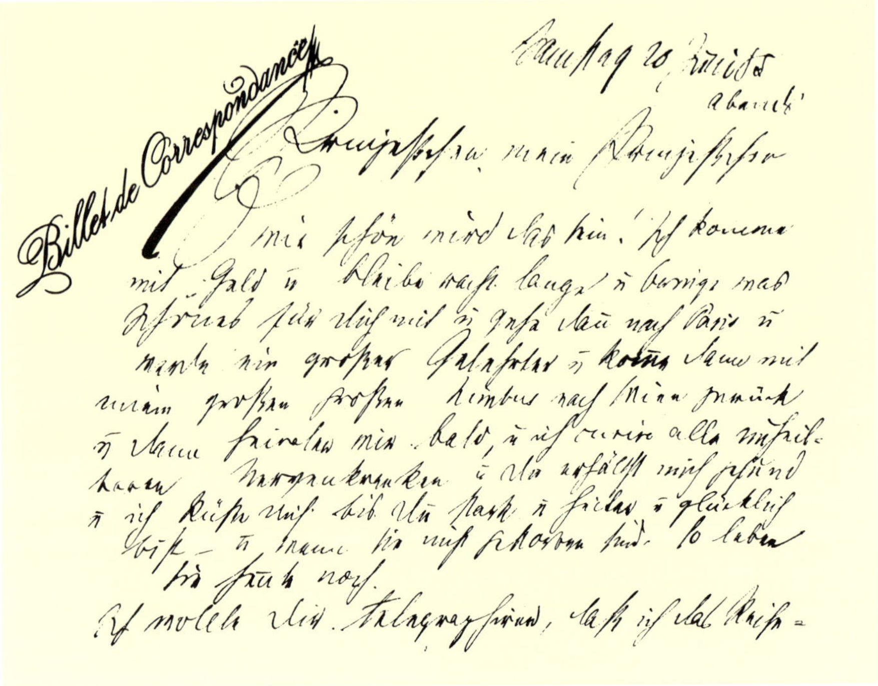

88 Faksimile eines Briefes an Martha; anläßlich der Gewährung des Stipendiums für die Reise nach Paris und Berlin, 1885

Samstag 20 Juni 85 abends

Prinzeßchen, mein Prinzeßchen

O wie schön wird das sein! Ich komme mit Geld u bleibe recht lange u bringe was Schönes für Dich mit u gehe dañ nach Paris u werde ein großer Gelehrter u koñe dann mit einem großen großen Nimbus nach Wien zurück u dann heiraten wir bald, u ich curire alle unheilbaren Nervenkranken u Du erhältst mich gesund u ich küsse Dich bis Du stark u heiter u glücklich bist – u wenn sie nicht gestorben sind, so leben sie heute noch. *Transkription.*

Es handelte sich bei diesem Stipendium, das Freud für Herbst 1885/Frühjahr 1886 zugesprochen wurde, um die Finanzierung jeweils sechsmonatiger Studienreisen, für die dem akademischen Senat der Universität turnusmäßig von den einzelnen Fakultäten Kan-

didaten vorgeschlagen werden konnten. Freud wollte an der Pariser Salpêtrière, der Klinik Jean-Martin Charcots, sowie in Berlin seine hirnanatomischen Forschungen, insbesondere Studien an Kinderhirnen, fortsetzen.

89 Die Verlobten

Wenn die Kraft, die ich in mir spüre, mir treu bleibt, lassen wir noch Spuren von unserer komplizierten Existenz zurück.

Brief an Martha Bernays vom 26.6.1885.

Bevor Freud nach Paris reiste, verbrachte er vierzig Tage bei seiner Verlobten in Wandsbek. Das Bild wurde während dieses Aufenthalts aufgenommen.

90 Die Salpêtrière

Du hast recht zu vermuten, daß Paris einen neuen Anfang der Existenz für mich bedeutet. Ich habe dort einen Lehrer gefunden, Charcot, wie ich ihn mir immer vorgestellt, habe klinisch sehen gelernt, soweit ich das imstande bin, und eine gute Menge von positiven Kenntnissen mitgenommen.
Brief an Carl Koller
vom 13.10.1886.

Charcot, der einer der größten Ärzte, ein genial nüchterner Mensch ist, reißt meine Ansichten und Absichten einfach um. Nach manchen Vorlesungen gehe ich fort wie aus Notre-Dame, mit neuen Empfindungen vom Vollkommenen. Aber er greift mich an; wenn ich von ihm weggehe, habe ich gar keine Lust mehr, meine eigenen dummen Sachen zu machen [. . .]. Mein Gehirn ist gesättigt wie nach einem Theaterabend. Ob die Saat einmal Früchte bringen wird, weiß ich nicht; aber daß kein anderer Mensch je ähnlich auf mich gewirkt hat, weiß ich gewiß.
Brief an Martha Bernays
vom 24.11.1885.

Die Klinik der Salpêtrière[1] hatte durch die neuroanatomischen, insbesondere aber psychopathologischen Leistungen ihres Direktors weithin Berühmtheit erlangt.

91 Charcot demonstriert einen Hysterie-Fall

Dienstags hielt Charcot die *Consultation externe* ab, bei welcher ihm aus einer großen Menge von ambulatorischen Patienten die typischen oder die rätselhaften Fälle von den Assistenten zur Untersuchung vorgeführt wurden. Wirkte es da manchmal entmutigend, wenn der Meister einen Teil dieser Fälle nach seinem eigenen Ausdruck »in das Chaos der noch unenthüllten Nosographie« zurücksinken ließ, so boten ihm andere Fälle Gelegenheit, die lehrreichsten Bemerkungen über die verschiedenartigsten Themata der Neuropathologie wie sie zu knüpfen. [. . .] Er schien gleichsam mit uns zu arbeiten, laut zu überlegen und auf Einwürfe von seiten der Schüler zu warten. Wer sich getraute, mochte sein Wort in die Diskussion einwerfen, und keine Bemerkung blieb von dem Meister unberücksichtigt.
›Bericht über meine mit Universitäts-Jubiläums-Reisestipendium unternommene Studienreise nach Paris und Berlin‹.

Dieses von André Brouillet gemalte Bild hing in Freuds Behandlungszimmer in Wien, später auch in London.

92   Elektro-diagnostische
Behandlung in der
Salpêtrière

93   Jean-Martin Charcot

Um zehn Uhr kam M. Charcot herein, ein großer Mann von achtundfünfzig Jahren [...] mit dunkeln, eigentümlich weichen Augen (das heißt einem, das [andere] ist ausdruckslos und schielt nach innen), langen, hinter die Ohren gesteckten Haarresten, im Gesicht rasiert, sehr ausdrucksvollen Zügen, vollen, abstehenden Lippen, kurz wie ein Weltgeistlicher, von dem man sich viel Witz und Verständnis für gutes Leben erwartet.
Brief an Martha Bernays vom 21.10.1885.

Er war kein Grübler, kein Denker, sondern eine künstlerisch begabte Natur, wie er es selbst nannte, ein *visuel,* ein Seher. Von seiner Arbeitsweise erzählte er uns selbst folgendes: Er pflegte sich die Dinge, die er nicht kannte, immer von neuem anzusehen, Tag für Tag den Eindruck zu verstärken, bis ihm dann plötzlich das Verständnis derselben aufging. [...] Man konnte ihn sagen hören, die größte Befriedigung, die ein Mensch erleben könne, sei, etwas Neues zu sehen, d. h. es als neu zu erkennen, und in immer wiederholten Bemerkungen kam er auf die Schwierigkeit und Verdienstlichkeit dieses »Sehens« zurück. ›Charcot‹.

Jean-Martin Charcot, 1825-1893, Professor der Pathologischen Anatomie am Collège de France und Direktor der Salpêtrière. Durch den Umgang mit ihm und die durch ihn vermittelte Beobachtung der Phänomene der Hysterie und des Hypnotismus löste sich Freuds wissenschaftliches Interesse allmählich von der Anatomie des Nervensystems. In einer fundamentalen Umorientierung wandte es sich nun den Fragen der Psychopathologie zu.

Neue Vorlesungen
über die

Krankheiten des Nervensystems

insbesondere über Hysterie.

Von

J. M. CHARCOT.

Autorisirte deutsche Ausgabe
von

Dr SIGM. FREUD,
Docent für Nervenkrankheiten an der k. k. Universität in Wien.

Mit 59 Abbildungen.

LEIPZIG UND WIEN.
TOEPLITZ & DEUTICKE.
1886.

— 222 —

absonderlichsten Lagen und Stellungen ein, welche die von
mir für diesen Theil der zweiten Periode vorgeschlagene
Bezeichnung „Clownismus" vollauf rechtfertigen. Von Zeit zu
Zeit halten die oben beschriebenen Contorsionen einen Moment
ein, um der so charakteristischen Bogen- oder Gewölbestellung
Platz zu machen. Bald ist es ein wirklicher Opisthotonus, bei
dem die Lenden um ungefähr 50 Centimeter über das Bett
erhoben sind und der Körper nur einerseits auf dem Scheitel,
andererseits auf den Fersen ruht; andere Male ist es ein Bogen
mit der Concavität nach oben: die Arme über der Brust
gekreuzt, die Beine in der Luft, Haupt und Rumpf erhoben,
während nur Lenden und Steiss dem Bette anliegen. Endlich
noch andere Male ruht der Kranke, wenn er ein „Gewölbe"
macht, dabei auf der rechten oder linken Seite. Dieser ganze

Fig. 28.

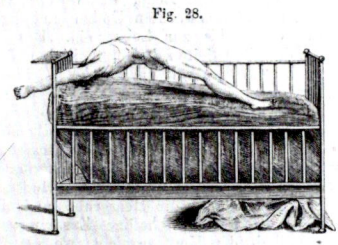

Theil des Anfalles ist bei G . . ., wenn ich mich so ausdrücken
darf, wunderschön, und jede einzelne Stellung würde verdienen,
durch das Verfahren der Instantanphotographie festgehalten
zu werden. Ich gebe Ihnen nun die Photographien herum,
welche Herr Londe auf diese Weise erhalten hat.
Wie Sie sehen, lassen dieselben vom künstlerischen Standpunkte nichts zu wünschen übrig, sie sind aber überdies in
hohem Grade lehrreich für uns. Sie zeigen uns, dass die Anfälle bei G . . ., was die Regelmässigkeit der einzelnen Perioden
und den typischen Charakter der verschiedenen Stellungen
anbelangt, nicht im Geringsten hinter jenen zurückstehen, die
wir täglich an unseren classischesten Hysteroepileptischen
weiblichen Geschlechtes zu beobachten Gelegenheit haben,
und diese Aehnlichkeit verdient umsomehr hervorgehoben zu
werden, als G . . . niemals in den Krankensaal, wo unsere

94   Freuds Charcot-Übersetzung, 1886

Als ich hörte, daß Charcot
die Herausgabe einer neuen
Sammlung seiner Vorlesungen
beabsichtige, erbot ich mich
zu einer deutschen Übersetzung derselben, und diesem
Unternehmen hatte ich einerseits einen näheren persönlichen Verkehr mit Prof. Charcot, andererseits die Möglichkeit zu danken, meinen Aufenthalt in Paris über die Zeit
hinaus zu verlängern, für
welche das mir verliehene
Reisestipendium reichte.
›Bericht über meine mit Uni-
versitäts-Jubiläums-Reisesti-
pendium unternommene Stu-
dienreise nach Paris und Berlin‹.

95   Seiten aus der Charcot-Übersetzung

*Die Abbildungen zeigen Stel-
lungen eines großen hysterischen Anfalls.*

— 223 —

„femmes en attaques" untergebracht sind, gedrungen ist, man sich also bei ihm nicht auf den Einfluss der Nachahmung, dieser Art von psychischem Contagium, berufen kann.

Fig. 29.

Nur die Periode der Hallucinationen und leidenschaftlichen Stellungen fällt bei G . . . in der Regel weg. Wir haben blos einige Male beobachten können, dass gegen das Ende

Fig. 30.

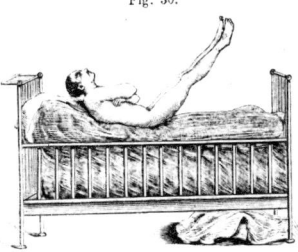

des Anfalles hin seine Züge abwechselnd Entsetzen und Freude ausdrücken, während seine Hände, wie um nach einem Wesen seiner Einbildung zu greifen, in die Luft gestreckt sind.

96 Charcot mit seiner Frau
Madame ist klein, rund, lebhaft, weiß gepuderte Haare, liebenswürdig, nicht sehr distinguiert im Aussehen. Der Reichtum stammt von ihr, Charcot war ein ganz armer Teufel, ihr Vater soll ungezählte Millionen besitzen. *Brief an Martha Bernays vom 20.1.1886.*

97   Freuds Unterkunft in Paris

Ich wohne Impasse Royer-Collard, nahe beim Pantheon und beim Luxembourg, ebenerdig, sehr schön für 55 fr.
Brief an Minna Bernays vom 18.10.1885.

Auf der Tafel links neben der Eingangstür steht: »Sigmund Freud, Créateur de la Psychanalyse, habita cette maison 1885-1886.«

98   Notre-Dame

Als ich eintrat, war mein erster Eindruck eine Empfindung, die ich nie gehabt, ›das ist eine Kirche‹ [. . .]. So ergreifend ernst und düster habe ich nichts gesehen, ganz schmucklos und sehr schmal, das wird wohl den Eindruck mitverschuldet haben. Ich muß doch hier Victor Hugos Roman[1] [lesen], hier ist der Ort, ihn ganz zu verstehen.
Brief an Martha Bernays vom 19. 11. 1885.

99   Pariser Oper, etwa 1890

Ich habe den vollen Eindruck von Paris und könnte sehr poetisch werden, es mit einer riesigen, geputzten Sphinx, welche alle Fremden frißt, die ihre Rätsel nicht lösen können, vergleichen [. . .] die Stadt und die Menschen sind mir unheimlich, die Leute scheinen mir von ganz anderer Art als wir, ich glaube sie alle von tausend Dämonen besessen und höre, wie sie anstatt »Monsieur« und »Voilà l'Écho de Paris« schreien »A la lanterne« und »A bàs dieser und jener«. [. . .] Es ist das Volk der psychischen Epidemien, der historischen Massenkonvulsionen [. . .]. Kurz, Du merkst, mein Herz ist deutschkleinstädtisch und ist überhaupt nicht mit mir hier angekommen.
Brief an Minna Bernays vom 3. 12. 1885.

**100 Louvre: Assyrisch-
ägyptische Abteilung**
Ich hatte gerade noch Zeit,
den flüchtigsten Blick in die
assyrischen und ägyptischen
Zimmer zu tun, die ich noch
einige Male besuchen muß.
Da waren assyrische Könige –
so groß wie die Bäume, die
Löwen wie Schoßhunde im
Arm halten, geflügelte
Mannstiere mit schön frisier-
ten Haaren, Keilinschriften
so nett, als wären sie gestern
gearbeitet, in Ägypten be-
malte Basreliefs in brennen-
den Farben, ganze Königsko-
losse, wirkliche Sphinxe, eine
Welt wie im Traum.
*Brief an Martha Bernays
vom 19.10.1885.*

101   Sarah Bernhardt als ›Théodora‹

[...] ich war im Theater Porte Saint-Martin bei Sarah Bernhardt. Bin etwas müde und wüst davon, von acht bis halb ein Uhr Hitze und Höllenschaustück, aber es war der Mühe wert. [...] Das Stück, ›Théodora‹ von Victorien Sardou [...] weiß ich nicht zu loben! Ein prunkvolles Nichts [...]. Aber wie spielt diese Sarah! Nach den ersten Worten einer innigen, lieben Stimme war mir, als hätte ich sie seit jeher gekannt. Ich habe noch gar keine Schauspielerin gesehen, die mich so wenig überrascht hätte, ich habe ihr sofort alles geglaubt. Sie spielt fast das ganze Stück. Im ersten Tableau gibt sie auf einem ›Thronsofa‹ liegend Audienz mit gelangweilter, herrischer Gebärde [...].
Brief an Martha Bernays vom 8.11.1885.

Sarah Bernhardt, 1843-1923.

102   Fritz Kreisler, etwa zehnjährig

Von Hause hat man mir geschrieben, daß die Frau unseres Hausarztes, Dr. Kreisler, hier ist [...]. Die Unglückliche hat nämlich einen zehnjährigen Sohn, der nach zwei Jahren den großen Preis im Wiener Konservatorium bekommen hat und für ein großes Talent erklärt worden ist. Anstatt nun den Wunderknaben heimlich zu erwürgen, hat der arme Vater, der sich den ganzen Tag quält und ein Haus voll Kinder hat, den Knaben mit der Mutter nach Paris geschickt, wo er das Conservatoire besuchen und sich einen zweiten Preis holen soll. Denke Dir den Aufwand von Geld, die Trennung, die Zerrüttung des Hauses [...], und da soll man sich dann wundern, wenn die Eltern eitel auf ihre Kinder werden, noch weniger, wenn solche Kinder eitel werden. [...] das Wunderkind ist blaß, unschön, sieht aber recht intelligent aus.
Brief an Martha Bernays vom 26.11.1885.

Fritz Kreisler, 1875-1962, der große Geiger.

Neurologisches Centralblatt.

Uebersicht der Leistungen auf dem Gebiete der Anatomie, Physiologie, Pathologie und Therapie des Nervensystemes einschliesslich der Geisteskrankheiten.

Herausgegeben von

Professor Dr. E. Mendel
zu Berlin.

Fünfter   **Jahrgang.**

Monatlich erscheinen zwei Nummern. Preis des Jahrganges 16 Mark. Zu beziehen durch alle Buchhandlungen des In- und Auslandes, die Postanstalten des Deutschen Reichs, sowie direct von der Verlagsbuchhandlung.

1886.   **15. März.**   **№ 6.**

104 Adolf Baginsky
Mehr als die Steine[1] sprechen mich aber die Kinder an [. . .]. Die Dinger sind, wenn ihr Gehirnchen nur frei ist, wirklich reizend, und wenn sie leiden, so rührend. Ich glaube, ich würde mich rasch in die Kinderpraxis hineinfinden. *Brief an Martha Bernays vom 10.3.1886.*

Adolf Baginsky, 1843-1922, Facharzt für Kinderheilkunde in Berlin. Auf der Rückreise von Paris hatte Freud im März 1886 in dessen Klinik Erfahrungen mit nervenkranken Kindern gesammelt.

I. Originalmittheilungen.

Ueber die Beziehung des Strickkörpers zum Hinterstrang und Hinterstrangskern nebst Bemerkungen über zwei Felder der Oblongata.

Von Dr. **L. Darkschewitsch** (Moskau) und Dr. **Sigm. Freud**, Privatdocent (Wien).

Die Ansichten der Hirnanatomen über den Zusammenhang zwischen Strickkörper oder unterem Kleinhirnschenkel und den Hintersträngen des Rückenmarks

---

103 ›Über die Beziehung des Strickkörpers zum Hinterstrang und Hinterstrangskern‹, 1886
Ich sitze bei meinem kranken Russen [L. Darkschewitsch] [. . .] und erzähle ihm eine hübsche Geschichte, die ich in Wien entdeckte, und weil ich mich gefürchtet, es könnte doch noch was dahinterstecken, nicht publiziert habe. Darauf zeigt er mir in seinen Notizen genau das nämliche und erzählt, daß er das Resultat einem Kollegen und Konkurrenten mitgeteilt hat, der es in einer Arbeit verwerten wird. Lieber Freund, sage ich, nein, das publizieren wir zusammen, und zwar gleich jetzt. [. . .] Einverstanden. Am ersten Tag haben wir dann fünfeinhalb Stunden bei Tages- und Lampenlicht zusammen Präparate studiert in beständigem Suchen und Zweifeln, bis er aufs Bett fiel und ich mit einem Hirngesumme fortging [. . .]. Die Sache blieb mir noch zweifelhaft, am nächsten Tage tat ich einige glückliche Blicke, geriet ins Feuer, es klärte sich alles, heute haben wir es ganz erledigt. *Brief an Martha Bernays vom 17.1.1886.*

105 Saal der ›Gesellschaft der Ärzte‹, Wien

Es lag mir die Verpflichtung ob, in der ›Gesellschaft der Ärzte‹ Bericht über das zu erstatten, was ich bei Charcot gesehen und gelernt hatte.[1] Allein ich fand eine üble Aufnahme. Maßgebende Personen wie der Vorsitzende, der Internist Bamberger, erklärten das, was ich erzählte, für unglaubwürdig. Meynert forderte mich auf, Fälle, wie die von mir geschilderten, doch in Wien aufzusuchen und der Gesellschaft vorzustellen. Dies versuchte ich auch, aber die Primarärzte, auf deren Abteilung ich solche Fälle fand, verweigerten es mir, sie zu beobachten oder zu bearbeiten. Einer von ihnen, ein alter Chirurg, brach direkt in den Ausruf aus: »Aber Herr Kollege, wie können Sie solchen Unsinn reden! Hysteron (sic!) heißt doch der Uterus. Wie kann denn ein Mann hysterisch sein?« Ich wendete vergebens ein, daß ich nur die Verfügung über den Krankheitsfall brauchte und nicht die Genehmigung meiner Diagnose. Endlich trieb ich außerhalb des Spitals einen Fall von klassischer hysterischer Hemianästhesie bei einem Manne auf, den ich in der ›Gesellschaft der Ärzte‹ demonstrierte.[2] Diesmal klatschte man mir Beifall, nahm aber weiter kein Interesse an mir. Der Eindruck, daß die großen Autoritäten meine Neuigkeiten abgelehnt hätten, blieb unerschüttert; ich fand mich mit der männlichen Hysterie und der suggestiven Erzeugung hysterischer Lähmungen in die Opposition gedrängt. Als mir bald darauf das hirnanatomische Laboratorium versperrt wurde und ich durch Semester kein Lokal hatte, in dem ich meine Vorlesung abhalten konnte, zog ich mich aus dem akademischen und Vereinsleben zurück.

›Selbstdarstellung‹.

106 Abdruck des Vortrags über einen hysterischen Mann, 1886

will, wenn man lauter Rindenzerstörungen gleicher Art, alle eingetreten z. B. 30 Tage vor dem Tode, zur Verfügung hat, dann wird man noch lange nichts von der Gehirnphysiologie des Menschen erfahren. Die Frage ist, was kann man mit den heutigen Mitteln über die Physiologie der Gehirnrinde aussagen und wie gross ist die Wahrscheinlichkeit für die Richtigkeit der ausgesprochenen Thesen? Zur Beantwortung wesentlich auch der letzteren Frage sind meine Methoden ersonnen.

Hingegen haben Luciani und Seppilli ihre Lokalisationsresultate, die sich auf den Menschen beziehen, wieder einzelnen Krankheitsfällen und ihren Sektionen entnommen. Sie führen, wie das schon unzählige Male geschehen ist, eine Anzahl von Fällen an, in welchen man mit Sicherheit sagen kann, da war, und in welchen sich diese oder jene Stelle der Gehirnrinde verletzt fand, obwohl ich seinerzeit gezeigt habe, dass das eine Methode ist, die zu den unsichersten Resultaten führt. Ich habe mir seinerzeit, um zu zeigen, wie unsicher diese Methode ist, den Scherz erlaubt und habe, obwohl niemals Jemand behauptet hat, dass im Gyrus angularis das motorische Gebiet für die obere Extremität ist, 21 Krankenfälle zusammengestellt, in welchen allen dieser Gyrus angularis verletzt war und Motilitätsstörungen der gegenüberliegenden oberen Extremität vorhanden waren. Man kann, wenn man fleissig ist, auch 20 Krankheitsfälle zusammenstellen, um zu beweisen, dass das motorische Gebiet für die obere Extremität im Stirnlappen liegt u. s. w. Damit kann man Alles beweisen, es handelt sich nur um Fleiss zur Zusammenstellung. Ich glaube, man hat jetzt bessere Methoden, diese Dinge zu erforschen und sollte diese alte Methode, wo eine andere anzuwenden ist, ruhen lassen.

(Fortsetzung folgt.)

Beiträge zur Kasuistik der Hysterie.

Von Dr. SIGM. FREUD, Docenten für Nervenkrankheiten in Wien.

I.

Beobachtung einer hochgradigen Hemianästhesie bei einem hysterischen Manne. *)

Meine Herren! Als ich am 15. Oktober d. J. die Ehre hatte, Ihre Aufmerksamkeit für einen kurzen Bericht über Charcot's neuere Arbeiten auf dem Gebiete der männlichen Hysterie in Anspruch zu nehmen, erging an mich von Seiten meines verehrten Lehrers, des Herrn Hofrathes Prof. Meynert, die Aufforderung, ich möge doch solche Fälle der Gesellschaft vorstellen, an denen die sonnenfesten Kennzeichen der Hysterie, die „hysterischen Stigmata", durch welche Charcot diese Neurose charakterisirt, in scharfer Ausprägung zu beobachten sind. Ich komme heute dieser Aufforderung nach — allerdings in ungenügender Weise, so weit eben das mir zufliessende Material an Kranken es gestattet — indem ich Ihnen einen hysterischen Mann zeige, welcher das Symptom der Hemianästhesie in nahezu höchstgradiger Ausbildung darbietet. Ich will nur, ehe ich die Demonstration beginne, bemerken, dass ich keineswegs glaube, Ihnen hiemit einen seltenen und absonderlichen Fall zu zeigen. Ich halte ihn vielmehr für einen sehr gemeinen und häufig vorkommenden, wenn er auch oft genug übersehen werden mag.

Ich verdanke den Kranken der Freundlichkeit des Herrn Kollegen v. Beregszászy, welcher ihn zur Bekräftigung seiner Diagnose in meine Ordination geschickt hat. Es ist der 29jährige Ciseleur August P., den Sie hier sehen; ein intelligenter Mann, der sich in der Hoffnung auf baldige Wiederherstellung bereitwillig meinen Untersuchungen dargeboten hat.

*) Vorgetragen in der k. k. Gesellschaft der Aerzte in Wien am 26. November 1886.

Gestatten Sie mir zunächst, Ihnen seine Familien- und Lebensgeschichte mitzutheilen. Der Vater des Kranken verstarb, 48 Jahre alt, an M. Brightii; er war Kellermeister, soll im Alter von 46 Jahren an Tuberkulose gestorben, sie soll in früheren Jahren viel an Kopfschmerzen gelitten haben; von Krampfanfällen u. dergl. weiss der Kranke nichts zu berichten. Von diesem Elternpaare stammen sechs Söhne, von denen einer an einer luëti-chen Gehirnerkrankung zu Grunde gegangen ist, und an einer luëti-chen Gehirnerkrankung zu Grunde gegangen ist, und an einer luëti-chen Gehirnerkrankung zu Grunde gegangen ist. Die Mutter schwerer Potator und jähzornigen Charakters. Die Mutter sonderes Interesse; er spielt eine Rolle in der Aetiologie der Erkrankung und scheint auch selbst ein Hysteriker zu sein. Er hat nämlich unserem Kranken erzählt, dass er an Krampfanfällen gelitten hat; und ein eigenthümlicher Zufall liess mich heute einen Berliner Kollegen begegnen, der diesen Bruder in Berlin während einer Erkrankung behandelt, und die auch im dortigen Spitale bestätigte Diagnose einer Hysterie bei ihm gestellt hat. Der dritte Sohn ist Militärflüchtling und seither verschollen, der vierte und fünfte sind im zarten Alter gestorben, und der letzte ist unser Kranker selbst.

Unser Kranker hat sich während seiner Kindheit normal entwickelt, niemals an Fraisen gelitten und die gewöhnlichen Kinderkrankheiten überstanden. In seinem 8. Lebensjahre hatte er das Unglück, auf der Strasse überfahren zu werden, erlitt eine Ruptur des rechten Trommelfells mit bleibender Störung des Gehörs am rechten Ohre, und verfiel in eine Krankheit von mehrmonatlicher Dauer, während welcher er häufig an Anfällen litt, deren Natur heute nicht mehr zu eruiren ist. Diese Anfälle hielten durch etwa zwei Jahre an. Seit diesem Unfalle datirt eine leichte geistige Hemmung, die der Kranke an seinem Fortschritt in der Schule bemerkt haben will, und eine Neigung zu Schwindelgefühlen, an der er zeit einem Grunde unwohl war. Er absolvirte später die Normalschule, trat nach dem Tode seiner Eltern als Lehrling bei einem Ciseleur ein, und es spricht sehr zu Gunsten seines Charakters, dass er als Geselle zehn Jahre lang bei demselben Meister verblieben ist. Er schildert sich selbst als einen Menschen, dessen Gedanken einzig und allein auf Vervollkommnung in seinem Kunstanwendung gerichtet waren, der zu diesem Zwecke viel las und zeichnete und allem Verkehre wie allen Vergnügungen entsagte. Er musste viel über sich und seinen Ehrgeiz nachdenken, gerieth dabei häufig in einen Zustand von aufgeregter Ideenflucht, bei welchem ihm um seine geistige Gesundheit bange wurde; sein Schlaf war häufig unruhig, seine Verdauung durch seine sitzende Lebensweise verlangsamt. An Herzklopfen leidet er seit neun Jahren, sonst aber war er gesund und in seiner Arbeit niemals gestört.

Seine gegenwärtige Erkrankung datirt seit etwa drei Jahren. Er gerieth damals mit seinem lüderlichen Bruder, welcher ihm die Rückzahlung einer geliehenen Summe verweigerte, in Streit; der Bruder drohte ihn zu erstechen und ging mit dem Messer auf ihn los. Darüber gerieth der Kranke in eine namenlose Angst, er verspürte ein Sausen im Kopfe, als ob ihm dieser zerspringen wolle, eilte nach Hause, ohne zu wissen, wie er dahin gekommen sei, und fiel vor seiner Thürschwelle bewusstlos zu Boden. Es wurde später berichtet, dass er durch zwei Stunden die heftigsten Zuckungen gehabt und dabei von der Scene mit seinem Bruder gesprochen habe. Als er erwachte, fühlte er sich sehr matt; er litt in den nächsten Wochen an heftigen linksseitigen Kopfschmerze und Kopfdrucke, das Gefühl in seinem linken Körperhälfte kam ihm verändert vor, und seine Augen ermüdeten leicht bei der Arbeit, die er bald wieder aufnahm. So blieb sein Zustand mit einigen Schwankungen durch drei Jahre, bis vor sieben Wochen eine neue Aufregung eine Verschlimmerung herbeiführte. Der Kranke wurde von einer Frauensperson des Diebstahls beschuldigt, bekam heftiges Herzklopfen, war durch etwa 14 Tage so

1*

107   Max Kassowitz
Dr. Kassowitz, der Beherrscher eines Ambulatoriums für Kinderkrankheiten, hat die Absicht, das Institut zu einer Kinderpoliklinik zu erweitern, mehrere Abteilungen zu schaffen und die für die Nervenkrankheiten mir zuzuweisen.
Brief an Martha Bernays vom 11.7.1885.

Max Kassowitz, 1842-1913, Professor der Kinderheilkunde an der Universität Wien.

108   Das Kinder-Kranken-institut
Von einem Honorar als Abteilungsvorstand ist keine Rede, was der Stellung nichts schadet. Man ordiniert in einem dazu bestimmten Zimmer, in dem etwa noch ein elektrischer Apparat steht und ein, zwei Studenten als Gehilfen das Buch führen, zwei- bis dreimal in der Woche unentgeltlich, hat dabei Material und kann, wenn man Dozent ist, über das Material Kurse lesen [. . .]. Der Hauptvorteil liegt einerseits im Material, andererseits im Namen als Spezialist, den man sich so erwirbt.
Brief an Martha Bernays vom 10.2.1886.

Haus Steindlgasse 2, in dem das Kassowitzsche Erste Öffentliche Kinder-Krankeninstitut untergebracht war. Freud war von 1886 bis 1897 Leiter der neurologischen Abteilung. Als Ergebnis dieser Arbeit veröffentlichte er eine Reihe bedeutender kinderneurologischer Schriften.[1]

109   Wien I, Haus Rathaus-straße 7
Von Paris zurückgekommen [. . .] habe ich mich hier verzweiflungsvoll niedergelassen. Gemietete Zimmer und Bedienung, dabei rasch einschmelzender geringer Barvorrat. Es ging mir aber über Erwarten gut. Was Breuers Hilfe, was der Name Charcots dazugetan hat und vielleicht der selbstverständliche Zulauf zu einer Novität, will ich nicht analysieren; ich nahm in dreieinhalb Monaten 1100 fl. ein und sagte mir, daß ich heiraten könnte, wenn es so verhältnismäßig immer besser weiterginge. Eine Reihe von Umständen hat dann meine Heirat beschleunigt: die Unhaltbarkeit der Wohnung, meine Einberufung zur Waffenübung nach Olmütz vom 10. August bis 10. September, gewisse Familienverhältnisse usw. [. . .].
Brief an Carl Koller vom 13.10.1886.

In diesem Haus hat Freud am 25. April 1886 seine Praxis eröffnet.

110   Freud, etwa dreißig-jährig
Glaubst Du wirklich, daß ich von außen so sympathisch bin? Schau, ich zweifle sehr daran. Ich glaube, man merkt mir was Fremdartiges an, und das hat seinen letzten Grund darin, daß ich in der Jugend nicht jung war und jetzt, wo das reife Alter beginnt, nicht recht altern kann. Es gab eine Zeit, in der ich nichts anderes als wißbegierig und ehrgeizig war und mich Tag für Tag gekränkt habe, daß mir die Natur nicht in gütiger Laune den Gesichtsstempel des Genies, den sie manchmal verschenkt, aufgedrückt hat. Seitdem weiß ich längst, daß ich kein Genie bin, und verstehe nicht mehr, wie ich es zu sein wünschen konnte. Ich bin nicht einmal sehr begabt, meine ganze Befähigung zur Arbeit liegt wahrscheinlich in meinen Charaktereigenschaften und in dem Mangel hervorragender intellektueller Schwächen.
Brief an Martha Bernays vom 2.2.1886.

111   Qualifikationseingabe für den »Landwehr-Arzt« Dr. Sigmund Freud, 1886

Wir spielen immer Krieg, einmal sogar Festungsbelagerung, und ich spiele dabei Sanität und teile Zettel aus, auf denen greuliche Verwundungen verzeichnet sind. Während mein Bataillon im Sturm anrückt, liege ich auf irgendeinem Steinacker mit meinen Sanitätsleuten, es wird blind geschossen und blind geführt, der General reitet dann vorüber wie gestern und sagt: »Landwehr, Landwehr, wo wärst Du, wenn die scharf geladen hätten; nicht ein Mann stünde mehr da.« Das einzig Erträgliche in Olmütz ist ein großstädtisches Café mit Eis, Zeitungen und gutem Gebäck. [...] Die Bedienung leidet aber unter dem militärischen Wesen, wie alles andere. Wenn die zwei oder drei Generale – die mich immer an Papageien erinnern, ich kann nichts dafür, aber Säugetiere pflegen sich sonst nicht in solche Farben zu kleiden, von den rotblauen Schwielen des Mandrills abgesehen – wenn die Generale irgendwo beisammensitzen, umschwärmt sie der ganze Kellnertroß, und alles andere existiert nicht für sie. Einmal mußte ich in der Verzweiflung zu einer schweren Prahlerei greifen. Ich packte eine solche Bedienung beim Fracke und schrie sie an: »Sie, ich kann auch noch einmal General werden, bringen Sie mir daher ein Glas Wasser.« Das wirkte
Brief an Josef Breuer vom 1.9.1886.

Transkription in den Anmerkungen.

8	Sprachkenntnisse	deutsch in Wort und Schrift vollkommen; französisch englisch gut; italienisch und slowenisch ziemlich gut.
9	Geschicklichkeit in seinem Berufe und Kenntniss des Sanitätsdienstes, genießt Vertrauen beim Militär und Civile	in seinem Berufe sehr geschickt, kennt die Vorschriften und den Sanitätsdienst genau; genießt großes Vertrauen beim Militär und im Civile.
10	Besondere außerberufliche Geschicklichkeiten	—
11	Eigenschaften des Gemüthes und Charakters	charakter fester Charakter, heiter.
12	Eifer, Ordnung und Verläßlichkeit im Dienste	sehr eifrig und pflichtgetreu, hält Ordnung und ist im Dienste sehr verläßlich
13	Ob im Besitze der vorgeschriebenen Uniform und des Verbandzeuges	besitzt die vorgeschriebene Uniform und der Verbandszeug.
14	Benehmen dienstliches — vor dem Feinde	nicht gedient.
15	gegen Vorgesetzte	gehorsam und offen oder bescheiden
16	gegen Gleichgestellte	freundlich
17	gegen Untergebene	wohlwollend mit guter Einwirkung
18	gegen Kranke	sehr liebevoll und human
19	außerdienstliches	sehr anständig und bescheiden mit guten Umgangsformen.

112   Hochzeitsbild
Aber wer mich fragt, wie
es mir gegangen ist, wenn
meine Erlebnisse heute ab-
schließen sollten, wird von
mir hören, daß ich trotz alledem – Armut, langsame Er-
folge, wenig Gunst bei Menschen, übergroße Empfind-
lichkeit, Nervosität und Sorgen – doch glücklich war,
durch die bloße Erwartung,
Dich zu besitzen, und durch
die Gewißheit, daß Du mich
liebhast. [. . .] Ich habe lange
und lange an Dir gedeutet
und Dich getadelt, und das
Ende ist, daß ich nichts anderes wünsche, als Dich zu haben und so zu haben, wie
Du bist.
Brief an Martha Bernays
vom 2. 2. 1886.

Die Hochzeit fand am
14. September 1886 statt.

113   Das »Stiftungshaus«
(»Sühnhaus«)[1]
Im übrigen kommt mir alles
höchst sonderbar vor: [. . .]
meine große Wohnung im
schönsten Hause von Wien,
meine ganze Frechheit, zu
heiraten und mich für einen
Mann auszugeben, der sich
alles erlauben kann; aber
der Bodensee ist zugefroren,
und mein guter Mut sprengt
lustig darüber hin.
Brief an Minna Bernays
vom 25. 8. 1886.

Das Bild zeigt die Fassade
am Schottenring. Freud
wohnte und ordinierte vom
Juli 1886 bis August 1891
in einer Etage der in der Ma-
ria-Theresienstraße 8 gelege-
nen Rückseite des »Sühnhau-
ses«.

114   Anzeige des
Ordinationsbeginns
Am 29. September hier angekommen, waren wir am 4.
Oktober schon imstande,
den Beginn der Ordination
anzukündigen. Meine kleine
Frau hat mit Hilfe ihrer Mitgift und der Hochzeitsge-
schenke ein reizendes Hauswesen aufgebaut [. . .]. Nur
eines geht bis jetzt gar nicht
nach Wunsch: die Praxis nämlich. Es ist jetzt ein neuer
Anfang geradezu und ein
viel härterer als der erste,
doch erleben wir vielleicht
bald was Besseres.
Brief an Carl Koller
vom 13. 10. 1886.

115   Das erste Kind
Wir leben ziemlich glücklich
in stets wachsender An-
spruchslosigkeit weiter. Wenn
unsere kleine Mathilde lacht,
bilden wir uns ein, sie lachen
zu hören sei das Schönste,
das uns widerfahren kann
[. . .].
Brief an Wilhelm Fließ
vom 28.5.1888.

Mathilde Freud, 1887-1978.

Hippolyte Bernheim,
1837-1919, Professor an
der medizinischen Fakultät
in Nancy, dessen Werke ›Die
Suggestion und ihre Heilwir-
kung‹ und ›Neue Studien über
Hypnotismus, Suggestion
und Psychotherapie‹ Freud
in den Jahren 1888/89 und
1892 übersetzte.

Auguste Ambroise Liébeault,
1823-1904, Arzt in Nancy,
war mit Bernheim der füh-
rende Kopf der sogenannten
Schule von Nancy, die besonders die Beeinflußbarkeit hysterischer Krankheitsbilder
mittels Hypnose und Suggestion erforschte.

**116 Nancy: Bernheim und
Liébeault**

In der Absicht, meine hypno-
tische Technik zu vervollkommnen, reise ich im Sommer 1889 nach Nancy, wo
ich mehrere Wochen zubrach-
te. Ich sah den rührenden
alten Liébeault bei seiner
Arbeit an den armen Frauen
und Kindern der Arbeiterbe-
völkerung, wurde Zeuge der
erstaunlichen Experimente
Bernheims an seinen Spitals-
patienten und holte mir die
stärksten Eindrücke von der
Möglichkeit mächtiger seelischer Vorgänge, die doch
dem Bewußtsein des Men-
schen verhüllt bleiben.
›Selbstdarstellung‹.

Im Wartezimmer Liébeaults.

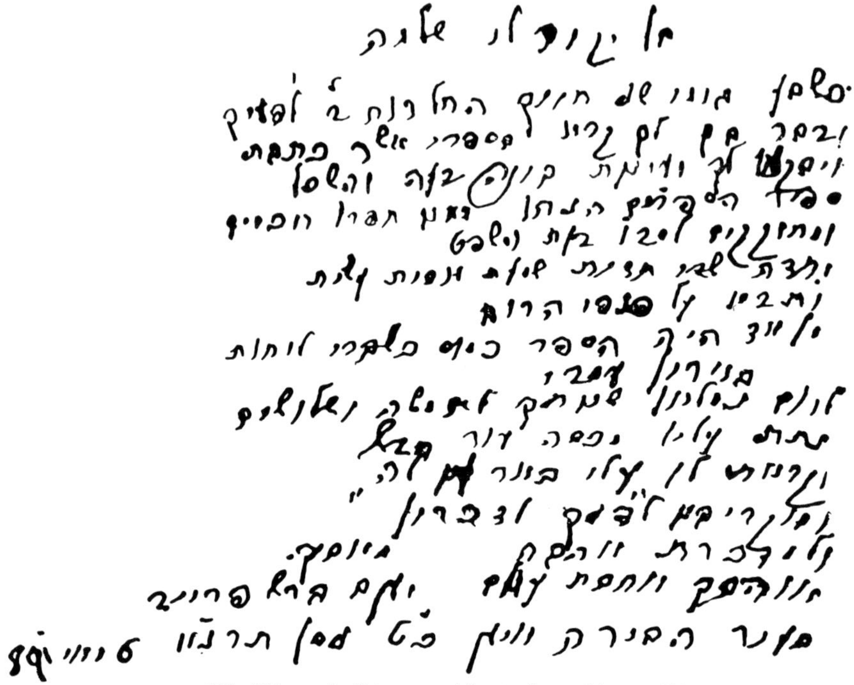

117 Widmung des Vaters zu Freuds Geburtstag[1]

Mein lieber Sohn, Schlomo
(Salomo),
im siebten . . .[2] Deines Lebens begann[3] der Geist des
Herrn Dich zu treiben
[vgl. Richter 13, 25],
und er sprach zu Dir: Gehe
hin, lies in meinem Buche,
das ich geschrieben,
und es werden sich Dir auftun
die Quellen der Einsicht,
des Wissens (Erkenntnis)
und Verstehens.
Sieh hier, das Buch der Bücher, aus ihm gruben die
Weisen
und lernten die Gesetzgeber
Satzung und Recht
[vgl. 4. Mose 21, 18].
Gesichte vom Allmächtigen
hast Du geschaut
[vgl. 4. Mose 24, 4.16],
hast gehört und versuchtest
aufzusteigen

und flogst sodann auf den
Flügeln des Geistes
[vgl. Ps. 18, 11].

Seit langem war das Buch
verborgen (aufbewahrt) wie
die Scherben der Bundestafeln
im Schrein seines Knechtes[4],
[jedoch] zum Tage, an dem
Deine Jahre die 35 vollenden,
habe ich es mit einem neuen
Ledereinband umhüllt
und ihm[5] den Namen gegeben: »Brunnen, steig auf!
Singet ihm zu!«
[4. Mose 21, 17],
und bringe es Dir dar zum
Gedächtnis
und Andenken der Liebe
– Von Deinem Vater,
der Dich liebt, mit unendlicher Liebe – Jacob, Sohn
des Rabbi Sch. Freud.

In der Hauptstadt Wien,
29. Nisan 5651, 6. Mai 1891.
*Übersetzung der hebräischen
Widmung.*

*Diese Widmung schrieb
Freuds Vater in die Familienbibel, als er sie seinem Sohn
zum 35. Geburtstag übergab.*

118 Freud, 1891

[. . .] ein Mensch wie ich
kann ohne Steckenpferd,
ohne herrschende Leidenschaft, ohne einen Tyrannen,
mit Schiller zu reden, nicht
leben, und der ist mir geworden. In dessen Dienst kenne
ich nun auch kein Maß. Es
ist die Psychologie, von jeher
mein fern winkendes Ziel,
jetzt seitdem ich auf die Neurosen gestoßen bin, um soviel
näher gerückt.
*Brief an Wilhelm Fließ
vom 25.5.1895.*

Beiträge zur Kinderheilkunde aus dem I. öffentlichen
Kinderkrankeninstitute in Wien.

Herausgegeben von Dr. Max Kassowitz.

III. Heft.

Klinische Studie

über die

halbseitige Cerebrallähmung der Kinder

von

Docent Dr. SIGM. FREUD

und

Dr. OSCAR RIE.

Wien 1891.
Verlag von Moritz Perles.
I., Seilergasse 4 (Graben).

ZUR AUFFASSUNG

DER

APHASIEN.

EINE KRITISCHE STUDIE

VON

DR. SIGM. FREUD

PRIVATDOCENT FÜR NEUROPATHOLOGIE AN DER UNIVERSITÄT WIEN.

MIT 10 HOLZSCHNITTEN IM TEXTE.

HERRN

DR. JOSEF BREUER

IN FREUNDSCHAFTLICHER VEREHRUNG

GEWIDMET.

LEIPZIG UND WIEN.
FRANZ DEUTICKE.
1891.

---

119 Titelblatt der Arbeit über die Zerebrallähmung der Kinder, 1891
Im Zeitraum von 1886-1891 habe ich wenig wissenschaftlich gearbeitet und kaum etwas publiziert. Ich war davon in Anspruch genommen, mich in den neuen Beruf zu finden und meine materielle Existenz sowie die meiner rasch anwachsenden Familie zu sichern. 1891 erschien[1] die erste der Arbeiten[1] über die Gehirnlähmungen der Kinder, in Gemeinschaft mit meinem Freunde und Assistenten Dr. Oskar Rie abgefaßt.
›Selbstdarstellung‹.

120 Titelblatt der Studie über die Aphasien, 1891
In wenig Wochen werde ich mir die Freude machen, Ihnen ein Heft über Aphasie[1] zu schicken, an dem ich selbst mit größerer Wärme beteiligt bin. Ich bin darin sehr frech, messe meine Klinge mit Ihrem Freund Wernicke, mit Lichtheim, Grashey und kratze selbst den hochthronenden Götzen Meynert.
Brief an Wilhelm Fließ vom 2.5.1891.

121 Widmungsseite
Die Aphasie [. . .] hat mir schon jetzt eine schwere Enttäuschung bereitet. Breuers Aufnahme war nämlich eine so merkwürdige. Kaum gedankt und sehr verlegen gewesen und lauter unbegreiflich schlechte Sachen darüber gesagt [. . .]. Da reißt etwas immer mehr, und mein Bemühen, durch die Widmung etwas gutzumachen, hat wahrscheinlich den entgegengesetzten Erfolg gehabt.
Brief an Minna Bernays vom 13.7.1891.

122   Josef Breuer

Er[1] war ein Mann von über-
ragender Intelligenz, vierzehn
Jahre älter als ich; unsere
Beziehungen wurden bald
intimer, er wurde mein
Freund und Helfer in schwierigen Lebenslagen. Wir hatten
uns daran gewöhnt, alle wissenschaftlichen Interessen
miteinander zu teilen. Natürlich war ich der gewinnende
Teil in diesem Verhältnis.
Die Entwicklung der Psychoanalyse hat mich dann seine
Freundschaft gekostet. Es
wurde mir nicht leicht, diesen
Preis dafür zu zahlen, aber
es war unausweichlich.
Selbstdarstellung.

123 ›Anna O.‹ – Bertha Pappenheim

Breuer hatte mir, schon ehe ich nach Paris ging, Mitteilungen über einen Fall von Hysterie gemacht, den er in den Jahren 1880 bis 1882 auf eine besondere Art behandelt, wobei er tiefe Einblicke in die Verursachung und Bedeutung der hysterischen Symptome gewinnen konnte. [. . .] Er las mir wiederholt Stücke der Krankengeschichte vor, von denen ich den Eindruck empfing, hier sei mehr für das Verständnis der Neurose geleistet worden als je zuvor. Ich beschloß bei mir, Charcot von diesen Funden Kunde zu geben, wenn ich nach Paris käme, und tat dies dann auch. Aber der Meister zeigte für meine ersten Andeutungen kein Interesse, so daß ich nicht mehr auf die Sache zurückkam und sie auch bei mir fallenließ.

Nach Wien zurückgekehrt, wandte ich mich wieder der Breuerschen Beobachtung zu und ließ mir mehr von ihr erzählen. Die Patientin war ein junges Mädchen von ungewöhnlicher Bildung und Begabung gewesen, die während der Pflege ihres zärtlich geliebten Vaters erkrankt war. Als Breuer sie übernahm, bot sie ein buntes Bild von Lähmungen mit Kontrakturen, Hemmungen und Zuständen von psychischer Verworrenheit.

›Selbstdarstellung‹.

Ich kam abends, wenn ich sie in ihrer Hypnose wußte, und nahm ihr den ganzen Vorrat von Phantasmen ab, den sie seit meinem letzten Besuch angehäuft hatte. Das mußte ganz vollständig geschehen, wenn der gute Erfolg erreicht werden sollte. Dann war sie ganz beruhigt, den nächsten Tag liebenswürdig, fügsam, fleißig, selbst heiter; den zweiten immer mehr launisch, störrig, unangenehm, was am dritten noch weiter zunahm. In dieser Stimmung, auch in der Hypnose, war sie nicht immer leicht zum Aussprechen zu bewegen, für welche Prozedur sie den guten, ernsthaften Namen »talking cure« (Redekur) und den humoristischen

»chimney-sweeping« (Kaminfegen) erfunden hatte.
Josef Breuer, ›Studien über Hysterie‹.

Bertha Pappenheim, 1859 bis 1936, deren Fallgeschichte, ›Frl. Anna O. . . .‹, die Grundlage der ›Studien über Hysterie‹[1] bildet, entwickelte sich nach ihrer Behandlung zu einer der ersten Vorkämpferinnen für die Rechte der Frau.

— 4 —

haut traf; ob die Narcosa in toto oder nur partiell so reizbar ist, weiss ich nicht. Jedenfalls ist die Magenempfindlichkeit immer schwankend, periodisch, parallel der Stärke der neurasthenischen Symptome, sodass ich wohl dazu auch die Rumination zählen darf, um so mehr, als dieselbe — abgesehen von den der Idiosynkrasie für Fett schon in den Knabenjahren — sich voll erst mit dem Eintritt der Nervosität, d. h. seit ca. 10 Jahren einstellte.

Jedenfalls sehen wir, dass bei neurasthenischer Anlage und anscheinend normaler Function und Anatomie des Magens sich Rumination einstellen kann. Beim Auslösen des Actes selbst scheint das mechanische Moment der Nahrung das Wichtigste zu sein; solange wird regurgitirt, bis die Stücken klein genug sind, um nicht mehr zu reizen.[1]

Den echten Merycismus haben wir wohl als motorische Reflexneurose anzusehen, die aber, glaube ich, immer einen disponirten Boden voraussetzt. Dass bei Geisteskranken und Idioten Wiederkäuen nicht allzu selten angetroffen wird, ist bekannt und EICHHORST (Handbuch der spec. Pathol. u. Ther., Wien und Leipzig 1890, Bd. II) erwähnt, dass eine Reihe von Neurosen ihm Vorschub leisten, spricht dabei aber nicht speciell von der Neurasthenie, ebensowenig wie bei Schilderung derselben BEARD in seinem bekannten Buche und STRÜMPELL die Rumination berühren.

Ich glaube also, dass es in gewissen Fällen, auch der 1. LEVA'sche Fall gehört hierher — vielleicht sogar in recht vielen — ein echt neurasthenisches Zeichen ist, bei dem eventuell vorhandene Secretionsanomalien im Magen, Paresen der Cardia etc., eben auch nur Ausfluss derselben Ursache sind und wobei mechanische und chemische Reize der Ingesta, die bei anderen Leuten unwirksam sind, die motorische Reflexneurose nicht etwa erzeugen, sondern nur an den Tag bringen und allenfalls unterhalten können. So allein erklärt sich meiner Ansicht nach das Periodische mancher Fälle, bei gleichen Umständen, so der zeitlich verschiedene Beginn und das eventuelle Aufhören der Rumination, entsprechend dem Eintritt, Verschwinden und den Intensitätsschwankungen der Neurasthenie.

---

2. Ueber den psychischen Mechanismus hysterischer Phänomene.

(Vorläufige Mittheilung.)

Von Dr. Josef Breuer und Dr. Sigm. Freud in Wien.

I.

Angeregt durch eine zufällige Beobachtung forschen wir seit einer Reihe von Jahren bei den verschiedensten Formen und Symptomen der Hysterie nach der Veranlassung, dem Vorgange, welcher das betreffende Phänomen zum ersten

---

[1] ALT giebt in seinem Falle von Hyperacidität eine andere Erklärung dafür.

124 Erstdruck der ›Vorläufigen Mitteilung‹, 1893[1]

Wenn man den Hysterischen in *Hypnose* versetzt und seine Gedanken in die Zeit zurückleitet, in welcher das betreffende Symptom zuerst auftrat, so erwacht in ihm die halluzinatorisch lebhafte Erinnerung an ein psychisches Trauma [. . .] aus jener Zeit, als dessen Erinnerungssymbol jenes Symptom fortbestanden hat. Die Hysterischen leiden also größtenteils an Reminiszenzen. Durch die lebhafte Reproduktion der so gefundenen traumatischen Szene unter Affektentwickelung schwindet aber auch das bisher hartnäckig festgehaltene Symptom, so daß man annehmen muß, jene vergessene Erinnerung habe wie ein psychischer Fremdkörper gewirkt, mit dessen Entfernung nun die Reizerscheinungen aufhören. Auf diese von Breuer zuerst 1881 gemachte Erfahrung kann man eine Therapie hysterischer Phänomene gründen, welche den Namen der »kathartischen« verdient. *›Inhaltsangaben der wissenschaftlichen Arbeiten des Privatdocenten Dr. Sigm. Freud, 1877-1897‹.*

Was bei Breuers Patientin wirklich vorfiel, war ich imstande, später lange nach unserem Bruch zu erraten, als mir plötzlich eine Mitteilung von Breuer einfiel, die er mir einmal vor der Zeit unserer gemeinsamen Arbeit gemacht und nie mehr wiederholt hatte. Am Abend des Tages nachdem alle ihre Symptome bewältigt waren, wurde er wieder zu ihr gerufen, fand sie verworren, sich in Unterleibskrämpfen windend. Auf die Frage, was mit ihr sei, gab sie zur Antwort: Jetzt kommt das Kind, das ich von Dr. B. habe. In diesem Moment hatte er den Schlüssel in der Hand, der den Weg zu den Müttern geöffnet hätte, aber er ließ ihn fallen. Er hatte bei all seinen großen Geistesgaben nichts Faustisches an sich. In konventionellem Entsetzen ergriff er die Flucht [. . .].
Brief an Stefan Zweig vom 2.6.1932.

127   Haus in der Berggasse 19

Hier wohnte und ordinierte Freud vom 20. September 1891 bis 5. Juni 1938. In den ersten Jahren lagen Wohnung und Praxis im ersten Stock. Freuds Behandlungszimmer befand sich damals in dem Raum, dessen Fenster im Bild mit A und B gekennzeichnet sind. 1892 oder 1893 verlegte er die Praxis jedoch in das tiefer gelegene Hochparterre, dessen Fenster dem Garten zugewandt sind, weil die inzwischen größer gewordene Familie die Räume im ersten Stock brauchte. Erst 1908, nach dem Auszug seiner jung verwitweten Schwester Rosa Graf, die in der anderen Hälfte des ersten Stockwerks neben ihrem Bruder und dessen Familie gewohnt hatte, bezog Freud mit Familie und Praxis die ganze erste Etage.

Docent Dr. Sigm. Freud

beehrt sich anzuzeigen, dass er von Mitte September 1891 an

IX. Berggasse 19,

wohnen und daselbst von 5 – 7 Uhr (auch 8 – 9 Uhr Früh) ordiniren wird.

WIEN, Datum des Poststempels.

125   Hausnummernschild

126   Anzeige des Umzugs

128   Vestibül des Hauses Berggasse 19

Ich habe in einem Hause in Wien zwei Wohnungen, die nur durch die Treppe außen verbunden sind. Im Hochparterre befindet sich meine ärztliche Wohnung und mein Arbeitszimmer, einen Stock höher die Wohnräume. Wenn ich in später Stunde unten meine Arbeit vollendet habe, gehe ich über die Treppe ins Schlafzimmer.
›Die Traumdeutung‹.

Die Eingangstür rechts führte in die Parterrewohnung, in der Freud von 1892 bzw. 1893 bis 1908 seine ärztliche Praxis ausübte. Darüber die Treppe, über die er in die Privatwohnung gelangte.

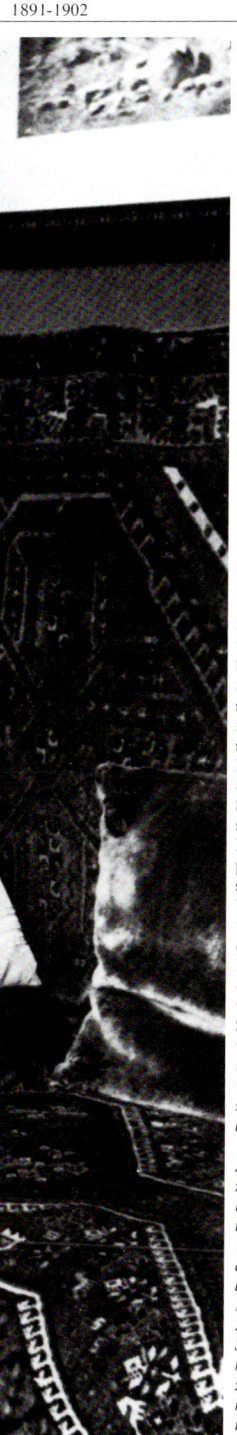

129 Behandlungszimmer

Ich halte an dem Rate fest, den Kranken auf einem Ruhebett lagern zu lassen, während man hinter ihm, von ihm ungesehen, Platz nimmt. [...] Es ist im ganzen gleichgültig, mit welchem Stoffe man die Behandlung beginnt, ob mit der Lebensgeschichte, der Krankengeschichte oder den Kindheitserinnerungen des Patienten. Jedenfalls aber so, daß man den Patienten erzählen läßt und ihm die Wahl des Anfangspunktes freistellt. Man sagt ihm also: Ehe ich Ihnen etwas sagen kann, muß ich viel über Sie erfahren haben; bitte teilen Sie mir mit, was Sie von sich wissen. [...] Noch eines, ehe Sie beginnen. Ihre Erzählung soll sich doch in einem Punkte von einer gewöhnlichen Konversation unterscheiden. Während Sie sonst mit Recht versuchen, in Ihrer Darstellung den Faden des Zusammenhanges festzuhalten, und alle störenden Einfälle und Nebengedanken abweisen, um nicht, wie man sagt, aus dem Hundertsten ins Tausendste zu kommen, sollen Sie hier anders vorgehen. [...] Sagen Sie also alles, was Ihnen durch den Sinn geht. Benehmen Sie sich so wie zum Beispiel ein Reisender, der am Fensterplatze des Eisenbahnwagens sitzt und den im Inneren Untergebrachten beschreibt, wie sich vor seinen Blicken die Aussicht verändert. Endlich vergessen Sie nie daran, daß Sie volle Aufrichtigkeit versprochen haben, und gehen Sie nie über etwas hinweg, weil Ihnen dessen Mitteilung aus irgendeinem Grunde unangenehm ist.
›Zur Einleitung der Behandlung‹.

Als Freud in die Berggasse zog, benutzte er zunächst freilich noch vorwiegend die kathartische Methode. Erst etwa 1896 gab er die Hypnose auf und entwickelte sein revolutionäres Verfahren des freien Einfalls, das ihm den vollen Zugang zum unbewußten Seelenleben mit seinen bizarren Funktionsgesetzen sowie zu psychischen Schlüsselphänomenen wie Widerstand und Übertragung eröffnete.

— 402 —

I. Originalmittheilungen.

1. Die Abwehr-Neuro-psychosen.

Versuch einer psychologischen Theorie der acquirirten Hysterie, vieler Phobien und Zwangsvorstellungen und gewisser hallucinatorischer Psychosen.

Von Dr. Sigm. Freud, Privatdocent in Wien.

(Schluss.)

Ich kann nun nicht behaupten, dass die Willensanstrengung, etwas derartiges aus seinen Gedanken zu drängen, ein pathologischer Act ist, auch weiss ich nicht zu sagen, ob und auf welche Weise das beabsichtigte Vergessen jenen Personen gelingt, welche unter denselben psychischen Einwirkungen gesund bleiben. Ich weiss nur, dass ein solches „Vergessen" den vor mir analysirten Patienten nicht gelungen ist, sondern zu verschiedenen pathologischen Reactionen geführt hat, die entweder eine Hysterie, oder eine Zwangsvorstellung, oder eine hallucinatorische Psychose erzeugten. In der Fähigkeit, durch jene Willensanstrengung einen dieser Zustände hervorzurufen, die sämmtlich mit Bewusstseinsspaltung verbunden sind, ist der Ausdruck einer pathologischen Disposition zu sehen, die aber nicht nothwendig mit persönlicher oder hereditärer „Degeneration" identisch zu sein braucht.

Ueber den Weg, der von der Willensanstrengung des Patienten bis zur Entstehung des neurotischen Symptoms führt, habe ich mir eine Meinung gebildet, die sich in den gebräuchlichen psychologischen Abstractionen etwa so ausdrücken lässt: Die Aufgabe, welche sich das abwehrende Ich stellt, die unverträgliche Vorstellung als „non arrivée" zu behandeln, ist für dasselbe direct unlösbar; sowohl die Gedächtnissspur als auch der der Vorstellung anhaftende Affect sind einmal da und nicht mehr auszutilgen. Es kommt aber einer ungefähren Lösung dieser Aufgabe gleich, wenn es gelingt, aus dieser starken Vorstellung eine schwache zu machen, ihr den Affect, die Erregungssumme, mit der sie behaftet ist, zu entreissen. Die schwache Vorstellung wird dann so gut wie keine Ansprüche an die Associationsarbeit zu stellen haben; die von ihr abgetrennte Erregungssumme muss aber einer anderen Verwendung zugeführt werden.

Soweit sind die Vorgänge bei der Hysterie und bei den Phobien und Zwangsvorstellungen die gleichen; von nun an scheidet sich die Wege. Bei der Hysterie erfolgt die Unschädlichmachung der unverträglichen Vorstellung dadurch, dass deren Erregungssumme in's Körperliche umgesetzt wird, wofür ich den Namen der Conversion vorschlagen möchte.

Die Conversion kann eine totale oder partielle sein und verläuft nach jener motorische oder sensorischen Innervation hin, die in einem innigen oder mehr lockeren Zusammenhang mit dem traumatischen Erlebniss steht. Das Ich hat

130 Erstdruck von ›Die Abwehr-Neuropsychosen‹, 1894[1]

Ich bin hier ziemlich allein mit der Aufklärung der Neurosen. Sie betrachten mich so ziemlich als einen Monomanen, und ich habe die deutliche Empfindung, an eines der großen Geheimnisse der Natur gerührt zu haben. Es ist etwas Komisches um das Mißverhältnis zwischen der eigenen und der fremden Schätzung seiner geistigen Arbeit. Da ist dieses Buch über die Diplegien[2], das ich mit einem Minimum von Interesse und Anstrengung zusammengestoppelt habe, fast in übermütiger Stimmung. Es hat riesigen Erfolg gehabt. [...] Und von den wirklich guten Sachen, wie die Aphasie, die jetzt mit dem Erscheinen drohenden Zwangsvorstellungen, wie die Ätiologie und Theorie der Neurosen sein wird, kann ich nichts Besseres erwarten als einen achtungsvollen Durchfall. Es macht einen irre und etwas bitter. Ich habe noch hundert größere und kleinere Lücken in der Neurosensache, nähere mich aber einem Überblick und allgemeinen Gesichtspunkten. Ich kenne drei Mechanismen, den der Affektverwandlung (Konversions-Hysterie), den der Affektverschiebung (Zwangsvorstellungen) und 3. den der Affektvertauschung (Angstneurose und Melancholie). Überall soll es sexuelle Erregung sein, die solche Umsetzungen eingeht.
Brief an Wilhelm Fließ vom 21.5.1894.

131 66. Versammlung deutscher Naturforscher und Ärzte in Wien, 1894
Ich weiß nicht, ob ich Dir schon geschrieben habe, daß ich bei der Naturforscherversammlung im September als 1. Schriftführer der neurologischen Sektion fungieren muß.
Brief an Wilhelm Fließ vom 7. 2. 1894.

Die Versammlung der ›Gesellschaft Deutscher Naturforscher und Ärzte‹ fand vom 24. bis 30. September 1894 statt. Die Aufnahme wurde im Arkadenhof der Wiener Universität gemacht. Freud in der zweiten Reihe, dritter von rechts.

132 Erstdruck der ›Studien über Hysterie‹, 1895
1895 folgte unser Buch ›Studien über Hysterie‹. [...] An der Theorie, welche das Buch versucht, habe ich in heute nicht mehr bestimmbarem Ausmaße mitgearbeitet. Diese ist bescheiden, geht nicht weit über den unmittelbaren Ausdruck der Beobachtungen hinaus. Sie will nicht die Natur der Hysterie ergründen, sondern bloß die Entstehung ihrer Symptome

beleuchten. Dabei betont sie die Bedeutung des Affektlebens, die Wichtigkeit der Unterscheidung zwischen unbewußten und bewußten (besser: bewußtseinsfähigen) seelischen Akten, führt einen dynamischen Faktor ein, indem sie das Symptom durch die Aufstauung eines Affekts entstehen läßt, und einen ökonomischen, indem sie dasselbe Symptom als das Ergebnis der Umsetzung einer sonst anderswie verwendeten Energiemenge betrachtet (sog. *Konversion*). Breuer nannte unser Verfahren das *kathartische;* als dessen therapeutische Absicht wurde angegeben, den zur Erhaltung des Symptoms verwendeten Affektbetrag, der auf falsche Bahnen geraten und dort gleichsam eingeklemmt war, auf die normalen Wege zu leiten, wo er zur Abfuhr gelangen konnte *(abreagieren).* [...] In der Frage, wann ein seelischer Ablauf pathogen, d. h. von der normalen Erledigung ausgeschlossen werde, bevorzugte Breuer eine sozusagen physiologische Theorie [...]. Ich hingegen vermutete eher ein Kräftespiel, die Wirkung von Absichten und Tendenzen, wie sie im normalen Leben zu beobachten sind.
›Selbstdarstellung‹.

STUDIEN

ÜBER

HYSTERIE

VON

Dr. JOS. BREUER und Dr. SIGM. FREUD

IN WIEN.

LEIPZIG UND WIEN.
FRANZ DEUTICKE.
1895.

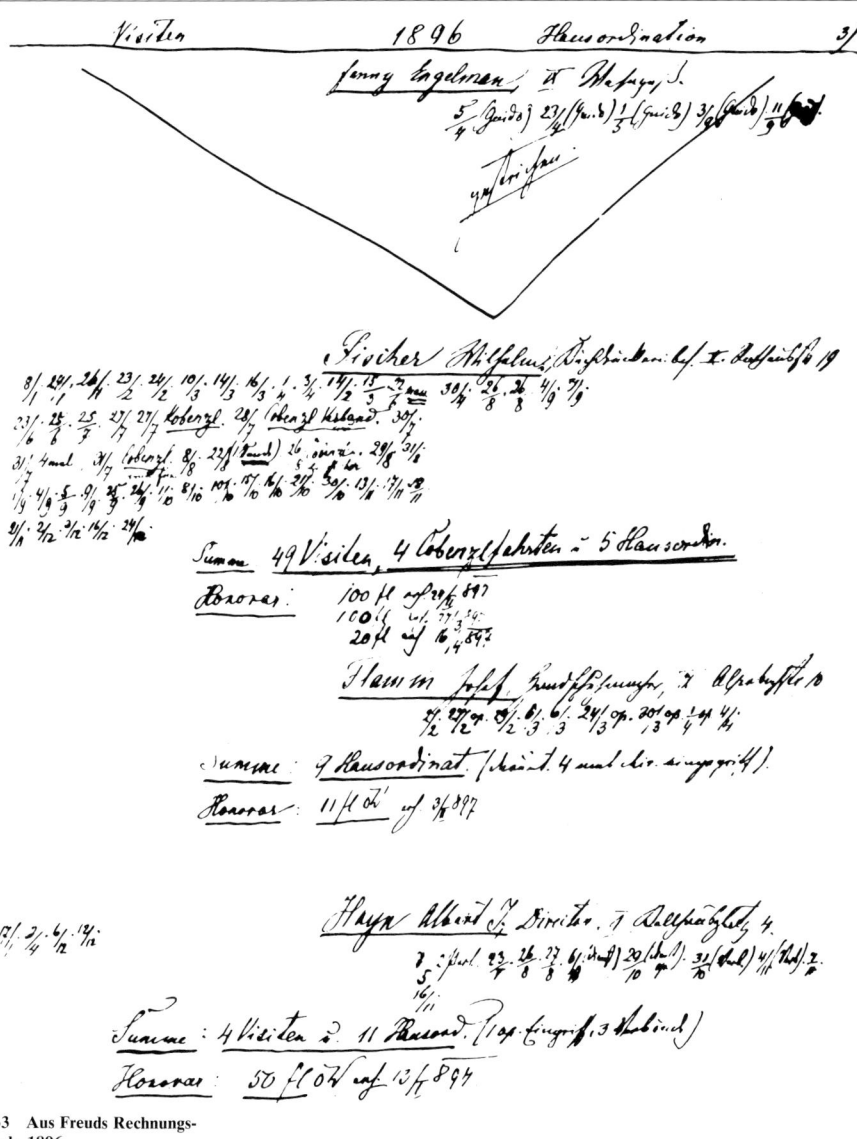

**133 Aus Freuds Rechnungs-
buch, 1896**
Ich hoffe, mit wissenschaftli-
chem Interesse bis ans
Lebensende versorgt zu sein.
Ein Mensch daneben bin
ich freilich kaum mehr.
Abends 10½ h. nach der
Praxis bin ich zu Tode müde.
*Brief an Wilhelm Fließ
vom 13.2.1896.*

134 Martha Freud mit der zweijährigen Sophie
Sie ist klein, benimmt sich aber sehr intelligent, als ob sie bereits im Mutterleib davon Kenntnis erhalten hätte, daß man [sich] hier für seinen Mangel an Mitgift durch etwas anderes entschädigen müsse.
Brief an Minna Bernays vom 15.4.1893.

Sophie Freud, das fünfte der sechs Kinder, 1893-1920.

**135   Freuds Vater mit den
Enkeln Jean Martin und
Oliver**[1]**, etwa 1895**
Mein alter Vater (81 Jahre)
befindet sich in Baden in
einem höchst wackeligen
Zustand [. . .]. Er ist freilich
ein Riesenkerl [. . .].
*Brief an Wilhelm Fließ
vom 30. 6. 1896.*

136   Alexander Freud
Ich pflegte damals alljährlich
Ende August oder Anfang
September mit meinem jüngeren Bruder eine Ferienreise
anzutreten, die mehrere Wochen dauerte und uns [. . .]
an eine Küste des Mittelmee-
res führte.
*›Eine Erinnerungsstörung
auf der Akropolis‹.*

*Freuds Bruder Alexander,
1866-1943, Professor an
der Exportakademie in Wien,
Herausgeber der Zeitschrift
›Tarifanzeiger‹.*

**137   Mit Martha und der
etwa dreijährigen Anna**

*Anna Freud, das jüngste Kind,
1895-1982.*

138   Familienbild, etwa 1898

*Im Garten des Hauses Berg-
gasse 19. Von links nach
rechts, von vorn nach hinten:
Sophie, Anna und Ernst
Freud; Oliver und Martha
Freud, Minna Bernays; Martin
und Sigmund Freud.*

139 Wiener Oper um die Jahrhundertwende
Es ist ein Elend, hier zu leben, und keine Atmosphäre, in der die Hoffnung, etwas Schweres zu Ende zu bringen, sich erhalten kann.
Brief an Wilhelm Fließ vom 22.9.1898.

Einen letzten Montag in der Neuen Freien Presse angekündigten Vortrag habe ich nicht gehalten. [...] Ich sagte sehr ungern zu, merkte später bei der Ausarbeitung, daß ich allerlei Intimes und Sexuelles bringen müßte, was für ein gemischtes und mir fremdes Publikum nicht tauge, und sagte brieflich ab (1. Woche). Darauf erschienen zwei Abgesandte bei mir und suchten mich doch zu nötigen. Ich riet ihnen dringend ab und forderte sie auf, sich den Vortrag eines Abends bei mir selbst anzuhören (2. Woche). In der dritten Woche hielt ich ihnen zweien den Vortrag und hörte, er sei wunderschön, ihr Publikum würde ihn anstandslos vertragen usw. Der Vortrag wurde als für die 4. Woche angesetzt. Einige Stunden vorher erhielt ich aber einen pneumatischen Brief, einige

Mitglieder hätten doch Einwände erhoben und sie ließen mich bitten, meine Theorie zuerst durch unverfängliche Beispiele zu erläutern, dann das Verfängliche, und eine Pause zu machen, damit die Damen den Saal verlassen könnten. Ich habe natürlich sofort abgesagt, und der Brief, in dem ich es tat, war wenigstens gewürzt und gesalzen. Dies ist wissenschaftliches Leben in Wien!
Brief an Wilhelm Fließ vom 15.2.1901.

140 Kaiser Franz Josef I. – Karl Lueger
Ich halte mich sonst an die Vorschrift [nicht zu rauchen], nur am Tage von Luegers Nichtbestätigung habe ich aus Freude exzediert.
Brief an Wilhelm Fließ vom 8.11.1895.

Karl Lueger, 1844-1910, war damals Führer der Christlich-sozialen Partei, die seit 1889 dem »schrankenlosen« Liberalismus, aber auch der »materialistisch antireligiösen« Sozialdemokratie den Kampf angesagt hatte und deutlich antisemitische Züge trug. Die Gemeindewahlen von 1895 brachten der Partei die Mehrheit, und Lueger wurde zum Bürgermeister gewählt. Kaiser Franz Josef I. verweigerte jedoch die Bestätigung. Erst nach dreimaliger Wiederholung der Wahl stimmte er 1897 zu. Lueger blieb bis zu seinem Tode Bürgermeister von Wien.

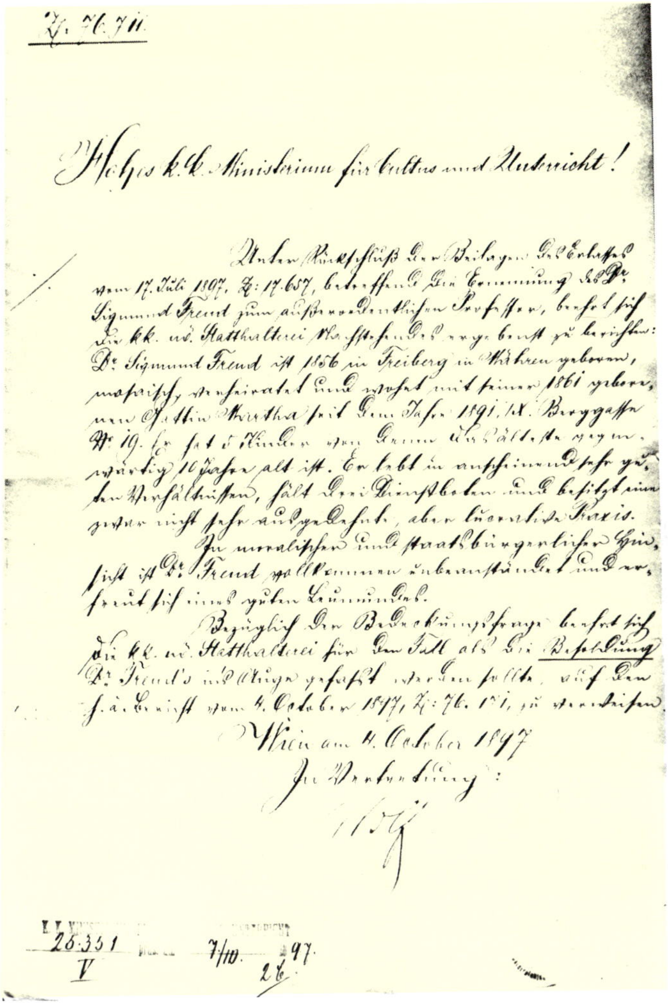

142 Richard von Krafft-Ebing mit seiner Frau
Durch den Aufenthalt an der Salpêtrière war Freuds Interesse an dem psychischen Anteil des Krankheitsbildes der Hysterie und an den Forschungen über Hypnotismus und Verwertung der Suggestionstherapie bei Neurosen wachgerufen worden. [. . .] Die Neuartigkeit dieser Forschungen und die Schwierigkeit ihrer Nachprüfung gestatten kein sicheres Urteil zur Zeit über ihre Tragweite. Es ist möglich, daß Freud diese überschätzt und gefundene Resultate zu sehr verallgemeinert. Unter allen Umständen sind seine Forschungen auf diesem Gebiete Beweise ungewöhnlicher Begabung und Fähigkeit, wissenschaftliche Untersuchungen in neue Bahnen zu lenken. *Aus dem Bericht des Fakultätsantrags auf Beförderung Freuds zum Extraordinarius, 10. 5. 1897.*

Richard Freiherr von Krafft-Ebing, 1840-1902, hatte 1892 die Nachfolge Meynerts an der Psychiatrischen Klinik angetreten. Er plädierte für die Psychiatrie als beschreibende Wissenschaft und sah, die auf Erklärung zielende Forschungsrichtung Meynerts kritisierend, in Hirnanatomie, experimenteller Pathologie und Physiologie lediglich Hilfswissenschaften. Er wurde vor allem durch seine ›Psychopathia sexualis‹ (1886) als der Begründer der modernen Sexualpathologie bekannt. – Krafft-Ebing hatte den Beförderungsantrag für Freud gestellt und den oben zitierten Bericht mitunterzeichnet.

141 Leumundszeugnis der Statthalterei, 1897
Im Frühjahr 1897 erfuhr ich, daß zwei Professoren unserer Universität[1] mich für die Ernennung zum Prof. extraord. vorgeschlagen hatten. Diese Nachricht kam mir überraschend und erfreute mich lebhaft als Ausdruck einer durch persönliche Beziehungen nicht aufzuklärenden Anerkennung von seiten zweier hervorragender Männer. Ich sagte mir aber sofort, daß ich an dieses Ereignis keine Erwartungen knüpfen dürfe.
›Die Traumdeutung‹.

Der Bericht der Statthalterei zeigt, wie weit der Antrag der Fakultät, Freud zum außerordentlichen Professor zu befördern, damals im Instanzenzug bereits gelangt war. Trotzdem erhielt Freud den Titel erst fünf Jahre später (vgl. Abb. 163).

Transkription in den Anmerkungen.

143   Freud, etwa 1898

Ehe ich weiter in die Würdigung der infantilen Sexualität eingehe, muß ich eines Irrtums gedenken, dem ich eine Weile verfallen war und der bald für meine ganze Arbeit verhängnisvoll geworden wäre. Unter dem Drängen meines damaligen technischen Verfahrens reproduzierten die meisten meiner Patienten Szenen aus ihrer Kindheit, deren Inhalt die sexuelle Verführung durch einen Erwachsenen war. Bei den weiblichen Personen war die Rolle des Verführers fast immer dem Vater zugeteilt. Ich schenkte diesen Mitteilungen Glauben und nahm also an, daß ich in diesen Erlebnissen sexueller Verführung in der Kindheit die Quellen der späteren Neurose aufgefunden hatte. [. . .] Als ich dann doch erkennen mußte, diese Verführungsszenen seien niemals vorgefallen, seien nur Phantasien, die meine Patienten erdichtet, die ich ihnen vielleicht selbst aufgedrängt hatte. war ich eine Zeitlang ratlos. [. . .] Als ich mich gefaßt hatte, zog ich aus meiner Erfahrung die richtigen Schlüsse, daß die neurotischen Symptome nicht direkt an wirkliche Erlebnisse anknüpften, sondern an Wunschphantasien, und daß für die Neurose die psychische Realität mehr bedeutet als die materielle.
›Selbstdarstellung‹.

Und nun will ich Dir sofort das große Geheimnis anvertrauen, das mir in den letzten Monaten langsam gedämmert hat. Ich glaube an meine Neurotica nicht mehr. [. . .] Merkwürdig ist auch, daß jedes Gefühl von Beschämung ausgeblieben ist, zu dem doch ein Anlaß sein könnte. Gewiß, ich werde es nicht in Dan erzählen, nicht davon reden in Askalon, im Lande der Philister, aber vor Dir und mir habe ich eigentlich mehr das Gefühl eines Sieges als einer Niederlage (was doch nicht recht ist). [. . .] In diesem Sturz aller Werte ist allein das Psychologische unberührt geblieben. Der Traum steht ganz sicher da [. . .]. Schade, daß man vom Traumdeuten z. B. nicht leben kann.
Brief an Wilhelm Fließ vom 21.9.1897.

144   Havelock Ellis

Etwas Erfreuliches [. . .] ist eine Sendung aus – Gibraltar von Mr. Havelock Ellis, einem Autor, der sich mit dem sexuellen Thema beschäftigt und offenbar ein sehr gescheiter Mensch ist, denn sein [. . .] Aufsatz[1], der die Beziehung der Hysterie zum Sexualleben behandelt, mit Plato anfängt und mit Freud aufhört, gibt letzterem sehr viel recht und würdigt die ›Studien über Hysterie‹ sowie spätere Aufsätze in sehr verständiger Weise.
Brief an Wilhelm Fließ vom 3.1.1899.

Henry Havelock Ellis, 1859 bis 1939, englischer Sexualforscher; zu seinen Hauptwerken zählen die ›Studies in the Psychology of Sex‹ (1897 bis 1928).

145 Mit Wilhelm Fließ, Anfang der neunziger Jahre
Wenn uns beiden noch einige Jahre ruhiger Arbeit vergönnt sind, werden wir sicherlich etwas hinterlassen, was unsere Existenz rechtfertigen kann. [...] Ich habe als junger Mensch keine andere Sehnsucht gekannt als die nach philosophischer Erkenntnis, und ich bin jetzt im Begriffe, sie zu erfüllen, indem ich von der Medizin zur Psychologie hinüberlenke. Therapeut bin ich wider Willen geworden [...].
Brief an Wilhelm Fließ vom 2.4.1896.

Meine Selbstanalyse ist in der Tat das Wesentlichste, was ich jetzt habe, und verspricht, von höchstem Wert für mich zu werden, wenn sie bis zu Ende geht. [...] Ganz ehrlich mit sich sein ist eine gute Übung. Ein einziger Gedanke von allgemeinem Wert ist mir aufgegangen. Ich habe die Verliebtheit in die Mutter und die Eifersucht gegen den Vater auch bei mir gefunden und halte sie jetzt für ein allgemeines Ereignis früher Kindheit [...]. Wenn das so ist, so versteht man die packende Macht des Königs Ödipus [...] die griechische Sage greift einen Zwang auf, den jeder aner-

kennt, weil er dessen Existenz in sich verspürt hat. Jeder der Hörer war einmal im Keime und in der Phantasie ein solcher Ödipus, und vor der hier in die Realität gezogenen Traumerfüllung schaudert jeder zurück mit dem ganzen Betrag der Verdrängung, der seinen infantilen Zustand von seinem heutigen trennt.
Brief an Wilhelm Fließ vom 15.10.1897.

Wilhelm Fließ, 1858-1928, war ein Berliner Hals-, Nasen-, Ohren-Spezialist, der Fragen der allgemeinen Biologie erforschte. In den Jahren zwischen 1887 und 1901 unterhielt Freud eine intensive

wissenschaftliche und freundschaftliche Beziehung zu ihm. In einem Briefwechsel, dem auch Manuskripte beigefügt sind, unterrichteten sie einander über ihre Funde, die sie dann bei gelegentlichen Zusammenkünften, scherzhaft »Kongresse« genannt, diskutierten. Auf diese Weise war Fließ nicht nur der einzige Zeuge der in »splendid isolation« vollzogenen Entstehung der Psychoanalyse, sondern auch ihr »erstes Publikum«, ihr »oberster Richter«, das, was Freud den »Repräsentanten des ›Anderen‹«[1] nannte, den er in jener Zeit, in die auch die wichtigsten Jahre seiner Selbstanalyse[2] fallen, nicht entbehren konnte.

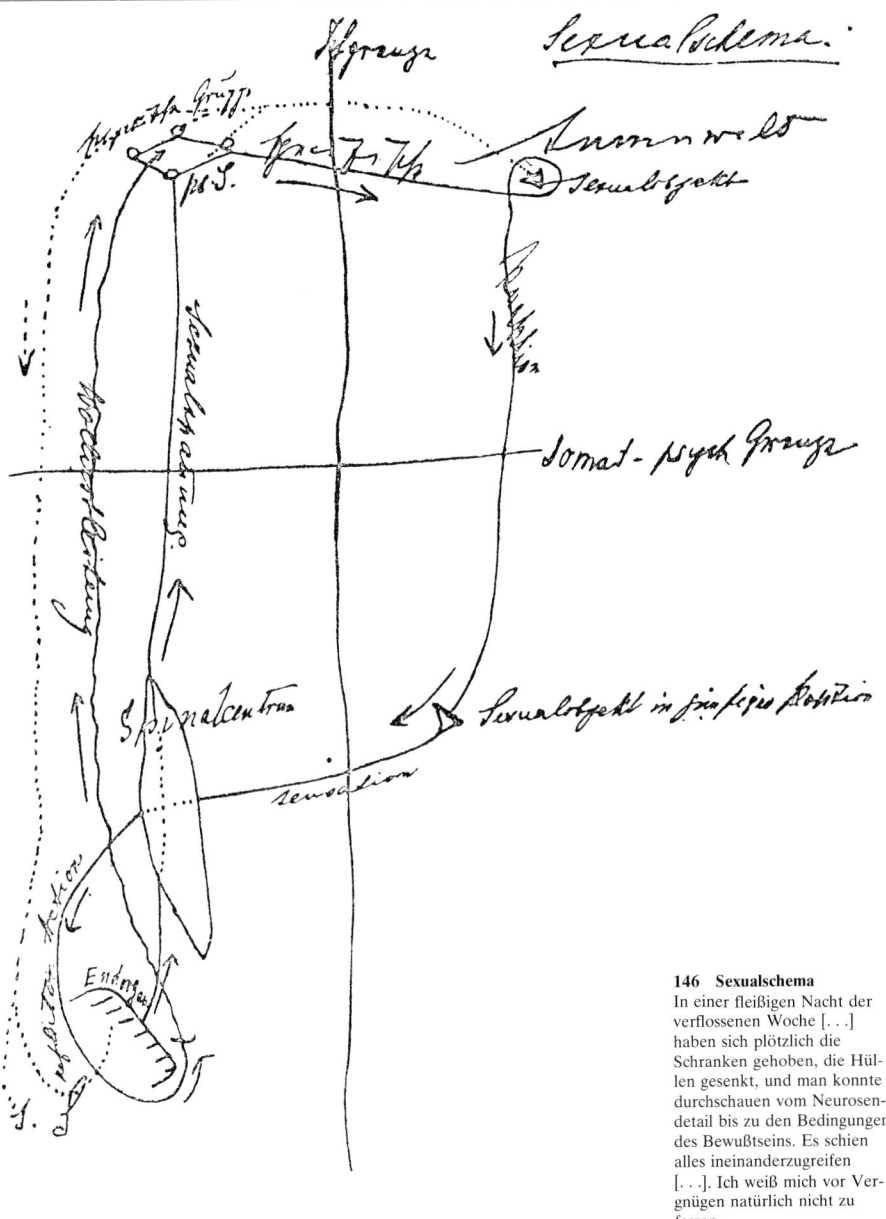

146 Sexualschema
In einer fleißigen Nacht der
verflossenen Woche [...]
haben sich plötzlich die
Schranken gehoben, die Hül-
len gesenkt, und man konnte
durchschauen vom Neurosen-
detail bis zu den Bedingungen
des Bewußtseins. Es schien
alles ineinanderzugreifen
[...]. Ich weiß mich vor Vergnügen natürlich nicht zu
fassen.
*Brief an Wilhelm Fließ
vom 20.10.1895.*

*Diese Zeichnung ist einem
der Manuskripte beigefügt,
die Freud an Fließ schickte.* [1]

DIE

TRAUMDEUTUNG

VON

DR. SIGM. FREUD.

»FLECTERE SI NEQUEO SUPEROS, ACHERONTA MOVEBO.«

LEIPZIG UND WIEN.
FRANZ DEUTICKE.
1900.

147 Schloß Bellevue
Das Leben auf Bellevue gestaltet sich sonst für alle sehr
angenehm. [. . .] Glaubst
Du eigentlich, daß an dem
Hause dereinst auf einer
Marmortafel zu lesen sein
wird?:
»Hier enthüllte sich am
24 Juli 1895 dem Dr Sigm.
Freud das Geheimnis des
Traumes.«
Die Aussichten sind bis jetzt
hiefür gering. Wenn ich aber
in den neueren psychologischen Büchern [. . .] lese,
was sie über den Traum zu
sagen wissen, so freue ich
mich doch wie der Zwerg
im Märchen, »daß die Prinzessin es nicht weiß«.
*Brief an Wilhelm Fließ
vom 12. 6. 1900.*

*Während eines Aufenthaltes
auf Schloß Bellevue bei Wien,
das damals an Sommergäste
vermietet wurde, war es Freud
am 24. Juli 1895 gelungen,
erstmals einen Traum vollständig zu deuten.* [1]

**148 ›Riemerlehen‹ in
Berchtesgaden**
Ich habe hier so wunderschön
gearbeitet, in Ruhe, ohne
Nebensorgen, in fast völligem
Wohlsein, dazwischen bin
ich spazieren gerannt und
habe Berge und Wald genossen. Du sollst Nachsicht mit
mir haben, ich bin von der
Arbeit ganz übersponnen,
kann von nichts anderem
schreiben. Ich bin weit im
Kapitel von der ›Traumar-
beit‹.
*Brief an Wilhelm Fließ
vom 20. 8. 1899.*

*In den Sommerferien 1899
hielt sich Freud mit seiner
Familie auf einem Bauerge-
höft in Berchtesgaden, dem
›Riemerlehen‹, auf. Dort
schrieb er große Teile der
›Traumdeutung‹.*

**149 Erstdruck der
›Traumdeutung‹, 1900** [1]
Die Patienten, die ich verpflichtet hatte, mir alle Einfälle und Gedanken mitzuteilen, die sich ihnen zu einem
bestimmten Thema aufdräng-
ten, erzählten mir ihre
Träume und lehrten mich
so, daß ein Traum in die
psychische Verkettung einge-
schoben sein kann, die von
einer pathologischen Idee
her nach rückwärts in der
Erinnerung zu verfolgen ist.
Es lag nun nahe, den Traum
selbst wie ein Symptom zu
behandeln und die für letztere
ausgearbeitete Methode der
Deutung auf ihn anzuwenden.
›Die Traumdeutung‹.

Bisher hatte die Psychoanalyse sich nur mit der Auflösung pathologischer Phänomene beschäftigt [. . .]. Der
Traum aber, den sie dann
in Angriff nahm, war kein
krankhaftes Symptom,
war ein Phänomen des nor-
malen Seelenlebens, konnte
sich bei jedem gesunden Menschen ereignen. Wenn der
Traum so gebaut ist wie ein
Symptom, wenn seine Erklärung die nämlichen Annah-
men erfordert [. . .], dann
ist die Psychoanalyse nicht
mehr eine Hilfswissenschaft
der Psychopathologie, dann
ist sie vielmehr der Ansatz
zu einer neuen und gründli-
cheren Seelenkunde, die auch
für das Verständnis des Normalen unentbehrlich wird.
›Selbstdarstellung‹.

In vielen trüben Stunden
ist es mir zum Trost geworden, dies Buch hinterlassen
zu können.
*Brief an Wilhelm Fließ
vom 23. 3. 1900.*

*Freud war von der Aufnahme,
die das Buch bei Erscheinen
fand, tief enttäuscht. »Verständnis ist spärlich, Lob
nur wie Almosen [. . .]«* [2]

150   Altersbild des Vaters
Auf irgendeinem der dunkeln
Wege hinter dem offiziellen
Bewußtsein hat mich der
Tod des Alten sehr ergriffen.
Ich hatte ihn sehr geschätzt,
sehr genau verstanden, und
er hat viel in meinem Leben
gemacht, mit der ihm eigenen
Mischung von tiefer Weisheit
und phantastisch leichtem
Sinn. Er war lange ausgelebt,
als er starb, aber im Innern
ist wohl alles Frühere bei
diesem Anlaß aufgewacht.
Brief an Wilhelm Fließ
vom 2.11.1896.

Für mich hat dieses Buch
nämlich noch eine [. . .] subjektive Bedeutung, die ich
erst nach seiner Beendigung
verstehen konnte. Es erwies
sich mir als ein Stück meiner
Selbstanalyse, als meine Reaktion auf den Tod meines
Vaters, also auf das bedeutsamste Ereignis, den ein-
schneidendsten Verlust im
Leben eines Mannes. Nach-
dem ich dies erkannt hatte,
fühlte ich mich unfähig, die
Spuren dieser Einwirkung
zu verwischen.[1]
›Die Traumdeutung‹.

**151   Grab der Eltern auf
dem Wiener Hauptfriedhof**

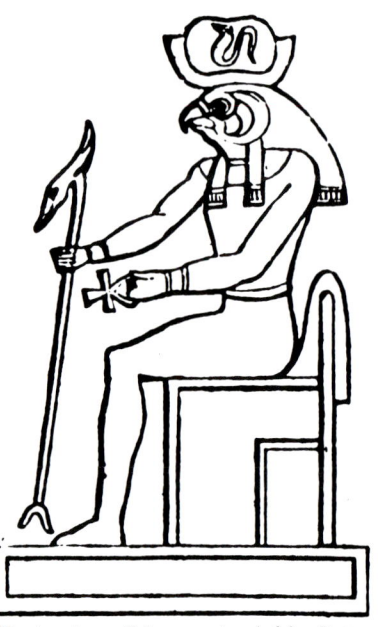

152 Aus eigenen Träumen (›Traumdeutung‹): Gargantua-Illustration von Jules Garnier
Eigentümlichkeiten des Materials, an dem ich die Traumdeutung erläutere, haben mir auch diese Veröffentlichung schwer gemacht. [. . .] ich hatte nur die Wahl zwischen den eigenen Träumen und denen meiner in psychoanalytischer Behandlung stehenden Patienten. [. . .] Mit der Mitteilung meiner eigenen Träume aber erwies sich als untrennbar verbunden, daß ich von den Intimitäten meines psychischen Lebens fremden Einblicken mehr eröffnete, als mir lieb sein konnte und als sonst einem Autor, der nicht Poet, sondern Naturforscher ist, zur Aufgabe fällt. Das war peinlich, aber unvermeidlich; ich habe mich also darein gefügt, um nicht auf die Beweisführung für meine psychologischen Ergebnisse überhaupt verzichten zu müssen.
›Die Traumdeutung‹.

Der Harnstrahl, der alles rein abspült, ist eine unverkennbare Größenanspielung. So löscht Gulliver bei den Liliputanern den großen Brand [. . .]. Aber auch Gargantua, der Übermensch bei Meister Rabelais, nimmt so seine Rache an den Parisern, indem er auf Notre-Dame reitend seinen Harnstrahl auf die Stadt richtet. In den Garnierschen Illustrationen zum Rabelais habe ich gerade gestern vor dem Schlafengehen geblättert. Und merkwürdig wieder ein Beweis, daß ich der Übermensch bin! Die Plattform von Notre-Dame war mein Lieblingsaufenthalt in Paris; jeden freien Nachmittag pflegte ich auf den Türmen der Kirche zwischen den Ungetümen und Teufelsfratzen dort herumzuklettern.[1]
›Die Traumdeutung‹.

153 Aus eigenen Träumen (›Traumdeutung‹): Standbild Kaiser Josefs II. (›Non vixit‹-Traum)
Es wollte mir aber lange nicht gelingen, das »*Non vixit*« abzuleiten [. . .], bis ich mich besann, daß diese zwei Worte nicht als gehörte oder gerufene, sondern als *gesehene* so hohe Deutlichkeit im Traum besessen hatten. Dann wußte ich sofort, woher sie stamm-

ten. Auf dem Postament des Kaiser-Josef-Denkmals in der Wiener Hofburg sind die schönen Worte zu lesen:
Saluti patriae *vixit*
non diu sed totus.[1]
›*Die Traumdeutung*‹.

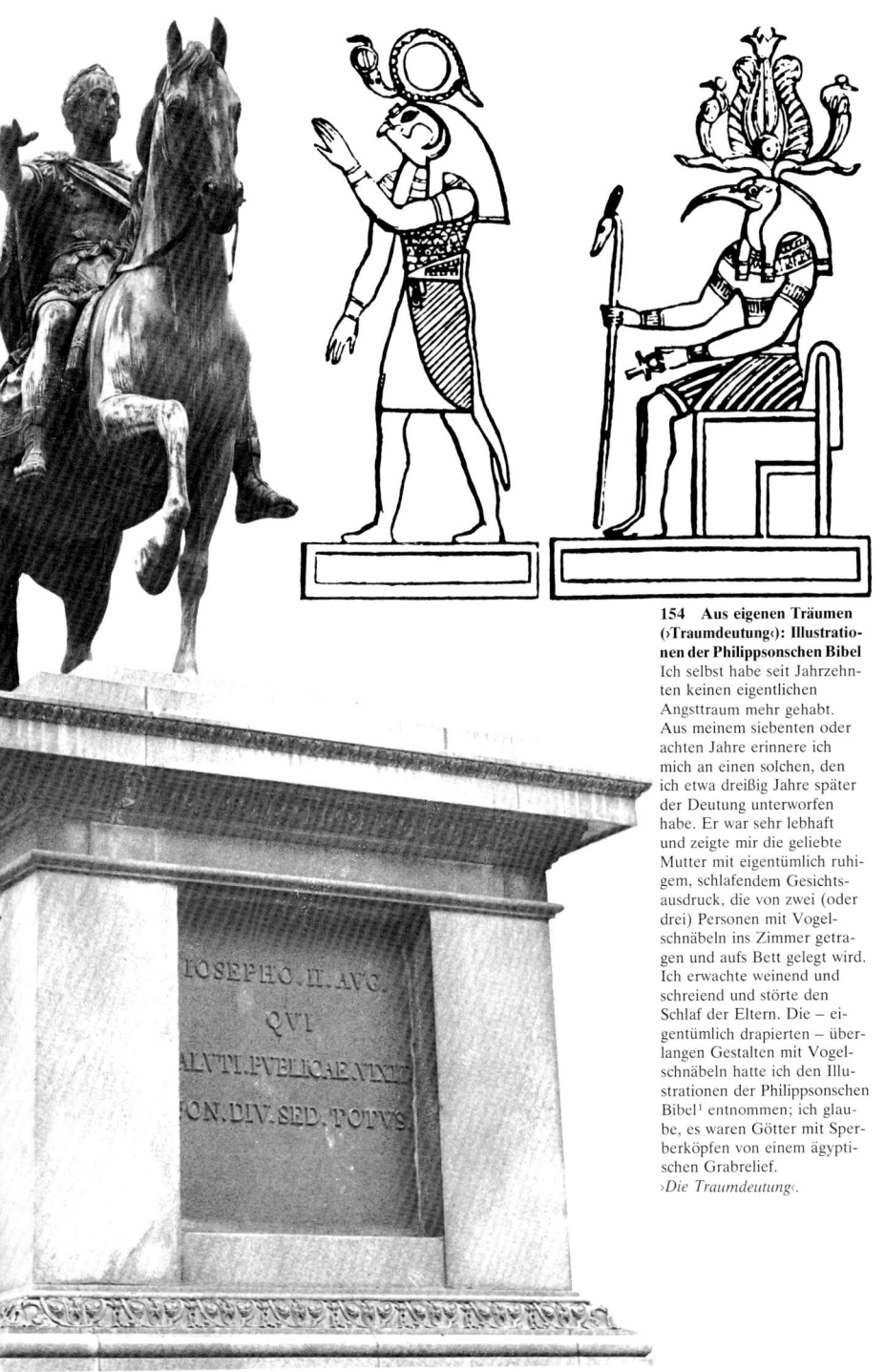

154 Aus eigenen Träumen (›Traumdeutung‹): Illustrationen der Philippsonschen Bibel
Ich selbst habe seit Jahrzehnten keinen eigentlichen Angsttraum mehr gehabt. Aus meinem siebenten oder achten Jahre erinnere ich mich an einen solchen, den ich etwa dreißig Jahre später der Deutung unterworfen habe. Er war sehr lebhaft und zeigte mir die geliebte Mutter mit eigentümlich ruhigem, schlafendem Gesichtsausdruck, die von zwei (oder drei) Personen mit Vogelschnäbeln ins Zimmer getragen und aufs Bett gelegt wird. Ich erwachte weinend und schreiend und störte den Schlaf der Eltern. Die – eigentümlich drapierten – überlangen Gestalten mit Vogelschnäbeln hatte ich den Illustrationen der Philippsonschen Bibel[1] entnommen; ich glaube, es waren Götter mit Sperberköpfen von einem ägyptischen Grabrelief.
›Die Traumdeutung‹.

**155 Erstdruck der
›Dora‹-Krankengeschichte,
1901/1905**[1]
Es ist ein Bruchstück einer
Hysterieanalyse, in der sich
die Aufklärungen um zwei
Träume gruppieren, also eigentlich eine Fortsetzung
des Traumbuches.
*Brief an Wilhelm Fließ
vom 25.1.1901.*

Ich weiß, daß es – in dieser
Stadt wenigstens – viele Ärzte
gibt, die – ekelhaft genug
– eine solche Krankenge-
schichte nicht als einen Beitrag zur Psychopathologie
der Neurose, sondern als
einen zu ihrer Belustigung
bestimmten Schlüsselroman
lesen wollen. [...] In dieser
einen Krankengeschichte,
die ich bisher den Einschränkungen der ärztlichen Diskre-
tion und der Ungunst der
Verhältnisse abringen konnte,
werden nun sexuelle Beziehungen mit aller Freimütigkeit
erörtert, die Organe und
Funktionen des Geschlechts-
lebens bei ihren richtigen
Namen genannt, und der
keusche Leser kann sich aus
meiner Darstellung die Überzeugung holen, daß ich mich
nicht gescheut habe, mit einer
jugendlichen weiblichen Person über solche Themata
in solcher Sprache zu verhan-
deln. Ich soll mich nun wohl
auch gegen diesen Vorwurf
verteidigen?
*›Bruchstück einer Hysterie-
Analyse‹.*

Sonder-Abdruck aus Monatsschr. f. Psychiatrie u. Neurologie. Bd. XVIII. H. 4.

Herausgegeben von C. Wernicke und Th. Ziehen.

Verlag von S. Karger in Berlin NW. 6.

Bruchstück einer Hysterie-Analyse.

Von

Prof. Dr. SIGM. FREUD

in Wien.

Vorwort.

Wenn ich nach längerer Pause daran gehe, meine in den
Jahren 1895 und 1896 aufgestellten Behauptungen über die Patho-
genese hysterischer Symptome und die psychischen Vorgänge bei
der Hysterie durch ausführliche Mitteilung einer Kranken- und
Behandlungsgeschichte zu erhärten, so kann ich mir dieses Vorwort nicht ersparen, welches mein Tun einerseits nach verschiedenen Richtungen rechtfertigen, andererseits die Erwartungen,
die es empfangen werden, auf ein billiges Maass zurückführen soll.
Es war sicherlich misslich, dass ich Forschungsergebnisse,
und zwar solche von überraschender und wenig einschmeichelnder
Art, veröffentlichen musste, denen die Nachprüfung von Seiten
der Fachgenossen notwendiger Weise versagt blieb. Es ist aber
kaum weniger misslich, wenn ich jetzt beginne, etwas von dem
Material dem allgemeinen Urteil zugänglich zu machen, aus dem
ich jene Ergebnisse gewonnen hatte. Ich werde dem Vorwurfe
nicht entgehen. Hatte er damals gelautet, dass ich nichts von
meinen Kranken mitgeteilt, so wird er nun lauten, dass ich von
meinen Kranken mitgeteilt, was man nicht mitteilen soll. Ich
hoffe, es werden die nämlichen Personen sein, welche in solcher
Art den Vorwand für ihren Vorwurf wechseln werden, und gebe
es von vornherein auf, diesen Kritikern jemals ihren Vorwurf
zu entreissen.

Die Veröffentlichung meiner Krankengeschichten bleibt für
mich eine schwer zu lösende Aufgabe, auch wenn ich mich um
jene einsichtslosen Uebelwollenden weiter nicht bekümmere. Die
Schwierigkeiten sind zum Teil technischer Natur, zum anderen
Teil gehen sie aus dem Wesen der Verhältnisse selbst hervor.
Wenn es richtig ist, dass die Verursachung der hysterischen Erkrankungen in den Intimitäten des psycho-sexuellen Lebens der
Kranken gefunden wird, und dass die hysterischen Symptome
der Ausdruck ihrer geheimsten verdrängten Wünsche sind, so
kann die Klarlegung eines Falles von Hysterie nicht anders, als
diese Intimitäten aufdecken und diese Geheimnisse verraten.
Es ist gewiss, dass die Kranken nie gesprochen hätten, wenn
ihnen die Möglichkeit einer wissenschaftlichen Verwertung ihrer

Zur Psychopathologie des Alltagslebens (Vergessen, Versprechen, Vergreifen) nebst Bemerkungen über eine Wurzel des Aberglaubens.

Von

Dr. SIGM. FREUD

in Wien.

> „Nun ist die Luft von solchem Spuk so voll,
> Dass niemand weiss, wie er ihn meiden soll."
> Faust. II T., V. Akt.

I.

Vergessen von Eigennamen.

Im Jahrgange 1898 dieser Zeitschrift habe ich unter dem Titel „Zum psychischen Mechanismus der Vergesslichkeit" einen kleinen Aufsatz veröffentlicht, dessen Inhalt ich hier wiederholen und zum Ausgang für weitere Erörterungen nehmen werde. Ich habe dort den häufigen Fall des zeitweiligen Vergessens von Eigennamen an einem praegnanten Beispiel aus meiner Selbstbeobachtung der psychologischen Analyse unterzogen und bin zum Ergebnis gelangt, dass dieser gewöhnliche und praktisch nicht sehr bedeutsame Einzelvorfall von Versagen einer psychischen Function — des Erinnerns — eine Aufklärung zulässt, welche weit über die gebräuchliche Verwertung des Phänomens hinausführt.

Wenn ich nicht sehr irre, würde ein Psycholog, von dem man die Erklärung forderte, wie es zugehe, dass Einem so oft ein Name nicht einfällt, den man doch zu kennen glaubt, sich begnügen zu antworten, dass Eigennamen dem Vergessen leichter unterliegen als andersartiger Gedächtnisinhalt. Er würde die plausibeln Gründe für solche Bevorzugung der Eigennamen anführen, eine anderweitige Bedingtheit des Vorganges aber nicht vermuten.

Für mich wurde zum Anlass einer eingehenderen Beschäftigung mit dem Phänomen des zeitweiligen Namenvergessens die Beobachtung gewisser Einzelheiten, die sich zwar nicht in allen Fällen, aber in einzelnen deutlich genug erkennen lassen. In solchen Fällen wird nämlich nicht nur ver gessen, sondern auch fals ch erinnert. Dem sich um den entfallenen Namen Bemühenden kommen andere — Ers atz na men — zum Bewusstsein, die zwar sofort als unrichtig erkannt werden, sich aber doch mit grosser Zähigkeit immer wieder aufdrängen. Der

Monatsschrift für Psychiatrie und Neurologie. Bd. X, Heft 1.   1

156   Erstdruck von
›Zur Psychopathologie des Alltagslebens‹, 1901[1]
Eine Kleinigkeit, lang vermutet, habe ich endlich gefaßt. Du kennst den Fall, daß einem ein Name entfällt und sich ein Stück eines anderen dafür einschiebt, auf das man schwören möchte, obwohl es sich jedesmal als falsch erweist. So ging es mir unlängst mit dem Namen des Dichters (»Zu Mantua in Banden«) ist. Es muß etwas mit – *au* sein, Lindau, Feldau. Natürlich heißt der Mann Julius *Mosen*, das ›Julius‹ war mir nicht entfallen. Nun gelang es mir nachzuweisen, 1. daß ich den Namen Mosen wegen gewisser Beziehungen verdrängt habe, 2. daß in dieser Verdrängung infantiles Material mitgewirkt und 3. daß die vorgeschobenen Ersatznamen wie Symptome entstanden waren. Die Analyse fiel ganz lückenlos aus, leider kann ich sie so wenig wie meinen großen Traum der Öffentlichkeit preisgeben. *Brief an Wilhelm Fließ vom 26.8.1898.*[2]

157 Mit Sohn Ernst bei Bad Reichenhall, 1901
Thumsee ist wirklich ein kleines Paradies, besonders für die Kinder, die hier wild gefüttert werden, sich miteinander und mit den Gästen um die Boote raufen, auf denen sie dann unserem besorgten Elternblick entschwinden. Mich hat der Umgang mit den Fischen bereits gehörig verdummt, doch habe ich noch nicht die freie Seele, die ich mir sonst in den Ferien hole [. . .].
Brief an Wilhelm Fließ vom 7. 8. 1901.

158 Die Kinder bei Berchtesgaden, 1899
»Wieviel Kinder haben Sie jetzt?« – »Sechs.« – Eine Gebärde von Respekt und Bedenklichkeit. – »Mädel, Buben?« – »Drei und drei, das ist mein Stolz und mein Reichtum.«
›Die Traumdeutung‹.

159 Die Söhne: Oliver, Martin und Ernst in Berchtesgaden, 1902
[. . .] zur Namengebung bei meinen eigenen Kindern. Ich hielt darauf, daß ihre Namen nicht nach der Mode des Tages gewählt, sondern durch das Andenken an teure Personen bestimmt sein sollten. Ihre Namen machen die Kinder zu »Revenants«. Und schließlich, ist Kinder haben nicht für uns alle der einzige Zugang zur Unsterblichkeit?
›Die Traumdeutung‹.

Jean Martin Freud, 1889-1967, nach Charcot genannt, Jurist. Oliver Freud, 1891-1969, nach Cromwell genannt, Bauingenieur. Ernst Freud, 1892-1970, nach Brücke genannt, Architekt.[1]

160 Knossos
Hast Du gelesen, daß die
Engländer auf Kreta (Knossos) einen alten Palast ausgegraben haben, den sie für
das richtige Labyrinth des
Minos erklären? Es scheint,
daß Zeus ursprünglich ein
Stier war. Auch unser alter
Gott soll zuerst, vor der durch
die Perser angeregten Subli-
mierung, als Stier verehrt
worden sein. Es gibt da allerlei zu denken, worüber noch
nicht zu schreiben ist.
Brief an Wilhelm Fließ
vom 4.7.1901.

Freud bezieht sich auf erste
Berichte über die von Sir
Arthur Evans geleiteten Aus-
grabungen.

161 Stierkopf-Rhyton aus
Knossos
Es scheint, daß die Länder
um das östliche Becken des
Mittelmeers in jenen dunkeln,
der Geschichtsforschung kaum
eröffneten Jahrhunderten
der Schauplatz häufiger und
heftiger vulkanischer Ausbrüche waren, die den Umwoh-
nern den stärksten Eindruck
machen mußten. Evans nimmt
an, daß auch die endgültige
Zerstörung des Minos-Pala-
stes in Knossos die Folge
eines Erdbebens war. Auf
Kreta wurde damals, wie
wahrscheinlich allgemein
in der ägäischen Welt, die

große Muttergottheit verehrt.
Die Wahrnehmung, daß sie
nicht imstande war, ihr Haus
gegen die Angriffe einer stärkeren Macht zu schützen,
mag dazu beigetragen haben,
daß sie einer männlichen
Gottheit den Platz räumen
mußte, und dann hatte der
Vulkangott das erste Anrecht
darauf, sie zu ersetzen. Zeus
[der ursprünglich ein Stier
war] ist ja immer noch der
»Erderschütterer«.
›*Der Mann Moses und die*
monotheistische Religion‹.

162 Erste Romreise, 1901:
Minervatempel
Nun sollte ich Dir über Rom
schreiben, es ist schwer. Es
war auch für mich überwälti-
gend und die Erfüllung eines,
wie Du weißt, lange gehegten
Wunsches. [. . .] ein Höhepunkt des Lebens [. . .] (das
Stückchen Minervatempel[1]
neben dem Nervaforum hätte
ich in seiner Erniedrigung
und Verstümmelung anbeten
können) [. . .].
Brief an Wilhelm Fließ
vom 19.9.1901.

Meine Romsehnsucht ist übrigens tief neurotisch. Sie
knüpft an die Gymnasial-
schwärmerei für den semitischen Heros Hannibal[2] an.
Brief an Wilhelm Fließ
vom 3.12.1897.

163 Ernennung zum a. o. Professor, 1902
Als ich von Rom zurückkam, war die Lust am Leben und Wirken etwas gesteigert, die am Martyrium etwas verringert bei mir. [. . .] So beschloß ich denn, mit der strengen Tugend zu brechen und zweckmäßige Schritte[1] zu tun, wie andere Menschenkinder auch. Von etwas muß man sein Heil erwarten können und wählte den Titel zum Heiland. Vier Jahre lang hatte ich auch nicht ein Wort für ihn aufgewendet [. . .].
Brief an Wilhelm Fließ vom 11.3.1902.

Die Ernennung erfolgte am 5. März 1902 durch Kaiser Franz Josef I.

Transkription in den Anmerkungen.

Ich ernenne den Privatdocenten Dr. Arthur Schattenfroh zum außerordentlichen Professor der Hygiene an der Universität in Wien mit den systemmäßigen Bezügen und zwar mit der Rechtswirksamkeit vom 1. April 1902 und verleihe den Privatdocenten an derselben Universität Dr. Sigmund Freud, Dr. Julius Mannaberg und Dr. Emil Fronz den Titel eines außerordentlichen Universitätsprofessors.

Budapest, am 5. März 1902.

der Hygiene an der Universität in Wien mit den systemmäßigen Bezügen und zwar mit der Rechtswirksamkeit vom 1. April 1902 allergnädigst zu ernennen und den Privatdocenten an derselben Universität Dor Sigmund Freud, Dor Julius Mannaberg und Dor Emil Fronz den Titel und Charakter eines außerordentlichen Universitätsprofessors huldvollst zu verleihen.

Wien, am 22. Februar 1902.

15 16

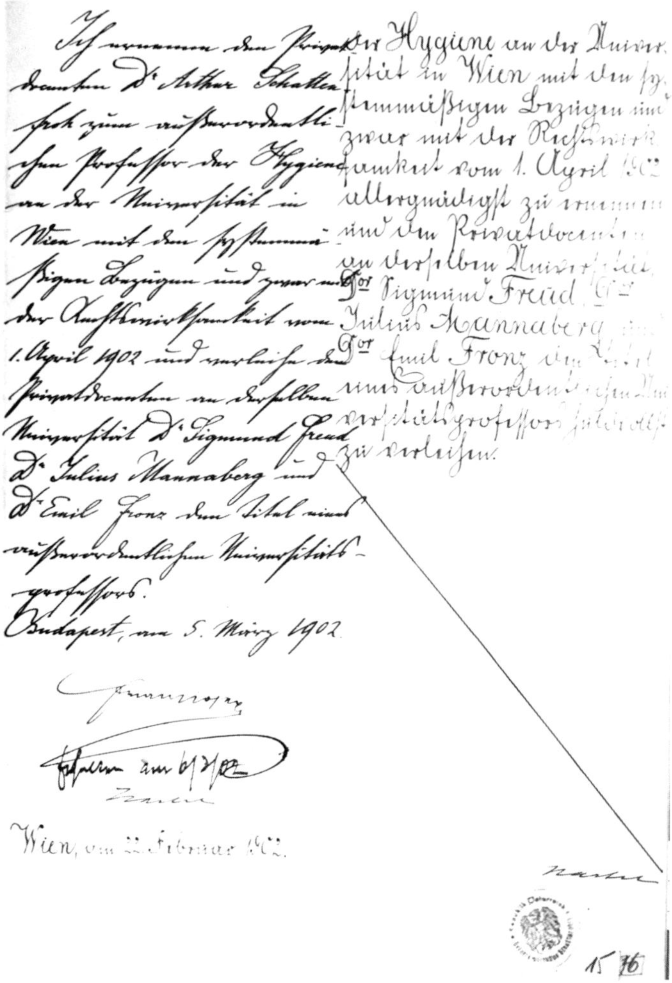

164 Aus der Audienzliste des Kaisers für den 13. Oktober 1902
Es war also erreicht. Die Wiener Zeitung hat die Ernennung noch nicht gebracht, aber die Nachricht, daß sie bevorstehe, hat sich von der amtlichen Stelle aus rasch verbreitet. Die Teilnahme der Bevölkerung ist sehr groß. Es regnet auch jetzt schon Glückwünsche und Blumenspenden, als sei die Rolle der Sexualität plötzlich von Sr. Majestät amtlich anerkannt, die Bedeutung des Traumes vom Ministerrat bestätigt [. . .].
Brief an Wilhelm Fließ vom 11.3.1902.

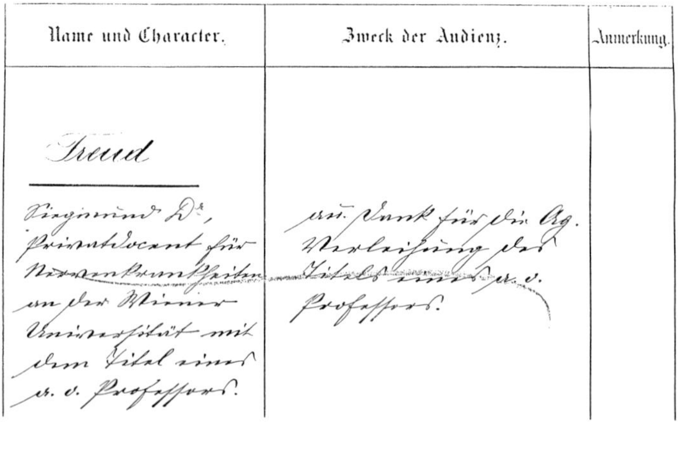

Name und Character.	Zweck der Audienz.	Anmerkung.
Freud Sigmund Dr., Privatdocent für Nervenkrankheiten an der Wiener Universität mit dem Titel eines a. o. Professors.	um Dank für die Ag. Verleihung des Titels eines a. o. Professors.	

165 Akropolis, 1904
Als ich dann am Nachmittag nach der Ankunft auf der Akropolis stand und mein Blick die Landschaft umfaßte, kam mir plötzlich der merkwürdige Gedanke: *Also existiert das alles wirklich so, wie wir es auf der Schule gelernt haben?!* Genauer beschrieben, die Person, die eine Äußerung tat, sonderte sich, weit schärfer als sonst merklich, von einer anderen, die diese Äußerung wahrnahm, und beide waren verwundert, wenn auch nicht über das gleiche. [. . .] Es muß so sein, daß sich an die Befriedigung, es so weit gebracht zu haben, ein Schuldgefühl knüpft; es ist etwas dabei, was unrecht, was von alters her verboten ist. Das hat mit der kindlichen Kritik am Vater zu tun, mit der Geringschätzung, welche die frühkindliche Überschätzung seiner Person abgelöst hatte. Es sieht aus, als wäre es das Wesentliche am Erfolg, es weiter zu bringen als der Vater, und als wäre es noch immer unerlaubt, den Vater übertreffen zu wollen. [. . .] Unser Vater war Kaufmann gewesen, er besaß keine Gymnasialbildung, Athen konnte ihm nicht viel bedeuten.[1]
›*Eine Erinnerungsstörung auf der Akropolis*‹.

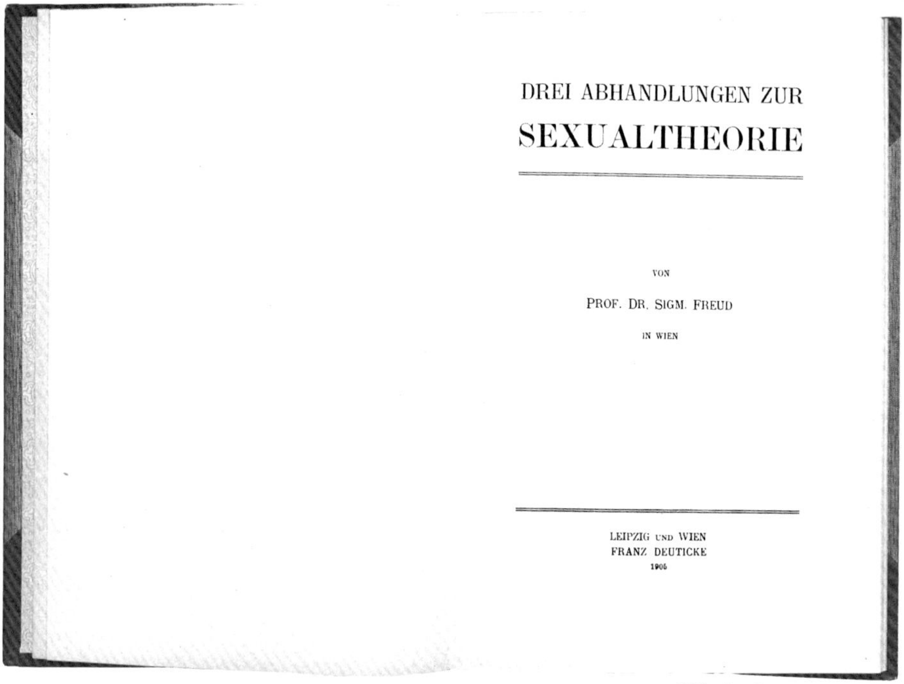

DREI ABHANDLUNGEN ZUR

SEXUALTHEORIE

VON

PROF. DR. SIGM. FREUD

IN WIEN

LEIPZIG UND WIEN

FRANZ DEUTICKE

1905

166 Erstdruck der ›Drei Abhandlungen zur Sexualtheorie‹, 1905

Verstünden es die Menschen, aus der direkten Beobachtung der Kinder zu lernen, so hätten diese drei Abhandlungen überhaupt ungeschrieben bleiben können.

Dann aber muß man sich daran erinnern, daß einiges vom Inhalt dieser Schrift, die Betonung der Bedeutung des Sexuallebens für alle menschlichen Leistungen und die hier versuchte Erweiterung des Begriffes der Sexualität[1], von jeher die stärksten Motive für den Widerstand gegen die Psychoanalyse abgegeben hat. In dem Bedürfnis nach volltönenden Schlagworten ist man so weit gegangen, von dem »Pansexualismus« der Psychoanalyse zu reden und ihr den unsinnigen Vorwurf zu machen, sie erkläre »alles« aus der Sexualität.

›Drei Abhandlungen zur Sexualtheorie‹.

sog. erogener Zonen, als welche wahrscheinlich jede Hautstelle und jedes Sinnesorgan fungieren könne, während gewisse ausgezeichnete erogene Zonen existieren, deren Erregung durch gewisse organische Vorrichtungen von Anfang an gesichert sei. Ferner entstehe sexuelle Erregung gleichsam als Nebenprodukt bei einer großen Reihe von Vorgängen im Organismus, sobald dieselben nur eine gewisse Intensität erreichen, ganz besonders bei allen stärkeren Gemütsbewegungen, seien sie auch peinlicher Natur. Die Erregungen aus all diesen Quellen setzten sich noch nicht zusammen, sondern verfolgten jede vereinzelt ihr Ziel, welches bloß der Gewinn einer gewissen Lust ist. Der Geschlechtstrieb sei im Kindesalter also objektlos, auto-erotisch.

Noch während der Kinderjahre beginne die erogene Zone der Genitalien sich bemerkbar zu machen, entweder in der Art, daß sie wie jede andere erogene Zone auf geeignete sensible Reizung Befriedigung ergebe, oder indem auf nicht ganz verständliche Weise mit der Befriedigung von anderen Quellen her gleichzeitig eine Sexualerregung erzeugt werde, die zu der Genitalzone eine besondere Beziehung erhalte. Wir haben es bedauern müssen, daß eine genügende Aufklärung des Verhältnisses zwischen Sexualbefriedigung und Sexualerregung sowie zwischen der Tätigkeit der Genitalzone und der übrigen Quellen der Sexualität nicht zu erreichen war.

Welches Maß von sexuellen Betätigungen im Kindesalter noch als normal, der weiteren Entwicklung nicht abträglich, bezeichnet werden darf, konnten wir nicht sagen. Der Charakter der Sexualäußerungen erwies sich als vorwiegend masturbatorisch. Wir stellten ferner durch Erfahrungen fest, daß die äußeren Einflüsse der Verführung vorzeitige Durchbrüche der Latenzzeit bis zur Aufhebung derselben hervorrufen können, und daß sich dabei der Geschlechtstrieb des Kindes in der Tat als polymorph pervers bewährt; ferner, daß jede solche frühzeitige Sexualtätigkeit die Erziehbarkeit des Kindes beeinträchtigt.

Trotz der Lückenhaftigkeit unserer Einsichten in das infantile Sexualleben mußten wir dann den Versuch machen, die durch das Auftreten der Pubertät gesetzten Veränderungen

desselben zu studieren. Wir griffen zwei derselben als die maßgebenden heraus, die Unterordnung aller sonstigen Ursprünge der Sexualerregung unter das Primat der Genitalzonen und den Prozeß der Objektfindung. Beide sind im Kinderleben bereits vorgebildet. Die erstere vollzieht sich durch den Mechanismus der Ausnützung der Vorlust, wobei die sonst selbständigen sexuellen Akte, die mit Lust und Erregung verbunden sind, zu vorbereitenden Akten für das neue Sexualziel, die Entleerung der Geschlechtsprodukte werden, dessen Erreichung unter riesiger Lust der Sexualerregung ein Ende macht. Wir hatten dabei die Differenzierung des geschlechtlichen Wesens zu Mann und Weib zu berücksichtigen und fanden, daß zum Weibwerden eine neuerliche Verdrängung erforderlich ist, welche ein Stück infantiler Männlichkeit aufhebt und das Weib für den Wechsel der leitenden Genitalzone vorbereitet. Die Objektwahl endlich fanden wir geleitet durch die infantilen, zur Pubertät aufgefrischten, Andeutungen sexueller Neigung des Kindes zu seinen Eltern und Pflegepersonen, und durch die mittlerweile aufgerichtete Inzestschranke von diesen Personen auf ihnen ähnliche gelenkt. Fügen wir endlich noch hinzu, daß während der Übergangszeit der Pubertät die somatischen und die psychischen Entwicklungsvorgänge eine Weile unverknüpft neben einander hergehen, bis mit dem Durchbruch einer intensiven seelischen Liebesregung zur Innervation der Genitalien die normalerweise erforderte Einheit der Liebesfunktion hergestellt wird.

Jeder Schritt auf diesem langen Entwicklungswege kann zur Fixierungsstelle, jede Fuge dieser verwickelten Zusammensetzung zum Anlaß der Dissoziation des Geschlechtstriebes werden, wie wir bereits an verschiedenen Beispielen erörtert haben. Es erübrigt uns noch eine Übersicht der verschiedenen, die Entwicklung störenden inneren und äußeren Momente zu geben und beizufügen, an welcher Stelle des Mechanismus die von ihnen ausgehende Störung angreift. Was wir da in einer Reihe anführen, kann freilich unter sich nicht gleichwertig sein, und wir müssen auf Schwierigkeiten rechnen, den einzelnen Momenten die ihnen gebührende Abschätzung zuzuteilen.

Entwicklungshemmende Momente.

Der merkwürdigste Charakter des menschlichen Sexuallebens ist sein *zweizeitiger Ansatz* mit dazwischenliegender Pause. Im vierten und fünften Lebensjahr erreicht es einen ersten Höhepunkt, dann aber vergeht diese Frühblüte der Sexualität, die bisher lebhaften Strebungen verfallen der Verdrängung [. . .]. Die Zweizeitigkeit der Sexualentwicklung scheint von allen Lebewesen allein dem Menschen zuzukommen, sie ist vielleicht die biologische Bedingung seiner Disposition zur Neurose. ›Selbstdarstellung‹.

Es ist schwer, Psychoanalyse
als Vereinzelter zu treiben.
Es ist ein exquisit geselliges
Unternehmen.
*Brief an Georg Groddeck
vom 21.12.1924.*

Ich tauge gewiß nicht zum
Chef, die »splendid isolation«
der so entscheidenden Jahre
hat meinen Charakter ge-
prägt.
*Brief an C. G. Jung
vom 19.4.1908.*

167 Wilhelm Stekel
Sie irren, wenn Sie glauben,
daß ich Sie hasse oder gehaßt
habe. [. . .] ich anerkenne,
daß Sie der Analyse treu
geblieben sind, daß Sie ihr
viel genützt haben; Sie haben
ihr auch viel geschadet.
*Brief an Wilhelm Stekel
vom 13.1.1924.*

Sie sehen nur das Unrecht,
das man Ihnen angetan hat,
und übersehen die Fehler,
die Sie gemacht haben. Hätten Sie rechtzeitig die Quellen
der Rivalität unter Ihren
Schülern erkannt, Sie hätten
sich manche wertvolle Kraft
erhalten können. Es war nicht
nur ein Kampf der Thronprä-
tendenten, sondern ein Ringen um Ihre Liebe. Es war
mehr Eifersucht auf Ihr Herz
als Anspruch auf Ihren Kopf.
*Brief Wilhelm Stekels an
Freud vom 22.1.1924.*

*Wilhelm Stekel, 1868-1940.
Bis zu seinem Austritt 1912
Mitglied der sogenannten
›Psychologischen Mittwoch-
Gesellschaft‹, einer Diskus-
sionsgruppe früher Anhänger
der Psychoanalyse, die sich
seit Herbst 1902 jeden Mittwoch in Freuds Wartezimmer
in der Berggasse zusammenfand, um mit Freud zu arbeiten.*[1] *1910 war Stekel Mitbegründer des ›Zentralblatts
für Psychoanalyse‹.*[2]

168 Ludwig Jekels
Ludwig Jekels hat kürzlich
in einer Shakespeare-Studie[1]
ein Stück der Technik des
Dichters zu erraten geglaubt,
welches auch für Macbeth
in Betracht kommen könnte.
Er meint, daß Shakespeare
häufig einen Charakter in
zwei Personen zerlegt, von
denen dann jede unvollkom-
men begreiflich erscheint,
solange man sie nicht mit
der anderen wiederum zur
Einheit zusammensetzt.
*›Einige Charaktertypen aus
der psychoanalytischen Arbeit‹.*

Die Einführung der Psychoanalyse in die polnische Wissenschaft und Literatur ist
hauptsächlich das Verdienst
von L. Jekels.
*›Zur Geschichte der psycho-
analytischen Bewegung‹.*

*Ludwig Jekels, 1861-1954,
Mitglied der ›Psychologischen
Mittwoch-Gesellschaft‹.*

169 Paul Federn
Mit einer nicht gewöhnlichen
ärztlichen Ausbildung als
Internist, bedeutenden
psychiatrischen Fachkenntnis,
einer weitgreifenden allgemeinen Bildung ausgestattet,
von zahlreichen kulturellen
und sozialen Interessen in
Anspruch genommen, hat
er unter den Wiener Analytikern eine hervorragende Stellung gewonnen und das Recht
erworben, als würdiger Vertreter der Psychoanalyse in
Wien angesehen zu werden.
Zahlreiche wissenschaftliche
Veröffentlichungen haben
seinen Namen in der Literatur
bekannt gemacht, das Wiener
analytische Lehrinstitut hat
ihm die Gelegenheit geboten,
eine intensive Lehrtätigkeit
für Einheimische und Fremde
zu entfalten.
*Aus einem Empfehlungs-
schreiben Freuds.*

*Paul Federn, 1871-1950,
Mitglied der ›Psychologischen
Mittwoch-Gesellschaft‹.*

170 Alfred Adler

In Wien hat es eine kleine Krise gegeben [. . .]. Adler und Stekel haben demissioniert [. . .]. Adlers Theorien gingen zu weit vom rechten Weg ab, es war Zeit, dagegen Front zu machen. Er vergißt das Wort des Apostels Paulus, dessen genauen Wortlaut Sie besser kennen als ich »Und hättet Ihr der Liebe nicht«. Er hat sich ein Weltsystem ohne Liebe geschaffen, und ich bin dabei, die Rache der beleidigten Göttin Libido an ihm zu vollziehen. Ich habe mir gewiß immer vorgesetzt, tolerant zu sein und keine Autorität auszuüben; in der Wirklichkeit geht es dann nicht. Es ist so, wie mit dem Wagen und den Fußgängern. Als ich anfing, den ganzen Tag im Wagen zu fahren, ärgerte ich mich über die Unvorsichtigkeit der Passanten, wie früher über die Rücksichtslosigkeit der Kutscher.
Brief an Oskar Pfister vom 26.2.1911.

Alfred Adler, 1870-1937, Mitglied der ›Psychologischen Mittwoch-Gesellschaft‹ bis zum Bruch mit Freud im Jahre 1911. Redakteur des ›Zentralblatts für Psychoanalyse‹. Begründer der ›Individualpsychologie‹.

171 Eduard Hitschmann

So schön und so liebevoll wie Ihre nicht gehaltene Rede[1] ist sonst nur ein Nachruf auf dem Zentralfriedhof. Ich wußte ja, daß Sie etwas ausdrücken können, Sie haben es oft in Publikationen gezeigt, aber diesmal bin ich geradezu gerührt, wahrscheinlich weil ich selbst das Objekt bin. Gewiß habe ich das alles sein und tun wollen, was Sie mir nachrühmen, aber wird man in kühleren Stunden behaupten können, daß es mir gelungen ist? Ich weiß es nicht, aber ich weiß, daß man, um leben zu können, einige Leute braucht, die es glauben.
Brief an Eduard Hitschmann vom 7.5.1916.

Eduard Hitschmann, 1871 bis 1958, Mitglied der ›Psychologischen Mittwoch-Gesellschaft‹.

172 Hanns Sachs

Es spinnen sich bei der psychoanalytischen Arbeit Beziehungen zu so vielen anderen Geisteswissenschaften an, deren Untersuchung die wertvollsten Aufschlüsse verspricht, zur Sprachwissenschaft, zum Folklore, zur Völkerpsychologie und zur Religionslehre. Sie werden es verständlich finden, daß auf psychoanalytischem Boden eine Zeitschrift erwachsen ist, welche sich die Pflege dieser Beziehungen zur ausschließlichen Aufgabe gemacht hat, die 1912 gegründete, von Hanns Sachs und Otto Rank geleitete ›Imago‹.
›Vorlesungen zur Einführung in die Psychoanalyse‹.

O. Rank und H. Sachs haben 1913 in einer überaus gedankenreichen Schrift (›Die Bedeutung der Psychoanalyse für die Geisteswissenschaften‹) zusammengestellt, welche Ergebnisse die Anwendung der Psychoanalyse auf die Geisteswissenschaften bis dahin geliefert hatte.
›Vorrede‹ zu Theodor Reiks ›Probleme der Religionspsychologie‹.

Hanns Sachs, 1881-1947, Mitglied der ›Psychologischen Mittwoch-Gesellschaft‹. Seit 1910 analytisch tätig, später Lehranalytiker in Berlin.

173 Otto Rank

Eines Tages führte sich ein absolvierter Gewerbeschüler durch ein Manuskript bei uns ein, welches außerordentliches Verständnis verriet. Wir bewogen ihn, die Gymnasialstudien nachzuholen, die Universität zu besuchen und sich den nichtärztlichen Anwendungen der Psychoanalyse zu widmen. Der kleine Verein[1] erwarb so einen eifrigen und verläßlichen Sekretär, ich gewann an Otto Rank den treuesten Helfer und Mitarbeiter.
›Zur Geschichte der psychoanalytischen Bewegung‹.

In einem großen Buche über den Inzestkomplex hat Otto Rank[2] den überraschenden Nachweis erbracht, daß die Stoffwahl insbesondere der dramatischen Dichtung vorwiegend durch den Umfang des von der Psychoanalyse so genannten Ödipus-Komplexes bestimmt wird, durch dessen Bearbeitung in den mannigfachsten Abänderungen, Entstellungen und Verhüllungen der Dichter sein eigenes, persönlichstes Verhältnis zu diesem affektiven Thema zu erledigen sucht.
›Vorrede‹ zu Theodor Reiks ›Probleme der Religionspsychologie‹.

Otto Rank, 1884-1939, Sekretär der ›Psychologischen Mittwoch-Gesellschaft‹. Er trennte sich 1924 von Freud.

174 Eugen Bleuler

Von 1907 an änderte sich die Situation gegen alle Erwartungen und wie mit einem Schlage. Man erfuhr, daß die Psychoanalyse in aller Stille Interesse erweckt und Freunde gefunden habe, ja, daß es wissenschaftliche Arbeiter gebe, welche bereit seien, sich zu ihr zu bekennen. Eine Zuschrift von Bleuler hatte mich schon früher wissen lassen, daß meine Arbeiten im Burghölzli studiert und verwertet würden. ›Zur Geschichte der psychoanalytischen Bewegung‹.

Eugen Bleuler, 1857-1939, Professor der Psychiatrie an der Universität Zürich und Direktor der kantonalen Heilanstalt und Psychiatrischen Universitätsklinik ›Burghölzli‹. Von ihm und seinen Mitarbeitern, darunter vor allem C. G. Jung, erfuhr Freud die erste offizielle Anerkennung seiner Funde. Zusammen mit Freud gab Bleuler von 1909 bis 1913 das ›Jahrbuch für psychoanalytische und psychopathologische Forschungen‹ heraus, das erste psychoanalytische Periodikum. [1]

175 C. G. Jung

So kommen wir doch unzweifelhaft vorwärts, und Sie werden als Joshua, wenn ich der Moses bin, das gelobte Land der Psychiatrie, das ich nur von der Ferne erschauen darf, in Besitz nehmen.
Brief an C. G. Jung vom 17.1.1909.

Ich glaube [. . .] gezeigt zu haben, daß die neue Lehre, welche die Psychoanalyse substituieren möchte, ein Aufgeben der Analyse und einen Abfall von ihr bedeutet. Man wird vielleicht der Befürchtung zuneigen, daß dieser Abfall für ihr Schicksal verhängnisvoller werden müsse als ein anderer, weil er von Personen ausgeht, welche eine so große Rolle in der Bewegung gespielt und sie um ein so großes Stück gefördert haben. Ich teile diese Befürchtung nicht. ›Zur Geschichte der psychoanalytischen Bewegung‹.

Carl Gustav Jung, 1875-1961, Redakteur des ›Jahrbuchs für psychoanalytische und psychopathologische Forschungen‹, Präsident der Internationalen Psychoanalytischen Vereinigung von 1910 bis zum Bruch mit Freud, 1914. [1] *Begründer der ›Analytischen Psychologie‹.*

176 Oskar Pfister

An sich ist die Psychoanalyse weder religiös noch das Gegenteil, sondern ein unparteiisches Instrument, dessen sich der Geistliche wie der Laie bedienen kann, wenn es nur im Dienste der Befreiung Leidender geschieht.
Ich bin sehr frappiert, daß ich selbst nicht daran gedacht habe, welche außerordentliche Hilfe die psychoanalytische Methodik der Seelsorge leisten kann, aber es geschah wohl, weil mir als bösem Ketzer die ganze Vorstellungskreis so ferne liegt.
Brief an Oskar Pfister vom 9.2.1909.

Oskar Pfister, 1873-1956, protestantischer Pfarrer und Pädagoge in Zürich. Er stieß 1908 auf die Schriften Freuds und bemühte sich um die Anwendung der psychoanalytischen Funde auf die Pädagogik.

177 Max Eitingon

Sie waren der erste Bote[1], der bei dem Einsamen erschien, und wenn ich wieder verlassen sein sollte, werden Sie gewiß zu den letzten gehören, die bei mir verharren.
Brief an Max Eitingon vom 7.1.1913.

Dreißig Jahre, lieber Freund, sind eine lange Zeit, auch für mich alten Mann. Ich danke Ihnen, daß Sie mich auf dies unser Jubiläum aufmerksam gemacht haben. Genüge Ihnen die Anerkennung, daß Sie in diesem Zeitraum eine höchst rühmliche Rolle in unserer Bewegung gespielt haben und mir persönlich bei den mannigfachsten Anlässen und in verschiedenen Beziehungen so nahe gekommen sind wie wenig andere.
Brief an Max Eitingon vom 5.2.1937.

Max Eitingon, 1881-1943, 1920 Gründer der ersten psychoanalytischen Klinik in Berlin, 1927-1932 Präsident der Internationalen Psychoanalytischen Vereinigung, 1933 Gründer der Palästinensischen Psychoanalytischen Vereinigung.

178 Karl Abraham

Einem jugendlichen Manne wie Ihnen geschieht nichts Übles, wenn er gewaltsam ins freie Leben ›au grand air‹ gedrängt wird[1], und daß Sie es als Jude schwerer haben, wird wie bei uns allen die Wirkung haben, all Ihre Leistungsfähigkeit zum Vorschein zu bringen. [. . .] Steigt mein Ansehen in Deutschland, so wird es gewiß für Sie fruchtbar sein, und wenn ich Sie direkt als meinen Schüler und Anhänger bezeichnen darf – Sie scheinen mir nicht der Mann zu sein, der sich dessen schämt –, so kann ich so energisch für Sie eintreten.
Brief an Karl Abraham vom 8.10.1907.

[. . .] wir haben eine trübe Zeit durchzumachen, nach welcher die Anerkennung wohl erst für die nächste Generation blühen wird. Aber wir haben das unvergleichliche Vergnügen der ersten Erkenntnisse.
Brief an Karl Abraham vom 2.1.1912.

Karl Abraham, 1877-1925, seit 1907 Psychoanalytiker in Deutschland. 1910 Gründer der Berliner Psychoanalytischen Vereinigung. 1924-1925 Präsident der Internationalen Psychoanalytischen Vereinigung.

179 Sándor Ferenczi

[. . .] Ungarn hat der Psychoanalyse bisher nur einen Mitarbeiter geschenkt, S. Ferenczi, aber einen solchen, der wohl einen Verein aufwiegt.
›Zur Geschichte der psychoanalytischen Bewegung‹.

Ich schwimme in Genugtuungen, mir ist leicht ums Herz, da ich mein Sorgenkind, meine Lebensarbeit, durch Ihre und anderer Anteilnahme behütet und für die Zukunft geborgen weiß.
Brief an Sándor Ferenczi vom 30.9.1918.

Sándor Ferenczi, 1873-1933; 1913 Gründer der Ungarischen Psychoanalytischen Vereinigung; 1918-1920 Präsident der Internationalen Psychoanalytischen Vereinigung.

180 Ernest Jones

Vieles, was ich Ihnen als Erwiderung Ihres Briefes hätte schreiben können, muß also unterbleiben. Nicht aber die Versicherung, daß ich Sie immer zu meiner engeren Familie gezählt habe und weiterhin zählen werde, was also über alle Unstimmigkeiten hinweg, die innerhalb der Familie selten fehlen, auch zwischen uns nicht gefehlt haben, auf einen Fonds von Zärtlichkeit hinweist, aus dem man immer wieder schöpfen kann. [. . .] Es liegt mir freilich nicht, solche Zärtlichkeit zu äußern, so daß ich leicht gleichgültig erscheine, aber in meiner Familie weiß man es doch besser.
Brief an Ernest Jones vom 1.1.1929.

Ernest Jones, 1879-1958, Gründer der ›British Psychoanalytic Society‹; von 1932-1949 Präsident der Internationalen Psychoanalytischen Vereinigung; Biograph Freuds.[1]

181   Freud, etwa 1906
Ich habe seit 15 Jahren keinem Photographen mit Willen
gesessen, weil ich so eitel
bin, daß ich die körperliche
Dekadenz schlecht vertrage.
Vor zwei Jahren mußte ich
mich für die Hygienische
Ausstellung (verordnungsge-
mäß) photographieren lassen,
verabscheue aber das Bild
so sehr, daß ich nichts dafür
tun will, daß es in Ihren Besitz gelange. Meine Buben
haben etwa gleichzeitig ein
Bild von mir gemacht, das
ganz ungekünstelt und viel
besser ist.
Brief an C. G. Jung
vom 19.9.1907.

Links das Bild für die Hygie-
nische Ausstellung, rechts
die Aufnahme der Söhne.

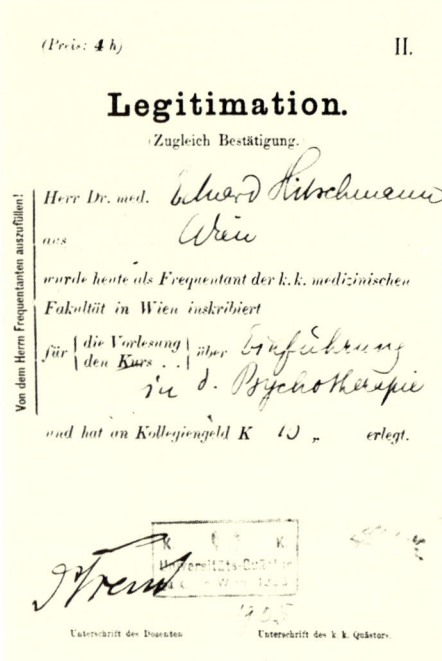

DER WITZ

UND SEINE BEZIEHUNG

ZUM UNBEWUSSTEN

VON

PROF. DR. SIGM. FREUD

IN WIEN.

LEIPZIG und WIEN
FRANZ DEUTICKE
1905.

**182 Hörerlegitimation[1]
für eine Vorlesung Freuds,
1905**

Für eine [. . .] Schwierigkeit
in Ihrem Verhältnis zur Psychoanalyse [. . .] muß ich
Sie selbst, meine Hörer, ver-
antwortlich machen, wenigstens insoweit Sie bisher medizinische Studien betrieben
haben. Ihre Vorbildung hat
Ihrer Denktätigkeit eine be-
stimmte Richtung gegeben,
die weit von der Psychoanalyse abführt. Sie sind darin
geschult worden, die Funktionen des Organismus und
ihre Störungen anatomisch
zu begründen, chemisch und
physikalisch zu erklären und
biologisch zu erfassen, aber
kein Anteil Ihres Interesses
ist auf das psychische Leben
gelenkt worden, in dem doch
die Leistung dieses wunderbar
komplizierten Organismus
gipfelt. Darum ist Ihnen eine

psychologische Denkweise
fremd geblieben, und Sie
haben sich gewöhnt, eine
solche mißtrauisch zu betrachten, ihr den Charakter der
Wissenschaftlichkeit abzusprechen und sie den Laien, Dichtern, Naturphilosophen und
Mystikern zu überlassen.
Diese Einschränkung ist gewiß ein Schaden für Ihre
ärztliche Tätigkeit [. . .]. Hier
ist die Lücke, welche die
Psychoanalyse auszufüllen
bestrebt ist. Sie will der
Psychiatrie die vermißte psychologische Grundlage geben,
sie hofft, den gemeinsamen
Boden aufzudecken, von
dem aus das Zusammentref-
fen körperlicher mit seelischer
Störung verständlich wird.
Zu diesem Zweck muß sie
sich von jeder ihr fremden
Voraussetzung anatomischer,
chemischer oder physiologischer Natur frei halten,
durchaus mit rein psychologischen Hilfsbegriffen arbeiten,
und gerade darum, fürchte
ich, wird sie Ihnen zunächst
fremdartig erscheinen.
*Vorlesungen zur Einführung
in die Psychoanalyse*.

**183 Erstdruck des Buches
über den Witz, 1905**
Ich will gestehen, daß ich
in letzter Zeit eine Sammlung
tiefsinniger jüdischer Ge-
schichten angelegt habe.
*Brief an Wilhelm Fließ
vom 12.6.1897.*

Mein Buch über den *Witz
und seine Beziehung zum
Unbewußten* ist direkt ein
Seitensprung von der *Traumdeutung* her. Der einzige
Freund[1], der damals an meinen Arbeiten Anteil nahm,
hatte mir bemerkt, daß meine
Traumdeutungen häufig einen
»witzigen« Eindruck machten.
Um diesen Eindruck aufzu-
klären, nahm ich die Untersuchung der Witze vor und
fand, das Wesen des Witzes
liege in seinen technischen
Mitteln, diese seien aber dieselben wie die Arbeitsweisen
der *Traumarbeit*«, also Ver-
dichtung, Verschiebung, Darstellung durch das Gegenteil,
durch ein Kleinstes usw.
Daran schloß sich das ökono-
mische Untersuchung, wie
der hohe Lustgewinn beim
Hörer des Witzes zustande

komme. Die Antwort war:
durch momentane Aufhebung
von Verdrängungsaufwand
[. . .].
Selbstdarstellung.

184 Kritzeleien Freuds

*Gezeichnet während einer
Sitzung der Wiener »Psychologischen Mittwoch-Gesell-
schaft«.[1]*

185 Sommerferien: Der Dietfeldhof in Berchtesgaden
Wirklich, wenn ich nicht schon sehr ungeduldig wäre, in den Dietfeldhof zu kommen, würde Dein Brief mich dazu machen. Es hat mir auch sehr gefallen, als ich im April[1] den ersten Besuch dort abstattete, und da lag noch weißer Schnee zwischen den Büscheln gelber Primeln. Erdbeeren und Schwämme sind sehr willkommen, schöne Spaziergänge werden wir gewiß bald ausfindig machen. Den Aschauer Weiher können wir vielleicht ganz für uns mieten, damit wir alle Platz zum Baden haben. [. . .] Wir werden dann abwechselnd lesen, schreiben und in die Wälder laufen; wenn uns der liebe Gott den Sommer nicht ganz verregnet, kann es sehr schön werden.
Brief an Anna Freud vom 7.7.1908.

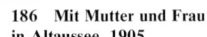

186 Mit Mutter und Frau in Altaussee, 1905

187 Tochter Mathilde
Ich ahnte längst, daß Du
bei all Deiner sonstigen Ver-
nünftigkeit Dich kränkst,
nicht schön genug zu sein
und darum keinem Mann
zu gefallen.[1] Ich habe lä-
chelnd zugeschaut, weil Du
mir erstens schön genug
schienst und weil ich zweitens
weiß, daß in Wirklichkeit
längst nicht mehr die For-
menschönheit über das
Schicksal des Mädchens ent-
scheidet, sondern der Eindruck ihrer Persönlichkeit.
Dein Spiegel wird Dich darüber beruhigen, daß nichts
Gemeines oder Abschrecken-
des in Deinen Zügen liegt,
und Deine Erinnerung wird
Dir bestätigen, daß Du Dir
noch in jedem Kreis von
Menschen Respekt und Ein-
fluß erobert hast.
Brief an Mathilde Freud
vom 26.3.1908.

188 Rom: Forum
Schade, daß man hier nicht
dauernd leben kann. Von
diesen kurzen Besuchen hat
man nichts als ungestillte
Sehnsucht und die Empfin-
dung der Unzulänglichkeit
auf allen Seiten.
Brief an die Familie Freud
vom 24.9.1907.

189 Rom: Hotelprospekt[1]
[. . .] daß ich bis zum Krieg
und einmal nachher wenig-
stens einmal im Jahr für Tage
oder Wochen in Rom sein
mußte [. . .].
Brief an Stefan Zweig
vom 7.2.1931.

190 Pompejanisches Relief, Vatikanische Museen

Denk Dir nur meine Freude, als ich nach so langer Einsamkeit heute im Vatikan ein bekanntes liebes Gesicht sah; das Erkennen war aber einseitig, denn es war die Gradiva.
Brief an Martha Freud vom 24.9.1907.

Ein junger Archäologe [. . .] hat in einer Antikensammlung Roms ein Reliefbild entdeckt, das ihn so ausnehmend angezogen, daß er sehr erfreut gewesen ist, einen vortrefflichen Gipsabguß davon erhalten zu können, den er in seiner Studierstube in einer deutschen Universitätsstadt aufhängen [. . .] kann. Das Bild stellt ein reifes junges Mädchen im Schreiten dar, welches sein reichfaltiges Gewand ein wenig aufgerafft hat, so daß die Füße in den Sandalen sichtbar werden. Der eine Fuß ruht ganz auf dem Boden, der andere hat sich zum Nachfolgen vom Boden abgehoben und berührt ihn nur mit den Zehenspitzen, während Sohle und Ferse sich fast senkrecht emporheben. Der hier dargestellte ungewöhnliche und besonders reizvolle Gang hatte wahrscheinlich die Aufmerksamkeit des Künstlers erregt [. . .].
›Der Wahn und die Träume in W. Jensens »Gradiva«‹.

Freuds Arbeit über die Novelle ›Gradiva; Ein pompejanisches Phantasiestück‹ von Wilhelm Jensen, 1837-1911, ist die erste größere Untersuchung eines literarischen Werks, die er veröffentlicht hat (1907): »Wertvolle Bundesgenossen sind aber die Dichter, und ihr Zeugnis ist hoch anzuschlagen, denn sie pflegen eine Menge von Dingen zwischen Himmel und Erde zu wissen, von denen sich unsere Schulweisheit noch nichts träumen läßt.«[1] Das Relief spielt eine zentrale Rolle in Jensens Novelle. Ein Gipsabguß hing auch in Freuds Arbeitszimmer.

191 Goethe-Denkmal in Rom

[. . .] eine Statue von Victor Hugo [. . .] hat den guten Kaiser Wilhelm nicht ruhen lassen, und so hat er aus Konkurrenzneid die Statue von Goethe durch Eberlein machen und in demselben Garten aufstellen lassen. Sie ist ganz geschickt und nichts Hervorragendes. Goethe ist zu jugendlich; er war ja über vierzig, als er zuerst nach Rom kam, steht auf einem Säulenschaft, vielmehr einem Kapitell, und das Postament ist von drei Gruppen umgeben: Mignon mit dem Harfner, der vielleicht das Beste ist, Mignon selbst hat ein leeres Gesicht, Faust, in einem Buch lesend, dem Mephisto über die Achsel schaut, Faust wieder gut, der Teufel ganz fratzenhaft, ein Judengesicht mit Hahnenkamm und Hörnern, und eine dritte Gruppe, die ich nicht verstehe, vielleicht Iphigenie und Orest, aber dann sehr unkenntlich.
Brief an die Familie Freud vom 21.9.1907.

192 Schwerdtner-Medaille
Das Beste und für mich
Schmeichelhafteste ist
wohl die Plakette[1], die
K. M. Schwerdtner zu mei-
nem fünfzigsten Geburtstag
angefertigt hat.
Brief an C. G. Jung
vom 19. 9. 1907.

193 Freud, etwa 1906
[...] aber ich möchte [...]
von meinen langen Jahren
ehrenvoller, aber schmerzlicher Einsamkeit erzählen,
die für mich begannen, nachdem ich den ersten Blick
in die neue Welt getan, von
der Teilnahmslosigkeit und
Verständnislosigkeit der nächsten Freunde, von den bangen
Episoden, in denen ich selbst
meinte, geirrt zu haben, und
erwog, wie man ein verfahre-
nes Leben zugunsten der
Seinigen noch nützlich machen könne, von der allmählich sich befestigenden Überzeugung, die sich immer wieder an die Traumdeutung
wie an einen Fels in der
Brandung klammern konnte,
und von der ruhigen Sicherheit, die mich endlich in Besitz nahm und warten hieß
[...].
Brief an C. G. Jung
vom 2. 9. 1907.

1. Congress für Freud'sche Psychologie.

Sehr geehrter Herr!

Es ist von Seiten verschiedener Anhänger der Freud'schen Lehre der Wunsch nach einer jährlichen Zusammenkunft ausgesprochen worden, um Gelegenheit zur Diskussion und zum Austausch von Erfahrungen zu bekommen. Da die bis jetzt spärlichen Anhänger der Freud'schen Ideen über ganz Europa zerstreut sind, so wurde allgemein als Zeitpunkt unserer ersten Zusammenkunft die Zeit unmittelbar nach dem diesjährigen III. Congress der Psychologie in Frankfurt (22.–25. April) vorgeschlagen, um namentlich den Herren Kollegen aus dem Westen Europa's die Teilnahme zu erleichtern. Als Zusammenkunftsort ist **Salzburg** in Aussicht genommen.

Als vorläufiges Programm wird vorgeschlagen:

26. April Abends: Ankunft und Vereinigung in Salzburg.
27. " Sitzung. Vorsitzender: Hr. Prof. S. Freud.
28. " Abreise.

Vorträge, casuistische Mitteilungen und formulierte Fragestellungen sind **sehr willkommen**. Anmeldungen dieser Art wollen Sie gefl. **vor dem 15. Februar** an den Unterzeichneten senden.

Sollten Sie gesonnen sein, an der Zusammenkunft teilzunehmen, so sind Sie höfl. gebeten, Ihren Entschluss **bis zum 4. Februar** dem Unterzeichneten mitzuteilen. — Das definitive Programm wird Ihnen später zugehen.

Mit vorzüglicher Hochachtung:

Burghölzli - Zürich
Januar 1908.

Dr. C. G. Jung
Privatdozent der Psychiatrie.

Programm für die Zusammenkunft in Salzburg.
26. — 27. April 1908.

26. April: Abends Ankunft in Salzburg.
Zwanglose Vereinigung im „Hôtel Bristol." Für die Herren, die ihre Beteiligung angemeldet haben, ist Logis bestellt im „Hôtel Bristol."
27. April: Morgens 8 Uhr: Sitzung. (Das Lokal wird am 26. Abends bekannt gegeben.)

Vorträge.

1.	Herr Prof. Dr. S. Freud — Wien:	Casuistisches.
2.	„ „ E. Jones — London:	Rationalisation in every day life.
3.	„ „ Sadger — Wien:	Zur Aetiologie der Psychopathia sexualis.
4.	„ „ Morton Prince — Boston:	Experiments showing psychogalvanic reactions from the subconsciousness in a case of multiple personality.
5.	„ „ Abraham — Berlin:	Psychosexuelle Differenzen zwischen Dementia praecox und Hysterie.
6.	„ „ Stekel — Wien:	Ueber Angsthysterie.
7.	„ „ Adler — Wien:	Sadismus in Leben und Neurose.
8.	„ „ Jung — Zürich:	Ueber Dementia praecox.

Den Herren Vortragenden steht ½ Stunde Redezeit zur Verfügung. Diskussion findet Abends statt.

Mittags 1 Uhr: Gemeinschaftliches Mittagessen im „Hôtel Bristol."
Nachmittags: bei gutem Wetter gemeinsamer Spaziergang.
Abends: Vereinigung im „Hôtel Bristol."
1. Diskussion der Vorträge.
2. Herr Dr. Stein — Budapest: Wie ist die durch die Analyse freigewordene Libido in therapeutisch günstiger Bahnen zu lenken?
3. Herr Dr. Ferenczi — Budapest: Welche praktischen Winke ergeben sich aus den Freud'schen Erfahrungen für die Kindererziehung?
4. Administrative Fragen.

194 Ankündigung des Ersten Internationalen Psychoanalytischen Kongresses, 1908
[...] zu Ostern 1908 trafen sich die Freunde der jungen Wissenschaft in Salzburg, verabredeten die regelmäßige Wiederholung solcher Privatkongresse und die Herausgabe einer Zeitschrift[1] [...].
›Selbstdarstellung‹

196 Ansichtskarte aus Salzburg
Ich freue mich sehr, daß Sie Salzburg als eine erfreuliche Begebenheit auffassen. Ich habe ja selbst kein Urteil, da ich mitten drin stehe, meine Neigung geht aber auch dahin, diese erste Zusammenkunft als eine verheißungsvolle Probe zu betrachten.
Brief an Karl Abraham vom 3.5.1908.

Links das Hotel, in dem der Kongreß stattfand. – Diese Karte schickte Freud aus Salzburg an seine Familie.

195 Kongreß-Programm
Etwas anderes scheint mir noch fürs Programm beachtenswert. Sie haben sich nicht darüber geäußert, ob Sie *Diskussionen* zulassen wollen und wie sie einzudämmen seien. Versäumt man letztere Vorsicht, so kann es leicht geschehen, daß man in einem Vormittag überhaupt nicht über den zweiten Vortrag hinauskommt. [...] Vielleicht ginge es an, auf Diskussionen am Vormittag ganz zu verzichten und dafür die Zeit des einzelnen Vortrags zu erweitern.
Brief an C. G. Jung vom 5.3.1908.

American Journal of Psychology

Vol. XXI   No. 2

TABLE OF CONTENTS

ARTICLES   PAGE

SIGMUND FREUD, The Origin and Development of Psychoanalysis 181

CARL G. JUNG, The Association Method 219

WILLIAM STERN, Abstracts of Lectures on the Psychology of Testimony and on the Study of Individuality 270

ERNEST JONES, Freud's Theory of Dreams 283

S. FERENCZI, The Psychological Analysis of Dreams . 309

PSYCHOLOGICAL LITERATURE 329

BOOK NOTES 342

Communications may be sent to any one of the three editors.

All books, pamphlets, off-printed articles, etc., intended for notice in the JOURNAL should be addressed to the AMERICAN JOURNAL OF PSYCHOLOGY, in care of Professor E. C. Sanford, Clark College, Worcester, Mass.

Contributors, especially those sending reviews, are requested to follow the method of citation employed by this JOURNAL in every case the year, volume and page should be given.

THE AMERICAN JOURNAL OF PSYCHOLOGY is published quarterly. The subscription price is $5.00 a year. Single numbers $1.50. Remittances and business communications should be addressed to FLORENCE CHANDLER, Clark University, Worcester, Mass.

THE AMERICAN
JOURNAL OF PSYCHOLOGY

Founded by G. STANLEY HALL in 1887

VOL. XXI   APRIL, 1910   No. 2

THE ORIGIN AND DEVELOPMENT OF PSYCHOANALYSIS [1]

By Prof. SIGMUND FREUD (Vienna)

FIRST LECTURE

Ladies and Gentlemen: It is a new and somewhat embarrassing experience for me to appear as lecturer before students of the New World. I assume that I owe this honor to the association of my name with the theme of psychoanalysis, and consequently it is of psychoanalysis that I shall aim to speak. I shall attempt to give you in very brief form an historical survey of the origin and further development of this new method of research and cure.

Granted that it is a merit to have created psychoanalysis, it is not my merit. I was a student, busy with the passing of my last examinations, when another physician of Vienna, Dr. Joseph Breuer,[2] made the first application of this method to the case of an hysterical girl (1880-82). We must now examine the history of this case and its treatment, which can be found in detail in "Studien über Hysterie," later published by Dr. Breuer and myself.[3]

But first one word. I have noticed, with considerable satis-

[1] Lectures delivered at the Celebration of the Twentieth Anniversary of the opening of Clark University, Sept., 1909; translated from the German by Harry W. Chase, Fellow in Psychology, Clark University, and revised by Prof. Freud.

[2] Dr. Joseph Breuer, born 1842, corresponding member of the "Kaiserliche Akademie der Wissenschaften," is known by works on respiration and the physiology of the sense of equilibrium.

[3] "Studien über Hysterie," 1895, Deutike, Vienna. Second edition, 1909. Parts of my contributions to this book have been translated into English by Dr. A. A. Brill, of New York. ("Selected Papers on Hysteria and other Psychoneuroses, by S. Freud.")

---

197 Erstdruck der amerikanischen Vorlesungen, 1910
Die Einführung der Psychoanalyse in Nordamerika ging unter besonders ehrenvollen Anzeichen vor sich. Im Herbst 1909 wurden Jung und ich von Stanley Hall, dem Präsidenten der Clark University in Worcester (bei Boston), eingeladen, uns an der zwanzigjährigen Gründungsfeier des Institutes durch Abhaltung von Vorträgen in deutscher Sprache zu beteiligen. Wir fanden zu unserer großen Überraschung, daß die vorurteilslosen Männer jener kleinen, aber angesehenen pädagogisch-philosophischen Universität alle psychoanalytischen Arbeiten kannten und in den Vorträgen für ihre Schüler gewürdigt hatten. In dem so prüden Amerika konnte man wenigstens in akademischen Kreisen alles, was im Leben als anstößig galt, frei besprechen und wissenschaftlich behandeln. Die fünf Vorträge, die ich in Worcester improvisiert habe, erschienen dann im American Journ. of Psychology in englischer Übersetzung, bald darauf deutsch

unter dem Titel ›Über Psychoanalyse‹ [. . .].
›Zur Geschichte der psychoanalytischen Bewegung‹.

198 Ehrendoktor-Urkunde[1], 1909
Wir wurden dafür mit dem Ehrentitel von LL.D. (Doktoren beider Rechte) belohnt.
›Zur Geschichte der psychoanalytischen Bewegung‹.

Damals war ich erst 53 Jahre alt, fühlte mich jugendlich und gesund, der kurze Aufenthalt in der Neuen Welt tat meinem Selbstgefühl überhaupt wohl; in Europa fühlte ich mich wie geächtet, hier sah ich mich von den Besten wie ein Gleichwertiger aufgenommen. Es war wie die Verwirklichung eines unglaubwürdigen Tagtraumes, als ich in Worcester den Katheder bestieg, um meine ›Fünf Vorlesungen über Psychoanalyse‹ abzuhalten. Die Psychoanalyse war also kein Wahngebilde mehr, sie war zu einem wertvollen Stück der Realität geworden.
›Selbstdarstellung‹.

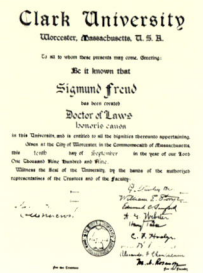

199 Granville Stanley Hall

Wer konnte wissen, daß drüben in Amerika, eine Bahnstunde weit von Boston, ein würdiger alter Herr sitzt, der ungeduldig auf das Jahrbuch[1] wartet, alles liest und versteht und dann, wie er es selbst ausdrückt, für uns die Glocken läutet?
Brief an Oskar Pfister vom 4.10.1909.

Granville Stanley Hall, 1846-1924, Professor der Psychologie und Präsident der Clark University, Worcester, Mass.

200 James J. Putnam

Die bedeutsamste persönliche Beziehung, die sich in Worcester noch ergab, war die zu James J. Putnam [. . .]. Der Respekt, den sein Charakter ob seiner hohen Sittlichkeit und kühnen Wahrheitsliebe in Amerika genoß, kam der Psychoanalyse zugute und deckte sie gegen die Denunziationen, denen sie sonst wahrscheinlich zeitig erlegen wäre. Putnam hat dann später dem großen ethischen und philosophischen Bedürfnis seiner Natur allzusehr nachgegeben und an die Psychoanalyse die, wie ich meine, unerfüllbare Forderung gestellt, daß sie sich in den Dienst einer bestimmten sittlich-philosophischen Weltanschauung finden solle; er ist aber die Hauptstütze der psychoanalytischen Bewegung in seinem Heimatlande geblieben.
›Zur Geschichte der psychoanalytischen Bewegung‹.

James J. Putnam, 1846-1918, Professor der Neuropathologie an der Harvard University.[1]

201 Abraham A. Brill

Um die Ausbreitung dieser Bewegung erwarben sich dann Brill und Jones die größten Verdienste, indem sie in ihren Arbeiten in selbstverleugnender Emsigkeit die leicht zu beobachtenden Grundtatsachen des Alltagslebens, des Traumes und der Neurose immer wieder von neuem ihren Landsleuten vor Augen führten. Brill hat diese Einwirkung durch seine ärztliche Tätigkeit und durch die Übersetzung meiner Schriften [. . .] verstärkt.
›Zur Geschichte der psychoanalytischen Bewegung‹.

Abraham A. Brill, 1874-1948. Brill war der erste und einzige amerikanische Arzt, der bereits 1908 am Internationalen Psychoanalytischen Kongreß in Salzburg teilnahm. 1921 gründete er die Psychoanalytische Vereinigung in New York.

II. Psychoanalytische Vereinigung in Nürnberg
∴ am 30. und 31. März 1910 ∴

Abgeändertes Programm.

30. März,

Vormittags 8 ¹/₂ Uhr: Vorträge von

1. Prof. FREUD: Die zukünftigen Chancen der Psychotherapie.
2. Dr. ABRAHAM: Psychoanalyse des Fetischismus.
3. Dr. MARCINOWSKY: Sejunktive Prozesse als Grundlage der Psychoneurosen.
4. Dr. STEGMANN: Psychoanalyse und andere Behandlungsarten in der nervenärztlichen Praxis.
5. Dr. HONEGGER: Über paranoide Wahnbildung.

Nachmittags 5 Uhr:

1. Vortrag von Dr. LÖWENFELD: Über Hypnotherapie.
2. Referat von Dr. FERENCZI: Über die Notwendigkeit eines engeren Zusammenschliessens der Anhänger der Freud'schen Lehre und Vorschläge zu einer ständigen internationalen Organisation.

31. März,

Vormittags 8 ¹/₂ Uhr: Vorträge von

1. Dr. JUNG: Bericht über Amerika.
2. Dr. ADLER: Über psychischen Hermaphroditismus.
3. Dr. MÄDER: Zur Psychologie der Paranoiden.
4. Referat von Dr. STEKEL: Vorschläge zur Sammelforschung im Gebiete des Symbolik und der typischen Träume.

Nachmittags: Zwanglose Zusammenkunft.

Alles nähere wird in den Sitzungen bekannt gegeben.
Die Verhandlungen finden im Grand-Hôtel statt.

Juli 1910   No. 1

CORRESPONDENZBLATT
der internationalen psychoanalytischen Vereinigung

REDAKTION: DR. C. G. JUNG, KÜSNACHT b ZÜRICH, ZENTRALPRÄSIDENT UND
DR. F. RIKLIN, NEUMÜNSTERSTRASSE 34, ZÜRICH V, ZENTRALSEKRETÄR

I. Gründung der Ortsgruppe Wien.

In Wien hat sich im April die Ortsgruppe der internationalen-psychoanalytischen Vereinigung gegründet. Der Obmann ist Herr Dr. Adler, Czerningasse 7, Wien II.

Mitgliederliste.

1. Dr. Adler, Czerningasse 7, Wien II, Obmann.
2. Prof. Dr. Freud, Berggasse 19, Wien IX.
3. Dr. Guido Brecher, Villa Erlenau, Meran.
4. Dr. P. Federn, Riemergasse, Wien I.
5. Dr. Josef R. Friedjung, Ebendörferstraße 6, Wien I.
6. Dr. phil. Karl Furtmüller, Zeltenergasse 6,· Wien V.
7. Dr. jur. Max Graf, Untere Viaduktgasse 35, Wien III.
8. Hugo Heller, Bauernmarkt 3, Wien I.
9. Dr. Edward Hitschmann, Gonzagagasse 16, Wien I.
10. Dr. Edwin Hollerung, Schillergasse 24, Graz.
11. Dr. Ludw. Jekels, Sanatorium Bistrai b. Bielitz in Schlesien.
12. Dr. Alb. Joachim, Sanatorium Rekawinkel, Österreich.
13. Dr. phil. D. E. Oppenheim, Zwerggasse 4, Wien II.
14. O. Rank, Simondenkgasse, Wien II.
15. Dr.·Rud. Reitler, Dorotheengasse 6, Wien I.
16. Dr. Oscar Rie, Stubenring 22, Wien I.
17. Dr. J. Sadger, Lichtensteinstraße 15, Wien IX ¹/₂.
18. Dr. Maxim. Steiner, Rotenturmstraße 19, Wien I.
19. Dr. Wilh. Stekel, Gonzagagasse 21, Wien I.
20. Dr. jur. Victor Tausk, Ungargasse 56, Wien III.
21. Dr. med. Rud. Urbantschitsch, Sternwartestraße 74, Wien XVIII.
22. Dr. Fritz Wittels, Sternwartestraße 74, Wien XVIII.

---

202 Freud, 1909[1]
Sie müssen nämlich von mir wissen, daß ich mit meiner Begabung immer unzufrieden war und vor mir genau zu begründen weiß, in welchen Punkten; daß ich mich aber für einen sehr moralischen Menschen halte, der den guten Ausspruch von Th. Vischer unterschreiben kann: »Das Moralische versteht sich immer von selbst.« Ich glaube an Rechtsinn und Rücksicht für die Nebenmenschen; an Mißvergnügen, andere leiden zu machen oder zu übervorteilen, kann ich es mit den Besten, die ich kennengelernt habe, aufnehmen. Ich habe eigentlich nie etwas Gemeines oder Boshaftes getan und spüre auch keine Versuchung dazu, bin also gar nicht stolz darauf. *Brief an James J. Putnam vom 8.7.1915.*

203 Programm des Zweiten Internationalen Psychoanalytischen Kongresses, 1910
Zwei Jahre nach dem ersten fand der zweite Privatkongreß der Psychoanalytiker, diesmal in Nürnberg, statt (März 1910). In der Zwischenzeit hatte sich bei mir, unter dem Eindruck der Aufnahme in Amerika, der steigenden Anfeindung in den deutschen Ländern und der ungeahnten Verstärkung durch den Zuzug der Züricher, eine Absicht gebildet, die ich mit Beihilfe meines Freundes S. Ferenczi auf jenem zweiten Kongreß zur Ausführung brachte. Ich gedachte, die psychoanalytische Bewegung zu organisieren, ihren Mittelpunkt nach Zürich zu verlegen und ihr ein Oberhaupt zu geben, welches ihre Zukunft in acht nehmen sollte. [. . .] Ich urteilte, daß der Zusammenhang mit Wien keine Empfehlung, sondern ein Hemmnis für die junge Bewegung wäre. Ein Ort wie Zürich¹, im Herzen von Europa, an welchem der akademische Lehrer sein Institut der Psychoanalyse geöffnet hatte, erschien mir weit aussichtsvoller. Ich nahm ferner an, ein zweites Hinder-

nis sei meine Person, deren Schätzung allzusehr durch der Parteien Gunst und Haß verwirrt wurde; man verglich mich entweder mit Columbus, Darwin und Kepler oder schimpfte mich einen Paralytiker. Ich wollte also mich ebenso in den Hintergrund rücken wie die Stadt, von der die Psychoanalyse ausgegangen war. [. . .] Dies alles und nichts anderes wollte ich durch die Gründung der ›Internationalen Psychoanalytischen Vereinigung‹ erreichen.
›Zur Geschichte der psychoanalytischen Bewegung‹.

204 Erste Nummer des ›Correspondenzblattes‹
[. . .] es wurde auch die Herausgabe eines Korrespondenzblattes beschlossen, durch welches die Zentrale mit den Ortsgruppen verkehrte.
›Zur Geschichte der psychoanalytischen Bewegung‹.

205 Aufforderung zur Mitarbeit am ›Zentralblatt‹
Eine Folge des Nürnberger Kongresses war auch die Gründung des ›Zentralblattes für Psychoanalyse‹, zu welcher sich Adler und Stekel vereinigten. Es hatte offenbar ursprünglich eine oppositionelle Tendenz und sollte Wien die durch die Wahl Jungs[1] bedrohte Hegemonie zurückgewinnen. Als aber die beiden Unternehmer des Blattes unter dem Drucke der Schwierigkeit, einen Verleger zu finden, mich ihrer friedlichen Absichten versicherten und mir als Unterpfand ihrer Gesinnung ein Vetorecht einräumten, nahm ich die Herausgeberschaft an und beteiligte mich eifrig an dem neuen Organ, dessen erste Nummer im September 1910 erschien.
›Zur Geschichte der psychoanalytischen Bewegung‹.

206 Anzeige des Polizei-Kommissariats: Konstituierung der ›Wiener Psychoanalytischen Vereinigung‹, 1910
Der Verein bezweckt Pflege und Förderung der von Prof. Dr. Sigmund Freud in Wien begründeten psychoanalytischen Wissenschaft, sowohl auf dem Gebiete der reinen Psychologie als auch in ihrer Anwendung in der Medizin und den anderen Geisteswissenschaften. Der Verein ist ein wissenschaftlicher und hat als weiteren Zweck der gegenseitigen Unterstützung seiner Mitglieder in allen Bestrebungen zum Erwerben und Verbreiten von psychoanalytischen Kenntnissen. Der Verein hat außerdem die Aufgabe, mit der ›Internationalen Psychoanalytischen Vereinigung‹ und den übrigen Zweigvereinigungen in geistigem Kontakt und wissenschaftlichem Gedankenaustausch zu stehen.
Aus den ›Statuten der Wiener Psychoanalytischen Vereinigung‹.

Die ›Wiener Psychoanalytische Vereinigung‹ entstand aus der ›Psychologischen Mittwoch-Gesellschaft‹, die bereits seit 1908 den Namen ›Wiener Psychoanalytische Vereinigung‹ angenommen hatte. Die Neugründung am 12. Oktober 1910 war eine Konsequenz der auf dem Nürnberger Kongreß beschlossenen Gründung der ›Internationalen Psychoanalytischen Vereinigung‹.

207 Silberne Hochzeit, 1911
Der Termin vom 16. September ist mir aus höchst privaten, familiären Gründen recht unbequem, *beinahe* unmöglich, obwohl ich sehr ungern das Datum des Kongresses[1] nach meinen persönlichen Bedürfnissen einrichten möchte.
Brief an Karl Abraham vom 18.5.1911.

Das Datum der Silbernen Hochzeit war der 14. September 1911. Die Familienfeier fand in Klobenstein, in der Nähe von Bozen, statt. – Von links nach rechts in der Reihenfolge der Tischordnung: Oliver Freud, Ernst Freud, Anna Freud, Sigmund und Martha Freud, Mathilde Freud, Minna Bernays, Martin Freud, Sophie Freud.

208 Kuraufenthalt in Karlsbad, 1911
Vorläufig bin ich mit allem unzufrieden – ohne vernünftigen Grund. Allen Spuren des sonstigen Lebens in Briefen und Sendungen wird mit Heißhunger entgegengesehen.

Vergnügen macht nichts, da alles Pflicht ist.
Postkarte an Martha Freud vom 12.7.1911.

Die Abbildung zeigt die Postkarte, die Freud mit dem zitierten Text an seine Frau schickte.[1]

209 Martha Freud mit Tochter Sophie, etwa 1912

Das habe ich auch an Frau Freud bewundert, daß sie so, von ihrem Wesens- und Wirkenskreis aus, unbeirrbar das Ihrige erfüllt, immer bereit in Entschiedenheit und Hingabe, gleich weit entfernt von überheblicher Einmischung in des Mannes Aufgaben wie von Unsicherem oder Nebenstehendem. Durch sie sind sicherlich die sechs Erziehungen sehr psychoanalysenfremd geblieben; doch ist das von Freuds Seite gewiß nicht bloß Gewährenlassen gewesen, sondern – so fühle ich es jetzt – etwas gefiel ihm auch daran, sein Hauswesen in dieser Ferne von offenbaren Konfliktuositäten zu wissen; etwas daran gefiel ihm an seiner eigenen Frau. Jedenfalls hat mir das Zusammenleben tiefen Eindruck gemacht [. . .].
Lou Andreas-Salomé, ›Zu Besuch bei Freud‹.

210 Max Halberstadt

Meine kleine Sophie[1], die wir für einige Wochen nach Hamburg beurlaubt hatten, kam also vor zwei Tagen heiter, strahlend und entschlossen zurück und machte uns die überraschende Mitteilung, sie habe sich dort mit Ihnen verlobt. Wir verstanden, daß wir somit als überflüssig – in gewissem Sinne – erklärt seien und nichts anderes zu tun haben, als die Formalität unseres Segens zu erteilen. Da wir nie etwas anderes gewünscht hatten, als daß sich unsere Töchter nach freier Neigung vergeben, wie es unsere älteste auch getan hat, so müssen wir mit diesem Ereignis im Grunde sehr zufrieden sein.
Brief an Max Halberstadt vom 7.7.1912.

Max Halberstadt, 1882-1940, Photograph, zunächst Hamburg. Nach der Machtergreifung Hitlers emigrierte er nach Johannesburg.

211   Sophie

*Sophie Freud-Halberstadt,
1893-1920.*

1 Sigmund Freud; 2 Otto
Rank; 3 Ludwig Binswanger;
4 Ludwig Jekels; 5 Abraham
A. Brill; 6 Eduard Hitsch-
mann; 7 Paul Federn; 8 Oskar
Pfister; 9 Max Eitingon;
10 Karl Abraham; 11 James J.
Putnam; 12 Ernest Jones;
13 Wilhelm Stekel; 14 Eugen
Bleuler; 15 Lou Andreas-
Salomé; 16 Emma Jung
(C. G. Jungs Frau); 17 Sándor
Ferenczi; 18 C. G. Jung.

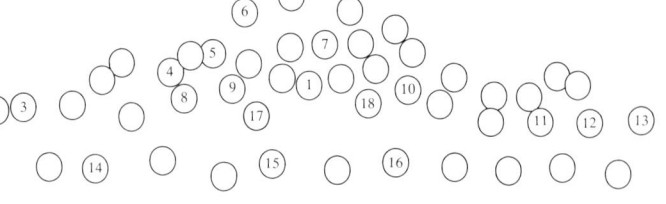

212 Dritter Internationaler Psychoanalytischer Kongreß, 1911
Auch ich zehre noch an den schönen Tagen in Weimar [. . .]. Am erfreulichsten klangen mir in Ihrem Schreiben die zahlreichen Arbeitskeime, von denen Sie etliche sogar direkt auf Weimar zurückführen.
Brief an Karl Abraham vom 2.11.1911.

Der Weimarer Kongreß tagte mit zahlreichen europäischen und amerikanischen Teilnehmern am 21. und 22. September 1911.

213 Freud, etwa 1912
Ich habe, wie Sie ja wissen, mit allen Dämonen zu tun, die auf den »Neuerer« losgelassen werden können; nicht der zahmste unter ihnen ist die Nötigung, den eigenen Anhängern als ein rechthaberischer und unkorrigierbarer Griesgram oder Fanatiker zu erscheinen, der ich nun wirklich nicht bin.
Brief an C. G. Jung vom 6.12.1906.

**214 Erklärung Alfred
Adlers und seiner
Anhänger, 1912**

Als ich nach dem Hervortre-
ten der unvereinbaren wissenschaftlichen Gegensätze Adler
zum Ausscheiden aus der
Redaktion des Zentralblattes
veranlaßte, verließ er auch
die Vereinigung und gründete
einen neuen Verein[1] [. . .].
Es ist soviel Platz auf Gottes
Erde, und es ist gewiß berechtigt, daß sich jeder, der es
vermag, ungehemmt auf ihr
herumtummle, aber es ist
nicht wünschenswert, daß
man unter einem Dach zu-
sammenwohnen bleibe, wenn
man sich nicht mehr versteht
[. . .].
›Zur Geschichte der psychoanalytischen Bewegung‹.

Verlag von **Ernst Reinhardt** in **München.**

SCHRIFTEN DES VEREINS FÜR FREIE PSYCHOANALYTISCHE FORSCHUNG /
HERAUSGEGEBEN VON DR. ALFRED ADLER •
HEFT 1

Psychoanalyse und Ethik
Eine vorläufige Untersuchung
Von ⸗r. Karl Furtmüller.
48 Seiten. Preis Mk. 1.—.

An die Leser.

Die Anregung zur Gründung des „Vereins für freie
psychoanalytische Forschung" ging im Juni 1911 von einigen
Mitgliedern der unter der Leitung Professor Siegmund Freuds
stehenden „Wiener psychoanalytischen Vereinigung" aus, die zu
bemerken glaubten, daß man die Mitglieder des alten Vereins
auf den ganzen Umfang der Lehrsätze und Theorien Freuds
wissenschaftlich festlegen wolle. Ein solcher Vorgang schien
ihnen nicht nur mit den allgemeinen Grundbedingungen
wissenschaftlichen Forschens schwer vereinbar, sondern bei
einer so jungen Wissenschaft, wie es die Psychoanalyse ist,
von besonderer Gefahr zu sein. Es hieß nach ihrer Meinung
auch den Wert des bisher Erreichten in Frage stellen, wenn
man sich voreilig auf gewisse Formeln verpflichten und die
Möglichkeit aufgeben wollte, neue Lösungsversuche zu unternehmen. So ließ ihre Überzeugung von der entscheidenden Bedeutung psychoanalytischer Arbeitsweise und Problemstellung
es ihnen als eine wissenschaftliche Pflicht erscheinen, einer
nach allen Seiten hin unabhängigen psychoanalytischen Forschung eine Stätte zu sichern.

Im Oktober 1911 hat dann die „Wiener psychoanalytische
Vereinigung" die gleichzeitige Zugehörigkeit zu beiden Vereinen

**215 Demissionsmitteilung
C. G. Jungs, 1914**[1]

Der Zentralpräsident der „Internationalen psychoanalytischen Vereinigung",
Herr Doz. C. G. Jung in Zürich, hat an die Präsidenten der Ortsgruppen
folgendes vom 20. April 1914 datierte Schreiben gerichtet, das wir hiemit den
Vereinsmitgliedern zur Kenntnis bringen:

„Sehr geehrter Herr Präsident!

Ich habe mich durch die neuesten Ereignisse überzeugen lassen, daß
meine Anschauungen in einem so schroffen Kontrast zu den Auffassungen der
Mehrzahl der Mitglieder unseres Vereins stehen, daß ich mich nicht mehr als
die zum Vorsitz geeignete Persönlichkeit betrachten kann. Ich reiche daher
der Obmännerkonferenz meine Demission ein mit bestem Dank für das bisher
genossene Zutrauen.

Mit vorzüglicher Hochachtung
ergebenst
Dr. C. G. Jung."

Die „Obmännerkonferenz" hat sich auf schriftlichem Wege dahin ge-
einigt, den Vorstand der Ortsgruppe Berlin, Dr. Karl Abraham (Berlin W.
Rankestraße 24), bis zum nächsten Kongreß mit der provisorischen Leitung
der Vereinsgeschäfte zu betrauen.

für unzulässig erklärt und es haben daraufhin eine Anzahl von
Mitgliedern den alten Verein verlassen. Es besteht also jetzt
zwischen dem „Verein für freie psychoanalytische Forschung"
und den in der „Internationalen psychoanalytischen Vereinigung" zusammengeschlossenen Organisationen keinerlei Beziehung. Wir glauben verpflichtet zu sein, das hier ausdrücklich
festzustellen, weil wir es für ein Unrecht halten würden, wenn
die wissenschaftliche Kritik Männern, von denen wir in unserer
Auffassung über die grundlegenden Voraussetzungen freier
wissenschaftlicher Arbeit abweichen, die Verantwortung für
unsere Arbeiten aufbürden wollte. Ebenso möchten wir unser-
seits beanspruchen, nur auf Grund unserer eigenen Arbeiten
beurteilt zu werden.

Der Vorstand des „Vereins für freie psychoanalytische Forschung".

Vorwort des Herausgebers.

Die „Schriften des Vereins für freie psychoanalytische
Forschung" verfolgen den Zweck, empirisch gewonnene Resultate der Neurosenpsychologie, soweit sie ihre Eignung erwiesen
haben, zur weitern Behandlung philosophischer, psychologischer
und pädagogischer Fragen in Anwendung zu bringen. Uns
leitet dabei der Gedanke, bei der Frage nach dem „Sinn" eines
psychischen Geschehens sowohl Ursachen als Richtung und
Zweck desselben, Elemente und Zusammenhänge wie im Fluß
sehen zu können.

Damit sagen wir, daß wir bei unseren psychologischen
Analysen einer Zielvorstellung Raum geben, die uns bei der
Untersuchung eines Problems oder einer Persönlichkeit leitet.
Individuum aber und Phänomen sind für unsere Betrachtung,
wo immer wir diese anstellen, ein Bild einer Ent-
wicklungsreihe, ein Mikrokosmos, ein Symbol
der Totalität. Insoferne wir in der Genese einer Erscheinung nach Vergleichspunkten suchen, ist unsere Forschungsrichtung eine vergleichende, die sich auf das Individuum

216 Das »Komitee«
Ich habe mich sehr gefreut,
[. . .] daß Sie nun dieser kleinen, aber auserwählten Gesellschaft angehören, in deren
Händen das weitere Schicksal
der Psychoanalyse ruht, die
bisher in ungetrübter freundschaftlicher Eintracht ihre
Ziele verfolgt hat [. . .]. Das
Geheimnis dieses Komitees
ist, daß es mir meine drük-
kendste Zukunftssorge abge-
nommen hat, so daß ich meinen Weg ruhig bis zum Ende
verfolgen kann.
*Brief an Max Eitingon
vom 22.10.1919.*

[. . .] diese Ringe¹ waren
einmal Vorrecht und Abzei-
chen einer Gruppe von Personen, die sich in der Hingabe
an die Analyse einig wußten,
versprochen hatten, als ›ge-
heimes Comité‹ deren Ent-
wicklung zu überwachen und
untereinander eine Art von
analytischer Brüderlichkeit
zu pflegen. Rank hat dann
den Zauber gestört – sein
Abfall und Abrahams Tod
das Comité aufgelöst.
*Brief an Ernst Simmel
vom 11.11.1928.*

*Sitzend: Freud, Ferenczi,
Sachs; stehend: Rank, Abraham, Eitingon, Jones.
Das Komitee (Foto von 1922)
war 1912, auf Anregung von
Ernest Jones, gegründet worden, eine Reaktion auf die
mit den verschiedenen Sezes-
sionen verbundenen Krisen
und Auseinandersetzungen.*

217 Freud, etwa 1912
Ich kann nicht Optimist sein,
unterscheide mich von den
Pessimisten, glaub' ich, nur
dadurch, daß mich das Böse,
Dumme, Unsinnige nicht
außer Fassung bringt, weil
ich's von vornherein in die
Zusammensetzung der Welt
aufgenommen habe.
*Brief an Lou Andreas-Salomé
vom 30.7.1915.*

*Auf der Veranda seiner Woh-
nung in der Berggasse 19,
von einem seiner Söhne aufgenommen.*

218 Radierung von Max Pollack

Vor wenigen Tagen ist die Pollacksche Radierung eingetroffen. Ich finde, am besten ist die Körperhaltung getroffen, während man sich in den Gesichtsausdruck zuerst etwas hineinsehen muß. Aber dann ist er gut.

Brief Karl Abrahams an Freud vom 2.4.1914.

219 Erste Buchausgabe¹ von ›Totem und Tabu‹, 1913

Die beiden Hauptthemata, welche diesem kleinen Buch den Namen geben, der Totem und das Tabu, werden darin nicht in gleichartiger Weise abgehandelt. [. . .] Dieser Unterschied hängt damit zusammen, daß das Tabu eigentlich noch in unserer Mitte fortbesteht; obwohl negativ gefaßt und auf andere Inhalte gerichtet, ist es seiner psychologischen Natur nach doch nichts anderes als der »kategorische Imperativ« Kants, der zwangsartig wirken will und jede bewußte Motivierung ablehnt. Der Totemismus hingegen ist eine unserem heutigen Fühlen entfremdete, in Wirklichkeit längst aufgegebene und durch neuere Formen ersetzte religiös-soziale Institution, welche nur geringfügige Spuren in Religion, Sitte und Gebrauch des Lebens der gegenwärtigen Kulturvölker hinterlassen hat [. . .]. Der soziale und technische Fortschritt der Menschheitsgeschichte hat dem Tabu weit weniger anhaben können als dem Totem. In diesem Buche ist der Versuch gewagt worden, den ursprünglichen Sinn des Totemismus aus seinen infantilen Spuren zu erraten, aus den Andeutungen, in denen er in der Entwicklung unserer eigenen Kinder wieder auftaucht.

›Totem und Tabu‹.

TOTEM UND TABU

Einige Übereinstimmungen im
Seelenleben der Wilden und der Neurotiker.

Von

Prof. Dr. Sigm. Freud

1913
HUGO HELLER & CIE.
LEIPZIG UND WIEN, I. BAUERNMARKT 3

220 ›Heilige Anna Selbdritt‹ von Leonardo

Leonardos Kindheit war gerade so merkwürdig gewesen wie dieses Bild[1]. Er hatte zwei Mütter gehabt, die erste seine wahre Mutter, die Catarina, der er im Alter zwischen drei und fünf Jahren entrissen wurde, und eine junge und zärtliche Stiefmutter, die Frau seines Vaters, Donna Albiera. Indem er diese Tatsache seiner Kindheit [. . .] zusammenzog [. . .], gestaltete sich ihm die Komposition der heiligen Anna selbdritt.
›Eine Kindheitserinnerung des Leonardo da Vinci‹.

221 ›Moses‹ des Michelangelo

Ich habe zu dieser Arbeit eine Beziehung wie etwa zu einem Kind der Liebe. Durch drei einsame September-Wochen bin ich 1913[1] alltäglich in der Kirche[2] vor der Statue gestanden, habe sie studiert, gemessen, gezeichnet, bis mir jenes Verständnis aufging, das ich in dem Aufsatz doch nur anonym[3] auszudrücken wagte. Erst viel später habe ich dies nicht analytische Kind legitimiert.
Brief an Edoardo Weiss vom 12.4.1933.

[. . .] denn unser Moses wird nicht aufspringen und die Tafeln nicht von sich schleudern. Was wir an ihm sehen, ist nicht die Einleitung zu einer gewaltsamen Aktion, sondern der Rest einer abgelaufenen Bewegung. Er wollte es in einem Anfall von Zorn, aufspringen, Rache nehmen, an die Tafeln vergessen, aber er hat die Versuchung überwunden, er wird jetzt so sitzen bleiben in gebändigter Wut, in mit Verachtung gemischtem Schmerz. Er wird auch die Tafeln nicht wegwerfen, daß sie am Stein zerschellen, denn gerade ihretwegen hat er seinen Zorn bezwungen [. . .]. Damit hat er [Michelangelo] etwas Neues, Übermenschliches in die Figur des Moses gelegt, und die gewaltige Körpermasse und kraftstrotzende Muskulatur der Gestalt wird nur zum leiblichen Ausdrucksmittel für die höchste psychische Leistung, die einem Menschen möglich ist, für das Niederringen der eigenen Leidenschaft zugunsten und im Auftrage einer Bestimmung, der man sich geweiht hat.
›Der Moses des Michelangelo‹.

Ich habe mir von Künstlerhand drei Zeichnungen machen lassen, welche meine Beschreibung verdeutlichen sollen. Die dritte derselben gibt die Statue wieder, wie wir sie sehen; die beiden anderen stellen Vorstadien dar, welche meine Deutung postuliert, die erste das der Ruhe, die zweite das der höchsten Spannung, der Bereitschaft zum Aufspringen, der Abwendung der Hand von den Tafeln und des beginnenden Herabgleitens derselben.
›Der Moses des Michelangelo‹.

222 Mit Tochter Anna in den Dolomiten, 1913

Mein nächster Verkehr wird meine kleine Tochter sein, die sich jetzt so erfreulich entwickelt (diese subjektive Bedingung der ›Kästchenwahl‹[1] haben Sie gewiß längst erraten).
Brief an Sándor Ferenczi vom 7.7.1913.

223 Gerbrand Jelgersma

Plötzlich Zusendung einer Schrift von Jelgersma, Rektoratsrede zum 339sten ›Verjaardag‹ der altberühmten Universität Leiden [. . .].
Ich versuche, sie zu verstehen, sehe, daß sie über die Traumdeutung handelt und – freundlich ist [. . .], dann Brief von Abraham[1], der bestätigt, daß Jelgersma sich ganz rückhaltlos für uns und die Psychoanalyse ausgesprochen hat und von Übersetzung phantasiert. Endlich ein Brief vom Autor selbst, [. . .] der das Wunder wirklich bestätigt. Denken Sie, offizieller Psychiater, Rektoratsrede, PsA. [Psychoanalyse] mit Haut und Haaren! Welche Überraschungen stehen uns noch bevor!
Brief an Sándor Ferenczi vom 15.2.1914.

Gerbrand Jelgersma, 1859-1942, Professor für Psychiatrie, Rektor der Universität Leiden, Holland.

Mitteilung.

Mit Allerhöchstem Befehl ist die Allgemeine Mobilisierung sowie die Aufbietung und Einberufung des Landsturmes angeordnet worden.

Das Nähere ist aus den Mobilisierungskundmachungen zu entnehmen.

Amtsstempel: Unterschrift:

224 Befehl zur Mobilmachung, 1914

Ich zweifle nicht daran, daß die Menschheit auch diesen Krieg verwinden wird, aber ich weiß sicher, daß ich und meine Altersgenossen die Welt nicht mehr froh sehen werden. Es ist zu garstig; das Traurigste daran aber, daß es gerade so ist, wie wir uns nach den von der ψα [Psychoanalyse] geweckten Erwartungen die Menschen und ihr Benehmen vorstellen sollten. Wegen solcher Einstellung zu den Menschen habe ich in Ihren frohen Optimismus nie einstimmen können. Mein geheimer Beschluß war: da wir die gegenwärtig höchste Kultur nur mit einer enormen Heuchelei behaftet sehen, so taugen wir organisch nicht für diese Kultur. Wir haben abzutreten, und der oder das große Unbekannte hinter dem Schicksal wird ein solches Kulturexperiment einmal mit einer anderen Rasse wiederholen.
Ich weiß, daß die Wissenschaft nur scheintot ist, aber die Humanität scheint wirklich tot zu sein.
Brief an Lou Andreas-Salomé vom 25.11.1914.

IMAGO

ZEITSCHRIFT FÜR ANWENDUNG DER PSYCHO-
ANALYSE AUF DIE GEISTESWISSENSCHAFTEN
HERAUSGEGEBEN VON PROF. DR. SIGM. FREUD
SCHRIFTLEITUNG:
IV. 1.   DR. OTTO RANK / DR. HANNS SACHS   1915

Zeitgemäßes über Krieg und Tod.
Von SIGM. FREUD.

I. Die Enttäuschung des Krieges.

Von dem Wirbel dieser Kriegszeit gepackt, einseitig unterrichtet, ohne Distanz von den großen Veränderungen, die sich bereits vollzogen haben oder zu vollziehen beginnen, und ohne Witterung der sich gestaltenden Zukunft, werden wir selbst irre an der Bedeutung der Eindrücke, die sich uns aufdrängen, und an dem Wert der Urteile, die wir bilden. Es will uns scheinen, als hätte noch niemals ein Ereignis soviel kostbares Gemeingut der Menschheit zerstört, soviele der klarsten Intelligenzen verwirrt, so gründlich das Hohe erniedrigt. Selbst die Wissenschaft hat ihre leidenschaftslose Unparteilichkeit verloren, ihre aufs tiefste erbitterten Diener suchen ihr Waffen zu entnehmen, um einen Beitrag zur Bekämpfung des Feindes zu leisten. Der Anthropologe muß den Gegner für minderwertig und degeneriert erklären, der Psychiater die Diagnose seiner Geistes- oder Seelenstörung verkünden. Aber wahrscheinlich empfinden wir das Böse dieser Zeit unmäßig stark und haben kein Recht, es mit dem Bösen anderer Zeiten zu vergleichen, die wir nicht erlebt haben.

Der Einzelne, der nicht selbst ein Kämpfer und somit ein Partikelchen der riesigen Kriegsmaschinerie geworden ist, fühlt sich in seiner Orientierung verwirrt und in seiner Leistungsfähigkeit gehemmt. Ich meine, ihm wird jeder kleine Wink willkommen sein, der es ihm erleichtert, sich wenigstens in seinem eigenen Innern zurechtzufinden. Unter den Momenten, welche das seelische Elend der Daheimgebliebenen verschuldet haben, und deren Bewältigung ihnen so schwierige Aufgaben stellt, möchte ich zwei hervorheben und an dieser Stelle behandeln: Die Enttäuschung, die dieser Krieg hervorgerufen hat, und die veränderte Einstellung zum Tode, zu der er uns — wie alle anderen Kriege — nötigt.

Wenn ich von Enttäuschung rede, weiß jedermann sofort, was

Imago IV/1   1

225   Regimentsausmarsch

226   Erstdruck von ›Zeitgemäßes über Krieg und Tod‹, 1915

Ich fühle mich aber vielleicht zum ersten Mal seit 30 Jahren als Österreicher und möchte es noch einmal mit diesem wenig hoffnungsvollen Reich versuchen. Die Stimmung ist überall eine ausgezeichnete.[1]
Brief an Karl Abraham vom 26. 7. 1914.

[. . .] die Fülle von unverbürgten Nachrichten, die Flut und Ebbe von Hoffnung und Schrecken muß jedem von uns das seelische Gleichgewicht stören.
Brief an Karl Abraham vom 29. 7. 1914.

Platz vor der Votivkirche; rechts im Hintergrund Währingerstraße mit Einmündung der Berggasse.

227 Radierung von Hermann Struck

Die Radierung finde ich eine reizende Idealisierung. So möchte ich aussehen und bin vielleicht auf dem Wege dazu, aber jedenfalls auf dem Wege steckengeblieben. Sie haben das Ruppige und Ekkige in Abgerundetes und Welliges übersetzt. Ein Eindruck von Unähnlichkeit ist meines Erachtens durch etwas Nebensächliches hineingekommen, durch die Behandlung der Haare. Sie haben mir die Abteilung auf diese Seite verlegt, während ich sie [. . .] auf der anderen trage. Ferner läuft der Haaransatz an der Schläfe bei mir eher nach vorn konkav. Sie haben ihn durch Abrundung sehr verschönert.
Brief an Hermann Struck vom 7.11.1914.

228 Mit den Söhnen Ernst und Martin, 1916

Berichte Ihnen gerne, daß wir beide Söhne gleichzeitig zum Urlaub in Salzburg bei uns hatten, beide in gutem Zustand. Jetzt sind sie wieder draußen, einer nördlich, der andere südlich, und wir haben noch keine Nachricht von ihnen.
Brief an Max Eitingon vom 26.8.1916.

37

ÖFFENTLICHE VORLESUNGEN

AN DER

K. K. UNIVERSITÄT ZU WIEN

IM

WINTER-SEMESTER 1915/16.

Die Frist zur Immatrikulation und Inskription beginnt am 23. September 1915 und dauert bis einschließlich 9. Oktober 1915.

Außerdem kann die Einzahlung des Kollegiengeldes auch in der Zeit vom 1. bis 31. Juli und vom 1. bis 21. September 1915 erfolgen. Die näheren Bestimmungen über die Art dieser Einzahlung sind in der Kundmachung vom 25. Juni 1914, Z. 665 ex 1913/14 enthalten.

Nachträgliche Inskriptionen werden nur ganz ausnahmsweise bewilligt, wenn dafür die im § 32 der Studienordnung angeführten Gründe in unzweifelhafter Art nachgewiesen werden und die Vorlesungen nicht schon so weit vorgerückt sind, um mit gehörigem Erfolge gehört zu werden. Als Endtermin für die Einbringung der Gesuche um nachträgliche Inskription gilt im Wintersemester der 10. Dezember.

(Bei dem Portier der k. k. Universität.)

Preis 20 Heller.

WIEN.

DRUCK VON ADOLF HOLZHAUSEN,
K. UND K. HOF- UND UNIVERSITÄTSBUCHDRUCKER.

1915.

Pick Walther, Privatdoz. Dr.: *Die moderne Syphilistherapie*, 1 stünd., Mi. 6—7; Hörsaal der Klinik Riehl.   *K 2.10

Kren Otto, Privatdoz. Dr.: *Einführung in die Dermatologie*, 1 stünd., Sa. 12—1; Hörsaal der Klinik Riehl.   *K 2.10

„ *°Diagnostik u. Therapie d. Hautkrankheiten*, 4 woch. Kurs 11—12; Kais.-Jub.-Spital, Wien XIII. †***Ärzte K 60.—, Stud. K 30.—

Scherber Gustav, Privatdoz. Dr.: *Klinik und Therapie der Haut- und Geschlechtskrankheiten*, 3 stünd.; Abteilung für Haut- u. Geschl.-Krankh., k. k. Rudolfspit., III., Boerhavegasse.   *K 6.30

„ *°Kurs über Hautkrankheiten u. Syphilis*, 24 stünd.   K 60.—

„ *°Kurs über Klinik u. Therapie der Gonorrhoe*, 12 stünd.   K 30.—

Mucha Viktor, Privatdoz. Dr.: *Frühdiagnose u. Frühbehandlung der Syphilis*, 1 stünd., Fr. 5—6 (verlgb.); Klinik f. Syph. u. Derm.   K 2.10

Kyrle Josef, Privatdoz. Dr.: *Klinik u. Therapie der Gonorrhoe*, 1 stünd., n. Übereink.; Krankenhaus, Klinik f. Syph.   *K 2.10

Müller Rudolf, Privatdoz. Assistent Dr.: *Neuere Methoden zur Unterstützung der klinischen Diagnosen früh- und spätsyphilitischer Erkrankungen (mit praktischen Übungen)*, 1 mal wöchentl., 2 Stunden. Zeit nach Übereinkunft.   K 4.20

„ *°Serodiagnose der Lues (nur für Studenten)*, 2 wochig., 5 stünd. (Teilnehmerzahl 8); Laborat. d. Klinik.   K 5.25

Sachs Otto, Privatdoz. Dr.: *Einführung in die Dermatologie und die Lehre von den Geschlechtskrankheiten*, 1 stünd., Tag und Stunde werden später bekanntgeg.; Hörsaal d. Klinik Finger.   *K 2.10

„ *Gewerbekrankheiten der Haut, mit Krankendemonstrationen*, 1 stünd., Tag u. Stunde werden später bekanntgeg.; ebendort.   ***K 2.10

„ *°Diagnostik u. Therapie d. Haut- u. Geschlechtskrankheiten*, 4 woch. prakt. Kurse, n. Übereink.; ebend.   †***Ärzte K 50.—, Stud. K 30.—

XVI. Psychiatrie.

Wagner v. Jauregg Julius, o. ö. Prof. Hofrat Dr.: *Psychiatrische Klinik*, 5 stünd., Di., Do. 5—6½, Sa. 10—12; Hörsaal d. psychiatr. Klinik, IX., Lazarettgasse 14.   *K 10.50

Obersteiner Heinrich, o. ö. Prof. Dr.: *°Arbeiten über normale und pathologische Histologie des Nervensystems*, täglich während des Tageslichtes; neurolog. Inst.   †***Ärzte K 40.—, Stud. K 12.—

Redlich Emil, a. o. Prof. Dr.: *Nervenkrankheiten*, 3 stünd., Mo., Fr. 5—6½; Psychiatr. Klinik, IX., Lazarettgasse 14.   *K 6.30

Raimann Emil, a. ö. Prof. Dr.: *Forensische Psychiatrie*, 4 stünd., Mi., Sa. 5—7; gr. Hörsaal d. Klin. v. Wagner.   *K 8.40

Freud Sigmund, a. o. Prof. Dr.: *Einführung in die Psychoanalyse*, Sa. 7—9 abends; Hörsaal d. psychiatr. Klinik.   †***K 10.—

229 Mit Sándor Ferenczi, 1917

Ich glaube, ich beurteile die Situation als eine Wiederholung der anfänglichen, als ich produktiv und – einsam war. Alle meine Freunde und Helfer sind nun wirklich Soldaten geworden und mir wie entrückt.
Brief an Karl Abraham vom 3.7.1915.

230 Ankündigung der Vorlesungen zur ›Einführung in die Psychoanalyse‹, Wintersemester 1915/16[1]

231 Josef Popper-Lynkeus
Ich weiß, wie überrascht ich seinerzeit war, als ich bei Ihnen den einzigen mir die Erkenntnis fand, daß die Traumentstellung die Folge einer Zensur sei [. . .].
Brief an Josef Popper-Lynkeus vom 4.8.1916.

Von dem Zusammentreffen mit seiner Weisheit überwältigt, begann ich nun alle seine Schriften zu lesen, die über Voltaire, über Religion,

Krieg, Allgemeine Nährpf u. a., bis sich das Bild des schlichten großen Mannes, der ein Denker und Kritiker, zugleich ein gütiger Menschenfreund und Reformer war, klar vor meinem Blick aufbaute. Ich sann so viel über die Rechte des Individuums, für die er eintrat [. . .]. Eine besondere Sympathie zog mich zu ihm hin, da offenbar auch er die Bitterkeit des jüdischen Lebens und die Hohlheit der gegenwärtigen Kulturideale schmerzlich empfunden hat. Doch habe ich ihn selbst nie gesehen.
›Meine Berührung mit Josef Popper-Lynkeus‹.

Josef Popper-Lynkeus, 1838-1921, österreichischer Ingenieur, Schriftsteller und Sozialreformer. Er hatte 1899, also vor dem Erscheinen von Freuds ›Traumdeutung‹, das Buch ›Phantasien eines Realisten‹ veröffentlicht. In der Geschichte ›Träumen wie Wachen‹ stieß Freud, der das Buch Jahre später las, auf eine Vorwegnahme seiner Erklärung der Traumentstellung, eines bedeutsamen Stücks seiner Traumtheorie.

232 Lou Andreas-Salomé
Ich kann nicht glauben, daß
Sie·in Gefahr sind, etwas
von unseren Aufstellungen
mißzuverstehen; es wäre denn
unsere [. . .] Schuld. Sie sind
doch eine Versteherin par
excellence, wozu kommt,
daß Sie mehr und besser
verstehen, als man Ihnen
vorgelegt hat.
*Brief an Lou Andreas-Salomé
vom 25. 5. 1916.*

*Lou Andreas-Salomé,
1861-1937. Sie hatte, wahrscheinlich von Arthur Schnitzler auf die Psychoanalyse
aufmerksam gemacht, im
September 1911 am Weimarer*

*Psychoanalytischen Kongreß
teilgenommen. 1912/13 studierte sie in Wien bei Freud
und arbeitete danach als prak-
tizierende Analytikerin. Sie
veröffentlichte zahlreiche psychoanalytische Schriften; ihre
lebenslang freundschaftliche
Beziehung zu Freud ist im
Briefwechsel[1] dokumentiert.*

233   Rainer Maria Rilke
Öfters war ich daran, mir
durch eine Aussprache mit
Ihnen aus der Verschüttung
zu helfen. Aber schließlich
überwog der Entschluß, die
Sache allein durchzumachen,
soweit einem eben noch ein
trüber Satz Alleinseins bleibt.
Wenn ich es nach und nach
zu etwas Fassung bringe,
so frag ich mich sicher bei
Ihnen an und komme; ich
weiß, das wird gut sein.
*Brief Rainer Maria Rilkes
an Freud vom 17.2.1916.*

Rilke [. . .] hat uns in Wien
deutlich genug zu erkennen
gegeben, daß »kein ewiger
Bund mit ihm zu flechten«
ist. So herzlich er bei einem
ersten Besuch war, es ist
nicht gelungen, ihn zu einem
zweiten zu bewegen.
*Brief an Lou Andreas-Salomé
vom 27.7.1916.*

*Rilke diente vom Januar bis
Juni 1916 im österreichischen
Militär. Im Dezember 1915
hatte er Freud besucht.*

234   Hermann Hesse
Daß Sie mir ein Wort des
Dankes sagen, berührt mich
ganz wie eine Beschämung,
denn im Gegenteil bin ich
es, der Ihnen tiefen Dank
schuldet. Ihn heut ein erstes
Mal auszusprechen ist mir
eine große Freude. Die Dichter waren ja unbewußt immer
Ihre Bundesgenossen, sie
werden es immer mehr auch
bewußt werden.
*Brief Hermann Hesses an
Freud vom 9.9.1918.*

235   Arthur Schnitzler
Ich meine, ich habe Sie gemieden aus einer Art von
Doppelgängerscheu. Nicht
etwa, daß ich sonst so leicht
geneigt wäre, mich mit einem
anderen zu identifizieren,
oder daß ich mich über die
Differenz der Begabung hin-
wegsetzen wollte, die mich
von Ihnen trennt, sondern
ich habe immer wieder, wenn
ich mich in Ihre schönen
Schöpfungen vertiefe, hinter
deren poetischem Schein
die nämlichen Voraussetzungen, Interessen und Ergebnisse zu finden geglaubt, die
mir als die eigenen bekannt
waren. [. . .] So habe ich den
Eindruck gewonnen, daß
Sie durch Intuition – eigentlich aber infolge feiner
Selbstwahrnehmung – alles
das wissen, was ich in mühse-
liger Arbeit an anderen Menschen aufgedeckt habe. Ja,
ich glaube, im Grunde Ihres
Wesens sind Sie ein psychologischer Tiefenforscher, so
ehrlich unparteiisch und uner-
schrocken wie nur je einer
war [. . .].
*Brief an Arthur Schnitzler
vom 14.5.1922.* [1]

236   Lucie Freud
Meine Lux ist ein reizendes
Menschenkind.
Brief an Max Eitingon
vom 15.6.1920.

Lucie Freud, geb. Brasch
(1896-1989), die Freuds
jüngster Sohn Ernst 1920
heiratete. Sie verband eine
besonders herzliche Beziehung
mit ihrer Schwiegermutter.

237   Martha Freud, 1919

238 Anton von Freund
Einen guten Anteil an der
Hebung meiner Stimmung
schreibe ich den Aussichten
zu, die sich gerade in Budapest für die Entwicklung unserer Sache ergeben haben.
Wir werden materiell mächtig
werden, unsere Zeitschriften
unterhalten und ausbauen
können, Einfluß üben, die
bisherige Bettelhaftigkeit
wird ein Ende haben. Der
Mann, dem wir dies verdanken sollen, ist nicht einfach
ein Reicher, sondern auch
ein ehrlich strebender geistig
hochstehender, an der Analyse stark interessierter Mann,
also so einer, den man erfin-
den müßte, wenn er nicht
schon existierte. Treulosigkeit
ist bei ihm ausgeschlossen.
Brief an Karl Abraham
vom 27.8.1918.

Anton von Freund, 1880
bis 1920, Bierbrauer in
Budapest. Er ermöglichte
durch eine große Geldspende
nach dem Ersten Weltkrieg
die Gründung des Internatio-
nalen Psychoanalytischen
Verlags (1919), der den Psy-
choanalytikern publizistische
Unabhängigkeit brachte. Nur
mit äußerster Mühe war es
Freud gelungen, seine bisheri-
gen Verleger während des
Krieges zur Fortsetzung der

psychoanalytischen Periodika
zu bewegen. Diese Zeitschrif-
ten sowie die wichtigste psy-
choanalytische Literatur wur-
den von nun an im neuen
Verlag [1] veröffentlicht.

Imago
Zeitschrift für Anwendung der Psychoanalyse
auf die Natur- und Geisteswissenschaften
Herausgegeben von
Sigm. Freud
Redigiert von Sándor Radó, Hanns Sachs, A. J. Storfer
Jährlich 4 Hefte Großquart im Gesamtumfang von
etwa 560 Seiten. Abonnement jährlich M. 22.—
Im Januar 1932 beginnt der XVIII. Jahrgang

Internationale Zeitschrift
für Psychoanalyse
Offizielles Organ der
Internationalen Psychoanalytischen Vereinigung
Herausgegeben von
Sigm. Freud
Redigiert von M. Eitingon, S. Ferenczi, S. Radó
Jährlich 4 Hefte Lexikonoktav im Gesamtumfang
von etwa 800 Seiten. Abonnement jährlich M. 22.—
Im Januar 1932 beginnt der XVIII. Jahrgang

239 Anzeigen des Interna-
tionalen Psychoanalytischen
Verlags

240 Ludwig Binswanger
Ganz abweichend von so
vielen anderen, haben Sie
nicht zugelassen, daß Ihre
intellektuelle Entwicklung,
die Sie meinem Einfluß immer mehr entrückte, auch
unsere persönlichen Beziehungen zerstöre, und Sie
wissen nicht, wie sehr eine
solche Feinheit dem Men-
schen wohltut.
Brief an Ludwig Binswanger
vom 11.1.1929.

Ich habe mich immer nur
im Parterre und Souterrain
des Gebäudes aufgehalten –
Sie behaupten, wenn man
den Gesichtspunkt wechselt,
sieht man auch ein oberes
Stockwerk, in dem so distin-
guierte Gäste wie Religion,
Kunst und anderes hausen.
Sie sind nicht der einzige
darin, die meisten Kultur-
exemplare des Homo natura
denken so. Sie sind darin
konservativ, ich revolutionär.
Hätte ich noch ein Arbeitsle-
ben vor mir, so getraute ich
mich, auch jenen Hochgebo-
renen eine Wohnstatt in meinem niedrigen Häuschen
anzuweisen.
Brief an Ludwig Binswanger
vom 8.10.1936.

Freud war mit dem Schweizer
Psychiater Ludwig Binswanger
(1881-1966), der sich um
eine Vermittlung zwischen
Psychiatrie und Psychoanalyse
bemühte, mehr als ein Viertel-
jahrhundert befreundet, ob-
gleich Binswanger in der psy-
choanalytischen Bewegung
nie eine aktive Rolle spielte
und in seinen phänomenologi-
schen und daseinsanalytischen
Arbeiten eigene wissenschaftli-
che Wege ging.

241   Aus dem Gutachten von Julius Wagner-Jauregg über Freud, 1919

Dieses Gutachten lag einem Schreiben bei, das die medizinische Fakultät der Universität Wien am 23. Juli 1919 an das Unterrichtsamt schickte und in dem sie die Verleihung des Titels eines o. Professors an Freud beantragte.[1]

Freud ist außerdem nicht auf medizinisch-psychologischem Gebiete stehen geblieben, sondern war bestrebt, von einer Theorie ausgehend auch in andere Gebiete der Geisteswissenschaften einzudringen, um teils Bestätigungen seiner Ansichten, teils Erklärungen von Erscheinungen auf diesem fremden Gebiete zu gewinnen.

Wenn Freuds Theorien auch in vielen Punkten heftige Bekämpfung gefunden haben, hat er doch andererseits auch im In- und Ausland zahlreiche Anhänger seiner Lehren und Mitarbeiter gefunden. Und sollten seine Lehren auch im weiteren Fortschreiten der Wissenschaft in ihrer absoluten Fassung nicht aufrecht erhalten bleiben oder Einschränkungen erleiden; sollte vor Allem die am Meister behauptete therapeutische Richtung, die Freud auf Grund einer Theorie aufgestellt hat, fallen gelassen werden, so sind doch im Gebäude seiner Lehren so viele geistreiche und wertvolle Bausteine enthalten, nicht bloße Hypothesen sondern auch wertvolle Beobachtungen und Auffassungen von Zusammenhängen, dass man dem Wirken Freud's auch vom teilweise oppositionellen Standpunkte aus die Anerkennung nicht versagen kann.

Das geschilderte Wirken Prof. Freud's erstreckt sich über einen Zeitraum von 24 Jahren; Freud hat bereits ein Alter von 63 Jahren erreicht.

Es kann daher gewiss nicht als voreilig bezeichnet werden, wenn beantragt wird, dem verdienstlichen Wirken Freud's durch den Antrag, ihn mit dem Titel eines Professor Ordinarius auszuzeichnen, die Anerkennung der Fakultät auszusprechen.

Wien, 6. VII. 1919.

Prof. Wagner-Jauregg

Staatsamt
für Inneres und Unterricht.

Unterrichtsamt.

Wien, am 7.Jänner 1920.

ad Z.17712/19-Abt. 2

Universität Wien,mediz.Fakultät,
a.o.Professoren Dr.Adolf Lorenz,
Dr.Hubert Peters und Dr.Gustav
Alexander,Titel und Charakter eines
ord.Uni.Professors,tit.a.o.Univ.
Professoren,Privatdozenten Dr.Sieg-
mund Freud und Dr.Leopold Réthi,
Titel eines ord.Univ.Professors.
ad Z. 1957 vom 22.Juli 1919,
ad Z.1453 vom 17.Mai 1919,
ad Z.2005 und Z.1959 vom 23.Juli 1919 und
ad Z.1958 vom 24.Juli 1919.

An

das D e k a n a t der medizinischen Fakultät

der Universität

in

W i e n .

Der Präsident der Nationalversammlung hat am 23.De-
zember 1919 den ausserordentlichen Professoren an der Universität in Wien,Regierungsrat Dr.Adolf L o r e n z, Dr.
Hubert P e t e r s und Dr.Gustav A l e x a n d e r den
Titel und Charakter eines ordentlichen Universitätsprofessors,ferner an der genannten Universität den mit dem
Titel eines ausserordentlichen Universitätsprofessors be-
kleideten Privatdozenten Dr.Siegmund F r e u d und Dr.
Leopold R é t h i den Titel eines ordentlichen Universitätsprofessors verliehen.

**242 Verleihung der Titular-
professur, 1920**
In Wahrheit war ich niemals
ordentlicher Professor der
Neurologie, sondern immer
nur Privatdozent, erhielt den
Titel[1] eines außerordentlichen
1902, den Titel eines ordentlichen 1920, habe meine
Lehrtätigkeit niemals nieder-
gelegt, sondern zweiunddreißig Jahre lang brav doziert
und dann endlich meine freien
Vorlesungen im Jahre 1918
eingestellt.
*Brief an Oskar Pfister
vom 9.6.1924.*

**243 Nach Kriegsende:
Mit Ernest Jones, 1919**
Die elenden Zustände in
dieser Stadt, die Unmöglich-
keit, sich zu ernähren und
zu erhalten, die Anwesenheit
von Jones, Ferenczi und
Freund, die notwendigen
Konferenzen und Entschlie-
ßungen und die dabei zögernd
einsetzende Analysentätigkeit
(5 Stunden = 500 K[ronen])
ergeben eine kräftige Gegenwart [...].
*Brief an Karl Abraham
vom 3.10.1919.*

244 Mit Tochter Sophie
Du weißt, wie groß unser
Schmerz ist, wir wissen, wie
weh Dir zumut sein muß;
ich mache keinen Versuch,
Dich zu trösten, wie Du nichts
für uns tun kannst. [...]
Wozu schreibe ich Dir also?
Ich glaube, nur weil wir nicht
beisammen sind und in dieser
elenden Zeit von Gefangen-
schaft[1] nicht zueinander
kommen können, so daß
ich zu Dir nicht die Dinge
sagen kann, die ich gegen
Mutter und Geschwister wie-
derhole, daß es ein sinnloser,
brutaler Akt des Schicksals
ist, der uns unsere Sophie
geraubt hat, etwas wobei
man nicht anklagen und nach-
grübeln kann, sondern das
Haupt beugen muß unter
dem Streich, als hilfloser,
armer Mensch, mit dem hö-
here Gewalten spielen.
*Brief an Max Halberstadt
vom 25.1.1920.*

*Sophie Freud-Halberstadt,
die Freud sein »Sonntagskind«
zu nennen pflegte, war am
25. Januar 1920, erst 27jährig,
an einer schweren Grippe
unerwartet gestorben. Sie hinterließ einen sechsjährigen
und einen dreizehn Monate
alten Sohn.[2]*

245   Freud, etwa 1921
Mein Interesse ermüdet so
leicht, d. h. es wendet sich
so gern von der Gegenwart
ab, will sich gern anders bin-
den lassen, und etwas sträubt
sich in mir gegen den Zwang,
immer noch viel Geld zu
verdienen [...]. Sonderbare
geheime Sehnsüchte steigen
in mir auf, vielleicht aus der
Erbschaft der Ahnen, nach
dem Orient und dem Mittel-
meer und einem Leben ganz
anderer Art, spätkindische
Wünsche, unerfüllbar und
der Wirklichkeit unangepaßt,
wie um eine Lockerung des
Verhältnisses zu ihr anzudeu-
ten.
Brief an Sándor Ferenczi
vom 30.3.1922.

**246   Erstdruck von ›Jenseits
des Lustprinzips‹, 1920**
Ich habe mir jetzt als Alten-
teil das Thema des Todes
ausgewählt [...].
Brief an Lou Andreas-Salomé
vom 1.8.1919.

Verweilen wir kurz bei dieser
exquisit dualistischen Auffassung des Trieblebens. Nach
der Theorie E. Herings von
den Vorgängen in der lebenden Substanz laufen in ihr
unausgesetzt zweierlei Prozesse entgegengesetzter
Richtung ab, die einen auf-
bauend – assimilatorisch,
die anderen abbauend – dis-
similatorisch. Sollen wir es
wagen, in diesen beiden Richtungen der Lebensprozesse
die Betätigung unserer beiden
Triebregungen, der Lebens-
triebe und der Todestriebe,
zu erkennen?
›Jenseits des Lustprinzips‹.

**247   Auf dem Sechsten In-
ternationalen Psychoanalytischen Kongreß, 1920**
Der Weltkrieg, der so viele
andere Organisationen zerstört hat, konnte unserer
›Internationalen‹ nichts anhaben. Die erste Zusammen-
kunft nach dem Kriege fand
1920 im Haag statt, auf neu-
tralem Boden. Es war rüh-
rend, wie holländische Gast-
freundschaft sich der verhun-
gerten und verarmten Mittel-
europäer annahm, es geschah
auch meines Wissens damals
zum ersten Male in einer
zerstörten Welt, daß Engländer und Deutsche sich wegen
wissenschaftlicher Interessen
freundschaftlich an denselben
Tisch setzten.
›Selbstdarstellung‹.

Freud mit Anna und Rank.
Der Kongreß dauerte vom
8. bis 11. September.

**248   Mit Anna auf dem
Haager Kongreß**

MASSENPSYCHOLOGIE
UND
ICH-ANALYSE

VON

PROF. SIGM. FREUD

INTERNATIONALER
PSYCHOANALYTISCHER VERLAG G. M. B. H.
LEIPZIG   WIEN   ZÜRICH
1921

Das Ich und das Es

von

Sigm. Freud

1.—8. Tausend

1923
Internationaler Psychoanalytischer Verlag
Leipzig   Wien   Zürich

**249 Erstdruck von
›Massenpsychologie und
Ich-Analyse‹, 1921**
Die Massenpsychologie be-
handelt also den einzelnen
Menschen als Mitglied eines
Stammes, eines Volkes, einer
Kaste, eines Standes, einer
Institution oder als Bestandteil eines Menschenhaufens,
der sich zu einer gewissen
Zeit für einen bestimmten
Zweck zur Masse organisiert.
Nach dieser Zerreißung eines
natürlichen Zusammenhanges
lag es dann nahe, die Erscheinungen, die sich unter diesen
besonderen Bedingungen
zeigen, als Äußerungen eines
besonderen, weiter nicht zu-
rückführbaren Triebes anzusehen, des sozialen Triebes
– *herd instinct, group mind* –,
der in anderen Situationen
nicht zum Ausdruck kommt.
›*Massenpsychologie und Ich-
Analyse*‹.

**250 Erstdruck von
›Das Ich und das Es‹, 1923**
Es gibt zwei Wege, auf denen
der Inhalt des Es ins Ich eindringen kann. Der eine ist der
direkte, der andere führt über
das Ichideal [...]. Das Ich
entwickelt sich von der
Triebwahrnehmung zur
Triebbeherrschung, vom
Triebgehorsam zur Trieb-
hemmung. An dieser Leistung
hat das Ichideal, das ja zum
Teil eine Reaktionsbildung
gegen die Triebvorgänge
des Es ist, seinen starken
Anteil. Die Psychoanalyse
ist ein Werkzeug, welches
dem Ich die fortschreitende
Eroberung des Es ermögli-
chen soll.
Aber anderseits sehen wir
dasselbe Ich als ein armes Ding,
welches unter dreierlei
Dienstbarkeiten steht und
demzufolge unter den Dro-
hungen von dreierlei Gefahren leidet, von der Außenwelt
her, von der Libido des Es
und von der Strenge des
Über-Ichs.
›*Das Ich und das Es*‹.

**251 Werbeschrift für
einen Film über Psycho-
analyse**
[...] die Verfilmung läßt
sich so wenig vermeiden wie,
scheint es – der Bubikopf,
aber ich lasse mir selbst keinen schneiden und will auch
mit keinem Film in persönliche Verbindung gebracht
werden.
*Brief an Sándor Ferenczi
vom 14. 8. 1925.*

*Gemeint ist der Film ›Geheim-
nisse einer Seele‹, den 1925
der Filmregisseur G. W. Pabst
mit Unterstützung von Psychoanalytikern geschaffen hatte.
Freud ablehnend: »Mein
Haupteinwand bleibt, daß ich
es nicht für möglich halte,
unsere Abstraktionen in
irgendwie respektabler Weise
plastisch darzustellen.«[1] Karl
Abraham und Hanns Sachs
aber kooperierten. Sachs insbesondere verband in seiner
Quasi-Werbeschrift ›Psychoanalyse. Rätsel des Unbe-
wußten‹ seine Beschreibung
psychoanalytischer Kern-
konzepte mit der optischen
Verkörperung, die sie in jenem
Film fanden.*

252   Freud, 1922

Über mein Leiden und Ope-
ration ist nichts zu sagen
[. . .]. Die Unsicherheit, die
eben über einem Mann von
siebenundsechzig Jahren
schwebt, hat nun einen mate-
riellen Ausdruck gefunden.
Es geht mir nicht sehr nahe;
man wird sich eine Weile
mit den Mitteln der modernen
Medizin wehren und sich
dann der Mahnung von Ber-
nard Shaw erinnern: »Don't
try to live for ever, you will
not succeed.«
*Brief an Kata und Lajos Levy
vom 11.6.1923.*

*Seit April 1923 stand, nach
der Entfernung einer Gau-
mengeschwulst, fest, daß Freud
an Krebs litt, jener schweren
Krankheit*[1]*, an der er nach
vielen weiteren Operationen
1939 starb.*

253   Mit Enkelin Eva
Sonst widmete ich die Zeit
meinen großen und kleinen
Kindern.
*Brief an Sándor Ferenczi
vom 2.1.1927.*

Tochter seines Sohnes Oliver.

254   Mit Heinz und Ernst

*Söhne seiner verstorbenen
Tochter Sophie.*

255   Mit Stephan Gabriel

*Erstgeborener Sohn seines
Sohnes Ernst.*

**256   Stephan Gabriel, Lucian
Michael und Clemens Ra-
phael**

*Kinder seines Sohnes Ernst;
Lucian Freud erlangte als
Maler später Weltruhm.*

257   Anton Walter und Sophie

Kinder seines Sohnes Martin.

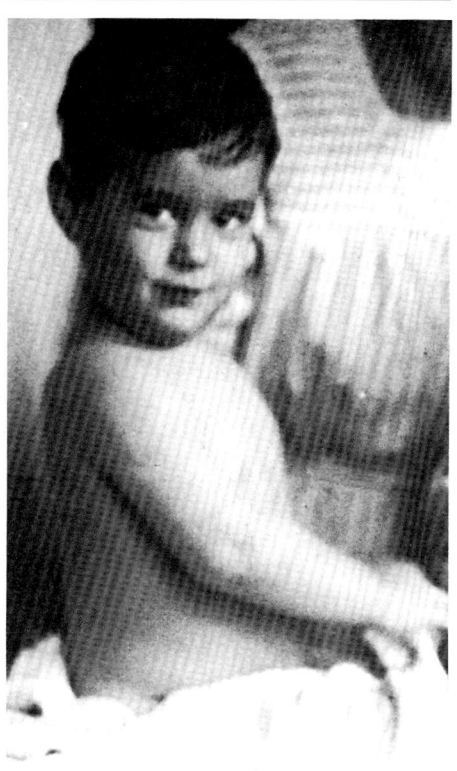

258   Heinele

Wir haben doch von Hamburg den jüngeren Sohn von Sophie mitgebracht[1], Heinele [. . .] ein entzückender Kerl, und ich selbst wußte, daß ich kaum je einen Menschen, gewiß nie ein Kind, so lieb gehabt wie ihn. Leider war er sehr schwächlich, eigentlich nie fieberfrei, eines jener Kinder, deren geistige Entwicklung auf Kosten ihres körperlichen Gedeihens erfolgt ist. [. . .] Dieses Heinele ist uns jetzt vor vierzehn Tagen neuerdings erkrankt [. . .] lange Zeit keine Diagnose, und endlich mit wachsender Sicherheit die Erkenntnis, daß es eine Miliartuberkulose ist, das Kind also verloren. [. . .] Diesen Verlust vertrage ich so schlecht, ich glaube, ich habe nie etwas Schwereres erlebt, vielleicht wirkt die Erschütterung durch meine eigene Erkrankung mit. Ich mache meine Arbeit notgedrungen, im Grund ist mir alles entwertet.
Brief an Kata und Lajos Levy vom 11.6.1923.

Heinz Rudolf Halberstadt, 1919-1923.

259 Karl Abraham[1]

Ich kann nur wiederholen, was Sie gesagt haben, Abrahams Tod ist vielleicht der größte Verlust, der uns treffen konnte, und er hat uns getroffen. Ich nannte ihn in Briefen scherzhaft meinen ›rocher de bronze‹, ich fühlte mich sicher in dem absoluten Zutrauen, das er mir – wie allen anderen – einflößte. In dem kurzen Nachruf für die Zeitschrift[2] [. . .] wendete ich auf ihn das Wort des Horaz an

    Integer vitae
    scelerisque purus.

Übertreibungen des Todes wegen sind mir immer besonders peinlich gewesen, ich war vorsichtig, sie zu vermeiden, aber bei diesem Zitat hatte ich die Empfindung, wahrhaft zu sein. Wer [. . .] geahnt hätte, daß er der erste sein würde, dieses unvernünftige Leben zu verlassen! – Wir müssen weiter arbeiten und zusammenhalten. Persönlich ersetzt uns niemand den Verlust, aber für die Arbeit darf niemand unersetzlich sein. Ich werde bald wegfallen, viel später erst hoffentlich die anderen, aber das Werk muß fortgesetzt werden, gegen dessen Größe wir alle mitsammen klein sind.
*Brief an Ernest Jones
vom 30.12.1925.*

Abraham war am 25. Dezember 1925, erst 48jährig, gestorben.[3]

260 Hans Pichler
So kann ich Ihnen aber mitteilen, daß ich wieder sprechen, kauen und arbeiten
kann, ja selbst Rauchen ist
gestattet – in einer gewissen,
mäßigen, vorsichtigen, sozusagen kleinbürgerlichen Weise.
Brief an Lou Andreas-Salomé
vom 10.5.1923.

Hans Pichler, 1877-1949,
Kieferchirurg, Professor an
der Universität Wien. Er be-
handelte Freud von 1923
bis 1938, operierte ihn ein
letztes Mal 1938 in London.

261 Max Schur
Ich will nur sagen, daß ich
nicht daran vergesse, wie
oft Ihre Diagnosen bei mir
recht behalten haben, und
daß ich Ihnen darum ein
gefügiger Patient bin, auch
wenn es mir nicht leicht wird.
Brief an Max Schur
vom 28.6.1930.

Max Schur, 1897-1969, Wie-
ner Internist, später Psycho-
analytiker in New York. Er
betreute Freud von 1928 bis
zum Ende. [1]

262 Freuds Mutter und Schwestern, 1925

Der Verlust der Mutter muß etwas ganz Merkwürdiges, mit anderem Unvergleichbares sein und Erregungen erwecken, die schwer zu fassen sind. Ich habe selbst noch meine Mutter, und sie sperrt mir den Weg zur ersehnten Ruhe, zum ewigen Nichts; ich könnte es mir gewissermaßen nicht verzeihen, daß ich vor ihr sterben sollte. *Brief an Max Eitingon vom 1.12.1929.*

Bei der Feier des 90. Geburtstags von Amalie Freud (18. 8. 1925). In der vorderen Reihe von links nach rechts: Rosa Graf, Amalie Freud, Anna Bernays; dahinter: Paula Winternitz, Adolfine Freud, Marie Freud. – Anna Bernays war bereits 1892 mit ihrem Mann in die Vereinigten Staaten ausgewandert. Die vier anderen Schwestern, die bei Freuds Emigration in Wien zurückblieben, wurden 1942 zunächst nach Theresienstadt deportiert. Dort kam im selben Jahr Adolfine Freud zu Tode; Marie Freud, Rosa Graf und Paula Winternitz sind, gleichfalls noch 1942, in Treblinka ermordet worden.

263 Aus Freuds Antiquitätensammlung

Ärgerlich und lächerlich ist mir ein Verlesen, dem ich sehr häufig unterliege, wenn ich in den Ferien in den Straßen einer fremden Stadt spaziere. Ich lese dann jede Ladentafel, die dem irgendwie entgegenkommt, als *Antiquitäten*. Hierin äußert sich die Abenteuerlust des Sammlers.
›*Zur Psychopathologie des Alltagslebens*‹.

[. . .] daß ich bei aller gerühmten Anspruchslosigkeit viel Opfer für meine Sammlung griechischer, römischer und ägyptischer Antiquitäten gebracht und eigentlich mehr Archäologie als Psychologie gelesen habe [. . .].
Brief an Stefan Zweig vom 7. 2. 1931.

264 Tarockkarte

[. . .] aber Samstag abends nach elfstündiger Analysenarbeit und am Ende einer Woche ohne Sonntag bin ich nicht zu gebrauchen und tue gut, Karten spielen zu gehen.
Brief an Sándor Ferenczi vom 24. 5. 1913.

In Österreich besonders beliebtes Kartenspiel, das Freud von seinen Studentenjahren bis ins hohe Alter spielte.

265 Aus Freuds Bibliothek

Mein Vater machte sich einmal den Scherz, mir und meiner ältesten Schwester ein Buch mit farbigen Tafeln [. . .] zur Vernichtung zu überlassen. [. . .] Ich war damals fünf Jahre, die Schwester unter drei Jahren alt, und das Bild, wie wir Kinder überselig dieses Buch zerpflücken [. . .], ist nahezu das einzige, was mir aus dieser Lebenszeit in plastischer Erinnerung geblieben ist. Als ich dann Student wurde, entwickelte sich bei mir eine ausgesprochene Vorliebe, Bücher zu sammeln und zu besitzen [. . .]. Ich wurde ein Bücherwurm [. . .]. Ich habe diese erste Leidenschaft meines Lebens, seitdem ich über mich nachdenke, immer auf diesen Kindereindruck zurückgeführt, oder vielmehr, ich habe erkannt, daß diese Kinderszene eine »Deckerinnerung« für meine spätere Bibliophilie ist. [. . .] Als ich siebzehn Jahre alt war, hatte ich ein ansehnliches Konto beim Buchhändler und keine Mittel, es zu begleichen, und mein Vater ließ es kaum als Entschuldigung gelten, daß sich meine Neigungen auf nichts Böseres geworfen hatten.
›*Die Traumdeutung*‹.

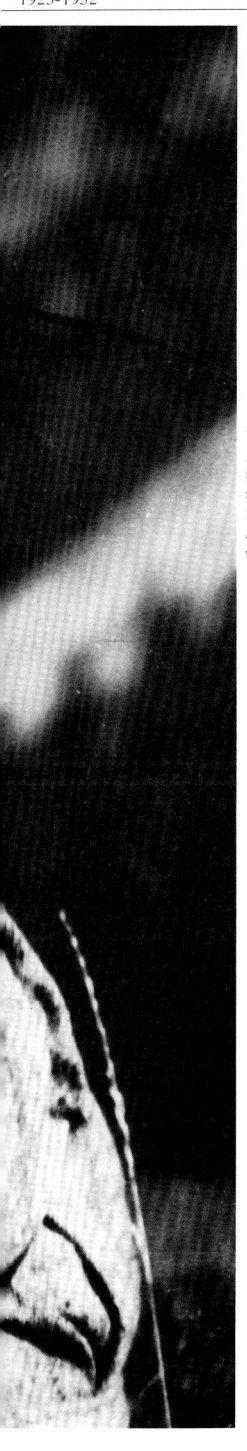

266 In den Bergen, 1925
Mir gefällt es nicht mehr
intensiv genug. Eine Kruste
von Unempfindlichkeit um-
zieht mich langsam; was ich
klaglos konstatiere. Es ist
auch ein natürlicher Ablauf,
eine Art des Beginns, anorga-
nisch zu werden. Die ›Abge-
klärtheit des Alters‹ heißt
man es, glaube ich. Es muß
wohl mit einer entscheidenden
Wendung in der Relation
der beiden von mir supponier-
ten Triebe zusammenhängen.
Die Änderung dabei ist vielleicht nicht sehr auffällig,
alles ist interessevoll geblieben, was früher so war, auch
die Qualitäten sind nicht
viel anders, aber es fehlt ir-
gendein Nachhall; ich unmusikalischer Mensch stelle mir
so den Unterschied vor, ob
man das Pedal tritt oder nicht.
Brief an Lou Andreas-Salomé
vom 10.5.1925.

267 Am Semmering
Ich habe meine Abhängigkeit
vom Atelier meines Arztes[1]
doch zu deutlich erkannt,
um mich so weit von ihm
zu entfernen, und habe *Villa
Schüler* nächst dem Südbahn-
hof *Semmering* gemietet,
von wo aus ich an einem
Tag bequem in Wien und
zurück sein kann.
Brief an Karl Abraham
vom 4.7.1924.

Für die Familienferien wurden
zumeist Orte in Bayern oder
Österreich ausgewählt, bis
Freuds schwere Erkrankung
eine größere Entfernung von
Wien nicht mehr zuließ. Von
1924 an verbrachte die Fami-
lie fünf Sommer am Semme-
ring.

SIGM. FREUD
GESAMMELTE SCHRIFTEN
11 Bände in Lexikonformat

Unter Mitwirkung des Verfassers, herausgegeben
von Anna Freud und A. J. Storfer

In Ganzleinen M 220.—, Halbleder M 280.—

Hermann Hesse in den ›Neuen Rundschau‹:
Eine große, schöne Gesamtausgabe, ein wichtiges und verdienstvolles Werk wird da schön durchgeführt. Es sei diese Ausgabe des Gesamtwerkes herzlich begrüßt.

Prof. Raymund Schmidt in den ›Annalen der Philosophie‹:
Druck und Ausstattung sind geradezu aufregend schön.

Dr. Max Marcuse in der ›Zeitschrift für Sexualwissenschaft‹:
Nur mit tiefer Bewegung wird man sich klar, daß es hier galt, das Lebenswerk Freuds, das fortan nicht nur die Geschichte der Medizin, sondern schlechthin der Wissenschaftsgeschichte angehört, abzuschließen und in der endgültigen Fassung der Nachwelt zu vermachen.

Prof. Isserlin im ›Zentralblatt für die gesamte Neurologie und Psychiatrie‹:
Es ist ungewöhnlicher und außerordentlicher Eindruck, den man erhält ... Die Ausstattung der Bände ist vornehm.

Verlangen Sie ausführliche Prospekte von:
Internationaler Psychoanalytischer Verlag
Wien, I., Börsegasse 11

Hemmung, Symptom
und Angst

von

Sigm. Freud

1926
Internationaler Psychoanalytischer Verlag
Leipzig   Wien   Zürich

---

268   Verlagsanzeige der ›Gesammelten Schriften‹, 1925

1924 hatte der Internationale Psychoanalytische Verlag den ersten Band der insgesamt 12bändigen ›Gesammelten Schriften‹ herausgebracht. Dies ist die erste große deutsche Freud-Ausgabe. Ihre Bestände sind später großenteils von den Nazis eingestampft worden.

269   Erstdruck von ›Hemmung, Symptom und Angst‹, 1926

Von mir wird gegenwärtig eine Broschüre ›Hemmung, Symptom und Angst‹ gedruckt. Sie rüttelt an manchem Hergebrachten und will Dinge wieder flüssig machen, die bereits erstarrt schienen. [...] Es wäre aber Vermessenheit zu glauben, daß es mir diesmal gelungen ist, das Problem, welches uns die Verknüpfung der Angst mit der Neurose vorlegt, endgültig zu lösen.
Brief an Oskar Pfister vom 3.1.1926.

270   Mitteilungen der Loge B'nai B'rith anläßlich des 70. Geburtstags von Freud, 1926

Dank für die Ehren, die Sie mir heute erwiesen haben! [...] Ich möchte Ihnen kurz mitteilen, wie ich B. B. geworden bin und was ich bei Ihnen gesucht habe.[1] Es geschah in den Jahren nach 1895, daß zwei starke Eindrücke bei mir zur gleichen Wirkung zusammentrafen. Einerseits hatte ich die ersten Einblicke in die Tiefen des menschlichen Trieblebens gewonnen, manches gesehen, was ernüchtern, zunächst sogar erschrecken konnte, anderseits hatte die Mitteilung meiner unliebsamen Funde den Erfolg, daß ich den größten Teil meiner damaligen menschlichen Beziehungen einbüßte; ich kam mir vor wie geächtet, von allen gemieden. In dieser Vereinsamung erwachte in mir die Sehnsucht nach einem Kreis von auserlesenen, hochgestimmten Männern, die mich ungeachtet meiner Verwegenheit freundschaftlich aufnehmen sollten. Ihre Vereinigung wurde mir als der Ort bezeichnet, wo solche Männer zu finden seien. [...] Es kam ja gar nicht in Frage, daß ich Sie von meinen neuen Lehren überzeuge, aber zu einer Zeit, da in Europa niemand auf mich hörte und ich auch noch in Wien keine Schüler hatte, schenkten Sie mir eine wohlwollende Aufmerksamkeit. Sie waren mein erstes Auditorium.
Ansprache an die Mitglieder des Vereins B'nai B'rith vom 6.5.1926.

271   Radierung von Ferdinand Schmutzer

Was mich ans Judentum band, war – ich bin schuldig, es zu bekennen – nicht der Glaube, auch nicht der nationale Stolz, denn ich war immer ein Ungläubiger, bin ohne Religion erzogen worden, wenn auch nicht ohne Respekt vor den »ethisch« genannten Forderungen der menschlichen Kultur. Ein nationales Hochgefühl habe ich, wenn ich dazu neigte, zu unterdrücken mich bemüht, als unheilvoll und ungerecht, erschreckt durch die warnenden Beispiele der Völker, unter denen wir Juden leben. Aber es blieb genug anderes übrig, was die Anziehung des Judentums und der Juden unwiderstehlich machte, viele dunkle Gefühlsmächte, um so gewaltiger, je weniger sie sich in Worten erfassen ließen, ebenso wie die klare Bewußtheit der inneren Identität, die Heimlichkeit der gleichen seelischen Konstruktion. Und dazu kam bald die Einsicht, daß ich nur meiner jüdischen Natur die zwei Eigenschaften verdanke, die mir auf meinem schwierigen Lebensweg unerläßlich geworden waren. Weil ich Jude war, fand ich mich frei von vielen Vorurteilen, die andere im Gebrauch ihres Intellekts beschränkten, als Jude war ich dafür vorbereitet, in die Opposition zu gehen und auf das Einvernehmen mit der »kompakten Majorität« zu verzichten.
Ansprache an die Mitglieder des Vereins B'nai B'rith vom 6.5.1926.

272 Freud, 1928
Wenn man, was heute noch
phantastisch klingen mag,
eine psychoanalytische Hoch-
schule zu gründen hätte, so
müßte an dieser vieles gelehrt
werden, was auch die medizinische Fakultät lehrt: neben
der Tiefenpsychologie, die
immer das Hauptstück bleiben
würde, eine Einführung in
die Biologie, in möglichst
großem Umfang die Kunde
vom Sexualleben, eine Be-
kanntheit mit den Krank-
heitsbildern der Psychiatrie.
Anderseits würde der analytische Unterricht auch Fächer
umfassen, die dem Arzt ferne
liegen und mit denen er in
seiner Tätigkeit nicht zusam-
menkommt: Kulturgeschichte,
Mythologie, Religionspsychologie und Literaturwissen-
schaft. Ohne eine gute Orientierung auf diesen Gebieten
steht der Analytiker einem
großen Teil seines Materials
verständnislos gegenüber.
Dafür kann er die Haupt-
masse dessen, was die medizinische Schule lehrt, für seine
Zwecke nicht gebrauchen.
›Die Frage der Laienanalyse‹.

**273 Veranstaltungen des
Wiener psychoanalytischen
Lehrinstituts**
Es gibt derzeit zwei Institute,
an denen Unterricht in der
Psychoanalyse erteilt wird.
Das erste in Berlin hat Dr.
Max Eitingon der dortigen
Vereinigung eingerichtet.
Das zweite¹ erhält die ›Wie-
ner Psychoanalytische Verei-
nigung‹ aus eigenen Mitteln
unter beträchtlichen Opfern.
Die Anteilnahme der Behör-
den erschöpft sich vorläufig
in den mancherlei Schwierig-
keiten, die sie dem jungen
Unternehmen bereiten.
›Die Frage der Laienanalyse‹.

[. . .] Institutionen, die psychoanalytische Behandlung
auch der arbeitenden, unbe-
mittelten Bevölkerung zu-
gänglich machen.
›Psycho-Analysis‹.

**274 Fahnenkorrektur der
Arbeit über ›Fetischismus‹,
1927**

LEHRINSTITUT DER WIENER PSYCHOANALYTISCHEN VEREINIGUNG

Das LEHRINSTITUT DER WIENER PSYCHOANALYTISCHEN
VEREINIGUNG veranstaltet im Wintersemester 1926/27 folgende Kurse:

I) Fach und Ausbildungskurse:

1. *Dr. E. Hitschmann:* Einführung in die Psychoanalyse. 10 Stunden.
   Beginn Samstag, den 30. Oktober, 7 Uhr abends.
2. *Dr. Paul Federn:* Seminar zur gemeinsamen Lektüre der
   metapsychologischen Schriften Freuds. Beginn Montag, den
   18. Oktober, 8 Uhr abends.
3. *Prof. Dr. Paul Schilder:* Psychoanalytische Vorweisungen.
   Großer Hörsaal der Klinik Wagner-Jauregg, Samstag 7—9. Beginn Oktober.
4. *Anna Freud:* Zur Technik der Kinderanalyse und ihrer
   Abgrenzung gegen die Analyse der Erwachsenen. Beginn
   Montag, den 8. November, 8 Uhr abends.
5. *Dr. H. Nunberg:* Allgemeine Neurosenlehre. 25 Stunden.
   Beginn im November.
6. *Dr. Wilhelm Hoffer:* Was bietet die Psychoanalyse dem
   Erzieher? (Einführungskurs.) 10 Stunden. Beginn Mitte November.
7. *Dr. W. Reich:* Spezielle Neurosenlehre. 12 Stunden. Beginn
   Donnerstag, den 13. Januar, 7 Uhr abends.
8. *Dr. Helene Deutsch:* Schwierigkeiten des weiblichen Seelenlebens (typische Neurosen mit besonderer Berücksichtigung der Fort-
   pflanzungsfunktionen). 8 Stunden. Beginn Dienstag, den 11. Januar,
   7 Uhr abends.
9. *Dr. Theodor Reik:* Psychoanalyse der Religion. I. Das Dogma.
   12 Stunden. Beginn Dienstag, den 8. Februar, 8 Uhr abends.

II) Praktische Übungen für Ausbildungskandidaten.

Am Ambulatorium der Wiener Psychoanalytischen Vereinigung: *Dr. E.
Hitschmann* und *Dr. W. Reich:* Seminar für psychoanalytische Therapie.

•

Bei genügender Beteiligung werden im Herbst 1926 folgende englische Kurse
abgehalten:

a) *Dr. Paul Federn:* Introduction into Psycho-Analysis for Physicians.
b) *Dr. Paul Federn:* Principles of Psycho-Analytic Therapy.
c) Docent *Dr. Felix Deutsch:* What ought the Practitioner to know about
   Psycho-Analysis?

Ort: Vortragssaal des Lehrinstituts, Wien, IX., Pelikangasse 18.
Honorar: öst. Schilling 1·50 pro Stunde. Ermäßigungen werden fallweise gewährt.
Auskunft über Fragen des theoretischen Unterrichts und der praktischen
Ausbildung in der Psychoanalyse bei der Vorsitzenden des Lehrinstituts, Frau
Dr. Helene Deutsch, Wien, I., Wollzeile 33, jeden Mittwoch von 2—5 Uhr nach-
mittags.

63

Fetischismus

Von

Sigm. Freud

In den letzten Jahren hatte ich Gelegenheit, eine Anzahl von Männern, deren Objektwahl von einem Fetisch
beherrscht war, analytisch zu studieren. Man braucht nicht
zu erwarten, daß diese Personen des Fetisch wegen die Analyse
aufgesucht hatten, denn der Fetisch wird wohl von seinen Anhängern als eine Abnormität erkannt, aber nur selten als ein
Leidenssymptom empfunden, meist sind sie mit ihm recht
zufrieden oder loben sogar die Erleichterungen, die er ihrem
Liebesleben bietet. Der Fetisch spielte also in der Regel
die Rolle eines Nebenbefundes.

Die Einzelheiten dieser Fälle entziehen sich aus nahe-
liegenden Gründen der Veröffentlichung. Ich kann darum
auch nicht zeigen, in welcher Weise zufällige Umstände
zur Auswahl des Fetisch beigetragen haben. Am merk-
würdigsten erschien ein Fall, in dem ein junger Mann
einen gewissen „Glanz auf der Nase" zur fetischistischen
Bedingung erhoben hatte. Das fand seine überraschende
Aufklärung durch die Tatsache, daß der Patient eine englische Kinderstube gehabt hatte, dann aber nach Deutschland gekommen war, wo er seine Muttersprache fast vollkommen vergaß. Der aus den ersten Kinderzeiten stammende
Fetisch war nicht deutsch, sondern englisch zu lesen, der
„Glanz auf der Nase" war eigentlich ein „Blick auf die
Nase" (glance = Blick), die Nase war also der Fetisch, dem
er übrigens nach seinem Belieben jenes besondere Glanz-
licht verlieh, das andere nicht wahrnehmen konnten.

Die Auskunft, welche die Analyse über Sinn und Absicht des Fetisch gab, war in allen Fällen die nämliche.
Sie ergab sich so ungezwungen und erschien mir so zwingend,
daß ich bereit bin, dieselbe Lösung allgemein für alle Fälle
von Fetischismus zu erwarten. Wenn ich nun mitteile, der
Fetisch ist ein Penisersatz, so werde ich gewiß Enttäuschung
hervorrufen. Ich beeile mich darum hinzuzufügen, nicht
der Ersatz eines beliebigen, sondern eines bestimmten, ganz
besonderen Penis, der in frühen Kinderjahren eine große
Bedeutung hat, aber später verloren geht. Das heißt: er
sollte normalerweise aufgegeben werden, aber gerade der
Fetisch ist dazu bestimmt, ihn vor dem Untergang zu be-
hüten. Um es klarer zu sagen, der Fetisch ist der Ersatz
für den Phallus des Weibes (der Mutter) an den das Knäblein
geglaubt hat und auf den es — wir wissen warum — nicht
verzichten will.

Der Hergang war also der, daß der Knabe sich geweigert
hat, die Tatsache seiner Wahrnehmung, daß das Weib keinen
Penis besitzt, zur Kenntnis zu nehmen. Nein, das kann nicht
wahr sein, denn wenn das Weib kastriert ist, ist sein eigener
Penisbesitz bedroht, und dagegen sträubt sich ein Stück
Narzißmus, mit dem die Natur vorsorglich gerade dieses
Organ ausgestattet hat. Eine ähnliche Panik wird vielleicht
der Erwachsene später erleben, wenn der Schrei ausgegeben
wird, Thron und Altar sind in Gefahr, und sie wird zu
ähnlich unlogischen Konsequenzen führen. Wenn ich nicht
irre, würde Laforgue in diesem Falle sagen, der Knabe
skotomisiert die Wahrnehmung des Penismangels beim
Weibe. Ein neuer Terminus ist dann berechtigt, wenn
er einen neuen Tatbestand beschreibt oder heraushebt. Das
liegt hier nicht vor; das älteste Stück unserer psychoanalytischen Terminologie, das Wort „Verdrängung" bezieht

276   Thomas Mann
Ich bin einer Ihrer ›ältesten‹
Leser und Bewunderer [. . .].
Im Namen von Ungezählten
Ihrer Zeitgenossen darf ich
unserer Zuversicht Ausdruck
geben, Sie würden nie etwas
tun oder sagen – die Worte
des Dichters sind ja Taten –,
was feig oder niedrig ist, Sie
werden auch in Zeiten und
Lagen, die das Urteil verwir-
ren, den rechten Weg gehen
und ihn anderen weisen.
Brief an Thomas Mann
vom 6.6.1935.

Die wohltuenden persönlichen
Eindrücke von Ihrem letzten
Besuch in Wien[1] tauchen
immer wieder in meiner Erinnerung auf. Unlängst legte
ich Ihren neuen Band der
Josefsgeschichte[2] aus der
Hand, mit dem wehmütigen
Gedanken, daß dieses schöne
Erlebnis jetzt vorüber ist
und daß ich die Fortsetzung
wahrscheinlich doch nicht
werde lesen können.
Brief an Thomas Mann
vom 29.11.1936.

275   Albert Einstein
Ja, mit Einstein habe ich
[. . .] zwei Stunden verplau-
dert [. . .]. Er ist heiter, sicher
und liebenswürdig, versteht
von Psychologie soviel wie
ich von Physik, und so haben
wir uns sehr gut gesprochen.
Brief an Sándor Ferenczi
vom 2.1.1927.

Sie haben den Völkerbund
und mich mit einer wahrhaft
klassischen Antwort[1] be-
glückt. Als ich Ihnen schrieb,
war ich ganz durchdrungen
von der Belanglosigkeit meines
Schreibens, das nichts sein
sollte als eine Dokumentie-
rung des guten Willens, und
ich der Wurm an der Angel,
der den wunderbaren Fisch
zum Anbeißen bewegen sollte.
Brief Albert Einsteins an
Freud vom 3.12.1932.

277 Franz Werfel
Die halbe Stunde, die ich
jüngst in Ihrer Gegenwart
verbringen durfte, war ein
starkes Erlebnis für mich,
das lange noch in mir nach-
klang. Die körperliche Nähe
einer historischen Persönlichkeit zu erleben ist eine er-
schütternde Empfindung,
die mich unbeholfen und
beklommen sein ließ. Denn
wir verehren in Ihnen den
Mann, der nicht nur die Gesetze der Seele erkannt und
für Jahrhunderte gültig for-
muliert, sondern unser Welt-
gefühl und Wissen von Grund
auf revolutioniert hat wie
Kopernikus, Kepler oder
Newton. Es wäre überheblich
von mir, wollte ich von meiner persönlichen Verehrung
und Dankbarkeit sprechen,
von dem umwühlenden Er-
eignis, das Ihre Werke für
mich bedeutet haben und
immer bedeuten.
Brief Franz Werfels an Freud
vom 13.9.1926.

278 Stefan Zweig
Daß einem das eigene Por-
trait[1] nicht gefällt [. . .], ist
eine gemeine und altbekannte
Tatsache. Darum eile ich,
meiner Befriedigung Aus-
druck zu geben, daß Sie das
Wichtigste an meinem Fall
richtig erkannt haben. Nämlich, daß soweit Leistung
in Betracht kommt, diese
nicht so sehr Sache des Intellekts als des Charakters war.
[. . .] Sonst könnte ich es
beanstanden, daß Sie das
kleinbürgerlich korrekte Element an mir allzu ausschließlich betonen, der Kerl ist
doch etwas komplizierter;
zu Ihrer Schilderung stimmt
nicht, daß ich doch meine
Kopfschmerzen und Müdig-
keiten gehabt habe wie ein
anderer, daß ich leidenschaft-
licher Raucher war (ich wollt,
ich wär es noch), der der
Zigarre den größten Anteil
an seiner Selbstbeherrschung
und Ausdauer in der Arbeit
zugestand [. . .], und dergleichen.
Brief an Stefan Zweig
vom 7.2.1931.

279 Romain Rolland
Lange Jahre, ehe ich Sie sah,
hatte ich Sie als Künstler
und als Apostel der Men-
schenliebe geehrt. Der Men-
schenliebe hing ich selbst
an, nicht aus Motiven der
Sentimentalität oder der
Idealforderung, sondern aus
nüchternen, ökonomischen
Gründen, weil ich sie bei
der Gegebenheit unserer
Triebanlagen und unserer
Umwelt für die Erhaltung
der Menschenart für ebenso
unerläßlich erklären mußte
wie etwa die Technik.
Brief an Romain Rolland
vom 29.1.1926.

280 Lytton Strachey
Sie bekennen, worüber der
Historiker sich sonst so leicht
hinwegsetzt, daß es unmöglich
ist, die Vergangenheit sicher
zu verstehen, weil wir die
Menschen, ihre Motive, ihr
seelisches Wesen nicht erraten
und darum ihre Handlungen
nicht deuten können. [. . .]
So stehen wir den Menschen
vergangener Zeiten gegenüber
wie den Träumen, zu denen
uns keine Assoziationen gegeben sind, und nur die Laien
können fordern, daß wir solche Träume deuten sollen.
So zeigen Sie sich als Historiker vom Geist der Psychoanalyse durchtränkt.
Brief an Lytton Strachey
vom 25.12.1928.

Lytton Strachey, 1880-1932,
englischer Historiker und
Biograph geschichtlicher Figu-
ren, darunter der Königinnen
Elisabeth I. und Victoria,
Mitbegründer der Biographik
als einer eigenständigen litera-
rischen Form.

281 Arnold Zweig

[. . .]erst heute [. . .] komme ich dazu, Ihnen einen Brief[1] zu schreiben, geschreckt durch die Drohung, daß Sie mein Biograph werden wollen. Sie, der so viel Schöneres und Wichtigeres zu tun hat, der Könige einsetzen kann und die gewalttätige Torheit der Menschen von einer hohen Warte her überschauen. Nein, ich liebe Sie viel zu sehr, um solches zu gestatten. Wer Biograph wird, verpflichtet sich zur Lüge, zur Verheimlichung, Heuchelei, Schönfärberei und selbst zur Verhehlung seines Unverständnisses, denn die biographische Wahrheit ist nicht zu haben[. . .].
Brief an Arnold Zweig vom 31.5.1936.

282 Marie Bonaparte

Unsterblichkeit bedeutet dem Schriftsteller offenbar, von vielen Anonymen geliebt werden. Nun ich weiß, ich werde Ihren Tod nicht beweinen. Denn Sie werden mich lange überleben, und ich hoffe, Sie werden sich über meinen rasch trösten und mich in ihrer freundlichen Erinnerung fortleben lassen, die einzige Art begrenzter Unsterblichkeit, die ich anerkenne.
Brief an Marie Bonaparte vom 13.8.1937.

Marie Bonaparte, Prinzessin Georg von Griechenland und Dänemark, 1882-1962; Schülerin und Freundin Freuds; sie veröffentlichte zahlreiche psychoanalytische Arbeiten, darunter eine umfangreiche Studie über Edgar Allan Poe.

283 Mit Anna in Tegel, 1928

Dem einstigen Reisegefähr-ten[1], der sich jetzt auf eigene Faust die Erfüllung meiner nicht gesättigten Reisewün-sche gestattet, will ich einen herzlichen Gruß aus neidvol-ler Teilnahme nicht versagen. Selbst gehe ich deutlicher Besserung entgegen, die ich noch in diesem Monat nach Hause zu bringen hoffe. Viele herzliche Grüße [. . .] auch von meiner treuen Antigone-Anna.
Brief an Sándor Ferenczi vom 12.10.1928.

Freud hielt sich im Oktober 1928 in der ärztlichen Villa des Psychoanalytischen Sana-toriums Tegel auf, während der Berliner Zahnarzt Prof. Schröder an einer neuen Gaumenprothese für ihn ar-beitete.[2]

284 Paula Fichtl

Paula Fichtl, 1902-1989, seit 1929 Wirtschafterin der Familie Freud. Sie ging mit in die Emigration.[1]

285 Dostojewski

Fast alle Eigentümlichkeiten seiner Dichtung [. . .] sind auf seine für uns abnorme, für den Russen gewöhnlichere Seelenanlage, eigentlich richtiger: Sexualkonstitution zurückzuführen, was im einzelnen sehr schön zu zeigen wäre. Alles Quälende und Befremdende in erster Linie. Er ist ohne Psychoanalyse nicht zu verstehen, das heißt, er bedarf ihrer nicht, da er sie mit jeder Gestalt und jedem Satz selbst erläutert. Daß ›Die Brüder Karamasow‹ eben das persönlichste Problem Dostojewskis, den Vatermord, behandeln und den analytischen Satz von der Gleichwertigkeit der Tat und des üblen Vorsatzes zugrunde legen, wäre nur ein Beispiel. Auch die Sonderbarkeit seiner Geschlechtsliebe, die entweder triebhafte Brunst ist oder sublimiertes Mitleid, die Unsicherheit seiner Helden, ob sie lieben oder hassen, wenn sie lieben, wann sie lieben und so weiter, zeigt, auf welch besonderem Boden seine Psychologie erwachsen ist. Von Ihnen brauche ich das Mißverständnis nicht zu besorgen, daß diese Hervorhebung des sogenannten Pathologischen die Großartigkeit der poetischen Schöpfungskraft Dostojewskis verkleinern oder aufklären wollte. *Brief an Stefan Zweig vom 19.10.1920.*

Es ist kaum ein Zufall, daß drei Meisterwerke der Literatur aller Zeiten das gleiche Thema, das der Vatertötung, behandeln: Der ›König Ödipus‹ des Sophokles, der ›Hamlet‹ Shakespeares und Dostojewskis ›Brüder Karamasow‹.
›Dostojewski und die Vatertötung‹.

286 Napoleon I., von Jacques Louis David

[. . .] gibt es einen historischen Menschen, für den das Leben Josefs mythisches Vorbild war, so daß die Josefsphantasie als der geheime dämonische Motor hinter seinem komplexen Lebensbild erraten werden darf? Ich meine, Napoleon I. ist diese Person. [. . .] Der älteste der Brüder vor ihm hieß – Josef, und dieser Umstand wurde [. . .] schicksalhaft für ihn. In der korsischen Familie wird das Vorrecht des Ältesten von einer ganz besonders heiligen Scheu behütet. [. . .] Durch diese korsische Sitte wird eine normale menschliche Relation in die Höhe getrieben. Der ältere Bruder ist der natürliche Rivale, ihm bringt der kleinere eine elementare, unergründlich tiefe Feindseligkeit entgegen, für die spätere Jahre die Bezeichnung Todeswunsch, Mordabsicht passend finden mögen. Josef zu beseitigen, sich an seine Stelle zu setzen, selbst Josef zu werden, muß die stärkste Gefühlsregung des kleinen Kindes Napoleon gewesen sein. [. . .] gerade so exzessive, infantile Regungen neigen dazu, ins Gegenteil umzuschlagen. Aus dem gehaßten Rivalen wird ein geliebter. So auch bei Napoleon. Wir erschließen, daß er Josef zuerst glühend gehaßt hat, aber wir hören von später, daß er ihn am meisten von allen Menschen geliebt und ihm, dem Wertlosen und Unzuverlässigen, kaum je etwas übelnehmen konnte. Der Urhaß war also überkompensiert worden, aber die damals entfesselte Aggression wartete nur darauf, auf andere Objekte verschoben zu werden. Hunderttausende gleichgültiger Individuen werden dafür büßen, daß der kleine Wüterich seinen ersten Feind verschont hat.[1] *Brief an Thomas Mann vom 29.11.1936.*

287 Sarkophag der Königin Elisabeth I.
Als ich vor vielen Jahren vor dem Sarkophag dieser Königin in Westminster[1] stand, schlossen sich bei mir einige Gedanken zusammen [. . .]. Ich meinte, es sei Elisabeth – die kinderlose –, die Shakespeare den Charakter seiner Lady Macbeth eingegeben, von dem er in den historischen Quellen so wenig fand. Wenn in Akt V.5 der Ruf laut wird: The queen is dead, so mag der Londoner jener Zeit gemahnt worden sein, wie wenig lang vorher er die gleiche Nachricht gehört, so daß ihm die Identifizierung der beiden Königinnen nahegelegt war. Berichte über die Depression und Reue der Elisabeth nach Essex' Hinrichtung können dem Dichter den Stoff für die Darstellung der Gewissensqual der Lady gegeben haben. Eigentlich hatte auch Elisabeth einen Gast, der sich ihr anvertraut (Mary Stuart), töten lassen, und dieser Mord konnte den an Essex decken. Soweit es eben möglich ist, dachte ich, scheint die Zeitgeschichte durch die Ausarbeitung des Sagenstoffes durch Shakespeare zwar genötigt, den Charakter der Elisabeth auf zwei Personen, Macbeth und die Lady, aufzuteilen, die einander aber ergänzen und damit zeigen, daß sie eigentlich nur ein Mensch sind. In dem Paar Macbeth ist Elisabeths Unschlüssigkeit, ihre Härte wie ihre Reue dargestellt. Wenn sie wirklich eine Hysterika war, wie L. Str. [Lytton Strachey] sie diagnostiziert, so hatte der große Psychologe[2] vielleicht nicht unrecht, sie in zwei Personen zu zerlegen.
Brief an Lytton Strachey vom 25.12.1928.

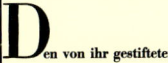

Den von ihr gestifteten

GOETHEPREIS

verleiht in diesem Jahre die

STADT FRANKFURT

dem als Schöpfer grundlegend neuer Be-
trachtungsformen anerkannten Forscher

SIGMUND FREUD
aus WIEN

In streng naturwissenschaftlicher Methode, zugleich in kühner Deutung der von den Dichtern geprägten Gleichnisse hat Sigmund Freud einen Zugang zu den Triebkräften der Seele gebahnt und dadurch die Möglichkeit geschaffen, Entstehen und Aufbau der Kulturformen zu erkennen und manche ihrer Krankheiten zu heilen. Die Psychoanalyse hat nicht nur die ärztliche Wissenschaft, sondern auch die Vorstellungswelt der Künstler und Seelsorger, der Geschichtsschreiber und Erzieher aufgewühlt und bereichert. Über alle Unterschiede geistiger Richtungen hinweg lieferte Sigmund Freud die Grundlage einer erneuerten Zusammenarbeit der Wissenschaften und eines besseren gegenseitigen Verständnisses der Völker. Wie die frühesten Anfänge der Freudschen Seelenforschung auf einen Vortrag von Goethes Aufsatz „Die Natur" zurückgehen, so erscheint im letzten auch der durch die Freudsche Forschungsweise geförderte mephistophelische Zug zum schonungslosen Zerreissen aller Schleier als ein unzertrennlicher Begleiter der

288   Freud, 1929

289   Goethepreis, 1930
Es war der Höhepunkt meines bürgerlichen Lebens [. . .].
›Nachschrift‹ zur ›Selbstdarstellung‹.

Ich bin durch öffentliche Ehrungen nicht verwöhnt worden und habe mich darum so eingerichtet, daß ich solche entbehren konnte. Ich mag aber nicht bestreiten, daß mich die Verleihung des Goethe-Preises der Stadt Frankfurt sehr erfreut hat. Es ist etwas an ihm, was die Phantasie besonders erwärmt [. . .]. Zur Feier nach Frankfurt kann ich leider nicht kommen, ich bin zu gebrechlich für diese Unternehmung. Die Festgesellschaft wird nichts dadurch verlieren, meine Tochter Anna ist gewiß angenehmer anzusehen und anzuhören als ich. Sie soll einige Sätze[1] vorlesen, die Goethes Beziehungen zur Psychoanalyse behandeln und die Analytiker selbst gegen den Vorwurf in Schutz nehmen, daß sie durch analytische Versuche an ihm die dem Großen schuldige Ehrfurcht verletzt haben.
Brief an Alfons Paquet[2] vom 26.7.1930.

faustischen Unersättlichkeit und Ehrfurcht vor den im Unbewussten schlummernden bildnerisch-schöpferischen Gewalten. Dem grossen Gelehrten, dem Schriftsteller und Kämpfer Sigmund Freud ist bisher jede äussere Ehrung versagt geblieben, obgleich die umwälzende Wirkung seines Werkes wie es kaum eines anderen Lebenden den Zeitgeist mitbestimmte. Das Kuratorium wünscht nach sorgfältiger Erwägung aller Für und Wider mit dieser Ehrung auf die Auswertung der Freudschen Vorstellungswelt hinzuweisen als auf einen Durchgang zu einer von überlebten Vorstellungen gereinigten und neu gefestigten Welt der Werte.

DER OBERBÜRGERMEISTER

Frankfurt am Main, an Goethes Geburtstag, den 28. August 1930

290   Erstdruck von ›Das Unbehagen in der Kultur‹, 1930

Die Schicksalsfrage der Menschenart scheint mir zu sein, ob und in welchem Maße es ihrer Kulturentwicklung gelingen wird, der Störung des Zusammenlebens durch den menschlichen Aggressions- und Selbstvernichtungstrieb Herr zu werden. In diesem Bezug verdient vielleicht gerade die gegenwärtige Zeit ein besonderes Interesse. Die Menschen haben es jetzt in der Beherrschung der Naturkräfte so weit gebracht, daß sie es mit deren Hilfe leicht haben, einander bis auf den letzten Mann auszurotten. Sie wissen das, daher ein gut Stück ihrer gegenwärtigen Unruhe, ihres Unglücks, ihrer Angststimmung.
›Das Unbehagen in der Kultur‹.

291   Beim Besteigen eines Flugzeugs, Berlin 1930

Im Sanatorium[1] erfuhr ich, daß die Gesundheit für ein gewisses Opfer wieder zu haben ist, und da es mit der Gesundheit ähnlich ist wie mit den sibyllinischen Büchern, zahlte ich den Preis. D. h. ich habe das Rauchen völlig aufgegeben, nachdem es mir genau 50 Jahre lang als Schutz und Waffe im Kampf mit dem Leben gedient hat. Ich bin also jetzt wohler als vorhin, nicht glücklicher. Hier nimmt Schröder die Maße für eine neue Prothese. Ich werde also Wien sobald nicht wiedersehen.
Brief an Lou Andreas-Salomé vom 8.5.1930.

Während der Zeit der Behandlung bei Prof. Schröder in Berlin nutzte Freud die Gelegenheit, zum ersten und einzigen Mal in seinem Leben zu fliegen.

DAS UNBEHAGEN
IN DER
KULTUR

VON

SIGM. FREUD

1.—12. Tausend

1930
INTERNATIONALER
PSYCHOANALYTISCHER VERLAG
WIEN

292 Freud, 1931

Früher einmal gehörte ich nicht zu denen, die eine vermeintliche Neuheit nicht eine Weile bei sich behalten können, bis sie Bekräftigung oder Berichtigung gefunden hat. Die ›Traumdeutung‹ und das ›Bruchstück einer Hysterie-Analyse‹ (der Fall Dora) sind, wenn nicht durch neun Jahre nach dem Horazischen Rezept, so doch durch vier bis fünf Jahre von mir unterdrückt worden, ehe ich sie der Öffentlichkeit preisgab. Aber damals dehnte sich die Zeit unabsehbar vor mir aus – *oceans of time*, wie ein liebenswürdiger Dichter[1] sagt –, und das Material strömte mir so reichlich zu, daß ich mich der Erfahrungen kaum erwehren konnte. Auch war ich der einzige Arbeiter auf einem neuen Gebiet, meine Zurückhaltung brachte mir keine Gefahr und anderen keinen Schaden.

Das ist nun alles anders geworden. Die Zeit vor mir ist begrenzt, sie wird nicht mehr vollständig von der Arbeit ausgenützt; die Gelegenheiten, neue Erfahrungen zu machen, kommen also nicht so reichlich. Wenn ich etwas Neues zu sehen glaube, bleibt es mir unsicher, ob ich die Bestätigung abwarten kann. Auch ist alles bereits abgeschöpft, was an der Oberfläche dahintrieb; das übrige muß in langsamer Bemühung aus der Tiefe geholt werden.

›Einige psychische Folgen des anatomischen Geschlechtsunterschieds‹.

293 Mit Oscar Némon, 1931[1]
[. . .] am 24. April hatte ich eine neuerliche Operation durchzumachen [. . .], habe dabei ein gutes Teil meiner Betriebskräfte eingebüßt [. . .]. Morgen will ich den ersten Versuch wagen, mich in die Arbeit einzuschleichen. Eine Stunde vor-, eine nachmittags. Das Leben für seine Gesundheit unter Denkmalschutz ist sonst schwer erträglich.
Brief an Arnold Zweig vom 10.5.1931.

294 Ehrung Freuds in Freiberg (Příbor); Ansprache Paul Federns, 1931
Ich danke dem Herrn Bürgermeister der Stadt Příbor-Freiberg, den Veranstaltern dieser Feier und allen Anwesenden für die Ehre, die sie mir erweisen, indem sie mein Geburtshaus durch diese Gedenktafel aus Künstlerhand[1] auszeichnen. Und dies schon zu meinen Lebzeiten und während die Mitwelt in der Würdigung meiner Leistung noch nicht einig ist.

Brief an den Bürgermeister von Příbor vom 25. 10. 1931.

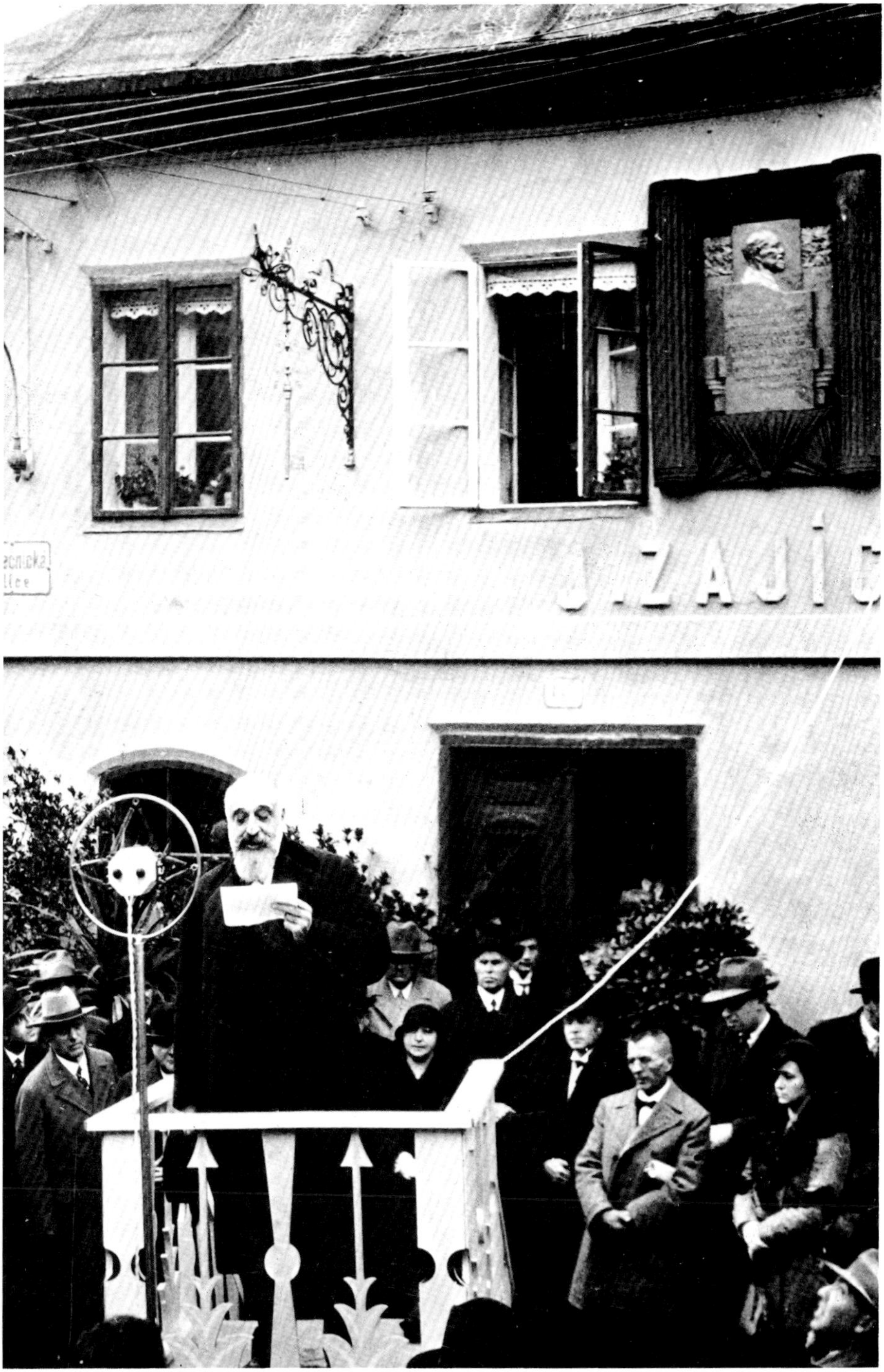

295 Freudova

Die Straße, die, von der Vorderfront des Geburtshauses aus gesehen, an der linken Hauswand vorbeiführt, wurde, gleichfalls anläßlich des 75. Geburtstages, »Freudova« genannt.

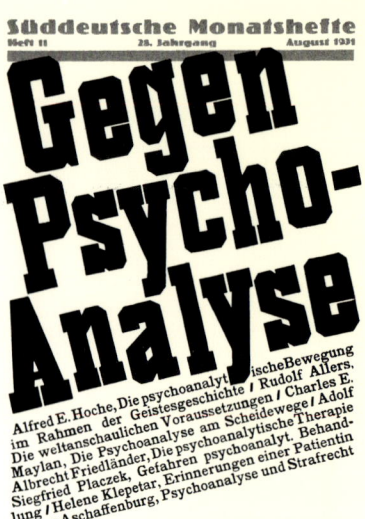

Süddeutsche Monatshefte
Heft 11   28. Jahrgang   August 1931

Gegen Psycho-Analyse

ischeBewegung
Alfred E. Hoche, Die psychoanalytische Geschichte / Rudolf Allers,
im Rahmen der Voraussetzungen / Charles E.
Die weltanschaulichen Vorau am Scheidewege / Adolf
Maylan, Die Psychoanalyse am Scheidewege / Adolf
Albrecht Friedländer, Die psychoanalytische Therapie
Siegfried Placzek, Gefahren psychoanalyt. Behand-
lung / Helene Klepetar, Erinnerungen einer Patientin
Gustav Aschaffenburg, Psychoanalyse und Strafrecht

Süddeutsche Monatshefte G. m. b. H., München
Vierteljährlich RM. 4.50   Einzelheft RM. 1.75

EINSTEIN, FREUD, STEINACH

Drei Männer bilden das Staunen der Welt:
Der erste stürmte das Himmelszelt,
Der zweite der Seele Tiefen durchforscht,
Der dritte den alternden Leib entmorscht.

Und alle sind schon bei Lebenszeit
Totsicher ihrer Unsterblichkeit.
Was aber brüllt der alte Chor?
Die Juden drängen sich überall vor!

**296   Beispiel einer antipsy-
choanalytischen Schrift, 1931**[1]
Ich kann natürlich auch heute
nicht wissen, welches das
endgültige Urteil der Nachwelt über den Wert der Psychoanalyse für Psychiatrie,
Psychologie und die Geisteswissenschaften überhaupt
sein wird. Aber ich meine,
wenn die Phase, die wir
durchlebt haben, einmal ihren
Geschichtsschreiber findet,
wird dieser zugestehen müssen, daß das Verhalten ihrer
damaligen Vertreter nicht
rühmlich für die deutsche
Wissenschaft war. Ich beziehe
mich dabei nicht auf die Tatsache der Ablehnung oder
auf die Entschiedenheit, mit
der sie geschah; beides war
leicht zu verstehen, entsprach
nur der Erwartung und
konnte wenigstens keinen
Schatten auf den Charakter
der Gegner werfen. Aber
für das Ausmaß von Hochmut
und gewissenloser Verschmä-
hung der Logik, für die Roh-
heit und Geschmacklosigkeit
der Angriffe gibt es keine
Entschuldigung.
›Selbstdarstellung‹.

297   Karikatur, 1931

*Auf dem Ball des Journali-
sten- und Schriftstellerverban-
des ›Concordia‹ am 2. Februar
1931 in Wien wurde als
sogenannte »Damenspende«
– ein auf Wiener Bällen übli-
ches Geschenk der Veranstal-
ter an die Damen – ein kleines
Buch mit Karikaturen promi-
nenter Politiker, Wissenschaftler und Künstler verteilt.*

EINSTEIN   FREUD   STEINACH   N° 6

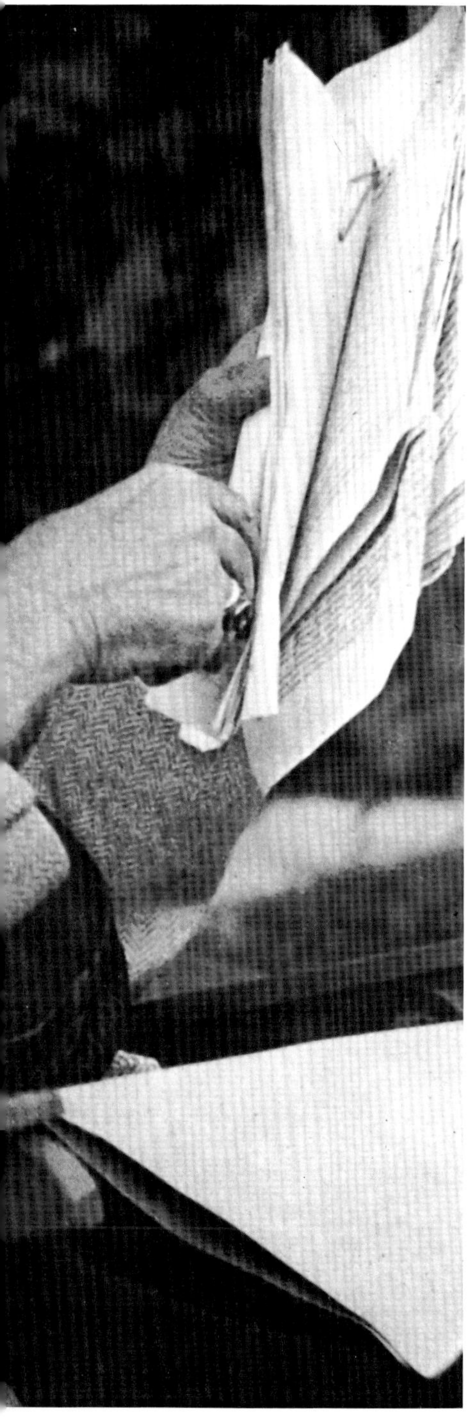

298 Hochroterd, 1932
Woher schreibe ich Ihnen?
Von einem Bauernhäuschen
auf einem Hügelabhang, 45
Autominuten weit von der
Berggasse, das sich meine
Tochter und ihre amerikanische Freundin [Dorothy Bur-
lingham] (die das Auto besitzt) als Weekend-Villa erworben und eingerichtet haben.
Brief an Arnold Zweig
vom 8.5.1932.

299 Dorothy Burlingham
Die Jahre, die ich ihn gekannt
habe, sind die einzigen Jahre
in meinem Leben, die mir
sinnvoll erscheinen. In der
Zeit habe ich die wunderbaren Möglichkeiten der Men-
schennatur kennengelernt.
Die Größe seines Geistes,
die Wärme seiner Gefühle –
aber alles überragte seine
Fähigkeit, das Leben ehrlich
anzuschauen. Eine andere
Eigenschaft, die ich zu schät-
zen gelernt habe, war sein
Vermögen, alles zu genießen,
was zu genießen da war.
Dorothy Burlingham anläßlich
des Todes von Freud.

Dorothy Burlingham,
1891-1979. Psychoanalytikerin
und Mitarbeiterin Anna
Freuds an deren Klinik in
London, Hampstead.[1]

Aufruf an die Ärzte aller Länder

Wir unterzeichneten deutschen Ärzte begrüssen den Aufruf von Henri Barbusse zum Kampf gegen einen neuen Krieg. Wir Ärzte kennen die Schrecken des Krieges am besten, weil wir noch heute die irreparablen Gesundheitsschäden des letzten Krieges täglich sehen.

Der nächste Krieg kennt keinen Unterschied zwischen Front und Hinterland. Giftgase, Brandbomben und Bakterien werden alles Lebendige vernichten. Im Weltkriege wurden fast 10 Millionen Menschen auf den Schlachtfeldern getötet, 17 Millionen verwundet und verstümmelt. Der Lebensstandart der werktätigen Bevölkerung ist durch den Krieg und die danach folgende Wirtschaftskrise in ungeheurem Masse heruntergedrückt worden. Die Massenarbeitslosigkeit hat zur Massenverelendung geführt. Der Abbau der Leistungen der sozialen Versicherungen, der Mittel zur Bekämpfung der Krankheiten führt zu immer neuen und schwereren Schädigungen der Gesundheit des Einzelnen. Chronische Unterernährung und Wohnungselend lassen Volksseuchen wie die Tuberkulose wieder ansteigen. Die Zahl der Nervenerkrankungen nimmt ständig zu und mit ihnen die Zahl der Selbstmorde.

Trotz dieser fortdauernden Vernichtung von Kulturwerten durch Krieg und Nachfolgen, trotzdem die Schreckensbilder des Weltkrieges nicht unvergessen blieben, sind schon wieder Kräfte am Werke, die den Ausweg aus der Wirtschaftskrise in einen neuen Krieg sehen wollen. Der Krieg, der jetzt im Osten tobt, kann nicht lange lokalisiert bleiben. Bedroht ist in erster Linie Sowjetrussland. Ein Angriff auf dieses Land, das den friedlichen Aufbau will, bedeutet einen neuen Weltkrieg.

Deshalb rufen wir Unterzeichneten die Ärzte aller Länder auf, gegen den Krieg zu kämpfen und den Genfer Antikriegskongress am 28.Juli 1932 zu beschicken.

Als Hüter der Volksgesundheit erheben wir unsere warnende Stimme gegen ein neues internationales Blutbad, in das die Völker planmassig hineingetrieben und dessen Folgen unabsehbar sein werden!

sign. Freud

301 Freud, 1933

Ich meine, diesmal habe ich
mir ein Anrecht auf einen
plötzlichen Herztod erworben,
keine üble Chance. Es war
eine Herzthrombose; allerdings lebe ich noch, da ich
nicht rauche, werde ich kaum
je etwas schreiben – außer
Briefe. Es erinnert an jenen
Chasen[1]: Leben wird er, sin-
gen wird er nicht.
Brief an Arnold Zweig
vom 25.10.1933.

300 Aufruf für den Genfer Antikriegskongreß, 1932

Der Schriftsteller Henri Barbusse
initiierte einen Aufruf an die
Ärzte aller Länder zur Teilnahme
am Genfer Antikriegskongreß
am 28. Juli 1932. Freud unter-
schrieb diesen Aufruf.

302 Wiener Februar-Unruhen 1934

Unser Stückchen Bürgerkrieg
war gar nicht schön. Ohne
Paß konnte man nicht auf
die Straße, die Elektrizität
versagte über einen Tag,
die Vorstellung, daß das Wasser ausbleiben könnte, war
sehr unbehaglich. Jetzt ist
alles ruhig, die Ruhe der
Spannung, meint man, wie
wenn man im Hotelzimmer
darauf wartet, wann der
zweite Stiefel gegen die Wand
geworfen wird. So kann es
nicht bleiben, etwas muß
geschehen. Ob die Nazis
kommen oder unser heimge-
backener Faschismus fertig
wird, oder ob der Otto v.
Habsburg naht, wie man jetzt
vermutet. [. . .] Sie erwarten
richtig, daß wir in Ergebung
hier ausharren wollen. Wohin
sollte ich auch in meiner Abhängigkeit und körperlichen
Hilflosigkeit? Und die Fremde
ist überall so ungastlich. Nur,
wenn wirklich ein Hitlerscher
Statthalter in Wien regiert,
muß ich wohl fortziehen,
gleichgültig wohin.
Brief an Arnold Zweig
vom 25.2.1934.

303 Marie Bonaparte
Nochmals herzlichen Dank
für Ihre wiederholte Einla-
dung. Es ist natürlich un-
schätzbar zu wissen, daß es
einen schönen Ort gibt, an
dem man gern aufgenommen
sein würde, bis man ein neues
Heim gefunden hat. Aber
es ist gewiß begreiflich, daß
man keine Eile hat, das alte
Heim zu verlassen. Zumal,
wenn wie bei mir körperliche
Gebrechen die Ort[s]verände-
rung so sehr erschweren.
Es hängt also alles davon
ab, ob man sich für gezwungen halten muß, Wien zu
fliehen. Darüber ist schwer
zu urteilen, niemand kann
etwas Sicheres sagen, die
Zukunft ist nicht vorauszuse-
hen.
Brief an Marie Bonaparte
vom 19.2.1934.

**304 Prinz Georg von
Griechenland**

*Die Bemühungen Marie Bo-
napartes und ihres Mannes,
des Prinzen von Griechenland
(1869-1957), trugen später
entscheidend dazu bei, daß
die Familie Freud Österreich
verlassen konnte.*

**305 Lou Andreas-Salomé,
etwa 1935**
Wenn man lange genug lebt
[. . .], so erlebt man auch
einen Brief und sogar ein
Bild von Ihnen [. . .].
*Brief an Lou Andreas-Salomé
vom 16.5.1935.*

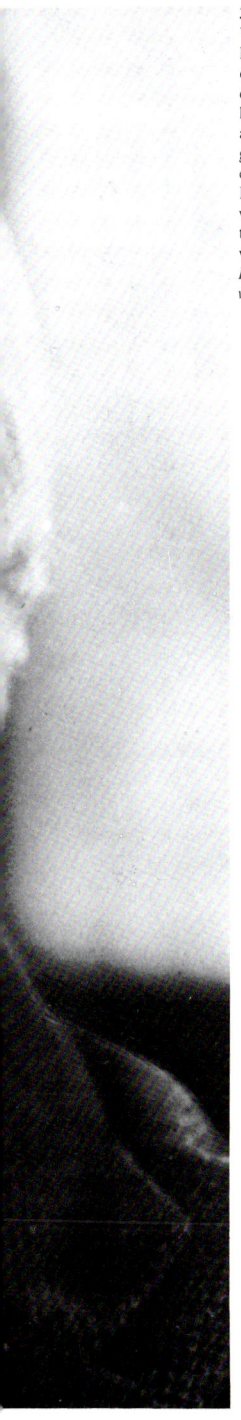

306 Freud, etwa 1935
Welches Maß von Gutmütig-
keit und Humor gehört doch
dazu, das grausliche Altwer-
den zu vertragen. [. . .] Natürlich werde ich immer mehr
auf Annas Pflege angewiesen,
ganz wie Mephistopheles
einmal bemerkt hat: »Am
Ende hängen wir doch ab
von Kreaturen, die wir machten.« Jedenfalls war es sehr
weise, sie gemacht zu haben.
*Brief an Lou Andreas-Salomé
vom 16.5.1935.*

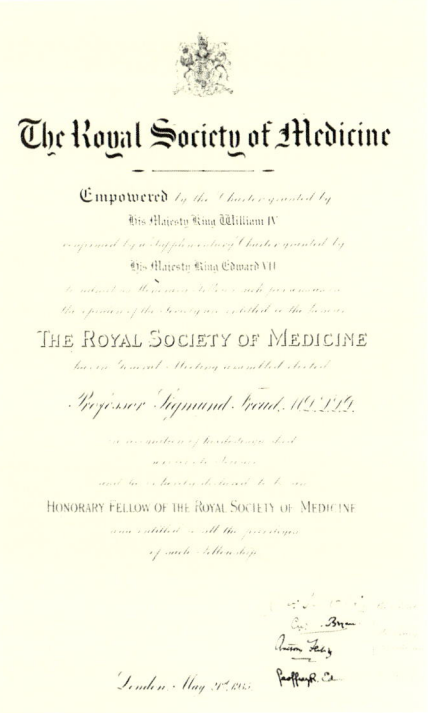

**307 Urkunde der ›Royal
Society of Medicine‹, 1935**
Die unerwartete Ehrung[1]
hat mich unlängst getroffen,
daß ich einstimmig zum Ehrenmitglied der ›Royal Society
of Medicine‹ gewählt wurde.
Es wird in der Welt draußen
einen guten Eindruck machen.
In Wien beginnen dunkle
Treibereien, zunächst gegen
die Ausübung der Kinder-
Analyse.
*Brief an Arnold Zweig
vom 13.6.1935.*

*Die Glückwunschadresse,
die insgesamt 191 Schriftsteller
und Künstler unterzeichnet
hatten, wurde Freud von
Thomas Mann in der Berg-
gasse überreicht. Unterschrieben hatten u. a.: Hermann
Broch, Fritz Busch, Salvador
Dali, Alfred Döblin, André
Gide, Knut Hamsun, Her-
mann Hesse, Aldous Huxley,
James Joyce, Paul Klee, Else
Lasker-Schüler, André Mau-
rois, Robert Musil, Gunnar
Myrdal, Pablo Picasso, Bruno
Walter, Franz Werfel, Thorn-
ton Wilder.*

Der 80. Geburtstag Sigmund Freud's sei uns willkommener Anlaß, um dem Initiator eines neuen und tieferen Wissens vom Menschen unseren Glückwunsch und unsere Ehrfurcht auszusprechen. In jeder Sphäre seines Wirkens bedeutend, als Arzt und Psychologe, als Philosoph und Künstler, ist dieser mutige Erkenner und Heiler ein Wegweiser für zwei Generationen gewesen in bisher ungeahnte Welten der menschlichen Seele. Ein ganz auf sich selbst gestellter Geist, ein „Mann und Ritter mit erzenem Blick", wie Nietzsche von Schopenhauer sagt, ein Denker und Forscher, der allein zu stehen wusste und dann freilich viele an sich und mit sich zog, ist er seinen Weg gegangen und zu Wahrheiten vor-gestoßen, die deshalb gefährlich erschienen, weil sie ängstlich Verdecktes enthüllten und Dunkelheiten erleuchteten. Allerorts legte er neue Probleme frei und änderte die alten Maße; er hat im Suchen und Finden den Raum der geistigen Forschung vervielfacht und auch seine Gegner sich verpflichtet durch den schöpferischen Denk-antrieb, den sie von ihm erfuhren. Mögen künftige Zeiten dies oder jenes Er-gebnis seiner Forschung modeln und einschränken, nie mehr sind die Fragen, die Sigmund Freud der Menschheit gestellt hat, zum Schweigen zu bringen, seine Erkenntnisse können nicht dauernd verneint oder getrübt werden. Die Begriffe, die er gestaltet, die Worte, die er für sie wählt, sind als selbst-verständlich eingegangen in die lebendige Sprache; auf allen Gebieten der Geisteswissenschaft, in Literatur- und Kunstforschung, Religionsgeschichte und Prähistorie, Mythologie, Volkskunde und Pädagogik, nicht zuletzt in der Dichtung selbst, ist die tiefe Spur seines Wirkens zu sehen, und wenn eine Tat unseres Geschlechtes, so wird, wir sind dessen gewiß, seine Erkenntnistat der Seelen-kunde unvergeßlich bleiben.

Wir, die wir Freud's kühnes Lebenswerk aus unserer geistigen Welt nicht weg-zudenken vermögen, sind glücklich, diesen großen Unermüdlichen unter uns zu wissen und mit ungebrochener Kraft am Werke zu sehen. Möge unser dank-bares Empfinden den verehrten Mann noch lange begleiten dürfen.

Thomas Mann H. G. Wells
Romain Rolland Virginia Woolf
Jules Romains Stefan Zweig

308 Freud, um 1936
Die schöne Adresse, die Sie in Gemeinschaft mit Thomas Mann verfaßt haben, und Manns Vortrag[1] in Wien waren zwei Erlebnisse, die mich mit der Tatsache ver-söhnen konnten, so alt ge-worden zu sein. Denn, obwohl ich ungewöhnlich glücklich in meinem Hause gewesen bin, mit Frau und Kindern und einer Tochter besonders, die in seltenem Ausmaß alle Ansprüche eines Vaters be-friedigt, so kann ich mich mit der Armseligkeit und Hilflosigkeit des Alteins doch nicht befreunden und sehe dem Übergang ins Nicht-sein mit einer Art von Sehn-sucht entgegen.
*Brief an Stefan Zweig
vom 18. 5. 1936.*

Karikatur der Woche

Prof. Sigmund Freud

Zum 80. Geburtstag des Beherrschers der psychoanalytischen Wissenschaft.

Sigmund Freud, du Gütelfunken,
Sohn aus Manhjhum,
Statt mit Würden tennst du prunken
Um so mehr mit deinem Ruhm.

Unter den benußt Beschränkten
Schränkt man dein Genie zwar ein,
Aber doch für dich verdrängten
Wird doch nur ein Wunschtraum sein.

Prhibierei beiseite,
Anerkannt weit und breit:
Angezählt schon bereite
Seelen-Freud von Seelenleid.

Jeder Gutgesinnte weiht dir
Seele huldigen zum weg,
Und vor allem gratuliert dir
Der Neurosenwalzer.

310 Karikatur in
›Der Morgen‹

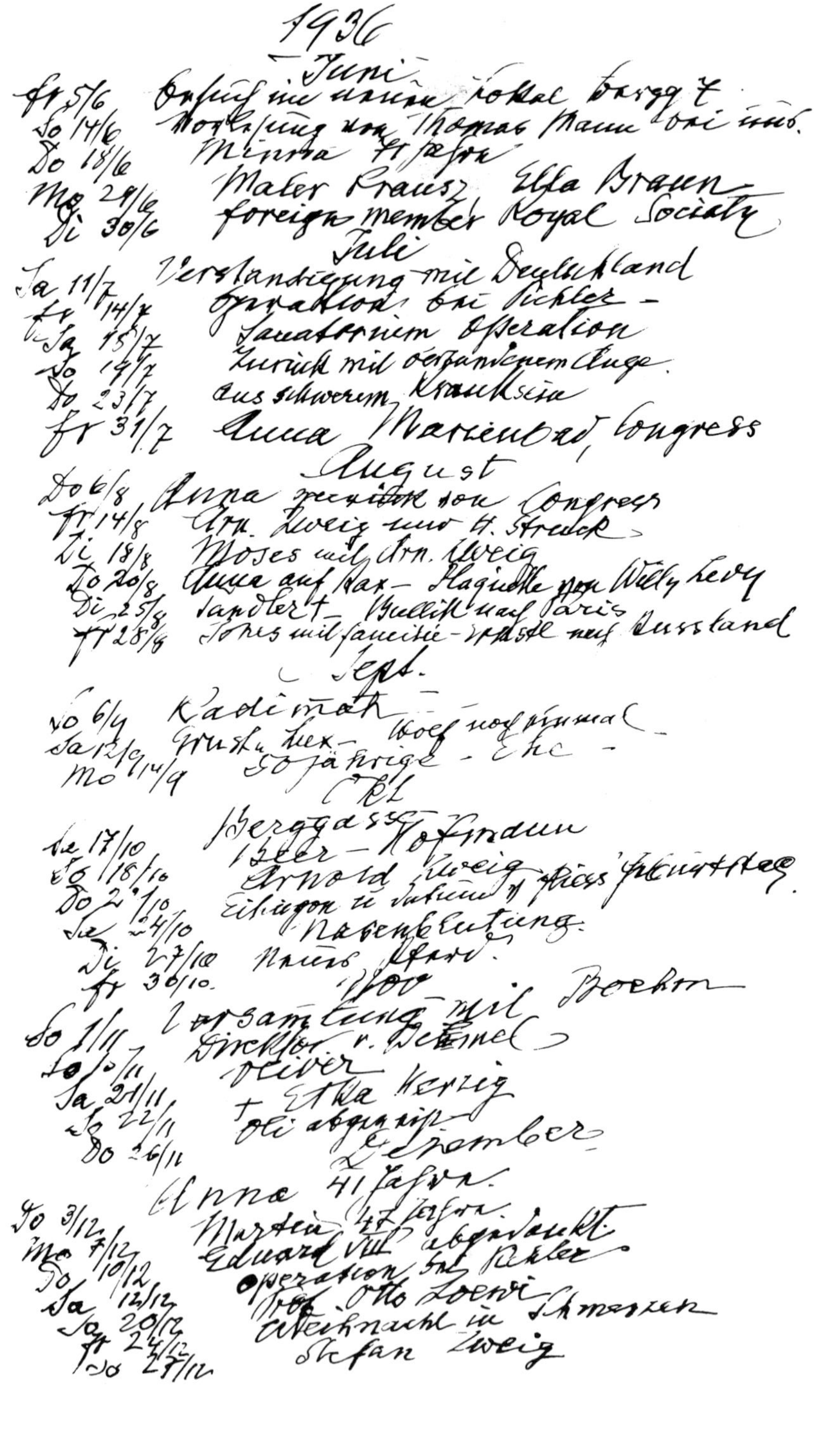

1936

Juni
Fr 5/6 Besuch im neuen Lokal Bergg. 7
So 14/6 Vorlesung von Thomas Mann bei uns.
Do 18/6 Minna 71 Jahre
Mo 29/6 Mater Prausz Ella Braun
Di 30/6 foreign member Royal Society

Juli
Sa 11/7 Verständigung mit Deutschland
Di 14/7 Operation bei Pichler –
Sa 15/7 Sanatorium Operation
So 19/7 Zurück mit überstandenem Ärger.
Do 23/7 aus schwerem Kranksein
Fr 31/7 Anna Marienbad, Congress

August
Do 6/8 Anna zurück von Congress
Fr 14/8 Arn. Zweig und H. Struck
Di 18/8 Moses mit Arn. Zweig
Do 20/8 Anna auf Rax – Plaquette von Willy Levy
Di 25/8 Sandler † Bullitt nach Paris
Fr 28/8 Jones mit Familie abreist nach Russland

Sept.
So 6/9 Kadimah – Woche noch einmal
Sa 12/9 Gruß u. her – 50 jährige – Ehe –
Mo 14/9

Okt.
Berggasse Hofmann
Sa 17/10 Isaac – Hofmann
So 18/10 Arnold Zweig spricht Geburtstag
Do 22/10 Einladen u Salveri Nasenbluten.
Sa 24/10 Nasenbluten.
Di 27/10 Nasen Blut.
Fr 30/10 Versammlung mit Boehm

Nov.
So 1/11 Versammlung mit Boehm
So 8/11 Direktor v. Demmel
Sa 21/11 oliver Herzig
So 22/11 † Ella Herzig
Do 26/11 oli abgereist

December
Anna 41 Jahre.
Do 3/12 Martin ist abgedankt
Mo 7/12 Eduard VIII abgedankt
So 10/12 Operation bei Pichler
Sa 12/12 Prof. Otto Loewi Schmerzen
Sa 20/12 Weihnacht in Schmerzen
Do 24/12 Stefan Zweig
Do 27/12

311 Aus der ›Kürzesten Chronik‹, 1936

Freud führte im letzten Jahrzehnt seines Lebens eine Art Kurztagebuch, die ›Kürzeste Chronik‹. Das hier abgebildete Blatt notiert die Ereignisse des zweiten Halbjahrs 1936. (Siehe auch Abb. 323 und 328.)

Transkription in den Anmerkungen.

312 Mit Chow Jofi, 1937

Es sind wirklich die Gründe, weshalb man ein Tier wie Topsy[1] (oder Jofi) mit so merkwürdiger Tiefe lieben kann, die Zuneigung ohne Ambivalenz, die Vereinfachung des Lebens, von dem schwer erträglichen Konflikt mit der Kultur befreit, die Schönheit einer in sich vollendeten Existenz. Und bei aller Fremdartigkeit der organischen Entwicklung doch das Gefühl einer innigen Verwandtschaft, einer unbestrittenen Zusammengehörigkeit. Oft, wenn ich Jofi gestreichelt, habe ich mich dabei ertappt, eine Melodie zu summen, die ich ganz unmusikalischer Mensch als die Arie aus dem ›Don Juan‹ erkennen mußte:
Ein Band der Freundschaft
Bindet uns beide . . .
Brief an Marie Bonaparte vom 6. 12. 1936.

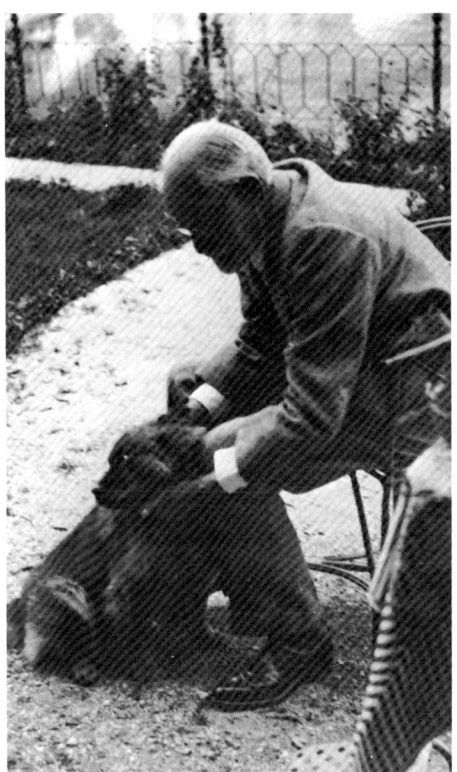 

313   Mit Chow Lün in Grinzing, 1937

Im Moment, da man nach
Sinn und Wert des Lebens
fragt, ist man krank, denn
beides gibt es ja in objektiver
Weise nicht; man hat nur
eingestanden, daß man einen
Vorrat von unbefriedigter
Libido hat, und irgendetwas
anderes muß damit vorgefallen sein, eine Art Gärung,
die zur Trauer und Depression führt. Großartig sind
diese meine Aufklärungen
gewiß nicht. Vielleicht weil
ich selbst zu pessimistisch
bin. Mir geht ein ›advertise-
ment‹ im Kopf herum, das
ich für das kühnste und ge-
lungenste Stück amerikani-
scher Reklame halte: »Why
live, if you can be buried
for ten Dollars?«
Lün hat sich nach einem Bad
zu mir geflüchtet. Wenn ich
sie recht verstehe, läßt sie
für den Gruß herzlich danken.
*Brief an Marie Bonaparte
vom 13.8.1937.*

314   Alte Freunde: Emanuel Löwy
[. . .] mein Freund Emanuel Löwy, Professor der Archäologie in Rom, ein ebenso gründlicher als ehrlicher Kopf und braver Mensch, der mich jährlich einmal zu besuchen und bis 3h. morgens wachzuhalten pflegt.
Brief an Wilhelm Fließ vom 5.11.1897.

Emanuel Löwy, 1857-1938, Professor der Archäologie in Rom, später in Wien.

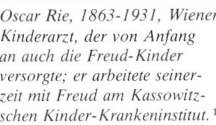

315   Alte Freunde: Mit Oscar Rie
Deine freundlichen Worte über mich haben mir sehr wohlgetan, obwohl sie mir nichts Neues gebracht haben, denn seit länger als einem Menschenalter betrachte ich Deine Freundschaft als einen gesicherten Besitz. Ich habe sonst vielen etwas geben dürfen im Leben, von Dir hat mich das Schicksal nur annehmen lassen.
Brief an Oscar Rie vom 4.8.1921.

Oscar Rie, 1863-1931, Wiener Kinderarzt, der von Anfang an auch die Freud-Kinder versorgte; er arbeitete seinerzeit mit Freud am Kassowitzschen Kinder-Krankeninstitut. [1]

316   Alte Freunde: Leopold Königstein
[. . .] ich habe mit meinem Freund, dem Augenarzt, wohl eine Stunde lang eifrig gesprochen [. . .] und Erinnerungen in mir wachgerufen, bei denen die mannigfaltigsten Erregungen meines Innern mir bemerklich wurden.
›*Die Traumdeutung*‹.

Leopold Königstein, 1850-1924, Professor der Augenheilkunde an der Universität Wien. Die Freundschaft mit Freud datiert aus der Studentenzeit. [1] *Königstein war Partner Freuds bei der regelmäßigen Tarockpartie Samstag abends.*

319   Anna Freud
Aber es ist Ihnen doch nicht
verborgen geblieben, daß
das Schicksal mir zur Ent-
schädigung für manches Versagte den Besitz einer Tochter
gewährt hat, die unter tragischen Verhältnissen hinter
einer Antigone nicht zurück-
gestanden wäre.
Brief an Arnold Zweig
vom 25. 2. 1934.

Anna Freud erhielt ihre psy-
choanalytische Ausbildung
in Wien. Sie ist Mitbegrün-
derin der Kinderanalyse, betei-
ligte sich an den Vorlesungen
des Wiener Lehrinstituts und
leitete ab 1937 einen experi-
mentellen Kindergarten für
Kleinkinder aus Wiener
Elendsbezirken. Nach ihrer
Emigration hat sie 1940 in
London die ›Hampstead Nur-
series‹, eine Kinderkolonie
für verwaiste oder von ihren
Eltern getrennte Kinder, ein-
gerichtet. Seit 1952 war sie bis zu
ihrem Tode Direktorin der
›Hampstead Child-Therapy-
Clinic‹, einer führenden For-
schungs- und Ausbildungsstätte
auf dem Felde der Psychoanalyse
des Kindes, heute ›The Anna
Freud Centre‹. Sie hat ein
umfangreiches wissenschaft-
liches Werk veröffentlicht.

**317   Alte Freunde: Wilhelm
Herzig**
Einzig gemütlich lebt und
plaudert es sich doch nur
mit Herzig, dessen Wert Du
ja kennst oder doch vermu-
test.
Brief an Martha Bernays
vom 22. 8. 1883.

Wilhelm Herzig, 1853-1924,
Professor der pharmakologi-
schen Chemie an der Universi-
tät Wien. Freud kannte ihn
schon von der Schule her;
er hatte Freud die ›Don Quijo-
te‹-Ausgabe mit den Doré-Illu-
strationen geschenkt. [1]

**318   Alte Freunde: Ludwig
Braun**
[. . .] dieser edelsinnige, in
mehr als einer Hinsicht hervorragende Mann war einer
meiner nächsten und wärm-
sten Freunde. Es war etwas
Schicksalhaftes um unsere
Beziehung. Ein älterer Vetter
von ihm, Heinrich Braun[1],
war mein intimster Genosse
in den Gymnasialjahren gewesen, bis uns die Begebenhei-
ten auf abweichende Lebens-
wege drängten. In den letzten
Dezennien wurde dann Lud-
wig Braun mein Vertrauter
und zeitweilig mein Arzt,
ohne daß ich von jener Verwandtschaft wußte. Unsere
Intimität ruhte sicher auf
dem Bewußtsein zahlreicher
innerer Gemeinsamkeiten.
Aus Sigmund Freuds Nachruf
auf Ludwig Braun.

Ludwig Braun, 1861-1936,
Professor für Innere Medizin
an der Universität Wien. [2]

**320   Mit Bruder Alexander
im Garten, 1937**
Der Vorteil, den die Übersiedlung Anna bringen wird,
ist all unsere kleinen Opfer
wert. Für uns alte Leute [. . .]
hätte die Übersiedlung nicht
gelohnt.
*Brief an Ernest Jones
vom 13. 5. 1938.*

*Garten des Hauses Strasser-
gasse 47 in Grinzing, der
Sommerunterkunft in den
Jahren 1934 bis 1937.*

321   Gespräche im Garten

*Mit Martha, Schwester Marie
und Bruder Alexander.*

**322   Anschluß: Deutsche
Infanterie in Wien, 1938**
Österreichs Weg zum Nationalsozialismus scheint unaufhaltbar. Alle Schicksale haben
sich mit dem Gesindel verschworen. Mit immer weniger
Bedauern warte ich darauf,
daß für mich der Vorhang
fällt.
*Brief an Arnold Zweig
vom 22.6.1936.*

**323   Märzeintragungen der
›Kürzesten Chronik‹, 1938**

Transkription in den Anmerkungen.

So 13/3   Anschluss an Deutschland
Mo 14/3   Hitler in Wien
Di 15/3   Kontrole in Verlag u. Haus
Mi 16/3   Ines
Do 17/3   Prinzessin
Di 22/3   Anna bei Gestapo

324 Bücherverbrennung
Gegen seelenzerfasernde
Überschätzung des Trieb-
lebens, für den Adel der
menschlichen Seele! Ich über-
gebe der Flamme die Schriften
des Sigmund Freud.
›Feuerspruch‹ bei der Ver-
brennung der Werke Freuds.

Was wir für Fortschritte machen! Im Mittelalter hätten
sie mich verbrannt, heutzutage begnügen sie sich damit,
meine Bücher zu verbrennen.
Bemerkung Freuds.

*Sommerhaus auf der Insel
Hiddensee.*

*»Hidden House«, Sommer-
haus in Suffolk.*

**325 Berggasse 19 mit
Hakenkreuz, März 1938**
I came to Vienna as a child
of 4 years from a small town
in Moravia. After 78 years
of assiduous work I had to
leave my home, saw the
Scientific Society I had founded, dissolved, our institutions
destroyed, our Printing Press
(›Verlag‹) taken over by the
invaders, the books I had
published confiscated or reduc-
ed to pulp, my children ex-
pelled from their professions.[1]
*Brief an ›Time and Tide‹
vom 16.11.1938.*

**326 Hiddensee und
»Hidden House«**
Mein herzlicher Glückwunsch
zur Eröffnung von Hidden
House! Es ist echt jüdisch,
auf nichts zu verzichten und
sich für Verlorenes Ersatz
zu schaffen. Schon Moses[1],
der nach meinem Urteil den
jüdischen Charakter dauernd
geprägt hat, hat dafür das
Vorbild geschaffen.
*Brief an Ernst Freud
vom 17.1.1938.*

*Freuds Glückwunsch gilt der
Entscheidung seiner bereits
nach England emigrierten
Kinder, ihr in Deutschland
verlorenes Sommerhaus durch
ein englisches zu ersetzen.*

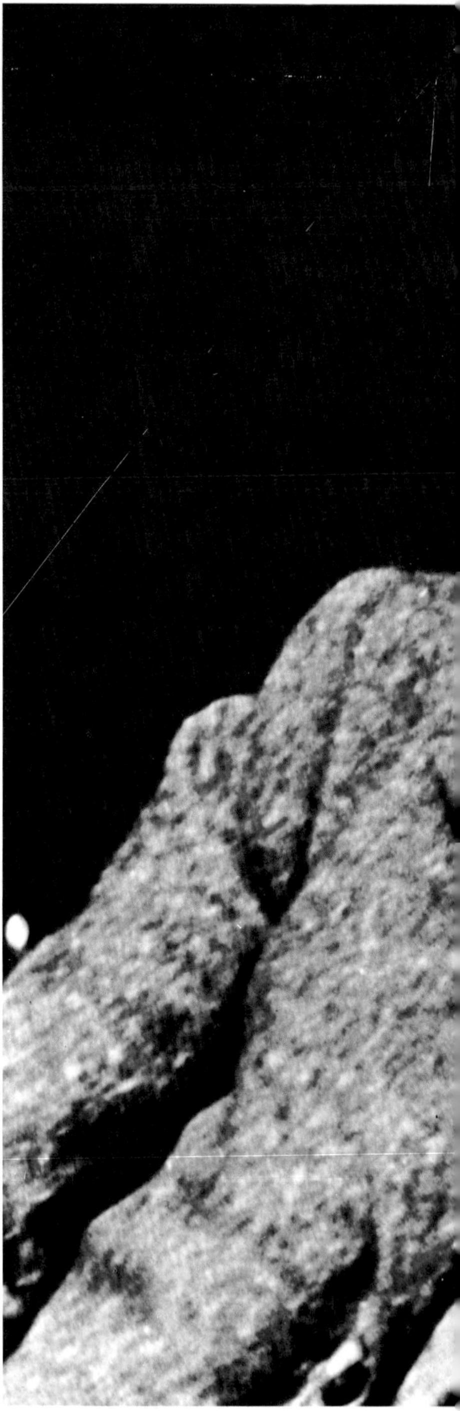

327 Auf die Ausreise-erlaubnis wartend

Ich habe einige besonders ungünstige Wochen hinter mir. Vor 4 Wochen eine meiner gewohnten Operationen, darauf ungewohnt heftige Schmerzen, so daß ich durch 12 Tage meine Arbeit einstellen mußte und mit Schmerzen und Wärmflaschen auf der Couch lag, die für andere bestimmt ist. Kaum daß ich die Arbeit wieder begonnen hatte, traten jene Ereignisse ein, die, Weltgeschichte im Wasserglas, unser Leben verändert haben. Ich konnte beim Radio lauschen der Kampfansage wie dem Verzicht, dem einen Jubel und dann dem Gegenjubel. Im Laufe dieser »eventful week« haben mich die letzten meiner wenigen Patienten verlassen. Ich bin noch nicht ganz schmerzfrei, kann also nichts arbeiten, tue also gar nichts. Unser Haus ist freilich sehr unruhig, Freunde erkundigen sich nach unserem Befinden [. . .].
Brief an Arnold Zweig vom 21.3.1938.

Ich schreibe Dir ohne äußeren Anlaß, weil ich hier ohnmächtig und untätig sitze, während Anna alle Wege macht, mit allen Ämtern verkehrt, alle Geschäfte erledigt. Man kann die »Reise schon sehen«[1]. Wir warten nur noch auf die ›Unbedenklichkeitserklärung‹ der Steuer, die innerhalb einer Woche kommen soll [. . .]. Zwei Aussichten erhalten sich in diesen trüben Zeiten, Euch alle beisammen zu sehen und – ›to die in freedom‹. Ich vergleiche mich manchmal mit dem alten Jakob, den seine Kinder auch im hohen Alter nach Ägypten mitgenommen haben [. . .]. Hoffentlich folgt nicht darauf wie dereinst ein Auszug aus Ägypten. Es ist Zeit, daß Ahasver irgendwo zur Ruhe kommt.
Brief an Ernst Freud vom 12.5.1938.

Alles ist in gewissem Sinn unwirklich, wir sind nicht mehr hier und noch nicht dort; die Gedanken flattern hin und her zwischen Berggasse und Elsworthy Road[2].
Brief an Minna Bernays vom 26.5.1938.

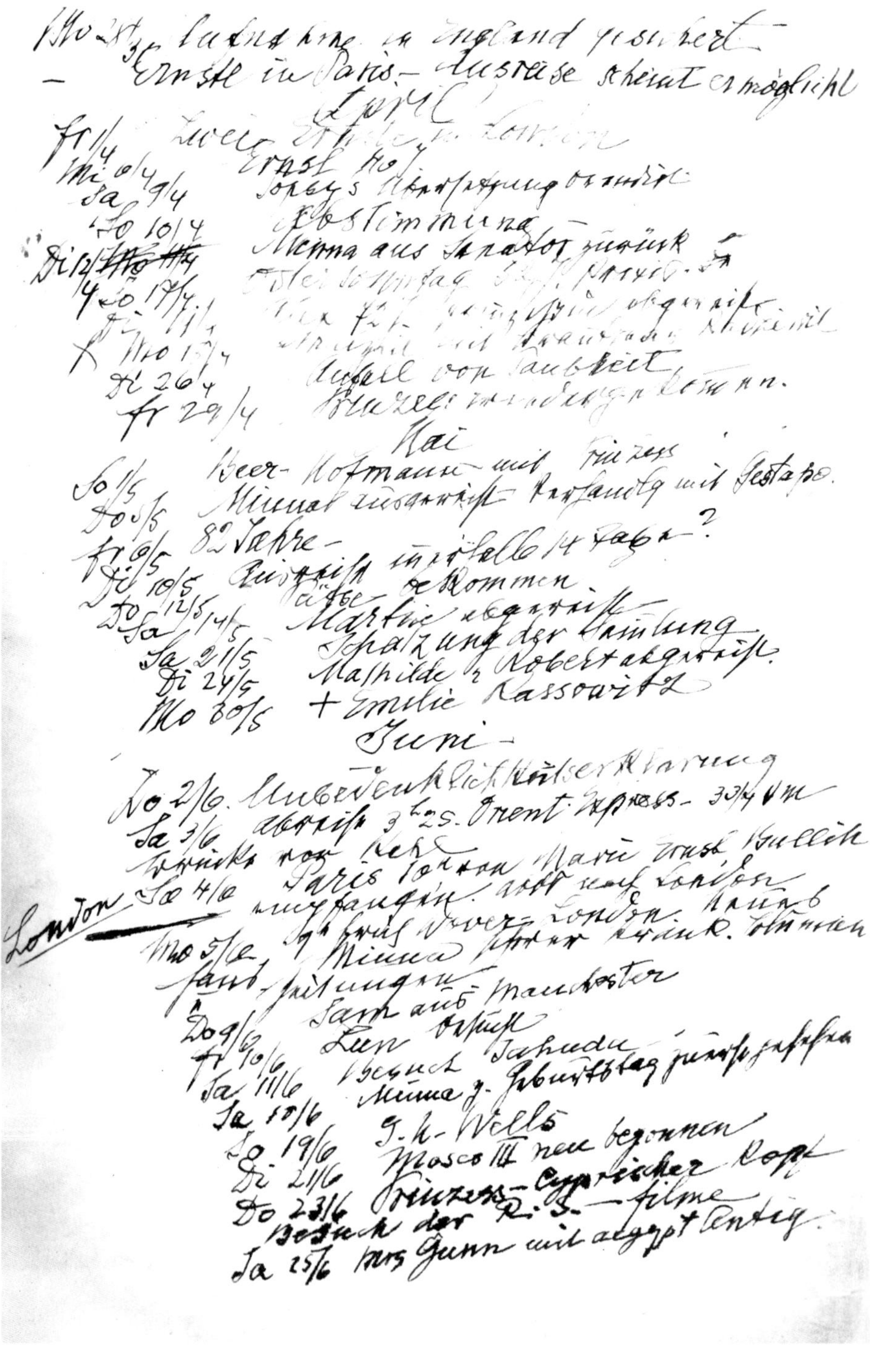

1940 ... Nachname in England gesichert —
— Ernste in Paris. — Ausreise scheint ermöglicht

April

Fr 1/4   Zwei ... London
Mi 4/4   Ernst ...
Sa 9/4   Josefs Herausgabe vermisst
So 10/4   Abstimmung —
Di 12/4   Minna aus Senators zurück ...
... 17/4
Mo 19/4   ... von Laubheit
Di 26/4
Fr 29/4

Mai

So 1/5   Beer-Hofmann mit Prinzess
Do 5/5   Minna ... bekannt mit Gestapo.
Fr 9/5   82 Jahre —
Di 10/5   ... bekommen
Do 12/5   ...
Sa 14/5   Martin abgereist
       Schatzung der Sammlung
Sa 21/5   ... Robert abgereist
Di 24/5   Mathilde u. Robert abgereist
Mo 30/5   + Emilie Kassowitz

Juni —

Do 2/6   ...
Sa 3/6   Abreise 3 ... Orient Express 33/4 ...
      zurück von ... Marie Ernst, ...
Sa 4/6   Paris Jerusalem ... nach London
London   empfangen ...
Mo 5/6   Minna ... krank ...
      Landzeitungen Manchester
      Sam aus ...
Do 9/6   ...
Fr 10/6   Besuch ...
Sa 11/6   Minna z. Geburtstag ...
Sa 18/6   H.G. Wells
So 19/6   Moscow ... neu begonnen
Di 21/6   Prinzess ... Ross
Do 23/6   ... filme
      Besuch der R... fertig
Sa 25/6   Mrs Gunn mit ägypt ...

328 Aus der ›Kürzesten Chronik‹, zur Zeit der Ausreise, 1938

Transkription in den Anmerkungen.

329 Auf dem Weg ins Exil
[. . .] wir sind nicht alle gleichzeitig ausgereist. Dorothy[1] die erste, Minna[2] am 5. Mai, Martin[3] am 14. Mai, Math und Robert[4] am 24. Mai, wir übrigen erst Samstag vor Pfingsten, also 3. Juni, Paula[5] mit uns, Lün[6] wenigstens bis Dover, wo sie von einem freundlichen Veterinär in Quarantäne genommen wurde. Mein Hausarzt Dr.

Schur sollte uns mit seiner Familie begleiten, aber er war so ungeschickt, in elfter Stunde einer Blinddarmoperation bedürftig zu werden, so daß wir uns mit der Garantie der netten Kinderärztin Dr. Stroß[7], die Anna mitnimmt, begnügen mußten. Sie hat mich sehr behütet, denn in der Tat haben die Schwierigkeiten der Reise sich bei mir in schmerzhafter

Herzmüdigkeit ausgewirkt [. . .].
Brief an Max Eitingon vom 6.6.1938.

Mit Anna am Waggonfenster.

330 Unterwegs[1]
Nach der Rheinbrücke waren
wir frei! Der Empfang in
Paris – Gare de l'Est – war
herzlich, etwas lärmend mit
Journalisten und Photographen. Von zehn a.m. bis zehn
p.m. waren wir bei Marie[2]
im Hause. [. . .] Den Kanal
überquerten wir im Ferry-
boat, das Meer sahen wir
erst im Hafen von Dover.
Nun waren wir bald in Victoria Station und wurden von
den Immigration-Officers
mit Auszeichnung durchgelas-
sen. Unsere Aufnahme in
London ist eine sehr liebens-
würdige. Die ernsthaften
Zeitungen bringen kurze
freundliche Begrüßungen.
*Brief an Max Eitingon
vom 6.6.1938.*

Mit Martha und Ernst[3].

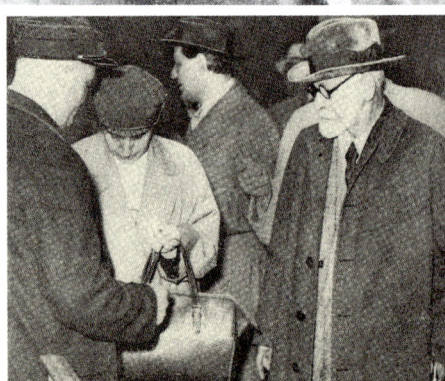

PROFESSOR SIGMUND FREUD, the famous Austrian psycho-
logist, who is coming to live in London, photographed on arrival in
Paris from Vienna.   On the left is his daughter and in centre
background his son, Herr Ernst Freud.

*Mit Anna und Ernst (in der
Mitte im Hintergrund).*

FREUD ARRIVES IN PARIS ON HIS WAY TO LONDON

Professor Sigmund Freud (right) the famous psycho-analyst, photographed after arriving in Paris from Vienna yesterday. With him in the picture are Princess George of Greece and Mr. William Bullitt, the U.S. Ambassador.

Mit Marie Bonaparte und William C. Bullitt, dem amerikanischen Botschafter in Paris.

331 Aufenthalt in Paris
Der eine Tag in Ihrem Haus
in Paris hat uns Würde und
Stimmung wiedergegeben;
nachdem wir zwölf Stunden
lang in Liebe eingehüllt wurden, sind wir stolz, reich,
unter dem Schutz der Athene[1]
abgereist.
*Brief an Marie Bonaparte
vom 8.6.1938.*

*Mit Martha, Ernst und Chow
Lün.*

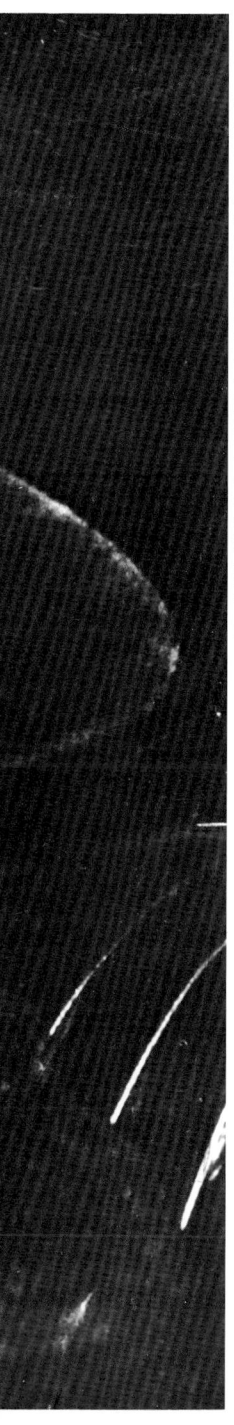

332 Im Auto, unmittelbar nach der Ankunft in London
Die Affektlage dieser Tage ist schwer zu fassen, kaum zu beschreiben. Das Triumphgefühl der Befreiung vermengt sich zu stark mit der Trauer, denn man hat das Gefängnis, aus dem man entlassen wurde, immer noch sehr geliebt, in das Entzücken über die neue Umgebung, das einen zum Ausruf: Heil Hitler drängen möchte, mengt sich störend das Unbehagen über kleine Eigentümlichkeiten der fremden Umwelt ein, die frohen Erwartungen eines neuen Lebens werden durch die Unsicherheit gehemmt, wie lange ein müdes Herz noch Arbeit wird leisten wollen [. . .]. Wir sind mit einem Schlag populär in London geworden. Der Bankmanager sagt: »I know all about you«; der Chauffeur, der Anna führt, bemerkt: »Oh, it's Dr. Freud's place.« Wir ersticken in Blumen.
Brief an Max Eitingon vom 6. 6. 1938.

333 Vor dem Haus 39, Elsworthy Road
In Victoria war Jones anwesend, der uns dann durch das schöne London in unser neues Haus brachte [. . .], es ist ganz im Norden der Stadt, nach dem Ende von Regent's Park am Fuß von Primrose Hill, hat von meinem Fenster aus kein Gegenüber, sondern nur die Aussicht ins Grüne, das mit einem reizenden kleinen von Bäumen umschlossenen Garten anfängt. Es ist also so, als ob wir in Grinzing lebten, wo jetzt der Gauleiter Bürckel uns gegenüber eingezogen ist.
Brief an Max Eitingon vom 6. 6. 1938.

Mit Mathilde Holitscher, der ältesten Tochter, Ernest Jones und Lucie Freud, der Schwiegertochter.

334 In der neuen Wohnung
Es geht uns sehr gut, ginge
uns sehr gut, wenn nicht die
angreifenden Nachrichten
aus Wien, die unausgesetzten
Anforderungen zu helfen,
durch die man nur immer
an die eigene Ohnmacht gemahnt wird, jedes Gefühl
von Behagen ersticken würden.
Brief an Arnold Zweig
vom 28. 6. 1938.

Ich schreibe hier mit Lust
am dritten Teil des Moses.
Eben vor einer halben Stunde
hat mir die Post einen Brief
eines jungen jüdischen Ame-
rikaners[1] gebracht, in dem
ich gebeten werde, den armen, unglücklichen Volksge-
nossen nicht den einzigen
Trost zu rauben, der ihnen
im Elend geblieben ist. Der
Brief war nett und wohlmei-
nend, aber welche Überschätzung! Soll man wirklich glauben, daß meine trockene
Abhandlung auch nur einem
durch Heredität und Erziehung Gläubigen, selbst wenn
sie ihn erreicht, den Glauben
stören wird?
Brief an Arnold Zweig
vom 28. 6. 1938.

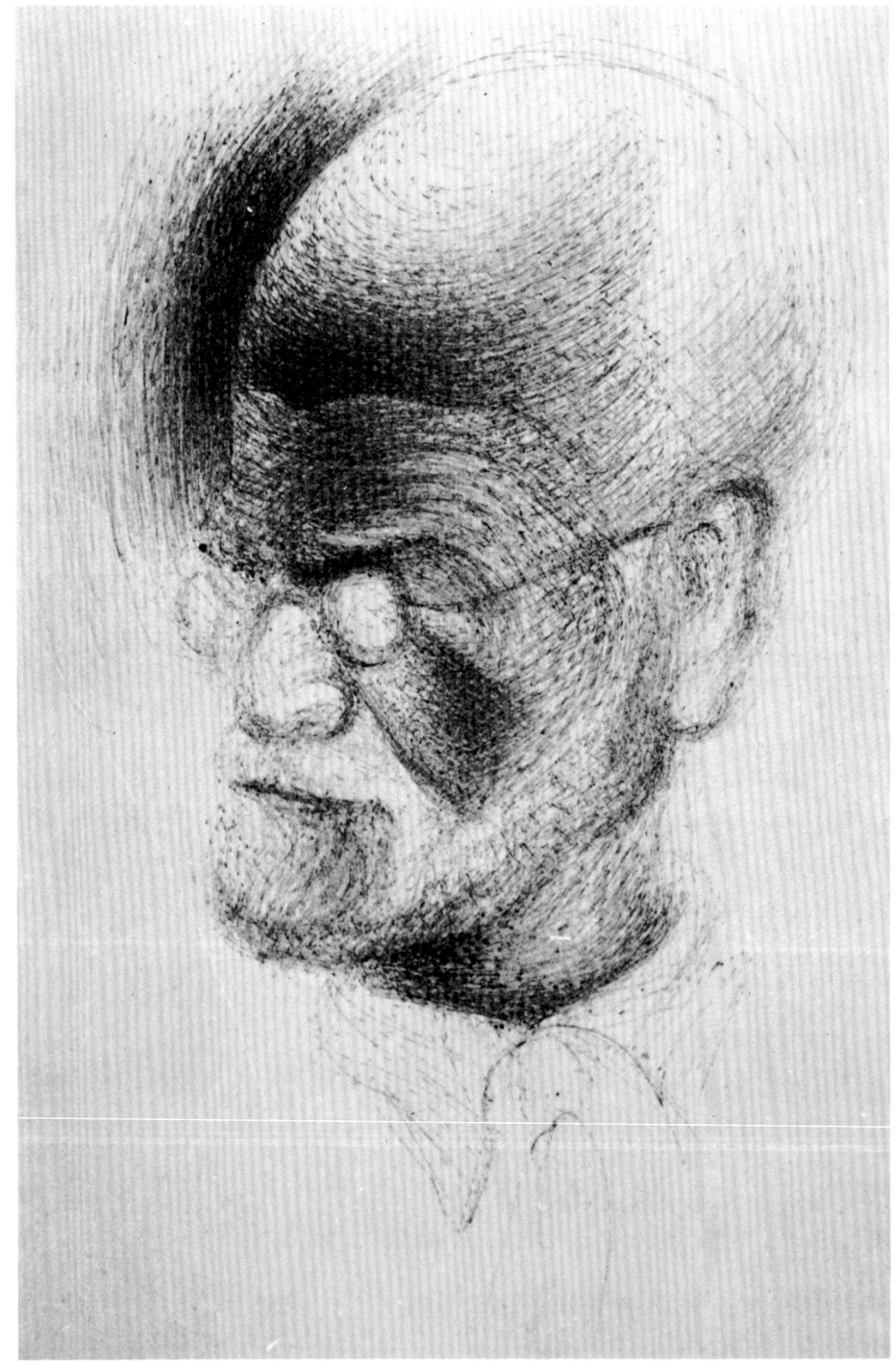

335 Freud-Skizze von Salvador Dali
Schließlich habe ich Freud
in London getroffen. Ich
war in Begleitung von Stefan
Zweig [. . .]. Bevor ich mich
verabschiedete, wollte ich
ihm eine Zeitschrift überrei-
chen, in der ein Artikel von
mir über die Paranoia war.
Freud hörte nicht auf, mich
anzustarren, und gab nicht
im geringsten acht auf das,
was ich ihm zeigte. Während
er mich unausgesetzt beobachtete, als ob er meine psychologische Wirklichkeit mit
seinem ganzen Wesen durch-
dringen wollte, rief er, indem
er sich an Stefan Zweig wandte: »Ich habe noch nie solch
einen Prototyp des Spaniers
gesehen. Was für ein Fanatiker!«
*Dali über seine Begegnung
mit Freud.*

[. . .] bis dahin war ich geneigt,
die Surrealisten, die mich
scheinbar zum Schutzpatron
gewählt haben, für absolute
(sagen wir fünfundneunzig
Prozent wie beim Alkohol)
Narren zu halten. Der junge
Spanier mit seinen treuherzig
fanatischen Augen und seiner
unleugbar technischen Mei-
sterschaft hat mir eine andere
Schätzung nahegelegt. Es
wäre in der Tat sehr interes-
sant, die Entstehung eines
solchen Bildes analytisch zu erforschen.
*Brief an Stefan Zweig
vom 20. 7. 1938.*

*Stefan Zweig hatte Salvador
Dali im Juli 1938 zu einem Besuch bei Freud mitgenommen.
Dabei zeichnete Dali die Skizze
mit Tinte auf Löschpapier.*

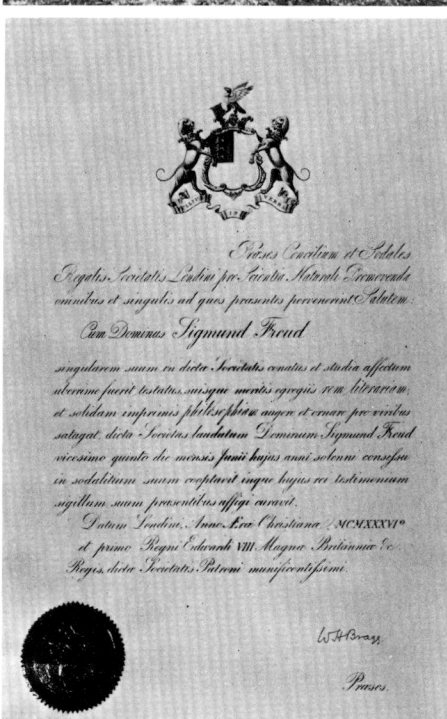

**336 Mit einem Sekretär
der ›Royal Society‹**[1]
Das Erfreulichste war der
Besuch zweier Sekretäre der
R. S., die das heilige Buch
der Society zu mir brachten,
damit ich meine Unterschrift
hineinsetze [. . .]. Ein facsi-
mile des Buches haben sie
bei mir gelassen, und wenn
Sie bei mir wären, könnte
ich Ihnen die signatures von
J. Newton to Charles Darwin
zeigen. Gute Gesellschaft!
*Brief an Arnold Zweig
vom 28. 6. 1938.*

337 Am Schreibtisch
Zuschriften von Freunden,
überraschend viele von völlig
Fremden, die nur ihre Freude
ausdrücken wollen, daß wir
entkommen und jetzt in Sicherheit sind, und nichts dafür
verlangen. Außerdem natürlich die Schar von Autogra-
phenjägern, Narren, Verrück-
ten und Frommen, die Trak-
tate und Evangelien schicken,
das Seelenheil retten, die
Wege Christi weisen und
über die Zukunft Israels aufklären wollen. Und dann
erst die gelehrten Gesellschaf-
ten, deren Mitglied ich schon
bin, und die unendlich vielen
jüdischen ›associations‹, deren
Ehrenmitglied ich werden
soll. Kurz, zum ersten Mal
und spät im Leben habe ich
erfahren, was Berühmtsein
heißt.
Brief an Alexander Freud
vom 22. 6. 1938.

**338   Erste Manuskriptseite
von ›Abriß der
Psychoanalyse‹, 1938**
Ich teile den quasi-fetischisti-
schen Respekt vor MSS[1]
nicht, bin unachtsam mit
ihnen und bewahre sie nur
auf, weil man mich mit der
Möglichkeit unterhalten hat,
sie könnten einmal Taschen-
geld für meine Enkel einbrin-
gen.
*Brief an Max Eitingon
vom 13. 11. 1934.*

**339   Vor dem Londoner
Hotel Esplanade, 1938**
Dazwischen schiebt sich noch
irgendwie ein unbehagliches
Provisorium, da wir am
5. Sept[ember] dies Haus[1]
räumen müssen [. . .] wochen-
lang in einem Hotel [. . .]
*Brief an Jeanne Lampl-
de Groot vom 22. 8. 1938.*

*Freud selbst verbrachte aller-
dings nur wenige Tage im
Hotel Esplanade, weil er sich
in eine Londoner Klinik begeben mußte. Prof. Pichler war
aus Wien gekommen, um die
letzte Operation an Freuds
Kiefer vorzunehmen.*

340   Eingang zum letzten Haus, Maresfield Gardens

Das Haus ist sehr schön. Es ist mir recht, daß Sie Ihren Besuch ein wenig aufgeschoben haben, bis es Ihnen ganz in Ordnung gezeigt werden kann.
Brief an Marie Bonaparte vom 4. 10. 1938.

Hier, im Londoner Stadtteil Hampstead, 20 Maresfield Gardens, lebte Freud bis zu seinem Tode; das Haus, heute Freud-Museum, wurde auch von Anna Freud bis zu ihrem Tode bewohnt.

341   Bild des ersten Hauses

Diese Darstellung des Geburtshauses hängt in Freuds Arbeitszimmer in Maresfield Gardens.

342 Gartenansicht *Die linke Tür führt in Freuds Arbeitszimmer.*

343   Die Couch

344   Der Schreibtisch[1]

345   Vitrine mit Antiquitäten
Alle Ägypter, Chinesen und
Griechinnen sind angekom-
men, haben den Transport
mit geringen Schäden überstanden und nehmen sich
hier imposanter aus als in
der Berggasse. Nur das Eine:
eine Sammlung, zu der nichts
neu hinzukommt, ist eigentlich tot.
*Brief an Jeanne Lampl-
de Groot vom 8. 10. 1938.*

**346   Im Garten von
Maresfield Gardens, 1939**
Es geht mir nicht gut, mein
Leiden und die Folgen der
Behandlung teilen sich in
die Verursachung in einem
mir unbekannten Verhältnis.
Man hat versucht, mich in
eine Atmosphäre von Opti-
mismus zu ziehen: das Carci-
nom ist in Schrumpfung, die
Reaktionserscheinungen sind
vorübergehend. Ich glaube
nicht daran und mag es nicht,
betrogen zu werden. [. . .]
Etwas Interkurrentes, was
den grausamen Prozeß kurz
abschneidet, wäre sehr er-
wünscht.
*Brief an Marie Bonaparte
vom 28. 4. 1939.*

349 H. G. Wells
Indeed, you cannot have
known that since I first came
over to England as a boy
of eighteen years, it became
an intense wish phantasy
of mine to settle in this coun-
try and become an English-
man. Two of my half-brothers
had done so fifteen years
before.[1]
*Brief an H. G. Wells
vom 16. 7. 1939.*

*Herbert George Wells,
1866-1946. Der englische
Schriftsteller, seit 1931 mit
Freud bekannt, besuchte ihn
häufig im Londoner Exil
und bemühte sich, ihm zur
sofortigen Verleihung der
englischen Staatsbürgerschaft
zu verhelfen, was ihm jedoch
mißlang. Freud hatte bis
zum Tode den Status eines
»enemy alien«.*

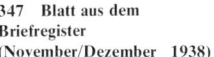

**347 Blatt aus dem
Briefregister
(November/Dezember 1938)**

*Freud pflegte sämtliche Briefe,
die er empfing und schrieb,
in einem Briefregister zu notie-
ren. Erhalten geblieben sind
jedoch nur die in London
geführten Blätter.*

348 Yvette Guilbert
Die Zärtlichkeit Ihres Briefs
hat mich sehr erfreut und
die Zuversicht Ihres Verspre-
chens eines Besuches im Mai
1939 sehr gerührt. Aber in
meinem Alter hat auch jeder
Aufschub eine schmerzliche
›connotation‹. Es ist Entbeh-
rung genug, daß ich in den
letzten Jahren nicht mehr
eine Stunde wieder jung werden durfte unter dem Zauber
von Yvette.
*Brief an Yvette Guilbert
vom 24. 10. 1938.*

*Yvette Guilbert, 1866-1943,
die berühmte französische
Diseuse, war viele Jahre lang
mit Freud befreundet. Auf
das ihm gewidmete Foto
schrieb sie: »De tout mon
coeur au grand Freud! Yvette
Guilbert 6 Mai 1939.«*

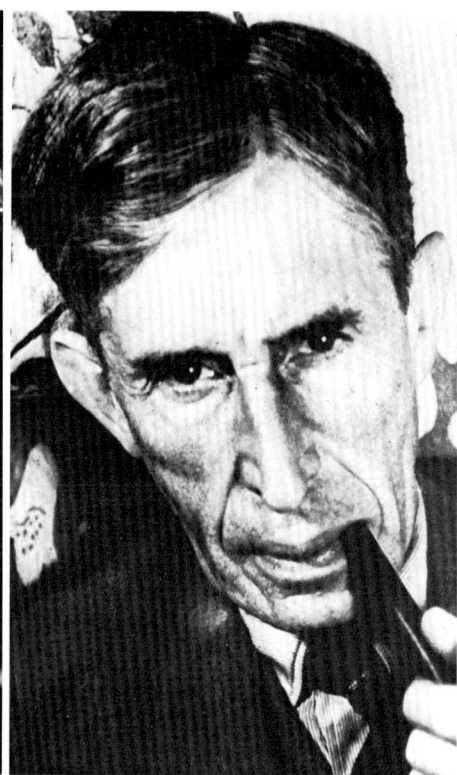

**350   Virginia und Leonard
Woolf**
I only once met Freud in
person [. . .] in the afternoon
of Saturday, January 28,
1939, we went and had tea
with him. I feel no call to
praise the famous men whom
I have known. Nearly all
famous men are disappointing
or bores, or both. Freud was
neither; he had an aura, not
of fame, but of greatness.[1]
*Leonard Woolf, ›Downhill all
the Way‹.*

*Leonard Woolf, 1880-1969,
und seine Frau, die Schriftstel-
lerin Virginia Woolf,
1882-1941, gründeten 1917
den Verlag Hogarth Press.
Seit 1924 erschienen dort
englische Ausgaben der
Werke Freuds; seit 1953 veröffentlichte der Verlag die
von James Strachey herausgegebene ›Standard Edition
of the Complete Psychological
Works of Sigmund Freud‹
(24 Bde.).*

**351   Erste Manuskriptseite
von ›Ein Wort zum
Antisemitismus‹, 1938**[1]

Ein Wort zum Antisemitismus.

SIGMUND FREUD

DER MANN MOSES
UND DIE
MONOTHEISTISCHE RELIGION

DREI ABHANDLUNGEN

Internationale Zeitschrift
für Psychoanalyse
und Imago

Herausgegeben von Sigm. Freud

| XXIV. BAND | 1939 | Heft 1/2 |

Vorbemerkung

Der Jahrgang 1938 der „Internationalen Zeitschrift für Psychoanalyse"
und der „Imago" konnte wegen der politischen Ereignisse in Oester-
reich nicht erscheinen. Nach mehr als einjähriger Unterbrechung
erscheinen die beiden Zeitschriften jetzt wieder, nun zu einem
Band vereinigt und unter dem gemeinsamen Titel „Internationale
Zeitschrift für Psychoanalyse und Imago".

Der vorliegende Band dieser neuen Zeitschrift schliesst als XXIV.
Jahrgang (1939) an die Bände XXIII (1937) beider Zeitschriften unmittelbar an. Die eine Zeitschrift wird die Traditionen beider
unverändert fortsetzen.

Der Herausgeber

1 9 3 9

VERLAG ALLERT DE LANGE
AMSTERDAM

**352 Moses-Statuette des
Nicolas von Verdun**[1]
Der Mann [Moses], und was
ich aus ihm machen wollte,
verfolgt mich unablässig.
*Brief an Arnold Zweig
vom 16. 12. 1934.*

**353 Erstdruck von
›Der Mann Moses und die
monotheistische Religion‹,
1939**[1]
Ich habe vor einigen Jahren
begonnen, mir die Frage vor-
zulegen, wie der Jude den
ihm eigentümlichen Charakter
erworben hat, und habe nach
meiner Gewohnheit bei den
ersten Ursprüngen eingesetzt.
Ich bin nicht weit gekommen.
Ich war überrascht zu finden,
daß schon das erste, sozusagen embryonale Erlebnis
des Volkes, der Einfluß des
Mannes Moses und der Aus-
zug aus Ägypten, die ganze
weitere Entwicklung bis auf
den heutigen Tag festgelegt
hat – wie ein richtiges früh-
kindliches Trauma in der
Geschichte des neurotischen
Individuums. Voran steht
hier die Diesseitigung der
Lebensauffassung und die
Überwindung des magischen
Denkens, die Absage an die
Mystik, beides auf Moses
selbst zurückzuführen [. . .].
*Brief an N. N.
vom 14. 12. 1937.*

Einem Volkstum den Mann
abzusprechen, den es als den
größten unter seinen Söhnen
rühmt, ist nichts, was man
gern oder leichthin unternehmen wird, zumal wenn man
selbst diesem Volke angehört.
[. . .] Moses ist ein – wahrscheinlich vornehmer – Ägypter, der durch die Sage zum
Juden gemacht werden soll.
[. . .] Die Abweichung der
Mosessage von allen anderen
ihrer Art konnte aber auf
eine Besonderheit der Moses-
geschichte zurückgeführt
werden. Während sonst ein
Held sich im Laufe seines
Lebens über seine niedrigen
Anfänge erhebt, begann das
Heldenleben des Mannes
Moses damit, daß er von
seiner Höhe herabstieg, sich
herabließ zu den Kindern
Israels.
*›Der Mann Moses und die
monotheistische Religion‹.*

**354 ›Internationale Zeit-
schrift für Psychoanalyse
und Imago‹, London 1939**

*Als Fortsetzung der deutsch-
sprachigen psychoanalytischen
Zeitschriften erschien in London von 1939 an das kombi-
nierte Journal ›Internationale
Zeitschrift für Psychoanalyse
und Imago‹; es mußte jedoch
schon 1941 sein Erscheinen
einstellen.*

**355 Mit Martha,
September 1939**
Die Geliebte hat einen Zau-
ber, der sich nur verschiebt,
nicht abnützt. Ein guter edler
Mensch ist eine unversiegbare
Quelle des Genusses, der
Teilnahme, der Bewunderung.
Bleib mir gesund, stark, kühn
und standhaft, ich werde
nie Sorge tragen, daß wir
einander lästig werden.
*Brief an Martha Bernays
vom 18. 8. 1883.*

*Im Garten des Hauses Mares-
field Gardens.*

356 In seinem Todesjahr
Ich leide seit der Operation
im September an Schmerzen
im Kiefer, die sich langsam,
aber stetig verstärken, so
daß ich ohne Wärmflasche
und größere Dosen Aspirin
meine Tagesaufgaben und
meine Nächte nicht bewältigen kann. Einmal hat sich
schon ein größeres Knochen-
stück abgestoßen, man erwar-
tete die Wiederholung dieses
Vorganges zur Erledigung
des Zwischenfalls, aber bisher
vergebens. Nun kennt man
sich nicht aus, weiß nicht,

ob es eine im Grund harmlose
Verzögerung oder ein Fortschritt des unheimlichen Prozesses ist, gegen den wir seit
16 Jahren kämpfen. [...]
Unterdes habe ich diese
lähmenden Schmerzen.
*Brief an Arnold Zweig
vom 20. 2. 1939.*

*Freud starb am
23. September 1939.*

357 Griechische Vase aus Freuds Sammlung; seine Urne

Aber kein Mensch gibt sich der Täuschung hin zu glauben, daß die Natur jetzt schon bezwungen ist [. . .]. Da sind die Elemente, die jedem menschlichen Zwang zu spotten scheinen, die Erde, die bebt, zerreißt, alles Menschliche und Menschenwerk begräbt, das Wasser, das im Aufruhr alles überflutet und ersäuft, der Sturm, der es wegbläst, da sind die Krankheiten, die wir erst seit kurzem als die Angriffe anderer Lebewesen erkennen, endlich das schmerzliche Rätsel des Todes, gegen den bisher kein Kräutlein gefunden wurde und wahrscheinlich keines gefunden werden wird. Mit diesen Gewalten steht die Natur wider uns auf, großartig, grausam, unerbittlich, rückt uns wieder unsere Schwäche und Hilflosigkeit vor Augen, der wir uns durch die Kulturarbeit zu entziehen gedachten.
›Die Zukunft einer Illusion‹.

[. . .] zwei Brüder liegen bereits in englischem Boden, vielleicht finde ich dort auch noch Platz.
Brief an Max Eitingon vom 12. 10. 1919.

Die Urne, die auch die Asche Martha Freuds enthält, steht im Krematorium Golder's Green in London.

Anhang

Anmerkungen zum Bildteil

1

1 Die Karte erschien 1855 bei Artaria, Wien. Die Gebiete Triest, Görz, Gradiska, Istrien, Kärnten und Krain heißen noch Illyrien, nach den von Napoleon gegründeten Illyrischen Provinzen, die 1814 an Österreich zurückfielen. Das von Österreich 1816 gebildete Königreich Illyrien war bereits 1849 in die Kronländer Kärnten, Krain und Küstenland aufgelöst worden. Das Lombardisch-Venezianische Königreich ist noch verzeichnet, das in den Jahren nach Freuds Geburt, 1859 bzw. 1866, an Italien ging. Bosnien und die Herzegowina (letztere in der Karte nicht markiert) sind noch Teile des Türkischen Reiches. Sie kamen erst 1878 unter österreichische Verwaltung.

3

1 Das Foto stammt etwa aus dem Jahre 1930; jedenfalls wurde es aufgenommen, bevor man 1931 die erste Gedenktafel an Freuds Geburtshaus enthüllte (vgl. Abb. 294). – Seit 1918 heißt die Schlossergasse tschechisch Zámečnická ulice; auf dem Bild ist ein entsprechendes Schild erkennbar.

4

1 Hebräische Eintragung von Freuds Vater. Die auf den Rand des Blattes niedergeschriebene deutsche Übersetzung ist, wie uns Karl Erich Grözinger, damals Seminar für Judaistik der Universität Frankfurt am Main, mitteilte, nicht vollständig. Der Übersetzer hat unleserliche oder ihm unverständliche Stellen nicht übertragen. Andererseits hat er einige erklärende Zusätze eingefügt: Im ersten Absatz stehen an zwei Stellen des hebräischen Texts deutsche Wendungen, in hebräischen Lettern geschrieben: »Uhr Nachmittag« und »Pathen«.
2 Hier steht im hebräischen Text: »am 16. Adar Rischon«. Adar Rischon ist ein jüdischer Monatsname im Schaltjahr, in dem es zwei Monate mit den Namen Adar gibt: Adar Rischon und Adar Scheni.
3 Ort in der österreichischen Provinz Galizien.

4 Wörtlich: »Und kam zur Ruhe auf seiner Ruhestatt«. Dann folgt im hebräischen Text noch der Satz: »Er möge ruhen auf seiner Ruhestatt . . . (unleserlich) bis zur Zeit des Endes, bis zum Tage, da gesagt wird zu den im Staube Schlafenden: ›Wachet auf in Frieden, Amen.‹«
5 Der Mohel vollzieht die Beschneidung.
6 Im hebräischen Text heißt es hier: »Der Sandak war Herr . . .« Der Sandak hält das Kind während der Beschneidung. Es folgt noch eine weitere, unleserliche Zeile mit dem Datum »4. . . .ber 1856«.

6

1 Auf die bedeutende Rolle dieser Kinderfrau, Monica Zajícova, einer strenggläubigen katholischen Tschechin, von der kein Bild erhalten ist, hat Freud wiederholt hingewiesen, so in den Briefen an Fließ, aber auch in der *Traumdeutung:* »Nun liegt jenen einem einschließenden Träumen die Erinnerung an eine Kinderfrau zugrunde, die mich von meiner Säuglingszeit bis zum Alter von zweieinhalb Jahren betreut hat, von der mir auch eine dunkle Erinnerung im Bewußtsein geblieben ist. Nach den Auskünften, die ich unlängst von meiner Mutter eingeholt habe, war sie alt und häßlich, aber sehr klug und tüchtig; nach den Schlüssen, die ich aus meinen Träumen ziehen darf, hat sie mir nicht immer die liebevollste Behandlung angedeihen und mich harte Worte hören lassen, wenn ich der Erziehung zur Reinlichkeit nicht genügendes Verständnis entgegenbrachte. [. . .] Es ist wohl anzunehmen, daß das Kind dieser Erzieherin, trotz ihrer schlechten Behandlung, seine Liebe geschenkt hat.« (G. W., Bd. 2/3, S. 253.) – Wie Freud diese Kinderfrau verlor, erwähnt er in einem Brief vom 15. Oktober 1897 an Wilhelm Fließ; er zitiert dort Aussagen seiner Mutter, bei der er 1897 Erkundigungen über das Verschwinden der Alten eingezogen hatte: »Als ich im Wochenbett mit Anna war (2½ Jahre jünger), kam es heraus, daß eine Diebin

war, und man hat alle blanken Kreuzer, Zehnerl und alles Spielzeug, das Dir geschenkt worden war, bei ihr gefunden. Dein Bruder Philipp [vgl. Anm. zu Abb. 12] ist selbst um den Polizeimann gegangen, sie hat dann 10 Monate Strafe bekommen.« *(Aus den Anfängen der Psychoanalyse; Briefe an Wilhelm Fließ, Abhandlungen und Notizen aus den Jahren 1887-1902,* Frankfurt am Main 1962, ²1975, S. 192.)

7

Die folgenden Anmerkungen zu den Kirchenbildern stammen von Frau Prof. Renée Gicklhorn, die uns diese Aufnahmen zur Verfügung gestellt hat.
1 »Die hier veröffentlichten Bilder habe ich im Jahre 1969 anläßlich der Enthüllung eines Freud-Denkmals in Freiberg aufnehmen lassen. Den Anstoß gaben wiederholte Hinweise verschiedener Freud-Biographen, daß die in der Pfarrkirche ›Mariae Geburt‹ befindlichen Bilder auf das Kind Freud einen tiefen Eindruck gemacht hätten. – Das Votivbild des heiligen Isidor befindet sich auf einer Seite des Presbyteriums. In einer Seitenkapelle hängt ein in älteren Schriften kaum erwähntes und nie im Detail beschriebenes Votivbild mit dem Blick auf Příbor und Szenen aus dessen Geschichte aus der Zeit der Schwedenkriege. Diesem Bild galt meine besondere Aufmerksamkeit, und seine Photographie wird hier erstmals veröffentlicht; es ist durchaus möglich, daß es dasjenige war, welches mit seinen dramatischen und handlungsreichen Darstellungen auf das Kind die größte Wirkung ausgeübt hat.
2 Der heilige Isidor, 1772 gemalt von dem Chemnitzer Maler Anton Wolny.
3 Das Schwedenbild stammt von dem Maler Ulrich aus dem Jahre 1843. In der Mitte der heilige Joseph mit dem Christuskind, umrahmt von kleineren szenischen Darstellungen, die in zweisprachiger Beschriftung erläutert sind.«

8

1 Vgl. Abb. 154 samt Text.

10

1 Im Zusammenhang mit

dieser Enttäuschung am Vater sei ein Vorfall erwähnt, den Martin Freud (in *Glory Reflected; Sigmund Freud – Man and Father*, London 1957, S. 70f.) berichtet. Er ereignete sich im Jahre 1901 am Thumsee, wo die Familie die Ferien verbrachte. Bei einem Spaziergang sah Freud plötzlich einer antisemitische Parolen ausrufenden Menge konfrontiert, die eine drohende Haltung gegen ihn einnahm. Seinen Bergstock schwingend, näherte er sich grimmigen Blicks der Gruppe, die, offensichtlich von ihm eingeschüchtert, vor ihm auseinanderstob.

12
1 Der Brief richtet sich zweifellos an Freuds seit 1859 in Manchester lebenden Halbbruder Emanuel (1834-1915). Philipp (1838-1912) war der andere aus Jacob Freuds erster Ehe stammende Halbbruder. Johann (John), wohl Emanuels 1855 geborener Sohn; Pauline (1854-1943), seine Tochter. – Zweimal (in »Freude« und »Familie«) verwendete Freud einen falschen Anfangsbuchstaben. Er unterzeichnete den Brief noch mit Sigismund. In den Jahresberichten seiner Schule ist er zunächst als »Sigismund Freud« erwähnt; wie uns Frau Dr. Eva Laible, Wien, mitteilte, erscheint dort erst seit 1870 »Sigmund Freud«. Allerdings steht im Gedenkblatt, auf dem seine Geburt vermerkt ist (Abb. 4), bereits »Sigmund« – freilich nur in der deutschen Übersetzung; im Hebräischen heißt es eindeutig »Sigismund«.

16
Transkription:
»Zerstreute Gedanken.
Gold bläht den Menschen auf, wie Luft eine Schweinsblase.
– . –
Der ist der schlimmste Egoist, dem es nie eingefallen, sich für einen zu halten.
– . –
Manche Menschen sind wie ein reiches, nie ganz durchforschtes Bergwerk, Andere führen ›Soll und Haben‹, wie über ihre Wäsche, so über ihre Gedanken und spießen jeden kleinen Wurm auf, der sich in die Öde ihres Gehirns verirrt.
– . –

Manche Menschen sind Erze, manche Katzengold und Katzensilber.
– . –
Wol jedes größere Thier übertrifft den Menschen in Etwas, er aber übertrifft sie alle in allem.
. S. Freud.«
Die acht Seiten bestehende Nummer der Schülerzeitung ›Musarion‹ – abgebildet ist die letzte und erste Seite – ist handgeschrieben, jedoch handelt es sich nicht um Freuds Schrift. Vgl. zu diesem frühesten Zeugnis – Freud war damals fünfzehnjährig – K. R. Eisslers ›Psychoanalytische Einfälle zu Freuds »Zerstreute(n) Gedanken«‹, in, K. R. Eissler, S. Freud, S. Goeppert, K. Schröter, *Aus Freuds Sprachwelt und andere Beiträge*, Jahrbuch der Psychoanalyse, Beiheft Nr. 2, Bern und Stuttgart 1974, S. 103ff.

17
1 Aus diesen Jahresberichten des Gymnasiums lassen sich auch die damaligen Stundenpläne »für die obligaten Lehrgegenstände« entnehmen. Über Freuds Gymnasialjahre wird Dr. Eva Laible demnächst eine Arbeit veröffentlichen.

19
1 Julie Braun-Vogelstein, die Frau Heinrich Brauns, die nach dem Tode ihres Mannes Freud gebeten hatte, ihr für Brauns Biographie Erinnerungen an die gemeinsamen Jugendjahre zur Verfügung zu stellen.

20
1 Samuel Hammerschlag unterstützte Freud während des Studiums mehrfach finanziell, ungeachtet eigener Armut.

21
1 Warum auf dem hier vergrößert abgebildeten Siegelabdruck das »C« (oder, so scheint es, »E« – von »Academia Española«) zum dem »A« erscheint, ist unklar.
2 Freud und Eduard Silberstein, 1857-1925; es war bei Entstehung des Buches nicht möglich, ein Bild dieses Jugendfreundes zu bekommen.

25
1 Freud erwähnt dieses Jugendideal in der *Traumdeutung* (G. W., Bd. 2/3) im Zusammenhang mit seiner

Romsehnsucht (vgl. die Texte zu Abb. 162), vor allem aber im Kontext seiner Enttäuschung am Vater. Im Anschluß an die Beschreibung jener Szene, in der dem Vater von einem Christen die Mütze in den Kot geworfen wird (vgl. den Text zu Abb. 10), fährt Freud fort: »Ich stellte dieser Situation, die mich nicht befriedigte, eine andere gegenüber, die meinem Empfinden besser entsprach, die Szene, in welcher Hannibals Vater, Hamilkar Barkas, seinen Knaben vor dem Hausaltar schwören läßt, an den Römern Rache zu nehmen. Seitdem hatte Hannibal einen Platz in meinen Phantasien.« (S. 203.)
2 André Masséna, Herzog von Rivoli, Fürst von Eßling, französischer Marschall, 1758-1817. Während der Revolution stieg er rasch auf, 1814 schloß er sich Ludwig XVIII. an. Er hinterließ Memoiren, die posthum veröffentlicht wurden.
3 Freud hat mehrfach die entscheidende Bedeutung analysiert, die dieser Knabe, von dem kein Bild erhalten ist (er war jener in der Anmerkung zu Abb. 12 bereits erwähnte Sohn des Halbbruders Emanuel), auf seine seelische Entwicklung gehabt hat: »Ich habe schon erzählt, daß meine warmen Freundschaften wie auch meine Feindschaften mit Gleichaltrigen auf meinen Kinderverkehr mit einem um ein Jahr älteren Neffen zurückgehen, in dem er der Überlegene war, ich mich frühzeitig zur Wehre setzen lernte, wir unzertrennlich miteinander lebten und einander liebten, dazwischen, wie Mitteilungen älterer Personen bezeugen, uns rauften und – verklagten. Alle meine Freunde sind in gewissem Sinne Inkarnationen dieser ersten Gestalt, die ›früh sich einst dem trüben Blick gezeigt‹, Revenants. Mein Neffe selbst kam in den Jünglingsjahren wieder, und damals führten wir Cäsar und Brutus miteinander auf. Ein intimer Freund und ein gehaßter Feind waren mir immer notwendige Erfordernisse meines Gefühlslebens; ich wußte beide mir immer von neuem zu verschaffen, und nicht

selten stellte sich das Kindheitsideal so weit her, daß Freund und Feind in dieselbe Person zusammenfielen, natürlich nicht mehr gleichzeitig oder in mehrfach wiederholter Abwechslung, wie es in den ersten Kinderjahren der Fall gewesen sein mag.« (*Die Traumdeutung*, aaO, S. 486f.)

26

1 Gemeint ist Oliver Freud (vgl. Abb. 159); Freud war neunzehn, als er England erstmals besuchte.

27

1 Hinweis auf den 1823 verfaßten Aufsatz von Börne (1786-1837) ›Die Kunst, in drei Tagen ein Originalschriftsteller zu werden‹, den Freud in seiner Jugend gelesen, aber wieder vergessen hatte und den er später einen entscheidenden Einfluß auf die Vorgeschichte seiner Technik des freien Einfalls sowie des Begriffs ›Traumzensur‹ zuschrieb. Vgl. seine Arbeit ›Zur Vorgeschichte der analytischen Technik‹ (1920), *G. W.*, Bd. 12, S. 309ff. – Die Abb. ist eine Lithographie nach dem Gemälde von Moritz Oppenheim.

31

1 Der Adressat des Briefs ist Emil Fluß, ein Jugendfreund. Der komplette Wortlaut dieses bereits mehrfach zitierten langen Schreibens, von dem hier nur zwei Seiten abgebildet sind, findet sich in Freud, *Briefe 1873-1939*, hrsg. von Ernst und Lucie Freud, Frankfurt am Main ²1968, S. 5ff., ferner in *»Selbstdarstellung«; Schriften zur Geschichte der Psychoanalyse*, hrsg. von Ilse Grubrich-Simitis, Frankfurt am Main 1971, S. 118ff.
Transkription:
Linke Seite
»Nachts.
                    Wien 16 Juni 1873.
Lieber Freund!
Weñ ich mich nicht scheute, das nichtswürdigste Witzwort unseres witzelnden Jahrhunderts auszuschreiben, dürfte ich billig sagen: Die Matura ist tot, es lebe die Matura. Aber der Witz gefällt mir so wenig, dass ich lieber wollte, die zweite Matura [der mündliche Teil der Prüfung] wäre auch schon vorbei. Eine Woche nach der Schriftlichen Prüfung habe ich unter heim-

lichen Gewissensbissen u Herzdrücken verschleudert u befinde mich seit Gestern auf dem Wege[,] den Verlust einzubringen u tausend Lükken von Altersher zu verstopfen. Sie wollten freilich nie etwas davon hören, weñ ich mich der Faulheit beschuldigte, ich aber empfinde, es ist etwas daran[,] u weiss das besser.
Ihre Neugierde[,] von der Matura zu hören, muss sich mit kalten Speisen bescheiden, weil zu spät nach geschehener Malzeit koñt, eine pathetische Beschreibung all des Hoffens, Schwankens, der Bestürzung, Erheiterung[,] der Lichter[,] die einem plötzlich aufgehen, u der unerklärlichen Glücksfälle, die man sich »unter Collegen« erzählt, kañ ich Ihnen nicht mehr liefern; dazu hat die Schriftliche«
Rechte Seite
»geborgen, trösten Sie mich. Wovor geborgen, muss ich fragen; doch nicht geborgen u versichert[,] dass er nicht irrt? Was verschlägts, ob Sie etwas fürchten oder nicht? ist nicht die Hauptsache[,] ob es so wahr ist, wie wirs fürchten? Wol wahr, dass auch stärkere Geister von Zweifel an sich selbst ergriffen werden; ist darum jeder, der sein Verdienst in Zweifel zieht, ein starker Geist? Er kañ ein Schwächling an Geist sein, nur ein ehrlicher Mañ dabei, aus Erziehung, Gewohnheit oder gar aus Selbstqual. Ich will Sie nicht auffordern, weñ Sie in irgendwelche zweifelnde Lage koñen, Ihre Empfindungen unbarmherzig zu zergliedern, aber weñ Sie es thun, werden Sie sehen, wie wenig Sie sicher an Sich haben. Die Grossartigkeit der Welt beruht ja auf dieser Mañigfaltigkeit der Möglichkeiten, nur ist's leider kein fester Grund für uñsere Selbsterkeñtnis.«

41

1 Hier machten Freud und Carl Koller später ihre Kokainexperimente (Abb. 83 bis 86).
2 Für Daten über Freuds Universitätslehrer vgl. Erna Lesky, *Die Wiener Medizinische Schule im 19. Jahrhundert*, Graz-Köln 1965; ferner die aufschlußreichen Aufsätze über den frühen Freud von

Siegfried und Suzanne Cassirer Bernfeld, *Bausteine der Freud-Biographik*, hrsg. von Ilse Grubrich-Simitis, Frankfurt 1981, insbesondere ›Freuds wissenschaftliche Anfänge‹ und ›Freuds Vorbereitung auf den Arztberuf, 1886-1887‹ von Siegfried Bernfeld.

42

1 In dem bereits zitierten Brief an Julie Braun-Vogelstein (vgl. Freud, *Briefe 1873-1939*, aaO, S. 392f.) teilt Freud mit, daß ihn der Jugendfreund Heinrich Braun (Abb. 19) 1883 oder 1884 – also lange nach dem im Zitat zur vorliegenden Abb. geschilderten Zusammenstoß – zu seinem Schwager Victor Adler mitgenommen habe, der damals in der Berggasse 19 in jenen Räumen wohnte, die Freud 1891 bezog und in denen er bis zu seiner Emigration lebte. Die Tatsache, daß Victor Adler vor ihm die Wohnung in der Berggasse gemietet hatte, soll bei Freuds Entscheidung, hier einzuziehen, eine gewisse Rolle gespielt haben.

43

1 1864 zum Priester geweiht, trat Brentano 1873, weil er das Dogma der päpstlichen Unfehlbarkeit ablehnte, aus der Kirche aus. Als er, ehemaliger Priester, heiratete, verlor er 1880 die Wiener Professur und lehrte danach als Privatdozent. Seine Werke hatten großen Einfluß auf das Denken Edmund Husserls und Max Schelers.

45

1 Band 12 von *John Stuart Mill Gesammelte Werke* (autorisierte Übersetzung unter Redaktion von Professor Dr. Theodor Gomperz), Leipzig 1880. Der Übersetzer der früher erschienenen Bände, Eduard Wessel, war plötzlich gestorben. Der letzte Band, den Freud 1879 ins Deutsche übertrug, enthält Essays über Frauenemanzipation, Plato, die Arbeiterfrage und den Sozialismus.

46

1 Für diese Auskünfte danken wir Herrn Dr. Franz Gall vom Archiv der Universität Wien sowie wiederum Frau Dr. Eva Laible; diesbezügliche Informationen finden sich auch bei Bernfeld, aaO, S. 178ff.

47
1 Freud hatte in seinem
Zimmer ein Helmholtz-Por-
trät aufgehängt.
2 Siegfried Bernfeld ist diesen ideengeschichtlichen
Zusammenhängen im ein-
zelnen nachgegangen und
hat zeigen können, daß sich
Spuren jenes Denkens noch
in bestimmten psychoana-
lytischen Kernkonzepten nachweisen lassen; vgl. in
der Sammlung *Bausteine
der Freud-Biographik*, aaO,
vor allem den Aufsatz ›Freuds
früheste Theorien und
die Helmholtz-Schule‹,
S. 54ff.
49
1 Freud war nach dem Dok-
torexamen (1881) drei Semester lang Demonstrator am
Brückeschen Institut.
50
1 Vgl. K. R. Eisslers biographische Skizze, S. 14, oben.
55
1 Freud und Martha Bernays
hatten sich am 17. Juni 1882
verlobt, am 18. Juni reiste
Martha nach Wandsbek. Sie
kehrte am 2. September 1882
noch einmal nach Wien zu-
rück, übersiedelte dann aber
mit ihrer Mutter und auf
deren Wunsch am 14. Juni
1883 nach Wandsbek. Wäh-
rend der rund vier Jahre bis
zur Hochzeit am 14. September 1886 war es Freud nur
sechsmal möglich, von Wien,
Paris und Berlin aus, seine
Verlobte zu besuchen. Bis
auf den etwa fünfwöchigen
Wandsbek-Aufenthalt vor
der Parisreise (vgl. Abb. 89)
dauerten die Wiedersehen
jeweils nur wenige Tage.
Während der Trennungszeit
schrieb er seiner Verlobten
fast täglich. Auszüge aus
dieser Korrespondenz finden
sich in *Briefe 1873-1939*,
aaO.
60
1 Vgl. Freuds Brief an Hugo
Heller vom 1. 11. 1906, in
Briefe 1873-1939, aaO,
S. 267.
62
1 Hebräisch ›Weiser‹, jüdischer Gelehrtentitel; in den
Gemeinden spanischer und
orientalischer Herkunft ist
›Chacham‹ der Titel des Rabbiners. Isaac Bernays war
Oberrabbiner des ›Deutsch-Is-
raelitischen Synagogenver-
bandes‹ an der Kohlhöfen-

Synagoge in Hamburg.
2 Freud berichtet Martha
in dem zitierten Brief von
einem Aufenthalt in Ham-
burg, wo er bei einem Gra-
veur ein Briefpapier für sie
in Auftrag gegeben hatte.
Beim Abholen kam er mit
dem jovialen alten Herrn
ins Gespräch, der sich als
Schüler Isaac Bernays' und
als Freund der Familie Marthas entpuppte.
3 Jacob Bernays, 1824-1881,
Professor für klassische Philologie an der Universität Bonn,
Marthas Onkel.
4 Marthas Vater, Berman
Bernays, 1826-1879, Kauf-
mann; er war 1868 mit seiner
Familie nach Wien gezogen
und Sekretär des Staatsrechts-
lehrers und Nationalökono-
men Lorenz von Stein geworden. Von Berman wie auch
von Jacob Bernays ließ sich
damals kein Bild finden.
63
1 Vgl. Anm. zu Abb. 55.
64
1 Schönberg litt jahrelang
an Tuberkulose. Als sein
Zustand 1884 als hoffnungslos
diagnostiziert wurde, löste
er die Verlobung.
2 Mit dem Hinweis, daß
»das Haus gefährlich« sei,
meint Freud die Unterrich-
tung seiner zukünftigen
Schwiegermutter über die
zunächst geheimgehaltene
Verlobung.
3 Hier spielt Freud auf seinen
Entschluß an, mit Rücksicht
auf die Mittellosigkeit seiner
Familie die wissenschaftliche
Laufbahn aufzugeben und
sich auf die Eröffnung einer
Arztpraxis vorzubereiten.
(Vgl. Abb. 73 samt Texten.)
67
1 Bei dem Bild in der Dresdner Galerie handelt es sich
nicht um das Original des
Holbein-Gemäldes der Ma-
donna des Bürgermeisters
Meyer aus Basel, sondern
um eine alte Kopie von Bartholomäus Sarburgh,
1590-n. 1637. Das Original
hängt heute im Schloßmu-
seum in Darmstadt.
72
1 Vgl. Abb. 122 bis 124
samt Texten.
73
1 Ernst Wilhelm von Brücke;
vgl. Abb. 49.
74
1 Als Freud Nothnagel erst-

mals besuchte – davon handelt der zitierte Brief –, war
dieser gerade auf den Wiener
Lehrstuhl für Innere Medizin
berufen worden.
2 Für dieses Handbuch
schrieb Freud später seinen
großen kinderneurologischen
Beitrag *Die infantile Cerebrallähmung*, Wien 1897.
75
1 Freud konnte auch später,
als er nicht mehr in der Psychiatrischen Klinik tätig war,
Meynerts Laboratorium für
seine Forschungen benutzen.
Nach der Rückkehr aus Paris,
als Freud von den Lehren
Charcots begeistert in Wien
berichtete, entwickelte sich
Meynert jedoch allmählich
zu seinem Gegner. Diese
Feindseligkeit steigerte sich,
als Freud in *Zur Auffassung
der Aphasien* (1891; vgl. Abb.
120 samt Texten) sich von
der von Meynert vertretenen
lokalisierenden Hirnanatomie
distanzierte.
76
Transkription (Ernest Jones
hat im ersten Band seiner
Biographie – *Das Leben und
Werk von Sigmund Freud*, Bern
und Stuttgart 1960, S. 91 –
eine leichter lesbare Nach-
zeichnung versucht):
»Der ›animalische‹ Theil dieser Höhle, die mir so paßt
wie ein Schneckenhaus der
Schnecke[,], ist ziemlich gut
gelungen, der ›vegetative‹
(d. h. der für die gewöhnlichen Lebensfunktionen be-
stimte im Gegensatz zu den
höheren animalischen wie
Schreiben, Lesen, Denken)
etwas weniger. So kañ z. B.
die Tischlade nicht geöffnet
werden, ohne daß der Tisch
vorgezogen wird, aber bei
alledem hat meine Bediene-
rin, die mich bei der Einrichtung kräftig unterstützt hat,
geäußert, sie hätte gar nicht
geglaubt, daß alles so zu-
sañengehen werde[,] und
ich habe es selbst nicht geglaubt. Und dañ – Raum ist in
der kleinsten Hütte für einen
einsamen Sehnenden.« (Bisher
unveröffentlicht.)
77
1 In dem Brief gibt Freud
eine ausführliche psychologische Analyse der Gründe,
die seinen Freund in den
Selbstmord getrieben haben
könnten; vgl. *Briefe
1873-1939*, aaO, S. 65ff.

79

Transkription (dem Lebenslauf waren ein Lehrplan sowie die bis zu diesem Zeitpunkt erschienenen Publikationen Freuds beigefügt):

»Ich bin am 6[.] Mai 1856 zu Freiberg in Mähren geboren. Als ich 3 Jahre alt war[,] übersiedelten meine Eltern nach Leipzig und dann nach Wien, in welcher Stadt sie bleibenden Aufenthalt bis heute genoͤmen haben. – Den ersten Unterricht empfing ich im väterlichen Hause, besuchte sodann eine Privatvolksschule und trat im Herbst 1865 in das Leopoldstädter Real- und Obergymnasium ein. Die Maturitätsprüfung legte ich im Juli 1873 ab; im darauffolgenden Herbst inskribirte ich mich als ordentlicher Hörer an der Wiener medizinischen Fakultät, von welcher ich am 31[.] März 1881 zum Doktor der gesamten Heilkunde promovirt wurde. In den ersten Jahren meiner Universitätszeit hörte ich vorwiegend physikalische und naturhistorische Collegien, arbeitete auch ein Jahr lang im Laboratorium des Herrn Prof. C. Claus, und wurde zweimal zur Ferialzeit in die Triester Zoologische Station geschickt. Im dritten Universitätsjahre wurde ich Zögling des physiologischen Instituts, woselbst ich mich unter der Leitung des Herrn Prof[.] v. Brücke und der Herren Assistenten Prof. Sigm[.] Exner und E. v. Fleischl mit histologischen Arbeiten, insbesondere mit der Histologie des Nervensystems beschäftigt habe. Ein Semester lang hatte ich Gelegenheit[,] im Laboratorium für experimentelle Pathologie des Herrn Prof[.] Stricker Thierversuche zu üben. Nach erlangtem Doktorgrad versah ich durch drei Semester die Stelle eines Demonstrators am physiologischen Institute u. genoß gleichzeitig den Unterricht des Herrn Prof[.] E. Ludwig in chemischen, besonders gasanalytischen Arbeiten. Im Juli 1882 trat ich ins Allgemeine Krankenhaus ein und diente zunächst ein halbes Jahr als Aspirant an der

medizinischen Klinik des Herrn Prof. H. Nothnagel. Am 1[.] Mai 1883 wurde ich zum Sekundararzt an der psychiatrischen Klinik des Herrn Prof. Th[.] Meynert ernannt, woselbst ich fünf Monate verblieb. Nach kürzerer Dienstzeit an einer Abtheilung für Syphilis wurde ich auf die 4te mediz. Abtheilung des«.

Die zweite Seite des Lebenslaufs hat folgenden Wortlaut:

»Hauses versetzt, auf welcher seit jeher den Nervenkrankheiten besondere Aufmerksamkeit geschenkt worden ist. An der 4ten mediz. Abtheilung hatte ich durch sechs Wochen die Ehre[,] den Primarius Herrn Dr[.] Scholz als Abtheilungsleiter zu vertreten und durch fünf Monate supplirend als Sekundararzt I[.] Classe zu wirken. Ich diene gegenwärtig an derselben Abtheilung als Sekundarius II[.] Classe, beschäftige mich mit der Beobachtung der daselbst behandelten Nervenkranken und mit Arbeiten über Hirnanatomie im Laboratorium des Herrn Prof. Th. Meynert. Wien[,] 21[.] Januar 1885 Dr[.] Sigm[.] Freud«

80

1 Das Referat ist auch von Theodor Meynert und Hermann Nothnagel unterzeichnet.

Transkription:

»Herr Dr. Freud ist ein Mann von guter Allgemeinbildung, ruhigem ernsten Charakter, ein vortrefflicher Arbeiter auf nervenanatomischem Gebiete, von feiner Geschicklichkeit, klarem Blicke, umfassender Literaturkenntniß und besonnener Schlußweise, wohlgeformter schriftlicher Darstellungsgabe, seine Arbeiten erfreuen sich der Anerkennung und Bestätigung, seine Vortragsweise ist durchsichtig und sicher. Er vereinigt so sehr die Eigenschaften des wissenschaftlichen Untersuchers und des wohlberufenen Lehrers in sich, daß das Comite sich einstimmig den Vorschlag erlaubt, das verehrte Collegium möge seine Zulassung zu den weiteren Habilitationsakten beschließen.

Wien 28. Februar 1885.«

81

Transkription:

»684 Ministerial-Erlaß vom 5. September 1885 Z : 16040[,] womit Herr Dr. Sigmund Freud als Privatdozent für Nervenpathologie bestätigt wird. Präs: am 11: 9: 1885 Z: 684 Herrn Dr. Sigmund Freud! Seine Excellenz der Herr Minister für Cultus und Unterricht hat mit hohem Erlaß vom 5ten September 1885 Z: 684 Ihre Habilitation als Privatdozent für Nerven-Pathologie an der medizinischen Fakultät der Wiener-Universität bestätigt, wovon ich Sie hiemit in erfreuliche Kenntniß setze. Wien am 12. September 1885. Dr. G. Braun d.Z. Prodecan. Nr. 684 R. P. 1884/5«

83

1 Ernst Fleischl von Marxow (Abb. 50). – Fleischl von Marxow starb bereits 1891.

84

1 Vgl. Abb. 316.

2 S. die nachfolgende Abb.

86

1 Freud hat zwischen 1884 und 1887 insgesamt fünf Arbeiten über Kokain verfaßt.

90

1 Wie der Name andeutet, diente die Salpêtrière ursprünglich als Pulverfabrik.

98

1 *Notre-Dame de Paris*, 1831.

104

1 Im zitierten Brief berichtet Freud von einem Besuch des ehem. Königlichen Museums in Berlin, »wo ich die verschiedenen antiken Scherben flüchtig besehen habe«, u. a. die Pergamon-Funde.

105

1 Freud hielt seinen Vortrag ›Über männliche Hysterie‹ am 15. Oktober 1886. Der Wortlaut ist nicht erhalten; es gibt lediglich noch Berichte über die Veranstaltung in verschiedenen Wiener medizinischen Zeitschriften.

2 Am 26. November 1886. Unter dem Titel ›Beobachtung einer hochgradigen Hemianästhesie bei einem hysterischen Manne‹ publizierte Freud diese Darstellung am 4. Dezember 1886 in

der *Wiener Medizinischen*
Wochenschrift, Bd. 36,

S. 1633ff. (s. die folgende
Abb.).

108
1 Darunter die in Abb. 119
wiedergegebene Schrift.

111

Transkription:
Kk: mähr: Landwehr Infanterie Bataillon Olmütz No. 15. –
Res: 101

Qualifications Eingabe

über nachstehenden Landwehr-Arzt, welcher bei obigem Truppenkörper in der Periode von
11ten August bis 9ten September 1886 Dienste geleistet hat. –

1	Name	Dr. Sigmund Freud
2	Charge-Rang	k.k. Oberarzt, Rang 13ten Juni 1882
3	Privat-Verhältnisse	praktischer Arzt und Privat Docent an der k.k. Universität zu Wien; ohne Vermögen, finanziell geordnet.
4	Decorationen — inländische	—
	fremdländische	—
5	Dienstliche Verwendung	vom 11ten August bis 9ten September 1886 während der Hauptwaffenübung Bataillons Chefarzt, und während der Regiments Concentrirung vom 31ten August bis 6ten September Regiments Chefarzt. laut Offiziers-Eintheilungsliste für die Hauptwaffenübung 1886.
6	Feldzüge, Leistungen und Verdienste im Felde	—
7	Sonstige Verdienste	—
8	Sprachkenntnisse	deutsch in Wort und Schrift vollkommen; französisch englisch gut; italienisch und spanisch ziemlich gut.
9	Geschicklichkeit in seinem Berufe und Kenntnis des Sanitätsdienstes; genießt Vertrauen beim Militär und Civile	in seinem Berufe sehr geschickt, kennt die Sanitätsvorschriften und den Sanitätsdienst genau; genießt großes Vertrauen beim Militär und im Civile.
10	Besondere außerberufliche Geschicklichkeiten	—
11	Eigenschaften des Gemüthes und Charakters	ehrenhafter fester Charakter, heiter.
12	Eifer, Ordnung und Verläßlichkeit im Dienste	sehr eifrig aus Pflichtgefühl, hält Ordnung und ist im Dienste sehr verläßlich
13	Ob im Besitze der vorgeschriebenen Uniform und des Verbandzeuges	besitzt die vorgeschriebene Uniform und das Verbandzeug.
14	Benehmen dienstliches — vor dem Feinde	nicht gedient.
15	gegen Vorgesetzte	gehorsam und offen dabei bescheiden
16	gegen Gleichgestellte	freundlich
17	gegen Untergebene	wohlwollend mit guter Einwirkung
18	gegen Kranke	sehr fürsorglich und human
19	außerdienstliches	sehr anständig und bescheiden mit guten Umgangsformen.

113
1 Zur Erläuterung des Namens vgl. K. R. Eisslers biographische Skizze, S. 16, oben.
117
1 Die Übersetzung stammt wiederum von Karl Erich Grözinger, damals Seminar für Judaistik an der Universität Frankfurt. Ihm verdanken wir auch die nachfolgenden Erläuterungen und Anmerkungen zu diesem Dokument: »Jacob Freud kleidet seine Widmung in Worte des Alten Testaments. Er nimmt reichlich alttestamentarische Terminologie auf, die jedoch im Kontext der Widmung völlig umgedeutet wird, und zwar nicht im Sinne altjüdischer, sondern eher europäischer Tradition. Besonders deutlich wird dies bei Ps 18, 11 und 4. Mose 24, 4. 16. Der erste Teil der Widmung will Sigmund Freuds geistige Entwicklung würdigen, der schließlich göttliche Gesichte, sprich Einsichten, erlangte; der zweite Teil handelt von der zunächst beiseitegelegten Familienbibel, die zum Zwecke des Widmungsgeschenks neu gebunden oder neu überzogen wurde.
2 Unleserlich. Die sinngemäße Ergänzung ›Jahr‹ läßt sich durch das graphische Bild kaum rechtfertigen.
3 Das Verbum hat das falsche Geschlecht.
4 Jacob Freud nimmt hier eine aus 5. Mose 10, 1-2 abgeleitete talmudische Tradition auf, nach der die Scherben der von Moses zerschmetterten ersten Bundestafeln (vgl. 2. Mose 32) gleichfalls in der Bundeslade aufbewahrt worden seien (bab. Talmud Menachot 99a). – Mit dem ›Knecht‹ dürfte eher Moses als Jacob Freud gemeint sein.
5 Dem neugebundenen Buch.«
119
1 Sie wurde 1893 ergänzt durch die Schrift *Zur Kenntnis der cerebralen Diplegien des Kindesalters (im Anschluß an die Little'sche Krankheit)*, Neue Folge, III, der *Beiträge zur Kinderheilkunde*, hrsg. von Max Kassowitz. Vgl. ferner ›Über familiäre Formen von cerebralen Diplegien‹, *Neurologisches Centralblatt*, Bd. 12, Nr. 15 und 16 (1893)

sowie die bereits erwähnte große Arbeit über *Die infantile Cerebrallähmung,* Wien 1897. Mit seinen kinderneurologischen Werken kann Sigmund Freud heute tatsächlich als Begründer der Neuropädiatrie gelten. (Wir verdanken Prof. Dr. Paul Vogel, Heidelberg, diesen Hinweis.)
120
1 Dieses kleine Buch, in dem Freud die sogenannte Lokalisationstheorie, die damals allgemein anerkannte Theorie vom Aufbau des Gehirns, kritisiert und für eine funktionelle Auffassung der Hirnleistungen eintritt, wird, seines revolutionären Inhalts und der Schönheit seiner Darstellung halber, mitunter das eigentlich erste Freudsche Werk genannt.
122
1 Vgl. Abb. 72 samt Texten.
123
1 Vgl. Abb. 132 und Text.
124
1 Die epochemachende Arbeit, die später als Einleitungskapitel in die *Studien über Hysterie* (Abb. 132) übernommen wurde, erschien am 1. und 15. Januar 1893 im *Neurologischen Centralblatt*, Bd. 12, S. 4ff. und S. 43ff.
130
1 Die Schrift ›Die Abwehr-Neuropsychosen‹ publizierte Freud am 15. Mai und 1. Juni 1894 im *Neurologischen Centralblatt*, Bd. 13, S. 362ff. und S. 402ff. (Die Abb. zeigt die Schlußfolge.) Teilweise in indirekter Form gibt Freud hier erstmals zentrale theoretische Konzepte bekannt (z. B. die Theorie der Besetzung und die Auffassung von der Bedeutung der Sexualität). Haupttermini, etwa »Abwehr« oder »Konversion«, erscheinen in dieser Druck.
2 *Zur Kenntnis der cerebralen Diplegien des Kindesalters,* aaO.
135
1 S. Abb. 159 samt Texten.
141
1 Es waren Hermann Nothnagel (Abb. 74) und Richard Freiherr von Krafft-Ebing (Abb. 142). Auf ihren Antrag wurde ein Komitee gebildet,

das in einem ausführlichen, von Krafft-Ebing formulierten Bericht den wissenschaftlichen Rang Freuds bestätigte. Am 12. Juni 1897 stimmte die Fakultät dem Beförderungsantrag mit 22 gegen 10 Stimmen zu. Zusammen mit dem Gutachten des Komitees wurde der Beschluß am 25. Juni 1897 dem Ministerium zugeleitet, welches daraufhin die Statthalterei als die zuständige Finanzbehörde aufforderte, zu dem Antrag Stellung zu nehmen.
Transkription:
»Zl. 76. 711.
Hohes k. k. Ministerium für Cultus und Unterricht!
Unter Rückschluß der Beilagen des Erlasses vom 17. Juli 1897, Zl: 17. 657, betreffend die Ernennung des Dr. Sigmund Freud zum außerordentlichen Professor, beehrt sich die kk. nö. Statthalterei Nachstehendes ergebenst zu berichten: Dr. Sigmund Freud ist 1856 in Freiberg in Mähren geboren, mosaisch, verheiratet und wohnt mit seiner 1861 geborenen Gattin Martha seit dem Jahre 1891, IX. Berggasse N⁰ 19. Er hat 5 Kinder [,] von denen das älteste gegenwärtig 10 Jahre ist. Er lebt in anscheinend sehr guten Verhältnissen, hält drei Dienstboten und besitzt eine zwar nicht sehr ausgedehnte, aber lucrative Praxis.
In moralischer und staatsbürgerlicher Hinsicht ist Dr. Freud vollkommen unbeanständet und erfreut sich eines guten Leumundes.
Bezüglich der Bedeckungsfrage beehrt sich die kk. nö. Statthalterei in dem Fall als die Besoldung Dr. Freud's in's Auge gefaßt werden sollte, auf den h. ä. Bericht vom 4. October 1897, Zl: 76. 171, zu verweisen.
Wien am 4. October 1897.
In Vertretung:
Wolf.«
Der letzte Absatz besagt, wie aus einer Ergänzung zu diesem Leumundszeugnis hervorgeht, daß für eine besoldete Professur eine »Bedeckung« nicht gefunden werden könne, d. h. daß entsprechende finanzielle Mittel nicht zur Verfügung stünden. Für die Dokumente zu diesem Vorgang vgl. Josef und Renée

Gicklhorn, *Sigmund Freuds akademische Laufbahn im Lichte der Dokumente*, Wien-Innsbruck 1960; s. aber auch die kritische Replik K. R. Eisslers, *Sigmund Freud und die Wiener Universität*, Bern und Stuttgart 1966.

144

1 ›Hysteria in Relation to the Sexual Emotions‹, *The Alienist and Neurologist*, Bd. 19, S. Louis 1898, S. 599ff.

145

1 Vgl. *Aus den Anfängen der Psychoanalyse; Briefe an Wilhelm Fließ, Abhandlungen und Notizen aus den Jahren 1887-1902*, Frankfurt am Main 1962, ²1975, S. 214 und S. 256.

2 In Freuds Briefen an Fließ finden sich viele Hinweise auf die schmerzhafte Dramatik dieses inneren Prozesses. So heißt es z. B. in einem Brief vom 27. Oktober 1897 (aaO, S. 195): »Es packt und zerrt mich durch alte Zeiten in rascher Gedankenverbindung, die Stimmungen wechseln wie die Landschaften vor dem Eisenbahnfahrenden [. . .]. Manches traurige Lebensgeheimnis geht hier auf seine ersten Wurzeln, mancher Stolz und Vorzug wird seiner bescheidenen Herkunft inne. Alles, was ich als Dritter bei den Patienten miterlebte, finde ich hier wieder, die Tage, an denen ich gedrückt herumschleiche, weil ich nichts vom Traum, von der Phantasie, von der Stimmung des Tages verstanden, und dann wieder die Tage, an denen ein Blitz den Zusammenhang erhellt und das Vorige als Vorbereitung des Heutigen verstehen läßt. In der Determinierung ahnen mir große allgemeine Rahmenmotive, möchte ich sie nennen, und andere Füllmotive, die nach den Erlebnissen des Einzelnen wechseln.«

146

1 Enthalten in *Aus den Anfängen der Psychoanalyse*, aaO, S. 93. – Selbstverständlich ist das Schema nur in Verbindung mit dem Manuskript über die Melancholie verständlich, in dem es enthalten ist. Dieses Manuskript trägt kein Datum; es ist aber wohl am 7. Januar 1895, nach einem Treffen mit Fließ, verfaßt worden.

147

1 Es handelt sich um Freuds eigenen Traum von Irmas Injektion, der in der *Traumdeutung* (aaO) ausführlich dargestellt ist.

149

1 Das Buch erschien in Wirklichkeit bereits Anfang November 1899. – Zum Motto (»Flectere si nequeo superos, acheronta movebo«) schrieb Freud am 30. Januar 1927 an Werner Achelis: »[. . .] es heißt doch vielmehr: die Unterwelt aufrühren. Ich hatte das Zitat von Lassalle entlehnt, bei dem es gewiß persönlich gemeint war und sich auf soziale – nicht psychologische – Schichtung bezog. Bei mir sollte es bloß ein Hauptstück aus der Dynamik des Traumes hervorheben. Die Wunschregung, die von den oberen seelischen Instanzen zurückgewiesen wird (der verdrängte Traumwunsch) setzt die seelische Unterwelt (das Unbewußte) in Bewegung, um sich zur Geltung zu bringen.« (*Briefe 1873-1939*, aaO, S. 390.)

2 Vgl. den Brief an Wilhelm Fließ vom 23. März 1900, in *Aus den Anfängen der Psychoanalyse*, aaO, S. 269. – In den ersten sechs Jahren wurden rund 350 Exemplare verkauft. Dennoch hielt Freud unerschütterlich daran fest, daß es sich um sein wichtigstes Buch, seinen bedeutendsten Fund handele: »Die Traumdeutung aber ist die Via regia zur Kenntnis des Unbewußten im Seelenleben.« (*Die Traumdeutung*, aaO, S. 613). Und noch 1931 fügte er in einem Vorwort zur revidierten dritten englischen Auflage hinzu: »Insight such as this falls to one's lot but once in a lifetime.« (Erstmals abgedruckt in der deutschen Ausgabe in *Studienausgabe*, Bd. 2, Frankfurt am Main 1972, S. 28.)

150

1 In mehreren in der *Traumdeutung* wiedergegebenen eigenen Träumen spielen der Vater sowie Freuds widerstreitende Gefühle ihm gegenüber eine zentrale Rolle. So identifiziert sich Freud in einem dieser Träume mit einem Patienten, von dem er wußte, »daß feindselige Impulse gegen seinen Vater

aus seiner Kindheit in sexuellem Zusammenhange die Wurzel seiner Erkrankung gewesen waren. Indem ich mich also mit ihm identifizierte, wollte ich mir etwas Analoges eingestehen.« (AaO, S. 461.) Das Problem des Vaterkomplexes, des Ödipuskonflikts, welches in der *Traumdeutung* erstmals ausführlich dargestellt wird (insbesondere S. 267ff.), hatte Freud während seiner Selbstanalyse auch an sich selbst gefunden (vgl. das zweite Zitat zu Abb. 145).

152

1 Die Komplexität der Freudschen Deutungen eigener Träume, in denen das Thema von Größenphantasien und Ehrgeiz eine führende Position einnimmt, erschließt sich nicht beim Lesen dieser bruchstückhaften Zitate, sondern allein bei der Lektüre des ganzen Buches.

153

1 »Er hat nicht lange, aber ganz für das Wohl seines Landes gelebt.« – Freud hat in einer Anmerkung zur Ausgabe von 1925 (*Traumdeutung*, aaO, S. 425) hinzugefügt: »Die Inschrift lautet richtig:

Saluti *publicae* vixit
Non diu sed totus.

Das Motiv der Fehlleistung: *patriae* für *publicae* hat Wittels wahrscheinlich zutreffend erraten.«

Fritz Wittels schreibt in seinem Buch *Sigmund Freud; Der Mann, die Lehre, die Schule* (Leipzig, Wien, Zürich 1924, S. 87): »Wenn ich den Nichtlateinern verrate, daß *Publica* (sc. *puella*) eine Straßendirne oder ein *Freud*-en-mädchen bedeutet, und hinzufüge, daß *Josef* Breuer sich von den Freudschen Forschungen gerade damals abzuwenden begann, weil er die Übersiedlung ins Sexuelle nicht mitmachen wollte, so dämmert es schon, was diese Fehlleistung aufklärt. Auch werden wir die irrtümliche Verwendung von *patria* aus dem Gesichtspunkt des Mannes zu beurteilen haben, der selbst erklärt, daß sein Buch ›Traumdeutung‹ die Reaktion auf den Tod seines Vaters gewesen sei.«

154

1 Vgl. Abb. 8.

155

1 Diese Arbeit, ›Bruchstück einer Hysterie-Analyse‹, wurde im Januar 1901 verfaßt, aber erst im Oktober und November 1905 in der *Monatsschrift für Psychiatrie und Neurologie*, Bd. 18, veröffentlicht.

156

1 *Zur Psychopathologie des Alltagslebens* erschien zunächst in zwei Folgen im Juli und August 1901 in der *Monatsschrift für Psychiatrie und Neurologie*, Bd. 10; in Buchform wurde das Werk erstmals 1904 in Berlin verlegt.

2 Das in diesem Brief mitgeteilte frühe Beispiel für Freuds Interpretation des Namenvergessens ist später im Buch tatsächlich nicht verwendet worden.

159

1 Die Namen der Töchter: Mathilde Freud, genannt nach Breuers Frau (Abb. 72); Sophie Freud, genannt nach Hammerschlags (Abb. 20) Nichte Sophie Schwab; Anna Freud, genannt nach der Tochter Hammerschlag.

162

1 Die Aufnahme ist etwa von 1900, stammt also aus der Zeit, da Freud den Tempel erstmals sah. Heute ist er in seiner vollen Höhe ausgegraben.

2 Vgl. Texte und Anmerkungen zu Abb. 10 und Abb. 25.

163

1 Was er im einzelnen in die Wege geleitet hat, beschreibt Freud in dem zitierten Brief ausführlich. Transkription der linken Spalte des Dokuments: »Ich ernenne den Privatdocenten Dr Arthur Schattenfroh zum außerordentlichen Professor der Hygiene an der Universität in Wien mit den systemmäßigen Bezügen [,] und zwar mit der Rechtswirksamkeit vom 1. April 1902 [,] und verleihe den Privatdocenten an derselben Universität Dr Sigmund Freud Dr Julius Mannaberg und Dr Emil Fronz den Titel eines außerordentlichen Universitätsprofessors. Budapest, am 5. März 1902. Franz Josef.«

165

1 Die Feinheit der Deutung dieses Entfremdungsgefühls,

das Freud auf der Griechenlandreise im Jahre 1904 überkam, wird wiederum nur durch die Lektüre des ganzen Briefs an Romain Rolland deutlich.

166

1 Zu dieser »Erweiterung des Begriffes der Sexualität« führt Freud in seiner ›Selbstdarstellung‹ (*G. W.*, Bd. 14, S. 63) zusammenfassend an: »Diese Erweiterung ist eine zweifache. Erstens wird die Sexualität aus ihren allzu engen Beziehungen zu den Genitalien gelöst und als eine umfassendere, nach Lust strebende Körperfunktion hingestellt, welche erst sekundär in den Dienst der Fortpflanzung tritt; zweitens werden zu den sexuellen Regungen alle die bloß zärtlichen und freundschaftlichen gerechnet, für welche unser Sprachgebrauch das vieldeutige Wort ›Liebe‹ verwendet. Allein ich meine, diese Erweiterungen sind nicht Neuerungen, sondern Wiederherstellungen, sie bedeuten die Aufhebung von unzweckmäßigen Einengungen des Begriffes, zu denen wir uns haben bewegen lassen. Die Loslösung der Sexualität von den Genitalien hat den Vorteil, daß sie uns gestattet, die Sexualbetätigung der Kinder und der Perversen unter dieselben Gesichtspunkte zu bringen wie die der normalen Erwachsenen, während die erstere bisher völlig vernachlässigt, die andere zwar mit moralischer Entrüstung, aber ohne Verständnis aufgenommen wurde.«

167

1 Vgl. K. R. Eisslers biographische Skizze, S. 21f., oben. Nachdem die Gruppe zu groß geworden war, tagte sie in Räumen der Wiener Universität. Später nannte sie sich ›Wiener Psychoanalytische Vereinigung‹.

2 K. R. Eissler gibt oben, S. 21f., einige Hinweise auf die Arbeitsschwerpunkte der einzelnen Schüler und Mitarbeiter Freuds. Über ihre Publikationen informiert umfassend der von Alexander Grinstein herausgegebene *Index of Psychoanalytic Writings*, New York.

168

1 Ludwig Jekels, ›Shake-

speares Macbeth‹, *Imago*, Bd. 5, 1917. S. 170ff.

171

1 Zu Freuds 60. Geburtstag.

173

1 Die ›Psychologische Mittwoch-Gesellschaft‹. Rank protokollierte jahrelang ihre Sitzungen.

2 *Das Inzestmotiv in Dichtung und Sage*, Leipzig und Wien 1912. '

174

1 1914 erschien noch ein Band unter der alleinigen Herausgeberschaft Freuds und dem veränderten Titel *Jahrbuch der Psychoanalyse*. Mit Bleuler zog sich auch Jung als Redakteur zurück. Der nachfolgende Band wurde von Abraham und Hitschmann redigiert.

175

1 Im *Briefwechsel* zwischen Freud und C. G. Jung (Frankfurt am Main 1974, hrsg. von William McGuire und Wolfgang Sauerländer) kann der Leser die Geschichte dieser spannungsreichen Beziehung verfolgen.

177

1 Er kam als erster ausländischer Gast 1907 nach Wien.

178

1 Abraham hatte seit 1904 an der Psychiatrischen Universitätsklinik, Zürich, dem Burghölzli, gearbeitet. 1906 wurde er erster Assistent Eugen Bleulers (s. Abb. 174) und kam mit den Schriften Freuds in Verbindung. Indessen sah er in Zürich keine weiteren Aufstiegschancen und eröffnete 1907 in Berlin eine Praxis. Die Briefstelle bezieht sich auf diesen Entschluß, die Schweiz zu verlassen.

180

1 *Das Leben und Werk von Sigmund Freud*, 3 Bde., Bern und Stuttgart 1960-62. - Diese noch von Ernst Freud ausgewählte Bildersequenz von Freunds frühen Mitarbeitern (Abb. 167-180) kann natürlich nicht vollständig sein. Insbesondere in späteren Jahren spielten auch Frauen eine bedeutende Rolle, darunter, neben Anna Freud, Ruth Mack-Brunswick (1897 bis 1946), Helene Deutsch (1884-1982) und Jeanne Lampl-de Groot (1895-1987).

182

1 Es handelt sich bei dem

Hörer, für den die Legitimation ausgestellt wurde, um den Psychoanalytiker Eduard Hitschmann (Abb. 171).

183
1 Gemeint ist Wilhelm Fließ.

184
1 Von Siegfried Bernfeld aufbewahrt.

185
1 Jedes Jahr im April begab sich ein Mitglied der Familie auf die Suche nach einer geeigneten Unterkunft für die Sommerferien. Den Dietfeldhof hatte Freud selbst gefunden.

187
1 Ein Jahr später war Mathilde verheiratet.

189
1 Freud wohnte besonders gerne im Eden-Hotel; der Prospekt fand sich in seinen Papieren.

190
1 *Der Wahn und die Träume in W. Jensens ›Gradiva‹* (1907), *G. W.*, Bd. 7, S. 33.

192
1 Die Gruppe seiner Schüler und Mitarbeiter hatte dem österreichischen Bildhauer Karl Maria Schwerdtner (1874-1916) den Auftrag für die Medaille gegeben. Auf der einen Seite ist eine Darstellung des Ödipus, vor der Sphinx stehend, wiedergegeben. Der Sophokles-Vers aus *König Ödipus* lautet übersetzt: »Der das berühmte Rätsel löste und ein gar mächtiger Mann war.« Über diesen Spruch berichtet Ernest Jones in seiner Freud-Biographie (aaO, Bd. 2, S. 27f.): »Bei der Überreichung der Medaille ereignete sich ein merkwürdiger Zwischenfall. Als Freud die Inschrift las, wurde er blaß, unruhig und fragte mit erstickter Stimme, wer diese Idee gehabt habe. Er benahm sich wie ein Mensch, dem ein Geist erschienen ist, und so war es auch. Nachdem ihm Federn gesagt hatte, er sei es gewesen, enthüllte er ihnen den Grund seines Verhaltens: Als junger Student sei er einmal um die großen Arkaden der Wiener Universität herumgegangen und habe die Büsten früherer berühmter Professoren betrachtet. Damals habe er sich in der Phantasie ausgemalt, daß dort seine künftige

Büste stände, was sich für mehr ehrgeizige Studenten noch nichts Besonderes gewesen wäre – aber auch, daß darunter eben gerade diese Worte graviert seien, die er nun auf der Medaille vor sich sehe.«

194
1 Das von Freud und Bleuler edierte *Jahrbuch für psychoanalytische und psychopathologische Forschungen*.

197
1 Leipzig und Wien 1910; vgl. *G. W.*, Bd. 8, S. 3ff.

198
1 Die einzige Ehrendoktorwürde, die Freud erhielt.

199
1 Gemeint ist abermals das *Jahrbuch für psychoanalytische und psychopathologische Forschungen*.

200
1 Vgl. *James Jackson Putnam and Psychoanalysis*, hrsg. von N. G. Hale, Jr., Cambridge, Mass. 1971; dieser Band enthält auch den Briefwechsel zwischen Freud und Putnam.

202
1 Das Porträt wurde von dem Photographen Max Halberstadt, dem späteren Schwiegersohn Freuds (vgl. Abb. 210), in Hamburg aufgenommen; von ihm stammen auch die Porträts Abb. 245 und 252. Hier abgedruckt mit freundlicher Genehmigung von W. E. Freud.

203
1 Zürich wurde auf dem Kongreß, unter dem Druck der Wiener Gruppe, dann doch nicht zum Sitz der ›Internationalen Psychoanalytischen Vereinigung‹ bestimmt, sondern der Wohnort des jeweils auf zwei Jahre gewählten Präsidenten.

205
1 Zum Präsidenten der ›Internationalen Psychoanalytischen Vereinigung‹.

207
1 Des Dritten Internationalen Psychoanalytischen Kongresses in Weimar, 1911.

208
1 Freud litt damals an Darmstörungen, die sich vermeintlich auf seiner Amerika-Reise zugezogen hatte. In einem Brief an Ernest Jones vom 25. Juni 1911 (zitiert in Bd. 2 von Jones, *Das Leben und Werk von Sigmund Freud*, aaO, S. 115)

spricht er von seiner »amerikanische[n] Colitis«.

210
1 Vgl. den Text zu Abb. 244.

214
1 Adler nannte ihn ›Verein für freie Psychoanalyse‹; um sie gegen die Psychoanalyse abzugrenzen, bezeichnete er seine Lehre später als »Individualpsychologie«. – Die *Schriften des Vereins für freie psychoanalytische Forschung* kamen im Ernst Reinhardt Verlag, München, heraus.

215
1 Mit diesem Brief, der 1914 in der *Internationalen Zeitschrift für ärztliche Psychoanalyse* (Bd. 2, Nr. 3, S. 297) veröffentlicht wurde, trat Jung als Präsident der Internationalen Psychoanalytischen Vereinigung zurück, nachdem die persönliche Verbindung zu Freud schon mehr als ein Jahr zuvor abgerissen war.

216
1 Vgl. K. R. Eisslers biographische Skizze, S. 25, oben.

219
1 Unter dem Titel ›Über einige Übereinstimmungen im Seelenleben der Wilden und der Neurotiker‹ war diese Arbeit zunächst zwischen 1912 und 1913 in mehreren Folgen in der Zeitschrift *Imago* erschienen.

220
1 Es hängt im Pariser Louvre.

221
1 Tatsächlich bereits 1912.
2 Die Skulptur steht in St. Pietro in Vincoli, Rom.
3 ›Der Moses des Michelangelo‹ erschien 1914 zunächst anonym, gekennzeichnet lediglich mit dem Vermerk »von ***«, in der Zeitschrift *Imago*, Bd. 3. Erst 1924, bei der Aufnahme der Arbeit in Freuds *Gesammelte Schriften* bekannte er sich zur Autorschaft. – Natürlich erschließt sich Freuds Argumentation über die Wirkung der Skulptur wiederum nur bei Lektüre des ganzen Aufsatzes, an dessen Beginn Freud ausführlich die Faszination schildert, die sie auf ihn ausübte: »Denn ich habe von keinem Bildwerk je eine stärkere Wirkung erfahren. Wie oft bin ich die steile Treppe vom unschönen Corso Cavour hinaufgestiegen zu dem einsamen Platz, auf dem die

verlassene Kirche steht, habe immer versucht, dem verächtlich-zürnenden Blick des Heros standzuhalten, und manchmal habe ich mich dann behutsam aus dem Halbdunkel des Innenraumes geschlichen, als gehörte ich selbst zu dem Gesindel, auf das sein Auge gerichtet ist, das keine Überzeugung festhalten kann, das nicht warten und nicht vertrauen will und jubelt, wenn es die Illusion des Götzenbildes wiederbekommen hat.« (*G. W.,* Bd. 10, S. 174f.)

222
1 Anspielung auf Freuds Arbeit ›Das Motiv der Kästchenwahl‹ (1913), *G. W.,* Bd. 10, S. 24ff. Freud analysiert dort zunächst in Shakespeares *Kaufmann von Venedig* die Wahl der drei Freier der Porzia zwischen drei Kästchen. Er legt in dem zitierten Brief an Ferenczi nahe, die »subjektive Bedingung« für die Untersuchung des Drei-Kästchen-Motivs in der Tatsache zu sehen, daß er selbst drei Töchter habe. Im *Kaufmann von Venedig* wie in der *Gesta Romanorum,* einer Sammlung mittelalterlicher Erzählungen, auf die Shakespeare sich stützt, ist jeweils das dritte Metall, das Blei, das glückbringende. Im Fortgang seiner Studie untersucht Freud das Motiv der Wahl aus Dreien u. a. am *König Lear* und dessen drei Töchtern. »Ist das nicht wieder eine Szene der Wahl zwischen drei Frauen, von denen die jüngste die beste, die vorzüglichste ist?« (AaO, S. 26.)

223
1 Brief vom 11. 2. 1914, in Sigmund Freud/Karl Abraham, *Briefe 1907-1926,* hrsg. von Hilda C. Abraham und Ernst Freud, Frankfurt am Main 1965, S. 160f.

225
1 Freud nahm in den ersten Monaten nach Ausbruch des Ersten Weltkriegs regen, zuweilen begeisterten Anteil am Geschehen (vgl. vor allem Freud/Abraham, *Briefe 1907-1926,* aaO). Aber schon bald fühlte er sich von der »entfesselten Bestialität« (Brief vom 22. 9. 1914, aaO, S. 190) ernüchtert und abgestoßen.

230
1 Die nächste Folge seiner Vorlesungen zur ›Einführung in die Psychoanalyse‹ (›Fortsetzung: Neurosenlehre‹) hielt Freud im darauffolgenden Wintersemester 1916/17.

232
1 Sigmund Freud/Lou Andreas-Salomé, *Briefwechsel,* hrsg. von Ernst Pfeiffer, Frankfurt am Main 1966. Vgl. auch ihr Tagebuch über das Wiener Studienjahr *In der Schule bei Freud,* hrsg. von Ernst Pfeiffer, Zürich 1958.

235
1 Zu dessen 60. Geburtstag. – Schon am 8. Mai 1906 hatte Freud an Schnitzler geschrieben: »Seit vielen Jahren bin ich mir der weitreichenden Übereinstimmung bewußt, die zwischen Ihren und meinen Auffassungen mancher psychologischer und erotischer Probleme besteht [. . .]. Ich habe mich oft verwundert gefragt, woher Sie diese oder jene geheime Kenntnis nehmen konnten, die ich mir durch mühselige Erforschung des Objektes erworben, und endlich kam ich dazu, den Dichter zu beneiden, den ich sonst bewundert.« (*Briefe 1873-1939,* aaO, S. 266f.)

238
1 Das Unternehmen befand sich allerdings, solange es existierte, also bis zu seiner Zwangsschließung durch die Nationalsozialisten im Jahre 1938, stets in einer mehr oder weniger prekären finanziellen Lage. Der Hauptgrund dafür war die Tatsache, daß die Budapester Gelder jahrelang nicht nach Wien transferiert werden konnten; als dies endlich gelang, waren sie durch die Geldentwertung auf eine relativ kleine Summe zusammengeschmolzen. – Für Anton von Freund vgl. auch K. R. Eisslers Ausführungen, S. 27, oben.

241
1 Julius Wagner Ritter von Jauregg, 1857-1940, war seit 1902 Nachfolger Krafft-Ebings an der Psychiatrischen Klinik des Allgemeinen Krankenhauses. Es ist für die ambivalente Haltung Wagners vielleicht kennzeichnend, daß er in der vorletzten Zeile zunächst »Extraordinarius«

schrieb. Freud war aber bereits 1902 zum außerordentlichen Universitätsprofessor ernannt worden (vgl. Abb. 163). Eine vollständige Transkription des Dokumentes findet sich auf S. 128f. des bereits erwähnten Buches von Josef und Renée Gicklhorn über Freuds akademische Laufbahn (s. den Schluß der Anm. zu Abb. 141).

242
1 Freud hebt hier auf den Unterschied zwischen Titular-Extraordinarius bzw. -Ordinarius und wirklichem, besoldetem Extraordinarius bzw. Ordinarius ab.

244
1 Als Folge des Krieges gab es noch immer keine Zugverbindungen nach Deutschland. Freud und seine Familie konnten nicht einmal zur Beerdigung nach Hamburg reisen.
2 Der jüngere, Heinele (Abb. 258), wurde Freuds ältester Tochter Mathilde übergeben.

251
1 Freud/Abraham, *Briefe 1907-1926,* aaO, S. 357.

252
1 Für weitere Einzelheiten über Freuds Krankheit vgl. K. R. Eisslers biographische Skizze, S. 29, oben; ferner Max Schur, *Sigmund Freud; Leben und Sterben,* Frankfurt am Main 1973.

258
1 Vgl. die Texte zu Abb. 244.

259
1 Nach einem 1924 entstandenen Gemälde von Conrad Westphal.
2 *Internationale Zeitschrift für Psychoanalyse,* Bd. 12, Heft 1, 1926; der Nachruf findet sich auch in *G. W.,* Bd. 14, S. 564. Der zitierte Horaz-Spruch aus den *Oden* bedeutet: »Wer im Wandel rein und frei von Schuld bleibt.«
3 Die genaue Todesursache ist ungeklärt. Infolge der Rachenverletzung durch eine Fischgräte sollen sich ein Abszeß und schließlich eine Blutvergiftung entwickelt haben.

261
1 Von 1923 bis 1926 war Freud vor allem von dem Internisten Felix Deutsch, 1884-1964, ärztlich versorgt worden. Deutsch war auch

Psychoanalytiker und Psychosomatiker.

267

1 Gemeint ist die Praxis des Kieferchirurgen Prof. Pichler (Abb. 260).

270

1 Bis zum Ende des Ersten Weltkriegs betätigte sich Freud aktiv und hielt bei den regelmäßigen Treffen gelegentlich auch Vorträge über sein Fachgebiet. Obgleich er später – zunächst wegen Arbeitsüberlastung, dann infolge seiner Krankheit – die Veranstaltungen nicht mehr besuchen konnte, blieb er doch Mitglied bis zur Auflösung des Vereins im Jahre 1938.

273

1 Es war 1924 gegründet worden.

275

1 1931 hatte das ›Comité permanent des lettres et des arts de la société des nations‹ die Internationale Kommission für geistige Zusammenarbeit aufgefordert, »einen Briefwechsel zwischen auf geistigem Gebiet führenden Persönlichkeiten anzuregen, damit Fragen, die in hohem Maße gemeinsamen geistigen Interessen und dem Völkerbund dienen, erörtert würden.« (Zitat in Sigmund Freud, *Studienausgabe*, Bd. 9, Frankfurt am Main 1974, S. 272.) Die Briefwechsel sollten periodisch veröffentlicht werden. Die Kommission wandte sich gleich zu Beginn an Einstein, der wiederum Freud zur Teilnahme vorschlug. Ende Juli 1932 schrieb Einstein an Freud und fragte ihn: »Gibt es einen Weg, die Menschen von dem Verhängnis des Krieges zu befreien?« Freud antwortete etwa einen Monat später mit der in Briefform gefaßten Arbeit ›Warum Krieg?‹ (*G. W.*, Bd. 16, S. 13ff.).

276

1 Freud spielt hier auf Thomas Manns Festvortrag zu seinem 80. Geburtstag an. Vgl. Anm. zu Abb. 308.

2 Gemeint ist *Joseph in Ägypten*, Wien 1936.

278

1 Freud kommentiert in dem zitierten Brief Stefan Zweigs biographische Studie über ihn in *Heilung durch den Geist* (Mesmer, Mary Baker-Eddy, Freud), Leipzig 1931.

281

1 Für die Beziehung zwischen Freud und Arnold Zweig vgl. ihren *Briefwechsel*, hrsg. von Ernst Freud, Frankfurt am Main 1968.

283

1 Ferenczi war mit Freud nicht nur nach USA gereist, sondern hatte ihn auch auf mehreren Ferienreisen, u. a. nach Florenz, Rom und Sizilien, begleitet.

2 Diesem Besuch folgten 1929 und 1930 noch weitere.

284

1 Bis 1982 besorgte Paula Fichtl das Freud-Haus in London, 20 Maresfield Gardens (vgl. Abb. 340-346; heute Freud-Museum), also bis zu Anna Freuds Tod. Zu Paula Fichtls 40. Dienstjubiläum telegraphierte ein Analytiker aus New York: »Sie haben mehr für die Analyse geleistet als die meisten Analytiker.«

286

1 Die Vielschichtigkeit von Freuds Deutung der Josefsphantasie Napoleons erschließt sich dem Leser wiederum nur durch die Lektüre des ganzen Briefs an Thomas Mann. – Das Bild von David hängt im Louvre.

287

1 In der Westminster Abbey in London. Das Monument stammt von Maximilian Colt und wurde 1606 errichtet.

2 Shakespeare war neben Goethe wohl der von Freud am höchsten geschätzte Autor. Immer wieder hat er sich mit seinen Werken auseinandergesetzt, sie genau gekannt und vielfältig zitiert. Jahrzehntelang interessierte er sich auch leidenschaftlich für den Streit um Shakespeares Identität.

289

1 ›Ansprache im Frankfurter Goethe-Haus‹ (1930), *G. W.*, Bd. 14, S. 547ff.

2 Der Schriftsteller Alfons Paquet, 1881-1944, war Mitglied des für die Verleihung verantwortlichen Kuratoriums und hatte sich dafür eingesetzt, daß Freud der Goethe-Preis zugesprochen wurde.

291

1 Gemeint ist das Wiener Cottage-Sanatorium, in dem Freud vor der Reise nach Berlin wegen einer akuten Herz- und Darmstörung behandelt worden war.

292

1 Romain Rolland.

293

1 Freud hatte sich 1931 auf Drängen seines Schülers und Mitarbeiters Paul Federn einverstanden erklärt, dem jugoslawischen Bildhauer Oscar Némon (1906-1985) für eine Büste Modell zu sitzen. Später entstand noch eine Statue. – Das Photo wurde im Garten des Hauses Khevenhüllerstraße 6, in Pötzleinsdorf, einem Wiener Vorort, aufgenommen. Hier verbrachte die Familie Freud die Sommer 1931 und 1932.

294

1 Die Tafel stammt von dem tschechischen Bildhauer Franz Juran; die Inschrift lautet übersetzt: »Am 6. Mai 1856 wurde in diesem Haus Prof. Dr. Sigmund Freud, der weltberühmte Psychoanalytiker, geboren. Příbor 1931.« Nach der Besetzung durch die Deutschen wurde die Tafel entfernt, später durch eine andere ersetzt. – Freud konnte an den Feierlichkeiten 1931 selbst nicht teilnehmen. Es erschienen Anna und Martin Freud sowie Freuds Bruder Alexander, ferner viele Schüler und Mitarbeiter.

296

1 Aus dem Vorwort der Schriftleitung zu der abgebildeten Nummer der *Süddeutschen Monatshefte*: ». . . mochten solche Verallgemeinerungen [es geht in der Polemik um das Konzept des Ödipuskomplexes] in der Psychiatrie, wie jede auf die Spitze getriebene wissenschaftliche Theorie, vielleicht zu neuen Funden führen, in der Wirkung auf die Patienten, ja auf die ganze Menschheit sind sie die Vergiftung eines der wenigen menschlichen Verhältnisse, die ihr, der Menschheit, noch als heilig gelten. Sie liegen auf der Linie des europäischen Nihilismus, der Zersetzung aller geltenden Werte, die wir von Nietzsche herleiten. Und hier beginnt unser Kampf gegen die Psychoanalyse.« Von den auf dem Umschlag erwähnten Autoren gehörten die Psychiater Hoche, Friedländer und Aschaffenburg schon seit vielen

Jahren zu den erbitterten Gegnern der Psychoanalyse, die bereits 1910 zu Boykott und Denunziation aufgerufen hatten. (Vgl. etwa Freud/Abraham, *Briefe 1907-1926*, aaO; ferner Freud/Jung *Briefwechsel*, aaO.)

299
1 Vgl. die Bildlegende zu Abb. 319.

301
1 Kantor in der Synagoge.

307
1 Unter den Ehrungen, die Freud in den späten Lebensjahren zuteil wurden (u. a. Mitgliedschaft in der ›American Psychiatric Association‹, der ›New York Neurological Society) war allerdings die 1936 erfolgende Wahl in die ›Royal Society‹ die höchste. Die Fürsprache dieser Gesellschaft spielte später bei Freuds Emigration eine Rolle. Vgl. auch Abb. 336.

308
1 ›Freud und die Zukunft‹, Festvortrag zum 80. Geburtstag, gehalten am 9. Mai 1936 vor dem ›Wiener Akademischen Verein für medizinische Psychologie‹. Thomas Mann, *Gesammelte Werke in dreizehn Bänden*, Frankfurt am Main, Bd. 9, S. 478ff. – Da Freud nicht anwesend sein konnte, verlas Thomas Mann wenig später die Rede noch einmal privatim in der Sommerunterkunft Freuds in Grinzing.

311
Transkription:

» 1936

Juni

Fr 5/6 Besuch im neuen Lokal Bergg 7 [Im Haus Berggasse 7 war eine Wohnung gemietet worden, deren Räume einerseits vom Internationalen Psychoanalytischen Verlag, andererseits von der Wiener Psychoanalytischen Vereinigung für Arbeitssitzungen und als Bibliothek benutzt wurden. Für Verlag und Vereinigung war es die erste eigene Niederlassung.]

So 14/6 Vorlesung von Thomas Mann bei uns [vgl. Anm. zu Abb. 308].

Do 18/6 Minna [Bernays] 71 Jahre

Mo 29/6 Maler Krausz, Ella Braun

Di 30/6 Foreign Member Royal Society [vgl. Abb. 336]

Juli

Sa 11/7 Verständigung mit Deutschland

Di 14/7 Operation bei Pichler

Sa 18/7 Sanatorium Operation

So 19/7 Zurück mit verbundenem Auge.

Do 23/7 Aus schwerem Kranksein

Fr 31/7 Anna Marienbad, Congress [Anna Freud auf dem Kongreß in Marienbad am 2.8.]

August

Do 6/8 Anna zurück von Congress

Fr 14/8 Arn. [old] Zweig und H.[ermann] Struck [vgl. Abb. 227]

Di 18/8 Moses mit Arn. Zweig [Freud las Zweig aus seiner Mosesarbeit vor.]

Do 20/8 Anna auf Rax [Gebirgsmassiv in der Nähe Wiens: Anna Freud war mit einer Bronchitis vom Marienbader Kongreß zurückgekehrt und sollte sich auf der Rax erholen.] – Plaquette von Willy Levy [Willy Levy, Sohn der Psychoanalytikerin Kata Levy und des Arztes Lajos Levy, hatte eine Plakette von Freud gemacht.]

Di 25/8 Tandler† [Professor der Anatomie an der Universität Wien, in der sozialistischen Regierung Gesundheitsminister] – Bullitt [vgl. Abb. 330c] nach Paris

Fr 28/8 Jones mit Familie – Ernstl [Sohn von Freuds Tochter Sophie] nach Russland

Sept.

So 6/9 Kadimah [jüdisch-zionistische Bur-schenschaft, der Freuds Sohn Martin angehörte]

Sa 12/9 Ernst u Lux [Ernst und Lucie Freud] – Wolf [Anna Freuds Wolfshund] noch einmal

Mo 14/9 50jährige Ehe

Okt

Sa 17/10 Berggasse [Rückkehr in die Wohnung in der Berggasse nach den Sommerferien]

So 18/10 Beer-Hofmann

Do 22/10 Arnold Zweig

Sa 24/10 Eitingon u Datum v Fliess' Geburtstag.

Di 27/10 Nasenblutung.

Fr 30/10 Neues Pferd. [Chinesische Antiquität.]

Nov

So 1/11 Versamlung mit Boehm [Boehm arbeitete als Analytiker in Berlin, er war Mitglied der dortigen Vereinigung.]

So 15/11 Direktor v. Demel

Sa 21/11 Oliver [Oliver Freud]

So 22/11 † Etka Herzig [Schwester von Wilhelm Herzig, vgl. Abb. 317]

Do 26/11 Oli [Oliver] abgereist.

Dezember

Do 3/12 Anna 41 Jahre.

Mo 7/12 Martin [Martin Freud] 47 Jahre.

Do 10/12 Eduard VIII abgedankt.

Sa 12/12 Operation bei Pichler

So 20/12 Prof. Otto Loewi

Fr 24/12 Weihnacht in Schmerzen

So 27/12 Stefan Zweig«

312
1 »Topsy« hieß der Hund von Marie Bonaparte. Sie hatte über ihn ein Buch geschrieben: *Topsy; Chow Chow au poil d'or*, Paris 1937. Es wurde von Sigmund Freud und Anna Freud ins Deutsche übersetzt, während sie 1938 auf ihre Ausreisenehmigung warteten.

315
1 Vgl. Abb. 107, 108 und 119 samt Texten.

316
1 Vgl. Text zu Abb. 84.

317
1 Vgl. Abb. 69; ferner K. R.

Eisslers biographische Skizze.
S. 34, oben.

318

1 Vgl. Abb. 19.
2 Ludwig Braun war es auch. der zu Freuds 70. Geburtstag in der Loge B'nai B'rith die Laudatio auf ihn gehalten hat (vgl. Abb. 270 mit Text).

323

Transkription:

»So 13/3 Anschluss an Deutschland
Mo 14/3 Hitler in Wien
Di 15/3 Kontrole [der Gestapo] in Verlag u Haus
Mi 16/3 Jones [Ernest Jones]
Do 17/3 Prinzessin [Marie Bonaparte]
Di 22/3 Anna bei Gestapo«

325

1 Übersetzung:

»Als Kind von 4 Jahren kam ich aus einer kleinen Stadt in Mähren nach Wien. Nach 78 Jahren angestrengter Arbeit mußte ich meine Heimat verlassen, sah die wissenschaftliche Gesellschaft, die ich gegründet hatte, aufgelöst, unsere Institute zerstört, unsern Verlag von den Eindringlingen übernommen, die Bücher, die ich veröffentlicht hatte, eingezogen und eingestampft, meine Kinder aus ihren Berufen ausgeschlossen.« (*Briefe 1873-1939*, aaO, S. 524.)

326

1 Freud beschäftigte sich damals noch intensiv mit seinem Moses-Buch (vgl. Abb. 353).

327

1 Ein in der Familie Freud oft zitierter Ausspruch der kleinen Sophie.
2 Erste Wohnung der Familie Freud in London. Es handelte sich um ein möbliertes Haus mit Garten, das Ernst Freud für seine Eltern gemietet hatte.

328

Transkription:

»Mo 28/3 Aufnahme in England gesichert – Ernstl [Sohn von Freuds Tochter Sophie] in Paris. – Ausreise scheint ermöglicht
April
Fr 1/4 Zwei Ernste [Freuds Sohn und Enkel] in London
Mi 6/4 Ernst 46 J.
Sa 9/4 Topsys Übersetzung beendigt [vgl. Anm. zu Abb. 312]
So 10/4 Abstimmung [Volksabstimmung über den Anschluß Österreichs an Deutschland] –
Di 12/4 Minna [Bernays] aus Sanator[ium] zurück
So 17/4 Ostersonntag 52 J. Praxis.
Di 19/4 Alex [Alexander Freud] 72 J. Prinzessin [Marie Bonaparte] abgereist
Mo 18/4 Malzeit mit Brautpaar Radziwil [Tochter von Marie Bonaparte und deren Bräutigam]
Di 26/4 Anfall von Taubheit
Fr 29/4 Prinzess[in] wiedergekomen.
Mai
So 1/5 Beer-Hofmann mit Prinzess
Do 5/5 Minna abgereist – Verhandlg mit Gestapo.
Fr 6/5 82 Jahre
Di 10/5 Ausreise iñerhalb 14 Tage?
Do 12/5 Pässe bekommen
Sa 14/5 Martin [Freud] abgereist
Sa 21/5 Schätzung der [Antiquitäten] Saḿlung
Di 24/5 Mathilde u Robert [Freuds Tochter und Schwiegersohn] abgereist.
Mo 30/5 † Emilie Kassowitz [Frau von Max Kassowitz, vgl. Abb. 107]
Juni
Do 2/6 Unbedenklichkeitserklärung
Sa 3/6 Abreise 3^h 25. Orient Express – 3 3/4 am Brücke von Kehl
So 4/6 Paris 10^h, von Marie Ernst Bullitt empfangen [vgl. Abb. 330]. Abds [Abends] nach London
Mo 5/6 9^h früh Dover-London. Neues Haus. Minna schwer krank. Columnen in Zeitungen
Do 9/6 Sam [Sohn von Freuds Halbbruder Emanuel] aus Manchester
Fr 10/6 Lun besucht [Freuds Chow hatte nach der Ankunft sechs Monate in einer Quarantäne-Station in North Kensington zubringen müssen. Freud sah ihn dort mehrmals.]
Sa 11/6 Besuch Jahuda [Professor der jüdischen Geschichte]
Sa 18/6 Minna z. Geburtstag zuerst gesehen [Freuds Schwägerin hatte ihr Krankenzimmer im ersten Stock des Hauses. Freud konnte wegen seines geschwächten Zustands nicht mehr Treppen steigen.]
So 19/6 G. H. Wells [vgl. Abb. 349]
Di 21/6 Moses III neu begonnen [Wiederaufnahme der Arbeit an der dritten Abhandlung des Mosesbuches, vgl. Abb. 353]
Do 23/6 Prinzess – Cyprischer Kopf [Skulptur, die Marie Bonaparte Freud mitgebracht hatte.] Besuch der R.S. [Royal Society, vgl. Abb. 336] – Filme [Beim Besuch der Sekretäre wurde photographiert.]
Sa 25/6 Mrs Gunn [englische Analytikerin, deren Mann Ägyptologe war] mit aegypt Antiq.«

329

1 Dorothy Burlingham.
2 Minna Bernays.
3 Sohn Martin.
4 Tochter Mathilde und Ehemann.
5 Paula Fichtl.
6 Freuds Chow.
7 Dr. Josefine Stroß, 1901-1995, danach lebenslang Mitarbeiterin Anna Freuds an der Hampstead-Klinik in London.

330

1 Es handelt sich bei diesen Abbildungen um Zeitungsausschnitte.
2 Marie Bonaparte (s. die nachfolgende Abb. 331).
3 Er war seinen Eltern, aus London kommend, nach Paris entgegengereist.

331

1 »Athene« bezieht sich auf eine Statuette von Freuds Schreibtisch, die Marie Bonaparte bereits nach Paris geschmuggelt hatte, um sie ihm dort zu übergeben. Damals war noch ungewiß, ob die Antiquitätensammlung nach London folgen könnte.

334

1 Charles Singer. Freuds Antwortbrief findet sich in *Briefe 1873-1939*, aaO, S. 469f. Vgl. Abb. 353 samt Texten.

336

1 Vgl. die Informationen in K. R. Eisslers biographischer Skizze, S. 30 und S. 35, oben.

338

1 Manuskripten.

339

1 39, Elsworthy Road.

344

1 Paula Fichtls gutes Gedächtnis ermöglichte es ihr, die verschiedenen Antiquitäten auf dem Schreibtisch in der gewohnten Ordnung aufzustellen, so daß sich Freud sofort zu Hause fühlte, als er sich an ihn setzte.

349

1 Übersetzung: »Sie können ja kaum gewußt haben, daß der Wunsch, mich hier niederzulassen und Engländer zu werden, meine Phantasie sehr lebhaft beschäftigt hat, seit ich als achtzehnjähriger junger Mann zum ersten Mal nach England kam. Meine beiden Halbbrüder hatten dies schon fünfzehn Jahre früher getan.« (*Briefe 1873-1939*, aaO, S. 525.)

350

1 Übersetzung: »Ich habe Freud nur einmal gesehen [. . .] am Sonnabend nachmittag, dem 28. Januar 1939. Wir besuchten ihn und tranken Tee zusammen. Ich verspüre keinen Drang, die berühmten Leute, die ich gekannt habe, zu preisen. Fast alle Berühmtheiten sind entweder enttäuschend oder Langweiler oder beides zugleich. Nicht so Freud. Er verbreitete eine Aura nicht von Berühmtheit, sondern von Größe.«

351

1 Freud schrieb diese Arbeit im Herbst 1938. Sie erschien in der von Arthur Koestler in Paris herausgegebenen deutschen Emigrantenzeitschrift *Die Zukunft* (Nr. 7, 25. November 1938).

352

1 Freud hatte sich mit dieser stammenden Statuette bereits in seinem 1927 publizierten ›Nachtrag zum Moses des Michelangelo‹ (*G. W.*, Bd. 14, S. 321f.) befaßt und sie mit seiner Interpretation der Michelangelo-Skulptur in Verbindung gesetzt (vgl. Abb. 221 samt Texten).

353

1 Die beiden ersten der drei Abhandlungen erschienen bereits 1937 in der Zeitschrift *Imago* (Bd. 23, Nr. 1 und 4). Schon im Sommer 1934 hatte Freud eine Erstfassung des Buches niedergeschrieben, damals noch unter dem Titel *Der Mann Moses, ein historischer Roman*. Sowohl Zweifel an der Stichhaltigkeit seiner Argumentation als auch politische Bedenken hinderten ihn jedoch lange daran, das Werk zu veröffentlichen. Erst nach seiner Emigration ließ er das komplette, mehrfach revidierte Manuskript drucken.

Zitatnachweis

Dem S. Fischer Verlag, Frankfurt am Main, danken wir für die freundliche Abdrucksgenehmigung für Texte aus Sigmund Freuds publizierten Werken und Briefen. Zitate aus veröffentlichten Freud-Werken und -Briefen sind in der Regel nach der Vorlage wiedergegeben; der besseren Lesbarkeit halber ist jedoch gelegentlich eine weitergehende Angleichung an die modernen Gepflogenheiten der Orthographie und Interpunktion durchgeführt worden. Auslassungen, vorgenommen aus Umfangsgründen oder weil das betreffende Textstück nicht zur Abbildung paßt, sind durch Punkte markiert, Abkürzungen (mit Ausnahme der Transkriptionen) aufgelöst. Gelegentlich haben wir Absätze bzw. typographische Auszeichnungen (Kursivierungen, Sperrungen) der Originalausgaben, wenn im vorliegenden Zusammenhang eher störend als hilfreich, nicht übernommen. Dies gilt für die Zitate aus der *Traumdeutung*; hier erschließt sich der Sinn von Freuds Kursivierungen nur aus der Lektüre der gelegentlich seitenlangen Traumdeutungen, von denen hier lediglich Bruchstücke abgedruckt werden können.

Es war nach dem Tode Ernst Freuds nicht mehr möglich, sämtliche aus bislang nicht publizierten Briefen zitierten Texte nochmals nachzuprüfen. Auch konnte die Datierung solcher Briefe in wenigen Fällen, da die Dokumente jetzt unzugänglich sind, nicht mehr präzisiert werden. In den Zitaten stehen Zusätze der Herausgeber in eckigen Klammern.

Titel von Büchern und Zeitschriften sind kursiv gesetzt; Titel von Beiträgen zu Zeitschriften oder Büchern stehen in einfachen Anführungszeichen. Die Auszeichnung der einzelnen Freud-Titel folgt den Regeln der verbindlichen Freud-Gesamtbibliographie; abgedruckt in *Sigmund-Freud-Konkordanz und -Gesamtbibliographie*, zusammengestellt von Ingeborg Meyer-Palmedo, S. Fischer Verlag, Frankfurt am Main 1975.

Abweichend von dieser Handhabung sind im Bildteil der typographischen Einheitlichkeit halber sämtliche Titel in einfache Anführungszeichen gesetzt.

1
»Selbstdarstellung« * (1925), *G. W.***, Bd. 14, S. 34.
2
1. Zitat: *Briefe 1873-1939*, hrsg. von Ernst und Lucie Freud, S. Fischer Verlag, Frankfurt am Main ²1968, S. 425. (Es wird hier stets die zweite, erweiterte Auflage dieser Briefauswahl zitiert.)
2. Zitat: ›Über Deckerinnerungen‹ (1899), *G. W.*, Bd. 1, S. 542 f. – Siegfried Bernfeld hat in ›Ein unbekanntes autobiographisches Fragment von Freud‹ (in *Bausteine der Freud-Biographik*, hrsg. von Ilse Grubrich-Simitis, Frankfurt 1981, S. 93ff.) nachgewiesen, daß es sich hierbei tatsächlich um eine verschlüsselte autobiographische Darstellung handelt.
3
Die Traumdeutung (1900), *G. W.*, Bd. 2/3, S. 198.
6
Aus den Anfängen der Psychoanalyse; Briefe an Wilhelm Fließ, Abhandlungen und Notizen aus den Jahren 1887-1902, hrsg. von Marie Bonaparte, Anna Freud, Ernst Kris, S. Fischer Verlag, Frankfurt am Main 1962, S. 191f. Durchgehend wird hier die leicht zugängliche Paperbackausgabe von 1962 – Neuausgabe, bei unveränderter Seitenzahl, 1975 – zitiert, nicht die 1950 von Imago Publishing Company, London, veröffentlichte gebundene Edition.
8
»Selbstdarstellung«. Der zi-

* Nur bei denjenigen Zitaten, die nicht oder nicht ausschließlich von Freud verfaßten Werken entstammen, werden Autorennamen angegeben.
** *G. W.* = *Gesammelte Werke*, 18 Bde., seit 1960 beim S. Fischer Verlag, Frankfurt am Main. Wir ziehen hier durchgehend die Edition der *Gesammelten Werke*; mittels der in der Vorbemerkung zum Zitatnachweis erwähnten Freud-*Konkordanz* lassen sich die betreffenden Stellen leicht in der Freud-*Studienausgabe* lokalisieren.

tierte Satz steht allerdings nicht in der Erstausgabe dieser Schrift. Neben anderen Ergänzungen ist er von Freud 1935 der zweiten amerikanischen Ausgabe hinzugefügt worden. Eine vollständige deutsche Ausgabe hat der Internationale Psychoanalytische Verlag, Wien, 1936 veröffentlicht. Offenbar durch ein Versehen wurden die Ergänzungen im Text in Bd. 14 der *G. W.* fortgelassen. Die oben zitierte Stelle findet sich indessen in der vollständigen Taschenbuchausgabe der *»Selbstdarstellung«; Schriften zur Geschichte der Psychoanalyse*, von Ilse Grubrich-Simitis, Fischer Taschenbuch Verlag, Frankfurt am Main 1971, S. 40.
9
1. Zitat: ›Über Deckerinnerungen‹, aaO, S. 542.
2. Zitat: *Aus den Anfängen der Psychoanalyse*, aaO, 'S. 256.
10
Die Traumdeutung, aaO, S. 202f.
11
AaO, S. 211.
14
1. Zitat: ›Curriculum vitae‹ (1885), in *»Selbstdarstellung«; Schriften zur Geschichte der Psychoanalyse*, aaO, S. 125.
2. Zitat: ›Zur Psychologie des Gymnasiasten‹ (1914), *G. W.*, Bd. 10, S. 205.
15
1. Zitat: *»Selbstdarstellung«*, *G. W.*, Bd. 14, S. 34.
2. Zitat: *Briefe 1873-1939*, aaO, S. 208.
17
Die Traumdeutung, aaO, S. 426f.
18
›Zur Psychologie des Gymnasiasten‹, aaO, S. 205, S. 207.
19
Briefe 1873-1939, aaO, S. 393.
20
AaO, S. 93f.
22
Die Traumdeutung, aaO, S. 198.
23
AaO, S. 198f.
24
›Eine Kindheitserinnerung aus *Dichtung und Wahrheit*‹ (1917), *G. W.*, Bd. 12, S. 26.

25
Die Traumdeutung, aaO, S. 202, S. 203f.
26
AaO, S. 449f.
27
Uv.***
28
1. Zitat: ›Briefe an Emil Fluß‹, in *»Selbstdarstellung«; Schriften zur Geschichte der Psychoanalyse*, aaO, S. 114.
2. Zitat: *Die Traumdeutung*, aaO, S. 269.
29
Briefe 1873-1939, aaO, S 5f.
32
AaO, S. 6f.
33
»Selbstdarstellung«, *G. W.*, Bd. 14, S. 34.
34
AaO, S. 34f.
37
›Curriculum vitae‹, aaO, S. 125.
39
Inhaltsangaben der wissenschaftlichen Arbeiten des Privatdocenten Dr. Sigm. Freud, 1877-1897 (1897), *G. W.*, Bd. 1, S. 463.
41
›Curriculum vitae‹, aaO, S. 125.
42
Die Traumdeutung, aaO, S. 218.
44
Briefe 1873-1939, aaO, S. 316.
45
AaO, S. 81.
47
Uv.; die Parenthese »der Mann ist einer meiner Zimmergötzen‹ abgedruckt in Ernest Jones, *Das Leben und Werk von Sigmund Freud*, Verlag Hans Huber, Bern und Stuttgart, Bd. 1, 1960, S. 62.
48
»Selbstdarstellung«, aaO, S. 35.
49
Die Traumdeutung, aaO, S. 425.
50
1. Zitat: *Briefe 1873-1939*, aaO, S. 2.
2. Zitat: Ernest Jones, *Das Leben und Werk von Sigmund Freud*, aaO, Bd. 1, S. 115.
51
1. Zitat: *»Selbstdarstellung«*,

*** Uv. = Bei Erscheinen des Buchs, 1976, unveröffentlicht.

aaO, S. 35.
2. Zitat: *Die Traumdeutung*,
aaO, S. 178.
52
AaO, S. 453.
54
»Selbstdarstellung«, aaO,
S. 35.
55
1. Zitat: Uv.
2. Zitat: *Briefe 1873-1939*,
aaO, S. 18.
56
1. Zitat: AaO, S. 20.
2. Zitat: Ernest Jones, *Das
Leben und Werk von Sigmund
Freud*, aaO, Bd. 1, S. 141.
57
Briefe 1873-1939, aaO,
S. 120.
58
Uv.
59
Briefe 1873-1939, aaO,
S. 100.
60
Uv.
61
Uv.
62
Briefe 1873-1939, aaO,
S. 29f., S. 31, S. 32.
63
AaO, S. 45.
64
1. Zitat: Uv.
2. Zitat: Uv.
65
Uv.
66
Briefe 1873-1939, aaO,
S. 88.
67
AaO.
68
AaO, S. 89.
69
Briefe 1873-1939, aaO,
S. 52f.
70
Ernest Jones, *Das Leben
und Werk von Sigmund
Freud*, aaO, Bd. 1, S. 211.
71
Uv.
72
Uv.
73
1. Zitat: *»Selbstdarstellung«*,
aaO, S. 35f.
2. Zitat: Uv.
74
Briefe 1873-1939, aaO,
S. 40ff.
75
AaO, S. 105.
76
AaO, S. 74.
77
AaO, S. 65f.

78
*Inhaltsangaben der wissen-
schaftlichen Arbeiten des
Privatdocenten Dr. Sigm.
Freud, 1877-1897*, aaO,
S. 466.
79
Briefe 1873-1939, aaO,
S. 109f.
81
»Selbstdarstellung«, aaO,
S. 37.
82
Briefe 1873-1939, aaO,
S. 205.
83
Die Traumdeutung, aaO,
S. 116.
84
»Selbstdarstellung«, aaO,
S. 38f.
86
›Über Coca‹ (1884), neu
durchgesehener und vermehrter Separatabdruck aus dem
*Centralblatt für die gesammte
Therapie*, Verlag Moritz Perles, Wien 1885, S. 11, S. 12f.
87
Briefe 1873-1939, aaO,
S. 153ff.
88
AaO, S. 158.
89
AaO, S. 162.
90
1. Zitat: AaO, S. 228.
2. Zitat: AaO, S. 189.
91
›Bericht über meine mit Uni-
versitäts-Jubiläums-Reisesti-
pendium unternommene Stu-
dienreise nach Paris und Berlin‹ (1956[1886]), in »*Selbstdarstellung«; Schriften zur
Geschichte der Psychoanalyse*,
aaO, S. 133f.
93
1. Zitat: *Briefe 1873-1939*,
aaO, S. 179.
2. Zitat: ›Charcot‹ (Nachruf)
(1893), *G. W.*, Bd. 1, S. 22f.
94
›Bericht über meine mit Uni-
versitäts-Jubiläums-Reisesti-
pendium unternommene Stu-
dienreise nach Paris und Berlin‹, aaO, S. 138.
96
Briefe 1873-1939, aaO,
S. 202.
97
Uv.
98
Briefe 1873-1939, aaO,
S. 187.
99
AaO, S. 191f.
100
AaO, S. 178.

101
AaO, S. 183f.
102
AaO, S. 190f.
103
AaO, S. 197f.
104
AaO, S. 219.
105
»Selbstdarstellung«, aaO,
S. 39.
107
Uv.
108
Briefe 1873-1939, aaO,
S. 216.
109
AaO, S. 228.
110
AaO, S. 207f.
111
AaO, S. 226.
112
AaO, S. 207.
113
Uv.
114
Briefe 1873-1939, aaO,
S. 228.
115
*Aus den Anfängen der
Psychoanalyse*, aaO, S. 55.
116
»Selbstdarstellung«, aaO,
S. 41.
118
*Aus den Anfängen der
Psychoanalyse*, aaO, S. 107.
119
»Selbstdarstellung«, aaO,
S. 41.
120
*Aus den Anfängen der
Psychoanalyse*, aaO, S. 59.
121
Briefe 1873-1939, aaO,
S. 238f.
122
»Selbstdarstellung«, aaO,
S. 43f.
123
1. Zitat: AaO, S. 44.
2. Zitat: Josef Breuer und
Sigmund Freud, *Studien über
Hysterie* (1895), Fischer Ta-
schenbuch Verlag, Frankfurt
am Main 1970, S. 27. – Diese
Taschenbuchausgabe enthält
im Unterschied zu *G. W.*,
Bd. 1, auch Breuers Beiträge
zu den *Studien über Hysterie*
(›Frl. Anna O.‹ und ›Theoretisches‹).
124
1. Zitat: *Inhaltsangaben der
wissenschaftlichen Arbeiten
des Privatocenten Dr. Sigm.
Freud, 1877-1897*, aaO,
S. 476.
2. Zitat: *Briefe 1873-1939*,

aaO, S. 427f.
128
Die Traumdeutung, aaO,
S. 244.
129
›Zur Einleitung der Behand-
lung‹ (1913), *G. W.*, Bd. 8,
S. 467f.
130
*Aus den Anfängen der
Psychoanalyse*, aaO, S. 77.
131
AaO, S. 74.
132
»Selbstdarstellung«, aaO,
S. 46f.
133
*Aus den Anfängen der
Psychoanalyse*, aaO, S. 139.
134
Uv.
135
*Aus den Anfängen der
Psychoanalyse*, aaO, S. 147.
136
›Eine Erinnerungsstörung
auf der Akropolis; Brief an
Romain Rolland‹ (1936),
G. W., Bd. 16, S. 250f.
139
1. Zitat: *Aus den Anfängen
der Psychoanalyse*, aaO,
S. 227.
2. Zitat: AaO, S. 282f.
140
AaO, S. 118.
141
Die Traumdeutung, aaO,
S. 142.
142
Zitiert nach Josef und Renée
Gicklhorn, *Sigmund Freuds
akademische Laufbahn im
Lichte der Dokumente*, Urban
& Schwarzenberg, Wien-Innsbruck 1960, S. 96f.
143
1. Zitat: *»Selbstdarstellung«*,
aaO, S. 59f.
2. Zitat: *Aus den Anfängen
der Psychoanalyse*, aaO,
S. 186, S. 188.
144
AaO, S. 233.
145
1. Zitat: AaO, S. 142.
2. Zitat: AaO, S. 191, S. 193.
146
AaO, S. 115.
147
AaO, S. 277.
148
AaO, S. 251.
149
1. Zitat: *Die Traumdeutung*,
aaO, S. 105.
2. Zitat: *»Selbstdarstellung«*,
aaO, S. 73.
3. Zitat: *Aus den Anfängen
der Psychoanalyse*, aaO,

S. 269.

150
1. Zitat: AaO, S. 149.
2. Zitat: *Die Traumdeutung*, aaO, S. X.

152
1. Zitat: AaO, S. VIIf.
2. Zitat: AaO, S. 472f.

153
AaO, S. 425.

154
AaO, S. 589.

155
1. Zitat: *Aus den Anfängen der Psychoanalyse*, aaO, S. 280.
2. Zitat: ›Bruchstück einer Hysterie-Analyse‹ (1905 [1901]), *G. W.*, Bd. 5, S. 165f.

156
Aus den Anfängen der Psychoanalyse, aaO, S. 225.

157
AaO, S. 287.

158
Die Traumdeutung, aaO, S. 307.

159
AaO, S. 491.

160
Aus den Anfängen der Psychoanalyse, aaO, S. 286.

161
Der Mann Moses und die monotheistische Religion (1939), *G. W.*, Bd. 16, S. 146f., Anm.

162
1. Zitat: *Aus den Anfängen der Psychoanalyse*, aaO, S. 288.
2. Zitat: AaO, S. 203.

163
AaO, S. 294.

164
AaO, S. 295.

165
›Eine Erinnerungsstörung auf der Akropolis; Brief an Romain Rolland‹, aaO, S. 251, S. 256f.

166
1. Zitat: *Drei Abhandlungen zur Sexualtheorie* (1905), *G. W.*, Bd. 5, S. 32.
2. Zitat: »*Selbstdarstellung*«, aaO, S. 62.

167
Die der Gruppe der Mitarbeiter und Schüler vorangestellten Zitate:
1. Zitat: *Briefe 1873-1939*, aaO, S. 373.
2. Zitat: Sigmund Freud/ C. G. Jung, *Briefwechsel*, hrsg. von William McGuire und Wolfgang Sauerländer, S. Fischer Verlag, Frankfurt am Main 1974, S. 157.

1. Zitat: *Briefe 1873-1939*, aaO, S. 365.
2. Zitat: Uv.

168
1. Zitat: ›Einige Charaktertypen aus der psychoanalytischen Arbeit‹ (1916), *G. W.*, Bd. 10, S. 379.
2. Zitat: ›Zur Geschichte der psychoanalytischen Bewegung‹ (1914), *G. W.*, Bd. 10, S. 73.

169
Federn hatte sich um eine Dozentur beworben. Das Zitat ist ein Ausschnitt aus einem Empfehlungsschreiben Freuds. Uv.

170
Sigmund Freud/Oskar Pfister, *Briefe 1909-1939*, hrsg. von Ernst L. Freud und Heinrich Meng, S. Fischer Verlag, Frankfurt am Main 1963, S. 47.

171
Briefe 1873-1939, aaO, S. 327.

172
1. Zitat: *Vorlesungen zur Einführung in die Psychoanalyse* (1916-17[1915-17]), *G. W.*, Bd. 11, S. 170.
2. Zitat: ›Vorrede‹ zu *Probleme der Religionspsychologie* von Theodor Reik (1919), *G. W.*, Bd. 12, S. 327.

173
1. Zitat: ›Zur Geschichte der psychoanalytischen Bewegung‹, aaO, S. 63.
2. Zitat: ›Vorrede‹ zu *Probleme der Religionspsychologie* von Theodor Reik, aaO, S. 327.

174
›Zur Geschichte der psychoanalytischen Bewegung‹, aaO, S. 65.

175
1. Zitat: Freud/Jung, *Briefwechsel*, aaO, S. 218.
2. Zitat: ›Zur Geschichte der psychoanalytischen Bewegung‹, aaO, S. 112f.

176
Freud/Pfister, *Briefe 1909-1939*, aaO, S. 13.

177
1. Zitat: *Briefe 1873-1939*, aaO, S. 313.
2. Zitat: AaO, S. 451.

178
1. Zitat: Sigmund Freud/Karl Abraham, *Briefe 1907-1926*, hrsg. von Hilda C. Abraham und Ernst L. Freud, S. Fischer Verlag, Frankfurt am Main 1965, S. 24f.
2. Zitat: AaO, S. 114.

179
1. Zitat: ›Zur Geschichte der psychoanalytischen Bewegung‹, aaO, S. 73.
2. Zitat: *Briefe 1873-1939*, aaO, S. 340.

180
Briefe 1873-1939, aaO, S. 402.

181
Freud/Jung, *Briefwechsel*, aaO, S. 97f.

182
Vorlesungen zur Einführung in die Psychoanalyse, aaO, S. 12f., S. 14.

183
1. Zitat: *Aus den Anfängen der Psychoanalyse*, aaO, S. 183.
2. Zitat: »*Selbstdarstellung*«, aaO, S. 91f.

185
Briefe 1873-1939, aaO, S. 289f.

187
AaO, S. 287.

188
AaO, S. 284.

189
AaO, S. 421.

190
1. Zitat: AaO, S. 284.
2. Zitat: *Der Wahn und die Träume in W. Jensens* ›*Gradiva*‹ (1907 [1906]), *G. W.*, Bd. 7, S. 35.

191
Briefe 1873-1939, aaO, S. 276f.

192
Freud/Jung, *Briefwechsel*, aaO, S. 98.

193
AaO, S. 91.

194
»*Selbstdarstellung*«, aaO, S. 75. '

195
Freud/Jung, *Briefwechsel*, aaO, S. 145.

196
Freud/Abraham, *Briefe 1907-1926*, aaO, S. 46.

197
›Zur Geschichte der psychoanalytischen Bewegung‹, aaO, S. 70.

198
1. Zitat: AaO.
2. Zitat: »*Selbstdarstellung*«, aaO, S. 78.

199
Freud/Pfister, *Briefe 1909-1939*, aaO, S. 27.

200
›Zur Geschichte der psychoanalytischen Bewegung‹, aaO, S. 70f.

201
AaO, S. 71.

202
Briefe 1873-1939, aaO, S. 321.

203
›Zur Geschichte der psychoanalytischen Bewegung‹, aaO, S. 84f., S. 86.

204
AaO, S. 86.

205
AaO, S. 87.

207
Freud/Abraham, *Briefe 1907-1926*, aaO, S. 110f.

208
Uv.

209
Lou Andreas-Salomé, ›Zu Besuch bei Freud‹ (Tagebucheintragung November 1921), in *Almanach; Das neunundsiebzigste Jahr*, S. Fischer Verlag, Frankfurt am Main 1965, S. 137f.; abgedruckt auch in der Anm. zu Sigmund Freud/Lou Andreas-Salomé, *Briefwechsel*, hrsg. von Ernst Pfeiffer, S. Fischer Verlag, Frankfurt am Main 1966, S. 270.

210
Briefe 1873-1939, aaO, S. 303.

212
Freud/Abraham, *Briefe 1907-1926*, aaO, S. 113.

213
Freud/Jung, *Briefwechsel*, aaO, S. 12.

214
›Zur Geschichte der psychoanalytischen Bewegung‹, aaO, S. 95f.

216
1. Zitat: Uv.; der letzte Satz abgedruckt in Ernest Jones, *Das Leben und Werk von Sigmund Freud*, aaO, Bd. 2 (1962), S. 188.
2. Zitat: *Briefe 1873-1939*, aaO, S. 397.

217
Freud/Andreas-Salomé, *Briefwechsel*, aaO, S. 36.

218
Freud/Abraham, *Briefe 1907-1926*, aaO, S. 166.

219
Totem und Tabu (1912-13), *G. W.*, Bd. 9, S. 4.

220
Eine Kindheitserinnerung des Leonardo da Vinci (1910), *G. W.*, Bd. 8, S. 185.

221
1. Zitat: *Briefe 1873-1939*, aaO, S. 431.
2. Zitat: ›Der Moses des

Michelangelo‹ (1914), *G. W.,* Bd. 10, S. 194, S. 198. 3. Zitat: AaO, S. 192f.

222
Briefe 1873-1939, aaO, S. 314.

223
Uv.; die letzten beiden Sätze abgedruckt in Ernest Jones, *Das Leben und Werk von Sigmund Freud,* aaO, Bd. 2, S. 132.

224
Freud/Andreas-Salomé, *Briefwechsel,* aaO, S. 22f.

225
1. Zitat: Freud/Abraham, *Briefe 1907-1926,* aaO, S. 180.
2. Zitat: AaO, S. 181.

227
Briefe 1873-1939, aaO, S. 318.

228
Uv.

229
Freud/Abraham, *Briefe 1907-1926,* aaO, S. 215.

231
1. Zitat: *Briefe 1873-1939,* aaO, S. 330.
2. Zitat: ›Meine Berührung mit Josef Popper-Lynkeus‹ (1932), *G. W.,* Bd. 16, S. 265.

232
Freud/Andreas-Salomé, *Briefwechsel,* aaO, S. 50.

233
1. Zitat: Uv.
2. Zitat: Freud/Andreas-Salomé, *Briefwechsel,* aaO, S. 56.

234
Uv.

235
Briefe 1873-1939, aaO, S. 357f.

236
Uv.

238
Freud/Abraham, *Briefe 1907-1926,* aaO, S. 262.

240
1. Zitat: Ludwig Binswanger, *Erinnerungen an Sigmund Freud,* Francke Verlag, Bern 1956, S. 103.
2. Zitat: *Briefe 1873-1939,* aaO, S. 446f.

242
Freud/Pfister, *Briefe 1909-1939,* aaO, S. 99.

243
Freud/Abraham, *Briefe 1907-1926,* aaO, S. 272f.

244
Briefe 1873-1939, aaO, S. 343.

245
Ernest Jones, *Das Leben*

und Werk von Sigmund Freud, aaO, Bd. 3 (1962), S. 106.

246
1. Zitat: Freud/Andreas-Salomé, *Briefwechsel,* aaO, S. 109.
2. Zitat: *Jenseits des Lustprinzips* (1920), *G. W.,* Bd. 13, S. 53.

247
»Selbstdarstellung«, aaO, S. 80.

249
Massenpsychologie und Ich-Analyse (1921), *G. W.,* Bd. 13, S. 74.

250
Das Ich und das Es (1923), *G. W.,* Bd. 13, S. 286.

251
Uv.

252
Briefe 1873-1939, aaO, S. 361.

253
Uv.

258
Briefe 1873-1939, aaO, S. 361f.

259
AaO, S. 377f.

260
Freud/Andreas-Salomé, *Briefwechsel,* aaO, S. 136.

261
Briefe 1873-1939, aaO, S. 415.

262
AaO, S. 409.

263
1. Zitat: *Zur Psychopathologie des Alltagslebens* (1901), *G. W.,* Bd. 4, S. 122.
2. Zitat: *Briefe 1873-1939,* aaO, S. 420f.

264
Uv.

265
Die Traumdeutung, aaO, S. 178.

266
Freud/Andreas-Salomé, *Briefwechsel,* aaO, S. 169.

267
Freud/Abraham, *Briefe 1907-1926,* aaO, S. 338.

269
Freud/Pfister, *Briefe 1909-1939,* aaO, S. 107.

270
›Ansprache an die Mitglieder des Vereins B'nai B'rith‹ (1941[1926]), *G. W.,* Bd. 17, S. 51f.

271
AaO.

272
Die Frage der Laienanalyse (1926), *G. W.,* Bd. 14,

S. 281.

273
1. Zitat: AaO, S. 260.
2. Zitat: ›Psycho-Analysis‹ (1926), Artikel in der *Encyclopaedia Britannica, G. W.,* Bd. 14, S. 301.

275
1. Zitat: Uv.
2. Zitat: Uv.

276
1. Zitat: *Briefe 1873-1939,* aaO, S. 440f.
2. Zitat: AaO, S. 447.

277
Uv.

278
Briefe 1873-1939, aaO, S. 420f.

279
AaO, S. 379.

280
AaO, S. 399.

281
Sigmund Freud/Arnold Zweig, Briefwechsel, hrsg. von Ernst L. Freud, S. Fischer Verlag, Frankfurt am Main 1968, S. 137.'

282
Briefe 1873-1939, aaO, S. 452.

283
AaO, S. 396f.

285
1. Zitat: AaO, S. 350.
2. Zitat: ›Dostojewski und die Vatertötung‹ (1928), *G. W.,* Bd. 14, S. 412.

286
Briefe 1873-1939, aaO, S. 447f.

287
AaO, S. 400.

289
1. Zitat: ›Nachschrift 1935‹ zur *»Selbstdarstellung«* (1935), *G. W.,* Bd. 16, S. 33.
2. Zitat: *Briefe 1873-1939,* aaO, S. 416.

290
Das Unbehagen in der Kultur (1930[1929]), *G. W.,* Bd. 14, S. 506.

291
Freud/Andreas-Salomé, *Briefwechsel,* aaO, S. 205.

292
›Einige psychische Folgen des anatomischen Geschlechtsunterschieds‹ (1925), *G. W.,* Bd. 14, S. 20.

293
Freud/Zweig, *Briefwechsel,* aaO, S. 39f.

294
Briefe 1873–1939, aaO, S. 425.

296
»Selbstdarstellung«, aaO, S. 75.

298
Freud/Zweig, *Briefwechsel,* aaO, S. 51.

299
Uv.

301
Freud/Zweig, *Briefwechsel,* aaO, S. 65.

302
AaO, S. 76f.

303
Ernest Jones, *Das Leben und Werk von Sigmund Freud,* aaO, Bd. 3, S. 527.

305
Freud/Andreas-Salomé, *Briefwechsel,* aaO, S. 225.

306
AaO, S. 225f.

307
Freud/Zweig, *Briefwechsel,* aaO, S. 118.

308
Briefe 1873-1939, aaO, S. 444.

312
AaO, S. 449f.

313
AaO, S. 452.

314
Aus den Anfängen der Psychoanalyse, aaO, S. 198.

315
Briefe 1873-1939, aaO, S. 352.

316
Die Traumdeutung, aaO, S. 180.

317
Briefe 1873-1939, aaO, S. 49.

318
›Zum Ableben Professor Brauns‹, in *Mitteilungsblatt der Vereinigung jüdischer Ärzte,* Nr. 29, Mai 1936, Wien, S. 4.

319
Freud/Zweig, *Briefwechsel,* aaO, S. 77.

320
Briefe 1873-1939, aaO, S. 460f.

322
Freud/Zweig, *Briefwechsel,* aaO, S. 142f.

324
1. Zitat: Zitiert nach *Die Zeit,* 32. Jg., Nr. 21, 13. Mai 1977.
2. Zitat: Zitiert in Ernest Jones, *Das Leben und Werk von Sigmund Freud,* aaO, Bd. 3, S. 218.

325
Briefe 1873-1939, aaO, S. 471.

326
AaO, S. 456.

327
1. Zitat: Freud/Zweig, *Brief-*

wechsel, aaO, S. 167.
2. Zitat: *Briefe 1873-1939*,
aaO, S. 459.
3. Zitat: Uv.
329
Briefe 1873-1939, aaO,
S. 461.
330
AaO, S. 461f.
331
Ernest Jones, *Das Leben
und Werk von Sigmund
Freud*, aaO, Bd. 3, S. 269.
332
Briefe 1873-1939, aaO,
S. 462f.
333
AaO, S. 462.

334
1. Zitat/ Freud/Zweig, *Briefwechsel*, aaO, S. 172.
2. Zitat: AaO.
335
1. Zitat: *Dali; Gemälde,
Zeichnungen, Objekte,
Schmuck* (Ausstellungskatalog
der Staatlichen Kunsthalle
Baden-Baden, 1971) S. 229.
2. Zitat: *Briefe 1873-1939*,
aaO, S. 465.
336
Freud/Zweig, *Briefwechsel*,
aaO, S. 173.
337
Briefe 1873-1939, aaO,
S. 464.
338
Uv.

339
Uv.
340
Briefe 1873-1939, aaO,
S. 467f.
345
Uv.
346
Briefe 1873-1939, aaO,
S. 474f.
348
AaO, S. 468.
349
AaO, S. 475.
350
Leonard Woolf, *Downhill all
the Way*, Hogarth Press, London 1967, S. 168.
352
Freud/Zweig, *Briefwechsel*,
aaO, S. 108.

353
1. Zitat: *Briefe 1873-1939*,
aaO, S. 454f.
2. Zitat: *Der Mann Moses
und die monotheistische Religion*, aaO, S. 103, S. 112.
355
Uv.
356
Freud/Zweig, *Briefwechsel*,
aaO, S. 183f.
357
1. Zitat: *Die Zukunft einer
Illusion* (1927), *G. W.*,
Bd. 14, S. 336f.
2. Zitat: Ernest Jones, *Das
Leben und Werk von Sigmund
Freud*, aaO, Bd. 3, S. 18.

Bildnachweis

Die Herkunft einiger von Ernst Freud ausgewählter Abbildungen ließ sich nach seinem Tode nicht mehr rekonstruieren; wo solche Unsicherheiten bestehen, sind die entsprechenden Bildnummern nicht in den Bildnachweis aufgenommen worden. Es fehlen auch diejenigen Nummern, bei denen sich ein Nachweis erübrigt (z. B. Titelblätter).
Wir danken allen im folgenden genannten Personen und Institutionen für die Abdrucksgenehmigung.

1
Österreichisches Staatsarchiv – Kriegsarchiv, Wien. – Durch Vermittlung des Verlages Fritz Molden, in dessen von Franz Hubmann zusammengestelltem Buch *K. u. K. Familienalbum*, Wien 1971, diese Karte abgebildet ist.
2
a Lee Miller, Philadelphia;
b Sigmund Freud Copyrights Ltd., Colchester (im folgenden SFC abgekürzt).
3, 4
SFC.
5, 6
Lee Miller, Philadelphia.
7
Prof. Dr. Renée Gicklhorn, Wien.
9
Kartensammlung der Österreichischen Nationalbibliothek, Wien. – Das Bild ist eine Tonlithographie von F. X. Sandmann nach einer Zeichnung von Jacob Alt.
10
SFC.
11
Omri David Marlé, London.
12, 13
SFC. – Das Original von Abb. 13 ist verschollen.
14
a Bildarchiv der Österreichischen Nationalbibliothek, Wien (im folgenden BÖN abgekürzt); b Aus dem ›Ersten Jahresbericht des Leopoldstädter Communal-Realgymnasiums‹, 1865.
15
Prof. Dr. Renée Gicklhorn, Wien.
16
SFC.
17
Bundesministerium für Unterricht, Wien.

18
BÖN
20
SFC.
21
Sigmund Freud Archives (Sigmund Freud Collection, Manuscript Division, Library of Congress, Washington D. C.) (im folgenden SFA abgekürzt).
22
BÖN.
23
Abgedruckt in: August Walther (Hrsg.), *Album-Fortuna; Erholung nach der Arbeit*, Familienbuch zur Belehrung und Unterhaltung für Geist und Herz, Neue Ausgabe III und IV, Wien.
24
SFC.
25
a Alinari, Florenz – antike Büste, Museo Nazionale, Neapel; b abgedruckt in: Adolphe Thiers, *Konsulat und Kaiserreich*, Mannheim 1845-47.
26
Archiv für Kunst und Geschichte, Berlin. – Kupferstich (um 1650) von Wenzel Hollar.
28
The Ny Carlsberg Glyptothek, Kopenhagen.
29
Bundesministerium für Unterricht, Wien.
30
Wiener Presse-Bilddienst Votava.
31
SFC.
32
Wiener Presse-Bilddienst Votava.
33-36
SFC.
37
Greti Mainx. – Die Photographie wurde nach 1900 aufgenommen, der abgebildete Übungssaal ist aber gegenüber der Zeit, als Freud dort arbeitete, unverändert.
38
SFC.
39
Abgedruckt in: Bd. 75 d. *Sitzungsber. d. k. Akad. d. Wissensch. Wien* (Math.-Naturwiss. Kl.), I. Abt., 1877.
40, 41
Bildarchiv des Instituts für Geschichte der Medizin, Wien (im folgenden BIGM abgekürzt). – Abb. 40 ist eine

Zeichnung von Moritz Ledeli, um 1885.
42
Abgedruckt in: *Victor Adlers Aufsätze, Reden und Briefe*, Verlag der Wiener Volksbuchhandlung, Wien 1929.
– Aufnahme von 1886; der Hinweis auf dieses Bild ist Dr. Rudolf Ekstein, Los Angeles, zu danken.
45
National Portrait Gallery, London. – Gemälde von G. F. Watts.
46
BIGM. – Lithographie von Adolf Dauthage, 1882.
47
Verlag F. A. Brockhaus, Wiesbaden. – Aufnahme von 1893.
48
BIGM. – Die Photographie zeigt die ›Alte Gewehrfabrik‹ vor dem Abbruch 1910.
49
BIGM.
50
SFC.
51
Abgedruckt in: Bd. 78 d. *Sitzungsber. d. k. Akad. d. Wissensch. Wien* (Math.-Naturwiss. Kl.), III. Abt., 1878.
52
Archiv der Universität Wien.
53
Siehe unten, S. 351.
54
Archiv der Universität Wien.
55-59
SFC.
60
National Portrait Gallery, London. – Gemälde eines unbekannten Malers von 1629.
61
Staatliche Bildstelle, Hamburg.
62-65
SFC.
66
Deutsche Fotothek, Dresden. – Blick vom Turmhaus, Zwinger mit Gemäldegalerie im Bau, um 1850.
67
Deutsche Fotothek, Dresden. – Nach Hans Holbein d. J., ›Die Madonna des Bürgermeisters Meyer‹; Kopie von Bartholomäus Sarburgh, Dresden Gemäldegalerie Nr. 1892.
68
Staatliche Kunstsammlungen, Dresden. (Photographische Abteilung.)
69
Frank Herrmann.

71, 72
SFC.
76
SFA.
77
BIGM.
78
Abgedruckt in: *Arch. Anat. Physiol.*, Lpz., Anat. Abt., 1884.
79, 80
Archiv der Universität Wien.
82
SFA.
83
The Scriptorium, Buyers, Sellers, Appraisers of Original Letters, Documents & Manuscripts of Famous People, Beverly Hills.
84
Archiv der Fa. Merck, Darmstadt.
85
SFC.
87
Abgedruckt in: *Die Privatheilanstalt für Gemüths- und Nervenkranke in Oberdöbling bei Wien*, Wien 1876.
88, 89, 91
SFC.
92
Bibliothèque nationale, Paris.
93
SFC.
96, 98, 99
Bibliothèque nationale, Paris.
100
Service de documentation photographique de la réunion des musées nationaux, Paris.
101
Mme. J. Colomb-Gérard, Paris.
102
Abgedruckt in: Louis P. Lochner, *Fritz Kreisler,* Bergland Verlag, Wien 1957.
104
BÖN.
105
BIGM. – Photographie von 1972; der Saal ist seit der Zeit, als Freud seinen Vortrag hielt, unverändert.
107-109
BÖN.
110
SFC.
111
Österreichisches Staatsarchiv – Kriegsarchiv, Wien.
112
SFC.
113
BÖN.
114, 115, 117, 118
SFC.

125
Lee Miller, Philadelphia.
126
SFC.
127
Basic Books Inc., New York.
and SFC.
128
a Lee Miller, Philadelphia;
b Basic Books Inc., New
York, and SFC.
129
Basic Books Inc., New York,
and SFC.
131
Historisches Museum der
Stadt Wien.
133
SFA.
134
SFC.
135
Omri David Marlé, London.
136-138
SFC.
139
Interfoto Rauch, München.
140
BÖN.
141
Österreichisches Staatsarchiv
– Allgemeines Verwaltungsar-
chiv, Wien.
142
BÖN.
143
SFA.
145
SFC.
146
S. Fischer Verlag, Frankfurt
am Main.
147
BÖN.
148-150
SFC.
151
Dr. Eva Laible, Wien.
152
Bibliothèque nationale,
Paris; Jules Garnier,
Rabelais et l'Œuvre, Paris 1899.
153
Votavafoto, Wien.
154
Abgedruckt in: *Die Israeliti-
sche Bibel,* hrsg. von Ludwig
Philippson, Leipzig ²1858.
157-159
SFC.
160
Abgedruckt in: Sir Arthur
Evans, *The Palace of Minos,*
6 Bde., London 1921-36.
161
Archäologisches Museum,
Heraklion.
162
Alinari, Florenz. – Aufnahme
von 1900.

163
Österreichisches Staatsarchiv
– Allgemeines Verwaltungsar-
chiv, Wien.
164
Österreichisches Staatsarchiv
– Haus-, Hof- und Staatsarchiv, Kabinettsarchiv, Wien.
165
Ullstein Bilderdienst, Berlin
West. – Aufnahme von 1904.
166
SFC.
174
Prof. Dr. Bleuler, Zollikon.
– Aufnahme von 1910.
175
Kurt Niehus, Baden, Schweiz.
181
a BÖN; b SFA.
182, 184
SFA.
185, 186
SFC.
187
Mathilde Freud, London.
188
Alinari, Florenz. – Aufnahme
von 1860.
189
SFC.
190
a Alinari, Florenz; b SFC
(Gipsabguß in Freuds
Arbeitszimmer).
191
Alinari, Florenz.
192, 193
SFC.
194, 195
SFA.
196, 198, 202
SFC.
203-205
SFA.
206
Eine Kopie des Dokuments
erhielten wir von Dr. Harald
Leupold-Löwenthal, Wien.
207
SFA.
208-212
SFC.
213
BÖN.
216-218
SFC.
220
Photographie Giraudon, Paris.
221
a Alinari, Florenz; b Übernommen aus: Sigmund Freud,
Gesammelte Schriften, Bd.
10, Internationaler Psychoanalytischer Verlag, Leipzig,
Wien, Zürich 1924, S. 276 f.
222, 223
SFC.
225
Heeresgeschichtliches Mu-

seum, Wien. – Es handelt
sich um ein in Deckfarben
auf Pappendeckel gemaltes
Bild von Carl Pippich ›Platz
vor der Votivkirche in Wien
mit Regimentsausmarsch
1914‹.
227-229
SFC.
230
Archiv der Universität
Wien.
231
BÖN.
232
SFC.
233
Suhrkamp Verlag, Frankfurt
am Main.
234
Schiller Nationalmuseum,
Marbach.
235
S. Fischer Verlag, Frankfurt
am Main.
236-238
SFC.
240
W. Binswanger, Kreuzlingen.
241, 242
Österreichisches Staatsarchiv
– Allgemeines Verwaltungsar-
chiv, Wien.
243-245, 247
SFC.
248
Dr. Anna Freud, London.
252-258, 260
SFC.
261
Dr. Helene Schur, New York.
262-267
SFC.
268
SFA.
271
SFC.
272-274
SFA.
276-278
S. Fischer Verlag, Frankfurt
am Main.
280
Alix Strachey, Marlow. –
Federzeichnung von Dora
Carington.
282, 283
SFC.
284
Paula Fichtl, London.
286
Service de documentation
photographique de la réunion
des musées nationaux, Paris.
287
Eric de Maré.
288, 289, 291-293
SFC.
294
Foto Hilscher, Wien.

295
Manuel Litran.
298, 299
SFC.
301
BÖN.
302
Ullstein Bilderdienst, Berlin
West.
303, 304
SFC.
305
Dr. Ernst Pfeiffer, Göttingen.
306-308
SFC.
310
Abgedruckt in: *Der Morgen;
Wiener Montagsblatt,* 4. Mai
1936, 27. Jg., Nr. 18.
311
SFA.
312, 313, 315
SFC.
319
Dr. Anna Freud, London.
320, 321
SFC.
322
Ullstein Bilderdienst, Berlin
West.
323
SFA.
324
Ullstein Bilderdienst, Berlin
West.
325
Basic Books Inc., New York,
and SFC.
326, 327
SFC.
328
SFA.
329, 331-333
SFC.
334
Omri David Marlé, London.
335
a Salvador Dali; b SFC.
336, 337
SFC.
338
SFA.
339-345
SFC; Abb. 340-344 aufge-
nommen von Franz Epping.
346
Omri David Marlé, London.
347
SFC.
348
Hearst Magazine Inc.
350
a S. Fischer Verlag, Frankfurt
am Main.
351
SFA.
352
Ashmolean Museum, Oxford.
355-357
SFC.

Notiz zur Revision 2006

In früheren Neuauflagen von *Sigmund Freud; Sein Leben in Bildern und Texten* wurden bereits vereinzelt Korrekturen ausgeführt. Für die vorliegende Neuausgabe anläßlich von Freuds 150. Geburtstag habe ich den Band insgesamt durchgesehen und vielerlei Korrekturen und Aktualisierungen vorgenommen. Meine bisherige ›Vorbemerkung‹ habe ich durch einen neuen Text ersetzt. Dort habe ich einige der Veränderungen zu skizzieren versucht, die sich seit Erstpublikation des Buches ereignet haben.

Aus Gründen der Bewahrung der ursprünglichen Paginierung durfte dieser Text indessen zwei Seiten nicht überschreiten. Deshalb werden hier noch einige technische Hinweise nachgetragen. Inzwischen sind Bilder einiger wichtiger *dramatis personae* aufgetaucht, die damals noch nicht zur Verfügung standen, z. B. des Jugendfreundes Eduard Silberstein. Im Interesse der Aufrechterhaltung des Seite für Seite aufs sorgsamste ausgearbeiteten Layouts mit seinen Rhythmen von Groß- und Kleinformaten und den zuweilen fast filmischen Bildsequenzen ist auf nachträgliche Einbeziehung solcher Bilder verzichtet worden; im Text sind die jeweiligen Figuren ohnehin präsent. Wegen klaren Zuordnungsirrtums wurden lediglich zwei Bilder ersetzt. Es handelt sich um Abbildung 19 (das Porträt Heinrich Brauns von 1880 ist folgender Quelle entnommen: Julie Braun-Vogelstein, *Heinrich Braun; Ein Leben für den Sozialismus*, Deutsche Verlagsanstalt, Stuttgart 1967) und Abbildung 53 (die Fotographie der Alten Aula entstammt: Franz Gall, *Die Alte Universität*, Wiener Geschichtsbücher, Band 1, hrsg. von Peter Pötschner, Paul Zsolnay Verlag, Wien/Hamburg 1970).

Was den ›Zitatnachweis‹ betrifft, so wurde auch hier darauf verzichtet, die Spuren der Entstehungszeit des Buches zu tilgen. Viele der bei Erstpublikation noch unveröffentlichten Briefe sind inzwischen erschienen; auch liegen einige Korrespondenzen, die zunächst nur in Auszügen publiziert worden waren, mittlerweile in vollständigen, kritischen Editionen vor. Etliche von Freuds voranalytischen Schriften sind in Neuausgaben wieder zugänglich gemacht worden. Auch die ›Kürzeste Chronik‹, aus der im vorliegenden Buch bereits größere Passagen an die Öffentlichkeit gelangten, wurde unterdessen vollständig publiziert. Diese jüngeren Quellen werden hier nicht zusätzlich zitiert; denn mittels der bei Erstveröffentlichung des vorliegenden Buches zur Verfügung gestellten Briefdaten bzw. Seitenzahlen früherer Ausgaben kann der Leser ohne große Mühe die jeweiligen Stellen in den neuen Editionen lokalisieren.

Danksagung

Für ihre unschätzbare Unterstützung in den Jahren der Vorbereitung nach Ernst Freuds Tod gebührt der Dank nach wie vor an erster Stelle den beiden inzwischen verstorbenen Helfern Anna Freud und K. R. Eissler; ohne ihren bereitwillig zur Verfügung gestellten Fundus an Wissen und Dokumenten hätte das Buch kaum fertig werden können. Mark Paterson, Sigmund Freud Copyrights, hat es immer wieder durch vielerlei praktische Hilfen unterstützt und seine internationale Verbreitung gefördert. In einer intensiven Korrespondenz hat Eva Laible aus Wien unzählige wertvolle Vorschläge, Auskünfte und Bilddokumente beigetragen, sogar noch zur revidierten Neuausgabe 2006. Anregungen und Material gab zu Beginn der Arbeit nach Ernst Freuds Tod auch Harald Leupold-Löwenthal, gleichfalls Wien. Bei Recherchen und beim Korrekturlesen hat Ingeborg Meyer-Palmedo, damals Frankfurt, aufs verläßlichste mitgewirkt; ihr ist auch das Namenregister zu verdanken. Schließlich gebührt dem Suhrkamp Verlag der Dank dafür, daß keine Mühe gescheut wurde, ein auch in der äußeren Gestalt ungewöhnliches Buch herzustellen; dank Siegfried Unselds Begeisterungsfähigkeit und Initiative kam es damals in der Schlußphase zur innovativen Zusammenarbeit mit Willy Fleckhaus.